高等院校国际经贸专业规划教材

国际投资学

（第五版）

孔淑红　编著

对外经济贸易大学出版社
中国·北京

图书在版编目（CIP）数据

国际投资学／孔淑红编著．—5版．—北京：对外经济贸易大学出版社，2019.2（2021.11重印）
高等院校国际经贸专业规划教材
ISBN 978-7-5663-2009-4

Ⅰ．①国… Ⅱ．①孔… Ⅲ．①国际投资-高等学校-教材 Ⅳ．①F831.6

中国版本图书馆CIP数据核字（2018）第300409号

国际投资学（第五版）

孔淑红 **编著**
责任编辑：高 卓

对外经济贸易大学出版社
北京市朝阳区惠新东街10号 邮政编码：100029
邮购电话：010-64492338 发行部电话：010-64492342
网址：http://www.uibep.com E-mail：uibep@126.com

三河市少明印务有限公司印装 新华书店经销
成品尺寸：185mm×260mm 21.5印张 497千字
2019年2月北京第5版 2021年11月第4次印刷

ISBN 978-7-5663-2009-4
印数：6 201-7 700册 定价：52.00元

总　序

奉献在读者面前的这套教材，由对外经济贸易大学国际经济贸易学院教师根据多年的教学科研经验精心编写，从2007年年初开始陆续出版，是一项重要的教材建设工程。它与我国改革开放的新时代同步发展，标志着学院为国家培养创新型高等人才所做出的一份特殊贡献。这套教材自问世以来，得到了国内高校广大师生的一致好评，被广泛采用。五年过去了，教材的编写者们根据学科的发展以及师生的反馈意见进行了较大幅度的修订，呈现出新的风貌。

作为有着60年专业建设历史的国家重点学科点，国际经济贸易学院历来重视教材建设，在国际经济与贸易、国际金融、国际运输与物流、经济学等专业领域先后出版了大量教材，在全国产生了较大的影响。例如，《国际贸易实务》教科书曾相继被评为外经贸行业和高校优秀教材，并被列入"十一五"和"十二五"国家级规划教材，曾多次获省、部级奖，并获国家级优秀教学成果奖。迄今为止，该书累计发行量超过300万册。《国际贸易》也累计发行超过200万册，成为国家精品教材。本系列教材的出版和再版，是对学院最近十多年来学科建设成果的持续检验。自"九五"以来，以"211工程"建设为契机，学院对本科和研究生教育进行了认真全面的专业梳理和课程体系优化，以面向新世纪、面向全球化、面向提升学生职业生涯竞争力为导向，在课程建设和教材建设方面视野开阔、目标明确、标准严格、工作扎实，老、中、青三代学者共同努力，完成了学院所开设专业课程的教材和教学辅助资料的编写工作。学院"九五"以来的课程体系建设，一以贯之，走过了一条清晰的发展之路。首先是课程群的界定和建设，围绕着学院长期积累的在国际经济与贸易、国际金融、国际运输与物流、经济学、财政税务等专业所形成的专业优势，借鉴国际上高水平大学的课程建设经验，设定了培养学生具有国际竞争力所需要的课程群。在此基础上牢牢抓住师资队伍建设这一根本，通过海内外招聘和支持现有教师的国际深造访学，以国际化的高标准打造了一支高水平的师资队伍，凝聚了学科建设的核心力量。然后以国际高水平大学的科研和教学标准评价师资队伍，以提高人才培养水平为根本目标，以高水平科研促进高水平教学。时至今日，国际经济贸易学院的国际学术发表水平已跻身国内经济与管理学院的前列，并具备了较强的国际竞争力，实现了科研与教学的相互促进。随着学科建设的不断进步，学院的专业领域和课程覆盖面均有了很大的突破。

进入21世纪以来，学院以国家级和北京市级重点学科建设为导向，为课程建设提供了巨大的推动力。通过"211工程"的持续建设，学科建设迈向新台阶，涌现了大量的研究成果，对课程建设和教材建设产生了直接的推动作用。本套系列教材的再版，得益于“211工程”建设所带来的师资队伍水平的提高、科研成果的丰富和国际学术交流的经验分享。这些教材的作者都是学院教学科研第一线的骨干教师，他们积累了丰富的教学经验，对本课程的核心问题都有深入的研究，对教学的疑点和难点问题有着深刻的理解，对本领域的前沿变化有着敏锐的洞察力，并将其体现在教材的体例安排和知识点的表述之中。在这套教材的编写再版过程中，一直坚持建设精品教材、方法与国际接轨、内容面向全球化时代的原则，相信使用这套教材的教师和学生会有切身的体会。

本套教材的出版和再版得到了对外经济贸易大学出版社的大力支持，从社长、总编辑到责任编辑都倾注了大量的心血，共同创造着精品。

这套教材的再版得到了国内各高校教师和学生的支持、鼓励，也吸收了他们的宝贵建议，相信本套教材在作者和读者的互动下会日臻完善，成为经典。

对外经济贸易大学副校长

赵忠秀教授

2012年6月15日

前　言

经济全球化是世界经济发展的大趋势。由于第三次科技革命所带来的国际分工的扩大与深化，世界各地的经济活动更加国际化。这一经济全球化的趋势在很大程度上是由国际直接投资推动的。20 世纪 80 年代以来，国际直接投资的发展速度已经超过了国际贸易和国际技术转让的发展速度，在国际经济中占据主导地位。参与国际直接投资的程度已经成为衡量一个国家生产力发展水平与国际竞争力的重要标志。

随着国际直接投资的迅速发展，西方经济学家对国际直接投资进行了深入的理论研究，产生了各种各样的国际直接投资理论。这些理论从不同侧面分析了国际直接投资的成因和发展，为国际直接投资的发展提供了理论上的支持。

近年来，伴随世界经济发展的新动向，国际直接投资从理论到实践都出现了许多新特点，从而使国际投资课程也面临着新课题和新内容的挑战。例如，跨国公司已成为国际直接投资的主体。跨国并购成为国际直接投资的主要方式之一。跨国公司在 20 世纪 90 年代以来得到了惊人的发展。跨国公司控制了世界 90% 以上的对外直接投资和 70% 的世界贸易。在跨国公司迅速发展的同时，跨国并购成为其对外直接投资的主流，在 20 世纪末出现了前所未有的跨国并购第五次浪潮。随着知识性资源开发的全球化，跨国公司的经营活动带上了知识经济时代的鲜明色彩，跨国并购越来越多地采取私募股权投资方式，跨国公司的一体化经营从简单一体化向复合一体化并进一步向全球一体化演进。这种国际直接投资的迅速发展不仅是新的科技革命的产物，也是各东道国改善国际直接投资环境的结果。经济的全球化使各国越来越认识到参与国际经济的重要性，各国纷纷采取了开放性的经济政策，特别是对本国投资环境进行了优化改革，这些都促进了国际直接投资的迅速发展。

本书力求从国际投资学的几个重要方面介绍国际直接投资的理论体系和研究成果，力求反映国际直接投资理论和实践中的新内容。全书的结构安排如下。

第一篇：国际直接投资理论。本篇系统地介绍了国际直接投资理论中较有影响的各种理论流派，主要有垄断优势理论、内部化理论、产品生命周期理论、边际产业扩张理论和国际生产折中理论等，并对这些理论进行了评价。

第二篇：国际投资环境。由于国际直接投资引起了生产要素的跨国流动，东道国的投资环境直接影响着国际直接投资的发展，所以，国际直接投资环境问题越来越得到普遍的重视。本篇从国际直接投资环境的几个主要方面进行了论述，并分析了投资环境对于国际直接投资顺利进行的重要性。

第三篇：国际投资运作。本篇对国际直接投资的主要形式——跨国并购进行了论述，同时结合国际直接投资的理论对国际直接投资运作中涉及的项目招投标、项目融资、私募股权投资以及中国的引进外资和对外直接投资进行了论述。

本书的论述采取了理论与实证相结合的方法，各章均用大量的案例进行充分的说明。不仅各部分结构严谨，而且在再版中采用了最新的数据，采用了最新的案例，使这本教材的内容能够反映最新的国际投资发展趋势，案例分析更有时效意义。本书可作为国际投资、国际经济合作、国际贸易、国际金融和国际企业管理等专业的教材或参考书，也可以作为外资企业经理人员自修的教材或参考书。

在写作的过程中，作者得到了一些国内外同仁的关怀、帮助和指导，在此表示深深的谢意。

由于从学科发展的角度来说，国际投资学还未在理论上形成一门完整的学科，而国际投资的实践又随着时代的发展表现出不同的特征，所以，本书的研究和论述不可避免地带有一定的局限性。加之本书的作者水平有限，不妥之处在所难免，恳请各位专家和学者提出宝贵意见，以便在本书修订时做进一步完善。

目　录

第一篇　国际直接投资理论

第一章 国际投资概述

✓ 本章摘要

本章主要介绍国际投资的概念、国际投资的产生与发展及国际投资的形成和主体。本章首先对国际投资的起源、特点和发展进程作一般性概述；然后，分析国际投资的区域分布和行业分布；最后，介绍跨国公司的特点及发展情况，并阐述跨国公司在国际投资中的地位和作用。通过对本章的学习，学生可以掌握跨国公司发展的规律和特点，理解其对国际投资的促进作用。

✓ 本章关键词

国际投资　国际投资的布局　国际直接投资　跨国公司

✓ 学习完本章，你需要掌握

国际投资的概念，国际投资的区域分布和行业布局，跨国公司的职能一体化和地域一体化战略，跨国公司的对外直接投资以及对东道国经济的影响。

20 世纪 80 年代以来，随着世界经济发展一体化进程的加快，国际投资的一体化起了重要的推动作用。在世界贸易组织体制下，贸易与投资的进一步自由化使世界贸易增长速度超过了世界经济的增长速度，而国际投资的增长速度又超过了世界贸易的增长速度。国际投资成为一个越来越重要的研究领域。本章主要介绍国际投资的概念、国际投资的产生与发展及国际投资的形成和主体。

第一节 国际投资的起源与发展

一、国际投资的概念

国际投资（International Investment）是各国官方机构、跨国公司、金融机构及居民个人等投资主体将其拥有的货币资本或产业资本经跨国界流动形成实物资产、无形资产或金融资产，并通过跨国经营得以实现价值增值的经济行为。

根据这一定义，国际投资的主体是有独立投资决策权并对投资结果负责的经济法人和自然人。国际投资的客体是投资主体加以经营操作以实现投资目标的对象，包括实物资产、无形资产和金融资产。国际投资的根本目的是实现资本增值。

国际投资作为一种跨国经济行为必然涉及两个国家，即投资国与东道国。投资国亦称资本流出国或对外投资国，是指从事对外投资活动的经济主体所在的国家。东道国亦称资本流入国或资本接受国，是指允许和吸收外国资本在本国进行投资和接受外国资本流入的国家。

二、国际投资的特点

国际投资是一种跨越两个主权国家之间的资本流动。与国内投资相比，国际投资具有的特点：第一，投资主体单一化。国际投资的主体主要是大型的跨国公司或大型跨国银行，生产与经营规模巨大，分支机构遍布世界各地；资金实力雄厚，技术水平先进，管理手段现代化；具有独特的运行机制、经营方式和发展战略；对世界政治经济局势产生巨大的影响。跨国公司的这些特点是国内投资主体所无法比拟的。第二，投资环境多样化。国内投资主体面临的投资环境局限于一国内部，比较单一，比较熟悉，而国际投资主体所面临的投资环境是多样化的、复杂的，涉及与国内完全不同的政治、经济、法律、文化等环境，必须进行深入细致的调查研究，否则风险极大。第三，投资目标多元化。虽然国内投资主体与国际投资主体的最终目标都是获得最大限度的利润，但两者的直接投资目标却具有很大差别。国内投资的直接目标与最终目标基本一致，而国际投资的直接目标与最终目标不一定一致，直接目标具有多元性。第四，投资运行复杂化。国际投资运行比国内投资要曲折得多，主要表现在三个方面：一是投资的前期工作耗时较长；二是生产要素的流动要受到诸多限制；三是投资争议的解决难度较大。

三、国际投资的产生和发展

国际投资的早期形态是资本输出。早在 19 世纪 70 年代，英国就开始进行资本输出。随后各发达国家相继开始向落后国家输出资本，以便获取高额利润，占领海外市场。资本输出是在资本主义国家内部出现资本过剩、本国市场趋于饱和而新兴世界市场又得以开辟的条件下产生的。早期资本输出是以间接投资的形式进行的，到了 19 世纪 80 年代，资本输出增加了国际直接投资。所以从国际资本历史发展的进程来看，资本在国际范围内的流动首先表现为商品资本的运动，其标志是国际贸易；其次，表现为货币资本的运动，即以国际借贷、国际证券投资为主要形式的国际间接投资，其标志是跨国银行的出现；最后，表现为生产资本的运动，即国际直接投资，其标志是跨国公司的出现。国际直接投资是资本在国际范围内运动的最高形式。

根据国际投资规模和形式的变化，国际投资的历史发展可划分为七个阶段。

（一）1914 年以前的国际投资

这一阶段是国际投资的起步阶段。这一阶段的主要投资国是英国、法国和德国，其中英国长期居于国际投资的统治地位。到 1913 年，英国的国际投资总额已达 40 亿英镑，相当于当时英国国民财富总额的1/4，占当时各国国际投资总额的一半。到1914年，英国、法国、德国、日本等主要资本主义国家对外投资总额已达440亿美元。这一阶段的东道国主要有北美洲、拉丁美洲、大洋洲等资源丰富的国家和非洲一些殖民地与半殖民地国家。

这一阶段的主要特点：第一，投资的来源主要是私人资本，官方资本所占比例甚微。第二，投资的形式主要是间接投资，直接投资比重很小。第三，投资国数目很少，基本上局限于英国、法国、德国、美国和日本，英国居于主导地位。第四，投资主要流向资源丰富的国家和殖民地国家。第五，投资主要用于资源开发和铁路公用事业。第六，投资期限较长，有的已达99年。第七，投资国获益匪浅。据统计，对外投资的收益比国内收益平均高出1.6%~3.9%。

（二）两次世界大战之间的国际投资（1914—1945年）

这一阶段是国际投资缓慢发展的阶段。由于两次世界大战和20世纪30年代的经济危机造成了资金短缺和市场缩小，导致国际投资发展缓慢。官方投资增加，并且主要投资国的地位发生了重大变化，美国不仅成为净债权国，而且成为新的国际资本的主要来源国。在两次世界大战中，美国作为战胜国，获得了巨额军火收入和战争赔款。美国购买了许多外国长期债券，如在20世纪20年代，美国发行了1 700多种外国美元债券，至少有43个国家和地区向美国借款。与此同时，美国的对外投资也得到了迅速发展，投资额增加了40亿美元。美国仅向同盟国提供的借款总额就达160亿美元。1929—1933年世界经济大危机期间，工业国的产量下降了17%，世界贸易量下降了25%，国际货币体系崩溃，资金匮乏，债务危机等导致国际投资资金短缺。战争和经济危机使传统的私人对外投资风险增大，导致国际私人投资减少。

这一阶段的主要特点：第一，主要投资国的地位发生了变化。美国取代英国成为世界最大的投资国。第二，投资主体发生了变化。1914年以前，对外投资基本上局限于私人对外投资；1914年以后，政府对外投资规模迅速扩大，但私人对外投资仍占主导地位。第三，国际投资的形式发生了变化。1914年以前，国际直接投资比重很小；1914年以后，国际直接投资规模迅速扩大，占国际投资总额的份额增加很快。

（三）“二战”后至20世纪60年代末的国际投资（1946—1970年）

这一阶段是国际投资恢复增长的阶段。“二战”后，美国凭借其雄厚的政治经济实力，以帮助其他国家重建经济为名，大肆进行对外经济扩张，其国际投资规模迅速扩大，不仅使美国继续充当主要债权国，而且美元还成为主要的国际储备货币。美国于1947年宣布实行“马歇尔计划”，旨在帮助遭到战争破坏的欧洲国家恢复经济，仅在1948—1953年就向欧洲提供了136亿美元的资金。到20世纪50年代，各主要西方国家的对外投资迅速增长，但规模仍然有限，具有明显的恢复性质。随着世界经济的恢复与发展，西方主要投资大国的对外投资大幅增加，美国、英国、法国、联邦德国和日本的对外投资的累计额分别从1960年的662亿美元、220亿美元、115亿美元、31亿美元、5亿美元增加到1970年的1 486亿美元、490亿美元、200亿美元、190亿美元、36亿美元。其他西方国家的对外投资规模也得到了较大发展，特别是一些发展中国家和地区也开始发展对外投资。1969 年，发展中国家的跨国公司已达约 1 100 个。印度、韩国、中国香港、新加坡、巴西、墨西哥、阿根廷、中国台湾以及一些中东国家和地区成为对外投资的新生力量。虽然在国际投资总额中所占比例很小，但毕竟打破了西方发达国家的垄断地位。这一时期由于世界政治经济稳定，私人投资大幅增加。以美国为例，1956 年是美国私人对外投资的转折点，投资总额超过以往任何一个时期的水平，投资方式也发生了较大变化，由原来以证券为投资主转向以直接投资为主。1965 年，美国私人对外投资中直接投资占 80% 以上。①

这一阶段的特点：第一，国际投资规模迅速扩大，特别是私人投资增长更快；第二，国际投资方式发生了转变，由新的间接投资为主转为直接投资为重；第三，国际投资的投资国结构发生了变化，发展中国家也开始进行对外投资。

（四）20 世纪 70 年代的国际投资

这是国际投资高速增长的阶段，在这十年中，国际投资在国际经济中的地位得到了极大的提高。美国、英国、法国、联邦德国和日本仍然是主要的投资国，美国仍然占主导地位。到 1980 年底，美国对外投资总额达 6 069 亿美元，是 1970 年对外投资总额的近 4 倍。日本作为战后经济发展的后起之秀，加速了对外直接投资，在国际投资领域的地位日益提高，而日本对外投资的重点区域是美国和西欧。比如，日本在美国的直接投资占外国对美直接投资的比例从 1960 年的 3.6% 上升到 1980 年的 6.2%。1980 年底，日本已成为世界第四大对外投资国。在这一时期，发展中国家和地区、石油输出国组织成为国际投资领域的一支重要力量。1973—1974 年与 1979—1980 年两次石油提价使石油输出国组织获得巨额资本，但由于国内投资市场有限，导致大量资本外流。1974—1980 年石油输出国在西方发达国家的存款达 1 250 亿美元，对外直接投资和证券投资为 2 320 亿美元，为国际货币基金组织提供贷款 200 亿美元，无偿或有偿援助非产油发展中国家 810 亿美元。

这一阶段的特点：第一，国际直接投资所占比重进一步上升；第二，西方主要的对外投资大国同时也是吸引外资的主要东道国；第三，发展中国家和地区的对外投资增长较快；第四，石油输出国的“石油美元”成为国际投资的重要的资金来源。

（五）20 世纪 80 年代到 90 年代初期的国际投资

这是国际投资稳定增长的阶段。这一阶段，在科技革命、金融改革和跨国公司全球化经营等多种因素的共同作用下，国际投资蓬勃发展，成为世界经济发展中的最为活跃的部分，但西方国家的对外投资增长速度却不一致。美国的对外直接投资增长速度放慢，1981 年美国对外直接投资余额为 2 283 亿美元，到 1984 年增长为 2 334 亿美元，3 年间仅增长了 2.2%。日本的对外直接投资增长加速，1980 年日本对外直接投资余额仅为 365.2 亿美元，到 1986 年猛增为 1 000 亿美元。20 世纪 80 年代，主要西方国家在国

---

① 参见：U.S. Department of Commerce, Survey of Current Business, Various Issues。

际投资中的地位发生了进一步的变化。美国"二战"后一直在国际投资中处于绝对的主导地位。1982年底美国对外投资额高达8 390亿美元，引进外资额高达920亿美元，国外净生产额为1 470亿美元。但1982年后，美国对外投资增长速度极为缓慢而引进外资的发展速度却增长较快。1985年美国引进外资的余额超过其对外投资余额，由世界最大的债权国变为债务国，丧失了长达67年之久的债权国地位；1989年在美国的外国投资达20 000亿美元，投资国主要是英国、日本、荷兰、加拿大、联邦德国和法国。当然从绝对量上来看，美国仍然是最大的投资国。

日本成为继美国之后的世界最大的债务国。1968年底，日本在国外的净资产仅为3亿美元；1984年增至744亿美元；1985年已高达1 300亿美元，成为世界上最大的债权国。20世纪80年代以后，西欧各国对外投资增长虽慢于日本，但远远高于美国，在国际投资领域充当着重要角色。

这一阶段的特点：第一，国际直接投资增长迅速，超过了世界经济和国际贸易的增长速度；第二，美国由世界最大的债权国转为最大的债务国；第三，发展中国家对外投资增加，但仍处于从属地位；第四，形成了美国、日本、西欧"三足鼎立"的国际投资新格局。

（六）20世纪90年代后期至2007年的国际投资

这一阶段是国际投资突破性发展的阶段。随着经济全球化的进一步深化，国际投资的发展取得了突破，投资方式和投资领域方面均发生了重大变化。据统计，外国直接投资（FDI）的流出存量在过去20年增加了6倍。跨国公司生产了全球国内生产总值（GDP）的1/10和全球出口的1/3。《世界投资报告2008》披露，2007年大约79 000家跨国公司及其海外子公司继续扩大商品和服务生产。全世界海外子公司的附加值活动占全球国内生产总值的11%，销售总额达到31万亿美元，比2006年增长了21%。最大跨国公司的海外活动大幅增加，来自发展中经济体的跨国公司的投资增加最快。国际投资不再是发达国家的舞台，发展中国家也越来越多地参与到国际投资中，逐渐由从属地位成为国际投资的主角。比如，中国吸收外商直接投资一直保持较高水平，从1996年开始连续11年实际使用外资金额位居发展中国家和地区的首位。在大力吸引外国投资的同时，中国政府也积极鼓励企业"走出去"，中国成为世界FDI的重要来源地。在中央及地方政府的鼓励和支持下，中国的企业加速国际扩张。中国对外直接投资流量从1992年的40亿美元增长到2007年的230亿美元，使中国成为新兴市场2006年对外投资流量的第四大输出方，仅次于中国香港、巴西和俄罗斯。

这一阶段的特点：第一，国际投资取得了突破性的发展，跨国并购成为国际直接投资的重要方式；第二，以往非传统投资国、发展中国家成为投资新增长的重要推动力量；第三，多种投资方式并存；第四，国际投资的新发展逐渐促使新的国际生产体系的形成。

（七）2008年金融危机以来的国际投资

由2008年美国次贷危机引发的世界金融危机给全球经济造成了极其严重的影响。

据联合国贸易和发展会议表示，2008 年全球外国直接投资额下降了约 21%，而 2009 年全球外国直接投资则下降了 29%，从 2008 年的 1.7 万亿美元降至 1.2 万亿美元以下。2010 年全球外国直接投资有所回升，但增长缓慢，增长率仅为 5%，达到 1.24 万亿美元。流入发达经济体的外国直接投资进一步萎缩，而新兴经济体则成为直接投资的新力量。2011 年全球外国直接投资额达到 1.5 万亿美元，首次超过世界金融危机前的平均水平。2012 年全球外国直接投资额降至 1.35 万亿美元。面对全球经济特别是一些主要经济体经济复苏的脆弱性以及政策的不确定性，跨国公司对外投资仍十分谨慎。发展中国家吸收的直接外资有史以来首次超过发达国家，其重要性持续上升。2013 年在新工厂和其他项目上的长期投资增长了 9%，全球外国直接投资额达到 1.45 万亿美元。发达经济体、发展中和转型期经济体的外国直接投资流入都出现增长，出现了谨慎乐观情绪。2013 年流入转型期经济体的外国直接投资也大幅增长，流入发达经济体的外国直接投资占全球外国直接投资的 39%，流入发展中国家的外国直接投资占全球外国直接投资的 54%。外国直接投资的最大目的地仍是中国和亚洲其他发展中经济体，然后是欧盟（EU）和北美。2015 年全球外国直接投资额为 1.47 万亿美元，同比增长 11.8%。2016 年全球对外直接投资额为 1.75 万亿美元，同比下降 2%。新兴市场国家的投资资产增长显著，发达国家增长乏力。2017 年全球外国直接投资下降 23%，其中，跨境并购大幅下降了 22%，而银行贷款和证券投资却出现大幅增长。

这一阶段的特点：第一，受国际金融危机影响，全球外国直接投资受到重挫，发达国家尤为突出；第二，发展中国家和新兴经济体成为直接投资的新力量；第三，由于一些主要经济体经济复苏的脆弱性以及政策的不确定性，跨国公司对外投资仍十分谨慎，外国直接投资的未来增长趋势并不十分明朗。

四、国际直接投资迅速发展的原因

“二战”后，国际投资特别是国际直接投资发展迅速，其主要原因有以下几个方面。

（一）科技进步推动生产力突飞猛进的发展

“二战”后，科学技术发展迅速。20 世纪 50 年代后期开始的以电子技术为代表的科技革命涉及的领域十分广泛。这些新的科研成果迅速而广泛地应用于生产领域，出现了一系列新兴工业部门，使得各发达国家的国民经济部门结构发生了巨大变化，大大促进了生产力的提高。社会生产力的迅猛发展又推动了国际分工的进一步加深。从传统的以自然资源为基础的分工逐步发展成为以现代工艺、技术为基础的分工；从产业各部门间的分工发展成为产业内部的分工和以产品专业化为基础的分工；从沿着产品界限进行的分工发展为沿着生产要素界限进行的分工；从生产领域的分工向服务部门分工发展；从垂直分工向水平分工发展。国际分工的深化使得任何一国不可能垄断全部生产领域的先进技术和先进工艺；跨国公司的生产往往要依靠其他国家和地区的企业为其提供原料、燃料、中间产品和零部件等，将最终产品的全部生产过程分散在不同的国家和地区进行。

由于贸易和投资进一步自由化，跨国公司已不再满足于通过国际贸易发挥自己的优势，而是通过对外直接投资的方式在海外建立子公司，充分利用东道国的生产要素降低产品成本，实现利润最大化目标。

（二）发达国家经济发展迅速，“过剩资本”日益增大

“二战”后，西方发达国家的政治经济环境相对稳定，和平与发展成为时代的主流，新技术革命的成果迅速地应用到生产过程，使生产力得到了前所未有的发展。西方发达国家积累了庞大的资本，而基于国内消费的投资场所相对缩小，产生了大量的“过剩资本”，这些过剩资本伴随着国际分工的加强，必然寻求在国外发展的道路。资本的国际化导致国际投资迅速发展。

（三）国际经济格局发生了新的变化

国际贸易、国际投资和许可证安排是一国参与世界经济的三种形式。“二战”后，国际贸易一直是一国参与国际经济的主要形式。许多国家为了保护民族工业纷纷推行贸易保护主义政策，设置各种贸易堡垒，贸易摩擦日益加剧，随着国际经济格局的变化，国际投资特别是国际直接投资成为一国参与国际经济的主要形式。通过国际直接投资，在东道国设立工厂，就地生产、就地销售，既可绕过贸易保护主义堡垒，增加出口，还能充分利用东道国有利的资源。各国为了保证和促进本国跨国公司的对外投资活动，纷纷采取了一系列鼓励性政策，并相继建立海外投资保证制度。因此，跨国公司在“二战”后得到了迅速的发展。

（四）跨国公司的全球一体化经营战略

随着新技术革命的成果迅速应用到生产过程，交通运输工具和通信设备实现了现代化，为跨国公司和跨国银行的迅猛发展创造了物质条件。大型的跨国公司与跨国银行资金雄厚，从业人员众多，往往有几十家、甚至数百家分支机构遍布世界各地。现代化的交通运输工具和通信设备的广泛使用大大缩短了跨国公司国内总部与国外投资机构之间的空间距离，国内总部在极短的时间内可以全面掌握和了解远在异国的分支机构的各种资料，及时进行管理、协调。因而，跨国公司作为国际直接投资的主体，越来越趋向于采取全球一体化的经营战略，在世界各地设立分支机构，安排其价值链的增值点。跨国公司的全球一体化经营战略大大促进了资本的国际化。

五、国际投资的直接目标

传统的国际投资的直接目标和最终目标是一致的，都是为了实现最大限度的利润。当代国际投资的最终目标仍然是实现最大限度的利润，但其直接目标却具有多元化。主要有以下几个方面。

（一）维持与扩大产品出口规模

西方大型跨国公司在国际贸易中所占份额达 70%，占据主导地位。跨国公司的对外投资与对外贸易是相互补充、相互促进的关系。维持与扩大产品出口规模是西方跨国公司重要的直接目标。首先，发展对外投资可以直接为跨国公司产品出口的一系列中间环节提供服务；其次，发展对外投资可以直接带动跨国公司产品的出口，跨国公司的子公司所需的大部分原材料、零部件、机器设备等都是由母公司提供的；再次，发展对外投资可以绕开贸易保护主义壁垒，维护与扩大跨国公司原有的国际市场份额；最后，发展对外投资可以开辟新的产品出口市场，扩大跨国公司的产品出口规模。

（二）维持与发展垄断优势

垄断优势理论认为，拥有先进的技术和管理经验是对外投资者的重要垄断优势。通过发展对外投资，大型跨国公司可以维持和发展这种垄断优势。只要有一定量的大型跨国公司率先在某一行业从事进攻性投资，其他的跨国公司就会紧随其后，进行防御性投资，以防止由于竞争对手的扩张而削弱自己的竞争能力，达到维持和发展自己的垄断优势的目标，使其国际市场份额保持不变。

（三）获得自然资源

自然资源是重要的生产要素，在各国间的分布是不均衡的，任何一国的经济活力都是在一定的资源限制条件下进行的。虽然科学技术的进步、生产力的提高使人类开发与利用自然资源的深度和广度有了突破性进展，但仍无法改变这种限制。跨国投资可以实现对本国缺乏、他国丰富的自然资源进行利用。因此，获得自然资源一直是国际投资的直接目标之一。

（四）降低产品成本

随着科学的进步和世界经济的发展，某些跨国公司的生产随着规模的扩大，成本会下降；而实现最佳的规模经济效益，只依靠国内的投资已经不够，需要在全球范围实现纵向一体化与横向一体化经营战略，通过一体化经营扩大规模，降低产品成本，实现利润的最大化。同时在跨国投资中还可以利用东道国廉价的自然资源和劳动力，实现降低产品成本的目标。

（五）扩大和利用外资规模

跨国公司的对外投资主要表现为实物资本、技术和其他无形资产的流出。但跨国公司在东道国进行投资时，不是所有的资本都是跨国公司自有资本，有一大部分资本来自国际资本市场和东道国资本市场。因此，跨国公司也把利用这些资本作为对外投资的直接目标之一。

（六）获得国外先进技术

国际投资一方面伴随着技术的流出，另一方面却是获得国外先进技术的一条捷径。通过对外投资，跨国公司可以在比本国更发达的国家与当地拥有先进技术的公司合资创办高新技术企业，或收购当地高新技术企业作为开发与引进高新技术的基地。这也是西方发达国家的跨国公司在对方国家进行投资的直接目标之一。

（七）获得经济信息

世界已经进入了信息时代，谁能及时获得经济信息，谁就获得了优势、机遇和财富。跨国公司通过在世界各地投资子公司，凭借现代化的通信工具，能够及时地获得经济信息，通过对这些信息进行分析，及时做出相应的对策，使跨国公司的一体化经营符合多变的国际市场的需要。因此，获得经济信息是跨国公司进行国际投资的直接目标之一。

第二节　国际投资的布局

在国际投资活动中，发达国家既是最主要的投资国，也是最主要的东道国。国际投资的总的流向是“北—北”，即从工业化国家流向工业化国家，对外投资额的3/4流向发达国家。国际投资的支流是“北—南”，即从工业化国家流向发展中国家，对外投资额的1/4流向发展中国家。从国际投资的行业布局上看，第二次世界大战前主要投向自然资源和基础产业，第二次世界大战后转向第二产业的制造业，20世纪80年代后又转向第三产业。

一、国际投资的区域分布

（一）投资国的分布变迁

在第一次世界大战以前，国际投资的主要投资国是欧洲发达国家，资本投向主要集中于各自的殖民地附属国。当时英国是最大的资本输出国，其投向主要集中于亚洲和非洲。在第二次世界大战中，老牌欧洲强国由于遭受战争创伤，其实力大大削弱，而美国在此期间积累了大量的资金，对外投资不断扩张，取代英国成为最大的对外投资国。美国对外投资的主要投向：一是向欧洲国家发放巨额贷款；二是对拉美、亚洲进行经济扩张而发放政治性贷款。第二次世界大战后，美国在国外的直接投资额也一直占据世界直接投资总额的绝大部分，1960年为71.7%，1970年为62.9%。20世纪70年代以后，随着西欧、日本的经济实力逐步恢复和发展，对外投资比重不断上升，美国的地位相对下降，最终形成了美国、日本、西欧的“大三角”格局。

（二）东道国的分布变迁

在第一次世界大战前，国际投资的流向主要在殖民地等发展中国家，而第二次世界大战后，国际投资的流向转向发达国家。1914 年发展中国家吸收的资本占国际直接投资总额的 62.8%，发达国家为 37.2%。到 1960 年，发展中国家所占比重下降到 32.7%，而发达国家所占比重上升为 67.3%。20 世纪 80 年代以后，美、日、欧“大三角”国家成为占主导地位的东道国。1980 年“大三角”国家吸收外资占国际直接投资的比重为 57%，1990 年这一比例上升至 66%。20 世纪 80 年代中期以后，发展中国家吸收的外国直接投资额不断上升，其中，亚太地区与拉美加勒比地区占主导地位，尤其是东亚、东南亚及南亚地区的中国、印度尼西亚、韩国、新加坡、泰国、马来西亚和中国的香港、台湾地区等。同期发展中国家的对外直接投资也不断上升。2000 年发展中国家吸引外国直接投资额达到历史性的 2 380 亿美元，在经历了接下来三年的下跌后，2004 年回升到 2 680 亿美元。2007 年发展中国家吸引外国直接投资额占全球外国直接投资额的 35%，其中东亚、东南亚及南亚地区占 14.6%。2008 年发展中国家吸收的外资额已上升到 5 177 亿美元。2012 年发展中国家吸收的外国直接投资额有史以来首次超过发达国家，占全球外国直接投资额的 52%。2013 年流入发展中国家的外国直接投资额达到创纪录的 7 780 亿美元，占全球外国直接投资额的 54%。2000 年发达国家吸引外国直接投资额为 1.23 万亿美元。2001 年由于“9・11”事件，世界范围内国际直接投资开始大幅下滑，至 2003 年跌至谷底，发达国家的外国直接投资走势与全球总体状况相似。从 2003 年开始，发达国家和世界外国直接投资强劲上升。2007 年发达国家的外国直接投资额占到全球外国直接投资额的 65%。然而 2008 年由于金融危机的影响，发达国家吸引外国直接投资额占全球外国直接投资额的比重骤然下降了 29%，但在发展中国家，2008 年外国直接投资流入额已占到全球外国直接投资额的 43%。2013 年流入发达国家的外国直接投资额增长 9%，达到 5 660 亿美元，占全球外国直接投资额的 39%。

（三）20 世纪 90 年代的国际投资区域布局现状

首先，20 世纪 90 年代前期，美、日、欧“大三角”国家的国际投资活动经历了短暂的低潮后有所回升，在国际投资存量和流量中所占的主导地位没有变化，特别是美国在扭转衰退局面中发挥了重要作用。由于日本和西欧对外投资的大规模削减，使国际直接投资出现了自 1982 年以来的首次下滑。1990 年工业国的对外投资额约 2 260 亿美元，1991 年下降至 1 880 亿美元，1992 年降为 1 710 亿美元。1991 年日本的对外投资减少量占世界总减少量的 39%，西欧则占到 60%。同期发达国家吸收的外来投资也有所减少，由 1990 年的 1 760 亿美元下降到 1991 年的 1 150 亿美元，1992 年又降为 1 110 亿美元。发达国家吸收外资减少的原因主要是美国和西欧吸收外资流量急剧减少造成的。从 1993 年开始，由于美国情况好转，国际投资开始回升。2000 年美国吸引外国直接投资额达到创纪录的 3 140 亿美元，由于“9・11”事件此后几年一落千丈，到 2002 年已跌至 630 亿美元，随后在 2006 年回升至 2 420 亿美元，2007 年为 2 375 亿美元，而 2008 年在金融危机背景下仍然上升了 17%，达到 3 160 亿美元。但是此后几年投资增速波动较大，例如，2009 年美国吸引外国直接投资水平出现下滑，当年吸引的外资减半；2010 年美国吸引外国直接投资强劲反弹，比 2009 年增加 49%；2013 年美国仍是吸引外国直接投资最多的国家（1 880 亿美元），同比增长 17%。

20 世纪 90 年代中期开始，全球外国直接投资发展迅猛。2000 年全球外国直接投资流入总量创下历史最高纪录，达到 1.27 万亿美元，比 1999 年的 1.08 万亿美元增长约 18%。其中最主要的原因是由于跨国并购的快速发展。1996 年跨国并购金额在全球外国直接投资流量中所占的比重为 45.4%，当时外国直接投资活动多半还是以新建投资的方式完成的。1998—2000 年跨国并购迅速成为全球外国直接投资最主要的方式，其比重已在 80% 以上。2000 年全球的跨国并购规模创纪录地达到 1.1 万亿美元，占全球 GDP 的比重也由 1996 年不足 1% 提高到 3.4%。同时，全球对外投资的地区分布仍旧存在不平衡的现象。在全球范围内 30 个最大东道国和地区对外投资占全球对外投资流出量的 99%。欧盟、美国和日本在全球外资流动中仍旧居于主导地位。2000 年全球近 80% 的外国直接投资流向这些发达国家和地区，达到 1 万亿美元，其中欧盟是吸收最多的地区，达到 6 170 亿美元，而美国则以 2 810 亿美元成为引进外国直接投资最多的国家。2007 年全球外国直接投资额达到 1.979 万亿美元，其中欧盟的外国直接投资流入量为 8 383 亿美元。在 2008 年金融危机影响下，欧盟外国直接投资流入降低了 40%，仅为 5 030 亿美元，但是美国继续保持了领头羊的地位。2013 年美国流入欧盟的外国直接投资再度开始增长，各成员国吸引的外国直接投资额达 2 460 亿美元，比 2012 年增长 14%。

其次，在 20 世纪 90 年代，发展中国家在吸收外资和对外投资方面呈连续上升趋势。在吸收外国直接投资方面，即使在发达国家对外投资衰减的 1991 年和 1992 年，发展中国家依然保持了较高的增长率，在全球吸收的直接投资总额不断上升。在全球外国直接投资流入量中，发展中国家所占的份额在 1997 年达到 37% 的历史高点。2000 年流入发展中国家的外国直接投资额为 2 400 亿美元，比 1999 年增长 8%。发展中国家吸收外资的地区分布不平衡，投资集中于少数国家和地区。亚洲和拉美两个地区占发展中国家外资流入规模的 95% 以上，而非洲国家则是全球吸引外资最少的地区。2000 年流入亚洲发展中国家和地区的外国直接投资额达到 1 440 亿美元，其中中国吸收 410 亿美元。2008 年流入发展中国家和地区的外国直接投资额达到 5 177 亿美元，其中中国吸收 1 080 亿美元，全年实际利用外资额为 924 亿美元，同比增长 23.58%。2013 年流向发展中国家的外国直接投资再创新高，达到 7 780 亿美元，占全球总额的 54%。这意味着发展中国家吸引的外国直接投资连续第二年超过发达国家。2013 年中国吸引的外国直接投资小幅增长至 1 240 亿美元，仍保持了仅次于美国的世界第二的地位。

发展中国家比较大规模的对外投资始于 20 世纪 70 年代末期，在整个 20 世纪 80 年代和 90 年代中期呈现出稳定增长趋势，在全球外国直接投资中的份额逐渐上升。1999 年，全球外国直接投资额为 1.08 万亿美元，来自发展中国家的外国直接投资额为 1 566 亿美元，所占份额为 14.5%。其中，主要的投资国是东亚、南亚和东南亚地区，尤其是中国和一些新兴工业化经济体。

（四）进入新千年以来的国际投资发展

由于受到恐怖袭击、世界经济持续低迷等多方面因素的影响，2001 年全球外国直接投资额为 7 350 亿美元，比 2000 年下降了 41%，是 10 年来的第一次大幅度下降。2002 年的全球外国直接投资规模继续下降了 21%，仅为 6 510 亿美元。受发达经济体增长缓慢和外国直接投资规模持续下滑等因素的影响，2002 年发展中国家和地区吸收外来直接投资下降了 22.6%，其中亚洲地区和拉美加勒比地区分别下降了 11% 和 33%。尽管如此，中国依然是吸收外国直接投资最多的发展中国家，占发展中国家吸收外国直接投资额的 32.5%。联合国贸易和发展会议指出，中国对于三种类型的外国直接投资（即开拓市场型、利用资源型和提高效率型）都具极大的吸引力。从行业分布看，制造业和服务业依然是外国直接投资较为集中的领域，其中通信、金融、商业是比重最高的三大行业。2001 年这三个行业分别占到发达国家和发展中国家吸收外国直接投资的 50.5% 和 38.7%。当时，世界各国也采取了许多应对措施，积极调整外国直接投资政策，鼓励外资流入，改革外资政策，放宽外资准入。无疑，世界各国的行动是颇富成效的。2004 年全球外国直接投资额约为 6 120 亿美元，较 2003 年增长 6%。这是全球外国直接投资自 2001 年持续减少以来首次回升。

2005 年，全球外国直接投资额达到 9 160 亿美元，比 2004 年提高了 29%。发达国家的流入量增加 37%，达到 5 420 亿美元。发展中国家的流入量在 2005 年又增长 22%，达到历史最高水平，达到 3 340 亿美元。英国是 2005 年外国直接投资的最大接受国，其次是美国和中国。

2006 年全球外国直接投资额达到 13 060 亿美元，比前一年增长了 38%，接近 2000 年 14 110 亿美元的历史纪录。这反映出世界很多地区强劲的经济表现。发达国家、发展中国家和经济转型国家的外国直接投资流入量都出现增长。其中，发达国家增长 45%，增幅远高于 2004 年和 2005 年；发展中国家和经济转型国家的外资流入量都达到了历史最高水平，分别为 3 790 亿美元和 690 亿美元。美国是 2006 年吸引外国直接投资最多的国家，达 2 420 亿美元，其后是英国、法国和比利时。中国是发展中国家中吸引外资最多的国家，近 700 亿美元，居世界第五位。排在世界第 11 位的俄罗斯是经济转型国家中引入外资最多的，达 450 亿美元。南亚、东亚和东南亚的外国直接投资流入量总体保持继续增长，创下 2 000 亿美元的新高，不过东亚的增长有所放缓，但同时，东亚的外国直接投资正转向知识密集型和高附加值的领域。中国保持了东亚、东南亚及南亚区域最大外国投资接受国的地位，随后是新加坡和印度。中国外资流入量出现小幅下降的主要原因在于对金融服务业投资的下降。发达国家的跨国公司仍是外国直接投资的主要来源，占全球外资流出量的 84%；来自发展中国家和转型国家的跨国公司也不断向海外扩展。南亚、东亚和东南亚的外国直接投资流出量增长 60%，中国和印度正成为外国直接投资的重要来源。

2007 年全球外国直接投资增长 30%，达到 18 330 亿美元，超过 2000 年的高峰。尽管从 2007 年下半年发生了金融和信贷危机，但发达国家、发展中国家以及东南欧和独联体转型经济国家的外国直接投资流入量都持续增长，而且利润再投资占整个外国直接投资流入的 30%。2007 年流入发达国家的外国直接投资额为 12 480 亿美元，美国仍占首位，为 2 375 亿美元，其次是英国（1 860 亿美元）、法国（1 580 亿美元）、卢森堡（1 188 亿美元）、加拿大（1 074 亿美元）和荷兰（995 亿美元）。欧盟作为一个整体，所吸引的外国直接投资占发达国家总量的 2/3。发展中国家吸引外国直接投资达到前所未有的高水平，为 5 000 亿美元，比 2006 年增长 21%。最不发达国家 2007 年吸引外国直接投资 130 亿美元，也是创新高的纪录。同时，主要由于亚洲跨国公司的对外扩张，整个发展中国家外国直接投资输出也达到新高水平，为 2 530 亿美元。自 2000 年起，转型经济国家的外国直接投资已连续 7 年增长，2007 年外国直接投资流入增长 50%，为 860 亿美元，输出额猛增至 510 亿美元。发展中国家和转型国家中吸引外国直接投资最多的是中国和俄罗斯。中国 2007 年吸引外国直接投资额为 835 亿美元，输出额为 225 亿美元。2007 年亚太地区外国直接投资流入增长高于以往水平，2007 年达 2 490 亿美元。南亚、东亚和东南亚地区良好的商业理念、持续的经济增长、区域一体化的加强、投资环境的改善以及国别因素都促成了外国直接投资的增长。中国及其香港地区是该地区吸引外国直接投资最多的国家和地区。印度是南亚吸收外国直接投资最多的国家。从亚太地区输出的外国直接投资也创新高，达到 1 500 亿美元，反映出发展中国家作为资本输出者的地位越来越重要，该地区外国直接投资从 2006 年 1.1 万亿美元增长到 2007 年的 1.6 万亿美元。亚太地区外国直接投资增长前景依然看好。全球跨境并购仍然是 2007 年吸收外国直接投资增长的主要原因。跨境并购交易的价值为 16 370 亿美元，比 2000 年高峰时增长了 21%。美国次贷危机所引起的金融危机并未对 2007 年的全球跨境并购活动产生明显的影响。全球跨国公司及其国外分支机构仍在继续进行海外扩张，其外国直接投资额 2007 年为 15 万亿美元。根据联合国贸易和发展会议统计，跨国公司的销售总额为 31 万亿美元，比 2006 年增长 21%；其全球分支机构 2007 年产值占全球 GDP 的 11%，雇员为 8 200 万人。跨国公司扩张的领域也在增加。制造业的公司和石油行业的公司，如通用、英国石油、壳牌、丰田和福特等，都排在联合国贸易和发展会议统计的大型非金融类跨国公司的前 25 位之中。服务业跨国公司在过去 10 年中发展迅猛，2006 年这类跨国公司在前 100 家中有 20 个，而 1997 年仅为 7 个。前 100 家跨国公司 2006 年销售和就业与 2005 年相比都有大幅增长，分别为 9% 和 7%。发展中国家的 100 强跨国公司增长尤其快，2006 年其国外资产为 5 700 亿美元，比 2005 年增长 21%。排名前 25 位的发展中国家跨国公司主要来自东亚和东南亚地区。

2004 年以来的这一轮外国直接投资的增长在 2008 年结束。由于金融危机的影响，外国直接投资下降约 20%。其主要原因：一方面，金融资产的减少使得跨国公司没有能力进行投资；另一方面，世界经济增长的减慢以及所暴露的风险使得跨国公司投资倾向减弱。处于这次金融危机中心的发达国家，2008 年的投资流量缩减了 1/3，而发展中国家所受的影响也逐渐体现出来。2009 年全球外国直接投资则下降了 29%，从 2008 年的 1.7 万亿美元降至 1.2 万亿美元以下。其中，流入发达国家的投资继续大幅下挫了 31%，而流入发展中国家和新兴经济体的投资也分别下降了 25% 和 29%。2010 年，全球外国直接投资有所回升，达到 1.24 万亿美元。但该数字仍比危机前的平均值低 15% 左右，比 2007 年时的最高值减少近 37%。其中，流入发达经济体的外国直接投资进一步萎缩，比 2009 年下降约 7%，而新兴经济体则成为直接投资的新力量。2010 年发展中经济体和转型期经济体吸收的直接投资额首次达到全球的一半以上，前 20 大直接投资流入国（经济体）中半数为发展中经济体和转型期经济体。同时，发展中经济体和转型期经济体的直接投资流出量出现强势增长，2010 年增长 21%，占全球的 29%；前 20 大直接投资经济体中有 6 个是发展中经济体和转型期经济体。2011 年，全球外国直接投资流入量增长 16%，达到 1.5 万亿美元，首次超过国际金融危机前的平均水平。然而，这一良好增长势头在 2012 年并没有得到延续。在联合国贸易和发展会议发布的《世界投资报告 2013》中显示，2012 年全球外国直接投资额比上年下降了 18%，降至 1.35 万亿美元。全球外国直接投资的这一下降趋势表明，面对全球经济特别是一些主要经济体经济复苏的脆弱性以及政策的不确定性，跨国公司对外投资仍十分谨慎。在全球外国直接投资增长出现反复的过程中，发展中国家在吸引外国直接投资方面走在了前面。2012 年发展中国家吸收的直接外资有史以来首次超过发达国家，占全球直接外资流量的 52%。在对外投资方面，发展中国家也占了全球近 1/3，保持了稳步上升的趋势。

《世界投资报告 2014》显示，2013 年全球外国直接投资额达 1.45 万亿美元，比 2012 年增长 9%。2013 年，发展中经济体在全球外国直接投资流动中继续保持领先地位。流向发达经济体的外国直接投资额达 5 660 亿美元，占全球总流量近四成；流向发展中经济体的外国直接投资再创新高，达到 7 780 亿美元，占总流量的 54%。此外，1 080 亿美元流向转型经济体。在外国直接投资流入量全球前 20 名的国家和地区中，发展中经济体和转型经济体占半数。从地区看，亚洲发展中经济体吸收的外国直接投资保持全球第一，远超传统上最大的外国直接投资流入地欧盟。流入其他主要发展中地区的外国直接投资均出现增长，非洲比 2012 年增长 4%，拉美和加勒比地区增长 6%。2013 年从发展中经济体流出的外国直接投资达到历史最高水平。来自发展中经济体的跨国公司越来越多地收购发达经济体设在发展中经济体的子公司，发展中经济体和转型经济体对外投资达 5 530 亿美元，占全球外国直接投资流出量的 39%。

根据《世界投资报告 2016》，2015 年全球外国直接投资额为 1.47 万亿美元，同比增长 11.8%。2016 年全球外国直接投资额为 1.75 万亿美元，同比下降 2%。新兴市场国家的投资资产增长显著，中国 2016 年外国直接投资飙升，同比上升 44%，投资额达到 1 830 亿美元，中国首次成为全球第二大外国直接投资母国。发达国家增长乏力。占全球投资资产约一半的美国只增长 5%，日本也仅增长 3%。根据《世界投资报告 2018》，2017 年全球外国直接投资下降 23%，为 1.43 万亿美元，下降的主要原因是跨境并购大幅下降了 22%。2017 年银行贷款和证券投资却出现大幅度增长。

二、国际投资的行业分布

（一）国际投资行业分布变迁

第一次世界大战前，国际投资的行业重心在英、法、德、美等发达国家对殖民地附属国的初级产品的产业投资上，投向集中在铁路运输、矿物采掘、石油开采、热带植物种植等基础部门，对制造业的投资很少。两次世界大战之间，国际直接投资对制造业的投入有所增加，特别是化学、军工、电气设备等行业的投资规模增长迅速。“二战”后，国际直接投资的行业重点进一步转向第二产业。各发达国家都增加了制造业的对外投资，比如美国在制造业的对外投资比重不断上升，1938 年为 25%，1950 年为 32. 5%，1960 年为 34. 7%，1970 年为 41. 3%，1980 年为 41. 7%，1985 年为 44%。发达国家对制造业的投资主要集中在电子、飞机制造、计算机、汽车、化学、机械、仪器仪表、制药、石油化工等高新技术行业。20 世纪 80 年代中期以来，国际投资的行业分布转向了第三产业——服务业。20 世纪 70 年代初期，国际直接投资存量中只有 25% 投向服务业，而到了 20 世纪 90 年代，这一比例已增加到 55% 左右。2002 年服务业吸引国际投资的比例已上升至 60%，2006 年进一步上升为 62%。2013 年，服务业的绿地新建投资交易额同比增长 14%，达到 290 亿美元；并购交易额则同比增长 32%，达到 680 亿美元。2017 年，中国国外资产业结构持续优化。高技术产业实际吸收外资同比增长 61. 7%。高技术制造业实际使用外资 665. 9 亿元，同比增长 11. 3%。高技术服务业实际使用外资 1 846. 5 亿元，同比增长 93. 2%。

（二）国际投资行业分布的发展趋势

1. 第一产业（初级产品部门）的发展趋势

20 世纪 80 年代以前，国际投资流向第一产业的比重很高，这是由于发达国家工业迅速发展与自然资源相对短缺矛盾加剧所引起的。20 世纪 80 年代以来，随着科技的进步及工业原料的合成化、多样化，初级产品部门在主要发达国家的对外投资存量中所占的比重不断下降，从 1980 年的 18. 5% 降至 1990 年的 11. 2%。但是初级产品部门的对外直接投资在发达国家和发展中国家的分布出现了逆向变化，即初级产品部门的对外直接投资在发达国家的增长速度快于发展中国家。发达国家吸收的初级产品部门的外资存量在国际直接投资总存量中所占的比重由 1980 年的 6. 7% 增至 1990 年的 9. 1%。其原因一方面是许多发展中国家在 20 世纪 70 年代实行了国有化政策，影响了跨国公司对发展中东道国的信心；另一方面，随着跨国公司经营规模的扩大，对投资环境中的技术进步、融资期望、市场成熟度等经济风险降低的要求更高，导致国际投资更多地流向发达国家。20 世纪 90 年代以来，许多发展中国家对采矿、石油产业等实行了开放政策，增强了吸引外资的能力，不少发达国家的跨国公司纷纷向发展中国家的初级产品产业投资，比如阿尔及利亚的哈西迈斯欧德油田合作生产协议、阿根廷政府石油工业私营化、秘鲁铜矿铁矿开采私营化及俄罗斯石油工业的开放意向等。在投资的地区分布上，由于成熟开采区域的成本上升，跨国公司必然把注意力投向具有发展前途的亚洲、拉美、东欧和南非等地区。2001 年流入初级产品部门的外国直接投资额比 2000 年增长了 70%。2013 年初级产品部门的并购交易额下降了 7%。

由于人口稠密的新兴市场国家粮食需要进口，加之对生物燃料生产的需求日益增长，以及一些发展中母国土地和水资源紧缺，农业生产中的外国直接投资流量快速增加。虽然与全球外国直接投资的总量相比仍然很小，但是在许多低收入国家，农业占外国直接投资流入量的比例较高，因此外国直接投资对农业的资本形成至关重要。此外，整个农业价值链中外国直接投资的比例更高，每年仅食品和饮料的投资流量即超过 400 亿美元。

2. 第二产业（制造业）的发展趋势

20 世纪 80 年代以来，制造业的国际直接投资呈现了四个变化。

一是国际投资由原来的资源劳动密集型行业转向资本、技术密集型行业。从 1980 年到 1990 年，资源、劳动密集型产业占对外直接投资的比例从 46.9% 下降到 38.5%，而资本、技术密集型产业的比重从 45.9% 上升到 51.2%。

二是制造业的投资形式上出现了低股权、非股权安排和跨国公司间的战略联盟。跨国公司在对发展中国家进行投资时，不再全部采取建立控股子公司或独资公司的形式，而是仍倾向于使用低股权或非股权的形式进行投资。比如进行技术转让、许可证协议、原设备制造安排分包和交钥匙合同等。这些投资形式可以降低投资风险，提高利润率。跨国公司在对发达国家进行投资时，更多的是进行高科技产业的投资。大型跨国公司为了与东道国分担研究开发新产品的成本和风险，往往采取战略联盟的形式，以适应高科技发展迅速的要求。比如美国的国际商业机器（IBM）公司与日本的东芝公司、德国的西门子公司共同开发电脑芯片，法国的雷诺公司与瑞典的沃尔沃公司联合生产汽车，瑞士的雀巢公司与美国的可口可乐公司合作通过自动售货机销售罐装热饮料项目等。

三是制造业的国际投资中出现了带有区域性色彩的公司网络。随着各种非股权安排、合作研究的发展，跨国公司内部处于价值链不同阶段的各子公司之间及与其他公司间的联系变得越来越密切和复杂，形成相互依赖日益增强的网络结构。同时随着区域经济一体化进程的加快，这种公司网络带有的区域性色彩将更强。

四是随着许多发展中国家经济向资本和技术密集型方向进行产业结构调整，为跨国公司对制造业的投资提供了机遇。新兴工业化国家和地区也会强化对制造业的跨国直接投资。根据普华永道的数据统计，2016 年中国制造业并购市场再创新高，交易数量上升 21%，达到 11 409 宗；交易金额上升 11%，达到 7 700 亿美元。

3. 第三产业（服务业）的发展趋势

20 世纪 80 年代以来，国际直接投资中服务业的发展速度惊人。1981—1985 年年平均增长率为 8.2%，1986—1990 年年平均增长率上升为 22.1%，服务业占全部外国直接投资存量的比重从 1980 年的 37.7% 上升为 1985 年的 42.8%，1990 年为 50.1%。20 世纪 90 年代以来，随着世界经济的发展，科技的进步，对现代化的服务业（如金融、保险、交通运输、医疗卫生、邮电电信）的国际投资越来越扩大，而随着发展中国家市场经济趋向改革的深化，对服务业的开放将为跨国公司对服务业的投资提供更多的机会。21 世纪初，服务业国际直接投资的流量上升到 60%，特别是以服务外包为主要形式的跨国公司和跨国转移，成为服务业跨国投资的重要形式。

第三节　国际投资的主体——跨国公司

“二战”后，随着科技进步和生产社会化程度的提高，国际分工和经济全球化的进一步加强，跨国公司得以迅速发展，并成为国际直接投资的主体，进而在世界经济活动中扮演着越来越重要的角色。

一、跨国公司的概念与特点

（一）跨国公司的概念

跨国公司是指依赖雄厚的资本和先进的技术，通过对外直接投资在其他国家和地区设立子公司，从事国际化生产、销售活动的大型企业。跨国公司一般是由设在母国的母公司（总公司）和设在国外的子公司构成。跨国公司的母公司是在本国注册的法人企业，子公司是在东道国注册的法人企业。

（二）跨国公司的特点

跨国公司与一般国内企业相比较，有以下几个特点。

第一，生产经营活动的跨国化。这是跨国公司的最基本的特征。跨国公司对其生产经营活动的再生产周期的所有环节进行国际化的安排。这种安排是通过对外进行直接投资，在海外几个甚至几十个国家或地区新建或收购现有企业，利用当地资源和廉价劳动力，就地生产，就地销售，使再生产过程的不同环节都在国际范围内实现。

第二，实行全球性战略。具有全球性战略目标是跨国公司区别于国内企业的重要特征之一。跨国公司以全球作为生产经营活动的舞台，以整个国际市场为追逐目标，在世界范围内有效配置生产力。它通过对公司所处的竞争环境和公司自身竞争优势的分析，充分利用各国和各地区的优势，制定全球性的经营战略，确定产品方向和子公司的规模与地区布局，以实现总公司利润的最大化。跨国公司的这种全球性战略目标决定了它在进行重大决策时不是独立地考虑某一子公司所在国的市场、资源等情况及局部利益得失，而是从各国或全球角度考虑整个公司的发展。

第三，公司内部一体化原则。内部一体化是实现全球战略目标所必备的基本条件。跨国公司内部要求实行高度集中的管理体制，即以母公司为中心，把分支机构或子公司统一为一个整体。所有的国内外子公司或分支机构的经营活动都必须服从总公司的利益，在总公司的统一指导下，遵循一个共同的战略，合理利用人力、物力和财力各种资源。根据集中与分散相结合的原则，根据公司业务性质、产品结构、地区分布、风险程度等在全球范围内实行统筹安排，以实现跨国公司的全球性战略目标。

跨国公司内部一体化的主要内容包括以下几个方面。

（1）生产一体化，即分布于世界各地的各个子公司充分享受总公司或其他子公司的生产设备、原材料、技术和人员等。

（2）新技术和新产品一体化，即总公司与子公司根据各自的特点，统一安排新技术的研究与开发，进行新产品的研制和推广，关键性高技术的研究与开发集中于总公司。

（3）营销一体化，即总公司与子公司共享销售网络、销售渠道、储运设备、广告宣传和销售人员等。

（4）采购一体化，即总公司与子公司实行统一采购，以利于形成一定的垄断。

（5）技术人才一体化，即总公司与各子公司之间人才灵活流动，充分发挥人才优势。

（6）财务一体化，即总公司与各子公司之间及时融通资金，以降低财务费用，减少税收支出。

（三）跨国公司的扩张能力

跨国公司是在国际市场上进行经营，国际投资和融资市场为跨国公司提供了高收益和低成本的可能性，从而使跨国公司在规模上具有了无限的扩张能力。我们用图 1-1 来说明跨国公司的扩张能力。

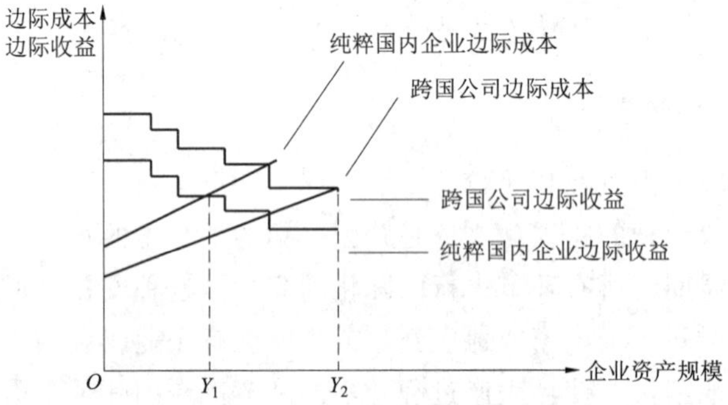

图 1-1　跨国公司扩张能力

假设国内企业和跨国公司的经营及各方面的特点均相同，所不同的只是后者的生产经营是跨国境的。横轴表示企业资产规模，纵轴表示边际成本和边际收益。横轴各段表示某一特定的投资项目，横轴各段大小不一，因为投资项目的规模不同。企业的边际收益因投资项目的增加而下降，因为企业总是选择收益最高的项目，然后选择收益次高的项目。图中有四条曲线：跨国公司的边际收益曲线和边际成本曲线，国内企业的边际收益曲线和边际成本曲线。随着投资项目从最优到次优的选择，使企业的边际收益曲线随着项目的增加而下降。随着投资项目的增加，企业资产增加需要更多的债务，更高的借债成本，这就使企业的边际成本随着项目的增加而上升。跨国公司的边际收益曲线高于纯粹国内公司的边际收益曲线，这是因为跨国公司在全球范围内选择项目，有更多可供选择的好项目，从而可保证高收益。跨国公司的边际成本曲线低于纯粹的国内公司的边际成本，这是因为跨国公司是在全球金融市场上融资，有更多的更优惠的资金来源可供选择，从而可保证低成本。企业投资的最佳规模取决于边际收益和边际成本的交点，即最优点。国内企业的最佳规模是 Y_1点，超过这一点边际成本就高于边际收益。跨国公司与边际成本交点的最佳规模是 Y_2点，Y_2大于 Y_1，说明跨国公司由于在投资项目的选择上和融资渠道的获得上均优于国内企业，因而跨国公司的投资规模可以大于国内企业。

二、跨国公司的发展概况

（一）早期的跨国公司雏形

跨国公司的雏形可以追溯到 19 世纪末 20 世纪初。以电力为基础的科技革命成果应用于生产过程，推动了工业生产的大发展和生产力的突飞猛进。生产的发展表现为资本的生产力的提高，生产力大发展创造的财富表现为资本的积累。随着发达国家工业资本的增加，国内的投资场所又由于国内消费的限制而相对缩小，这些过剩的资本被用来在经济相对落后的国家或地区投资建厂，从而形成了早期的跨国公司。

制造业中早期的跨国公司以美国为主体并且分布在发达国家。制造业中早期跨国公司虽然数量很少，但却代表着国际直接投资的新趋势。早期制造业跨国公司在当时出现的主要原因有以下几个方面。

第一，技术垄断优势的保护。美国最先从事跨国经营的制造业的直接投资，大多是那些首先在国内发明或虽在欧洲发明但在美国经过重大革新的产品。生产这些产品的公司掌握着技术垄断优势，首先到海外进行投资以占领市场。美国第一家以追求全球市场为特色的跨国公司是胜家缝纫机公司，它也是第一家在全世界同时生产和大量销售同一种产品的公司。它于 1851 年在美国获得缝纫机发明专利权，1867 年在英国建立缝纫机装配厂，并于 1880 年在伦敦和汉堡设立销售机构向欧洲推销在英国生产的产品，逐步垄断了欧洲市场。其他行业有西方联合电报、贝尔电话、爱迪生电灯、伊斯特曼·柯达公司、国际收割机、奥梯斯兄弟电梯等公司也是首先在美国发明新产品，逐渐形成新兴工业，再向海外扩展。

第二，避开贸易保护壁垒。避开贸易保护限制，到海外建立制造业跨国公司，就地生产、就地销售，是刺激早期跨国公司出现的另一个重要原因。如 1902 年英国油脂、肥皂业巨头莱佛公司发现荷兰、比利时进口其产品的关税太高，为避开这种限制，就到当地进行直接投资。后来莱佛公司与荷兰人造牛油公司集团合并成立了著名的跨国公司尤尼莱佛公司。美国的威斯汀豪斯空气刹车公司到法国设厂，也是为了避开法国铁路公司规定的空气刹车必须由当地厂商供应的限制。

第三，东道国对制造业外来投资的鼓励措施。加拿大吸引外资投资的政策推动了美国企业向加拿大的渗透，如杜邦公司到加拿大兼并了两家动力机械厂，爱迪生公司也到加拿大建厂，享受了国民待遇。

（二）两次世界大战之间的跨国公司

由于两次世界大战和 1929—1933 年世界经济大危机，这一时期跨国公司成长较为缓慢，但很具特色。一是美国跨国公司发展较快。从对外直接投资总量来看，美国稍逊于英国，居世界第二位，但美国的 187 家制造业大公司在海外的分支机构由 1913 年的 116 家增加到 1919 年的 180 家、1929 年的 476 家和 1939 年的 715 家。二是制造业跨国公司发展迅速。以美国为例，第一次世界大战前在国外的制造业直接投资占其对外直接投资总额的 18%，1940 年这一比重上升到 27.5%。据统计，美、英及其他主要欧洲国家的制造业跨国公司在海外建立了 1 400 多家子公司，是各行各业中建立子公司数量最多的。三是跨国公司之间已展开了激烈的竞争。如帝国化学公司康采恩和德国的德本公司在国际市场上展开激烈的竞争，英伊石油公司、英荷壳牌石油公司与美孚石油公司之间的竞争也是非常激烈。

（三）“二战”后到1990年的跨国公司

“二战”后到1990年是当代大型跨国公司发展的关键阶段。随着美国的国力和经济实力惊人的增长，美国的跨国公司大力向海外投资设立子公司和制造工厂，使美国跨国公司雄居世界第一。1960年美国对外直接投资占发达国家对外直接投资总额的71.7%。“二战”后，美国将战争期间发展起来的新兴科技应用于民用部门，在国内发展了一系列新兴制造工业部门，如电子、飞机制造、计算机、汽车、化学、机械、石油化工等。由于这些新兴制造业拥有垄断优势，规模大、效率高，因而向海外扩展的势头很大，使得美国投向制造业的对外直接投资的比重上升，1960年达到32.5%。同时美国跨国公司在服务业领域的拓展速度也很快。

20世纪60年代，欧洲各国和日本从战争的废墟上崛起，经济开始起飞，其跨国公司加快了对国际市场的投资。特别是利用美国的投资环境和高科技条件，对美国的直接投资发展迅速，出现了发达国家之间的“双向投资”现象。

20世纪70年代，随着欧洲、日本的跨国公司的兴起，跨国公司的整体规模和数量得到了前所未有的大发展，跨国公司的总体格局发生了重大变化，特别是跨国公司的经营战略和组织机构也向着“全球化”的目标演进。

这一时期跨国公司的发展呈现出以下特点。

第一，跨国公司数量、规模大发展。首先是跨国公司的数量迅速增加，14个发达国家的跨国公司增加了两倍多。从1969年的7 000多家增加到1990年的24 000多家。其次是跨国公司的规模也急剧扩大，出现了一些巨型的跨国公司。据统计，当时世界最大的100家跨国公司的对外直接投资约占世界对外直接投资总量的1/3。

第二，美、日、欧跨国公司“三足鼎立”格局形成。20世纪六七十年代，日本和欧共体成员国跨国公司的大发展打破了战后美国跨国公司一统天下的单极格局，形成了美、日、欧“三足鼎立”的态势。据统计，1990年世界最大100家跨国公司中有3/4来自美、日、欧。

第三，跨国公司向服务业的拓展速度惊人。美国对国外服务行业的直接投资比重不断上升，由1970年的12%上升到1980年的28.2%。美国、日本、德国的跨国公司的子公司属于服务业的占子公司总数的60%，而制造业只占36%，初级产品产业比重只有5%左右。

（四）20世纪90年代的跨国公司

20世纪90年代，国际直接投资的流动额稳步增长，1998年的流出额达到6 490亿美元，比1997年增长了36.6%，其中发达国家所占份额高达91.6%。跨国公司的数量呈几何级数增加，1997年全球共有跨国公司5.3万家，子公司或分支机构达45万个，到1999年前者达到6万家，后者达到60多万家。1997年全球对外直接投资存量达3.5万亿美元，海外机构的出口额达2万亿美元，占世界出口额的1/3。一个大跨国公司一年的销售额就等于一个中等国家的国民生产总值。跨国公司控制了世界上90%以上的对外直接投资，是对外直接投资的主要载体。

20 世纪 90 年代的跨国公司表现出以下特点。

第一，跨国并购成为对外直接投资的主流。20 世纪 90 年代以来，西方跨国公司的跨国并购活动风起云涌，层出不穷。按控股额计算，1996 年全球的跨国并购额为 1 630 亿美元，占全球对外直接投资总额的 47%。1997 年的跨国并购额为 2 360 亿美元，占全球对外直接投资总额的 50%，其中金额达 10 亿美元以上的跨国并购就达 58 起，总金额超过了 1 610 亿美元。以美、英、法、德为主的发达国家的并购额占世界并购总额的 90%。1998 年，企业的并购风潮更是愈演愈烈。据联合国贸易和发展会议统计数据，该年度控股的跨国并购额达 4 110 亿美元，比 1997 年增长了 74%，该年度被美国《财富》杂志称为“兼并年”。两宗最大的跨国并购案是：英国石油公司兼并了美国阿莫科石油公司，金额达 550 亿美元；德国戴姆勒—奔驰汽车公司收购了美国克莱斯勒汽车公司，金额为 400 亿美元，此举使新组建的戴姆勒—克莱斯勒公司跃升为《财富》杂志 1998 年度全球 500 强的第二大公司。20 世纪 90 年代以来，跨国并购多表现为跨行业的混合兼并和行业内的横向兼并。横向兼并更具有代表性，发生的范围更广，涉及银行、电信、石油、汽车、制药等行业。横向兼并巩固了大企业对市场的垄断，实现了规模经济的效益，有利于实现跨国公司的内部化、网络化、集团化及全球战略目标。这种跨国并购虽有“大鱼吃大鱼”“大鱼吃小鱼”“小鱼吃大鱼”的现象，但却以善意兼并、强强联合为最主要的特征。戴姆勒—奔驰公司与克莱斯勒公司双方的董事长在第一次会谈中仅用了 17 分钟就达成了并购意向，数月之后就完成了合并。前克莱斯勒公司的董事长伊顿曾坦言，尽管该公司拥有足够的资金，但没有足够的管理能力以尽快实现其雄心勃勃的海外扩张目标，并缺乏进行扩张的其他资源，因此必须在美国以外寻找一个合作伙伴，而与戴姆勒—奔驰公司合并后则可以利用其管理资源和其他资源向国际市场渗透。这种合并能达到双赢的目的。

跨国公司并购活动的不断升级说明，在经济走向全球化背景下，跨国公司更倾向于采取战略资产寻求型的对外直接投资，这是大公司首次进入不熟悉的或竞争十分激烈的市场的主要手段。此外，这也与市场准入的方式、市场的规模和开放程度有关，表明有关国家的政府采取了更加开放的政策。据联合国贸易和发展会议《世界投资报告 1998》，主要跨国公司之间的并购不但形成了规模更大的跨国公司，而且似乎还带动了其他主要跨国公司的重组或与另外跨国公司进行类似的并购活动。事实证明，跨国并购大都是与企业重组同时进行的，即剥离非核心业务，通过并购强化核心业务。如戴姆勒—奔驰公司在实行并购之前，首先对公司进行了整合，措施包括：重组了非汽车业务；采用了美国的会计制度，使公司的财务更具透明度；使公司股票在纽约股票交易所上市；撤销了属下梅塞斯—奔驰公司的董事会和一些中间管理机构；等等。大企业间相互并购的结果是各产业部门更集中在少数企业手中，导致了生产的集中和垄断。跨国并购活动不断升级的动因是全球范围内激烈的市场竞争，这一方面促使一些跨国公司主动出击，用跨国并购占领和扩大市场份额；另一方面也迫使一些寡占性跨国企业采取防御性并购活动，以保住自己已有的市场份额，否则均衡就会被打破。跨国并购已经成为国际直接投资增长的主要推动力。

第二，知识性资源开发的全球性。伴随着跨国公司的整个发展历程，以知识为特征的技术资源和组织资源的开发与配置一直占有非常重要的地位，但传统上跨国公司一直将这些资源的研究与开发活动放在母国来进行。随着知识经济时代的到来，跨国公司日益认识到技术和创新已成为决定其竞争力的关键因素。因此，20 世纪 90 年代以来跨国公司注重高科技的投入、研究与开发的趋势越来越显著，主要表现在两大方面：一是跨国公司纷纷在海外建立研究与开发机构，其研究领域主要放在信息技术、生化、汽车、医药、电信、软件开发等知识、技术密集型产业。截至 1994 年底，外国跨国公司仅在美国就已建立了 645 家独立的研究与开发机构，大多设立在硅谷和其他高科技产业密集地区。跨国公司掀起了在华投资研究与开发项目的热潮，如微软、爱立信、杜邦、拜耳、联合利华等巨型跨国公司都在中国建立了自己的研发机构。一些著名的跨国公司还在中国的高校建立研究机构或培训中心，开展合作研究项目。这是跨国公司一体化经营战略上的一个重大变化，表明跨国公司更加重视全球范围内生产要素的优化配置，适应世界市场的复杂性和产品多样性的要求，充分利用各国的科技资源，降低新产品研制过程中的成本和风险，寻求良好研发环境的发展战略。二是在投资区位的选择上，除了自然资源、市场等传统因素外，跨国公司更加看重在那些能够提供技术优势、优秀人才和具备创新潜能的区位进行投资，即投资所谓“创造性资产”。到海外去寻求这一基于知识的潜在无形资产已成为跨国公司加强自身竞争力的核心内容，“创造性资产”也已成为跨国公司战略资产的重要组成部分。因此，一些缺乏自然资源或大型国内市场等传统优势但具备创造性潜在优势的国家，也有可能成为跨国公司的投资重点。

第三，跨国公司加大了对发展中国家的投资力度。1997 年，发展中国家吸收的外国直接投资占世界投资总额的 37. 2%；1998 年由于亚洲金融危机的影响，这一比例下降到 25. 8%。但是中国自 20 世纪 90 年代以来吸收外国直接投资的数额一直在增长，1997 年吸收了 452. 57 亿美元，占发展中国家外国直接投资流入总额的 30%；1998 年吸收了 454. 63 亿美元，是 1990 年的 13 倍，占发展中国家外国直接投资流入总额的 27%。事实上，亚洲金融危机也给外国跨国公司带来了机遇，使其能够直接打入东道国市场或扩大在东道国已有的业务。1998 年，美国和欧洲国家并购亚洲国家企业的案件急剧增加。随着亚洲国家经济的逐渐复苏，跨国公司对该地区的直接投资呈上升趋势。另外，在过去一向被人忽视的非洲国家也出现了直接投资流入增加的迹象。

第四，跨国公司的对外直接投资越来越向服务业倾斜，在这些领域的投资增长速度最快。20 世纪 70 年代初期，服务业吸收的外国直接投资仅占全球外国直接投资存量的 1/4；1990 年这一比例仍不到一半；2002 年该比例已经上升至 60%，大约为 4. 4 万亿美元。除传统的贸易和金融服务继续占有重要地位外，近年来电力、电信、水利和其他商业服务吸引的投资也在大幅增长。

（五）2000 年以来的跨国公司

新千年伊始，跨国公司的跨国并购活动达到了一个新的高峰，2000 年全球跨国并购额为 11 438. 2 亿美元，占到当年全球外国直接投资总额的 76. 7%。然而 2001 年受到“9·11”事件的影响，跨国并购额骤降为 5 939. 6 亿美元，2003 年进一步下降为 2 969. 9 亿美元；2004 年随着世界经济的转暖，新一轮的并购热潮又展开了，当年跨国并购额回升至 3 806 亿美元，占外国直接投资总额的 58.7%。接下来的几年并购继续增长，据联合国贸易和发展会议统计，2007 年全球跨国并购达 10 227 亿美元；2008 年受全球金融危机影响，全球跨国并购有所下降，为 7 065 亿美元；2009 年跨国并购继续下降，为 2 497 亿美元；2010 年跨国并购有所回升；2011 年跨国并购达到 5 552 亿美元；2012 年受欧债危机的影响，全球经济增长放缓，该年度全球跨国并购额下跌至 3 080 亿美元；2013 年跨国并购额达到 3 490 亿美元。根据汤森路透（Thomson Reuters）的数据显示，2017 年跨国并购交易总额达到 3.5 万亿美元。另一方面，跨国公司继续增大在研发（R&D）上的投入。随着一些新兴发展中国家的兴起，跨国公司逐渐转移了研发活动投入区域，在 2002—2004 年涉及全世界研发活动的 1 773 个外国直接投资项目中，亚洲和大洋洲就占了世界总数的近一半（861 个项目），2005—2009 年有 62% 的跨国公司将中国作为其海外研发地点的首选，印度以 29% 居第三位。根据《世界投资报告2018》，2017 年中国吸引外国直接投资 1 360 亿美元，创历史新高。2018 年上半年，中国实际利用外资 4 462.9 亿元人民币，继续保持增长态势。这对于促进中国的技术进步具有一定的积极作用。

另外，服务业在跨国公司的对外直接投资活动中所占地位得到进一步提升。据联合国贸易和发展会议统计，2003—2005 年全球服务业吸收跨国投资额为 4 355 亿美元，占全部跨国投资的 58%。其中，金融业比重最高，占 20%；商务服务业和批发零售业的比重为 16.7% 和 7.6%，分居第二、三位。此外，2004—2006 年服务业跨国并购额累计为 11 575.1 亿美元，占同期全球跨国并购总额的 58.5%。2013 年服务业跨国并购额为 680 亿美元。2016 年中国境内并购金额最多的是金融业，其以 9.54% 的案例数量贡献了 22.83% 的交易金额。2017 年从全球外国直接投资流入的行业来看，服务业吸引的外国直接投资占全球外国直接投资的 56%。虽然随着服务业的跨国并购额的不断增加，第一、二产业的跨国并购呈整体下降趋势，但由于中国等新兴发展中国家的并购活动的兴起，对于初级产品领域的并购起到了促进作用，例如中国五矿集团公司成功收购澳大利亚矿业公司（OZ），这同时也表明发展中国家的跨国并购走上了一个快速增长期。

三、跨国公司一体化经营战略的演进

跨国公司经营战略的一体化的基础是其内部的国际分工。跨国公司在其发展过程中凭借雄厚的资金、尖端的技术、管理诀窍和销售技能等内部优势大规模地进行内部分工，以克服市场不完全的缺陷，降低交易成本，从而形成了统一控制下的一体化经营战略。跨国公司在其一体化经营过程中扮演了集生产者、投资者、交易者、技术传播者和人员移动者于一身的角色。跨国公司的一体化经营可从职能一体化和地域一体化两个方面来进行分析。

（一）职能一体化经营战略的演进

跨国公司通过内部分工可以将其创造价值的过程分解为一系列互不相同但又相互关联的经济活动或“增值活动”，其总和就构成了“价值链”。所谓“价值链”是指企业组织和管理与其生产和销售的产品与服务相关的各种价值增值行为的链节的总和，每一价值增值行为构成了价值链上的一个链节。构成价值链的各个链节的活动可以通过不同的形式联系起来，并且可以有不同的紧密程度。

职能一体化经营战略就是跨国公司对其价值链上各项价值增值活动（即各项职能）所做的一体化经营战略安排。职能一体化经营战略的演进过程主要经历了三个阶段。

第一阶段：独立子公司经营战略。跨国公司战略的一个普遍形式是设立独立的子公司，即在东道国经济环境中比较独立运作的子公司。该战略的主要特征是跨国公司国外子公司所在的市场多为独立市场，实行这一战略的主要动机是为了避免关税壁垒及利用当地的资源优势，产品主要是为了满足当地需求。母公司与子公司之间的联系主要通过所有权来控制，其他联系还有转移技术和提供长期资本。子公司拥有很大的自主权和相对的独立性，与母公司或其他子公司很少存在分工与协作，也较少考虑母公司的整体利益。独立的子公司对它运作的价值链的大部分是自负其责。子公司也可以雇用当地工人和管理者，通过当地金融中介进行借贷，并从事和其他国家的国际贸易。大的跨国公司可以控制许多独立的子公司，每个子公司服务于一个独立的东道国。

第二阶段：简单一体化经营战略。在这种经营战略下，母公司与子公司之间的联系是双向的，所以需要高度协调。母公司通过所有权或分包等手段几乎控制着一体化生产的所有职能，而将关键的技术研发环节留在母国，子公司的独立性很小，但各子公司之间保持着相对独立。这种战略的实现主要通过跨国公司寻求外源来参与国际化生产。外源化的主要动机是利用东道国与跨国公司价值链有关部分的区位优势。母公司通过对子公司的所有权或通过与当地公司的非股权安排，使跨国公司能参与价值链中的某些部分。外源化国际生产表明价值增值活动向非母国、非初始国或非最后销售国转移。所以，组织外源化国际生产要求跨国公司的职能实现一体化。在实践中外源化是由成本驱动的。比如美国耐克公司就是实行简单一体化经营战略的，母公司负责所有的产品开发和营销，而将产品生产分包给 40 个国家和地区的子公司，这些子公司主要分布在南亚和东南亚等地的发展中国家。这些地方能节省较多的劳动力成本。若某一东道国的工资成本增加，母公司就会考虑将生产转移到其他国家。比如耐克在韩国的许多分包商生产效率很高，但因成本上扬而不能维持耐克的业务了，耐克就会将韩国的业务转移到成本更低的地方去。

第三阶段：复合一体化经营战略。随着交通和通信手段的进步及信息化的发展，很多跨国公司特别是大型跨国公司采取了复合一体化经营战略。复合一体化经营战略的前提是公司具有将生产或供应转移到任何一个更能获利的地点的能力。复合一体经营战略的特点是：跨国公司着眼于全球市场和公司的整体利益，将子公司的业务作为其整体价值链的有机组成部分，在全球范围内实行资源的最佳配置、协调和管理。子公司在全球范围内实行职能分工和专业化，不具有独立性。复合一体化带来了组织重构、决策和管理职能的分散化以及地区总部和职能总部的兴起，形成了一种跨国界的资源和信息纵横流动的网状组织。母公司通过这一网络将位于不同区位、不同产业的子公司的经营活动连为一体，服务于其全球战略。例如，美国的施乐公司过去实行各国国内战略，20 世纪 80 年代初，已在英国、日本等地建立了很多相对独立的子公司，每个子公司都独自负责从产品设计直至分销的整个过程。来自日本佳能等公司的激烈竞争促使施乐公司在20世纪80年代中后期实行了复合一体化经营战略，包括建立了规范统一的经营标准和全球产品开发机构，实行了集中采购制度等，大大提高了公司运作的效率和整体竞争力。

复合一体战略使国家与民族的界限日益模糊，跨国公司出现了一些新的特点。第一，更多的跨国公司任命外国人担任母公司高级职务，甚至最高领导。例如，美国海因茨公司的首席执行官是爱尔兰人；宝洁公司的首席执行官兼总裁是荷兰人；麦肯锡公司的董事长是印度人；瑞士雀巢公司的董事长是德国人，而且其董事会中的瑞士人还不到全体董事的1/2。第二，跨国公司的海外分支机构出现了本土化经营的趋势，任命本地人担任高级职务包括地区总部的总裁，这样做不仅是为了降低人力资本，也是为了利用当地人才资源，融入当地社会。第三，由于英语作为商业语言的普及性，像法国的汤姆逊公司、瑞典的ABB公司等大的跨国公司甚至在自己的母国都把英语作为工作语言。

（二）地域一体化经营战略的演进

地域一体化经营战略是指跨国公司对它所控制的各类实体在地域范围和地理联系上所做的一体化战略安排。亦即是指跨国公司国际化生产在地理范围上的扩展和跨国公司内部各实体间在地理上的紧密联系。地域一体化经营战略演进经历了三个阶段。

第一阶段：多国战略。在这一战略下，每个子公司主要服务于一个东道国的市场，而跨国公司母公司则可以控制不同东道国市场的多个子公司。跨国公司采取各国战略的目标主要是跨过东道国设置的各种贸易壁垒，进入富有吸引力的东道国市场。在一些产业中，为了获得规模经济效应的需要和为了满足特定国家需求偏好和习惯要求，也会采取多国战略。比如许多服务业跨国公司采取多国国内战略就是因为它们所销售的一般都是非贸易性服务。

第二阶段：区域战略。这一战略是适应区域化国际生产要求而产生的。区域化国际生产体系包括在某一地区各东道国设置的子公司和作为供应商与分包商的非本系统公司。产品最终组装可以安排在该地区的任何国家，其主要市场也是同一地区。许多跨国公司都拥有根据区域划分而形成的生产网络。在欧洲、北美和东亚，跨国公司都有自己的地区网络。国际直接投资存量和美、日、欧对发展中国家的投资也反映了这种特征。美国跨国公司是许多拉美和加勒比国家的主要投资国，日本跨国公司在亚洲日益占主导地位，而欧盟的跨国公司在中欧、东欧和非洲占有最大的比重。跨国公司的欧洲战略是与区域经济一体化发展相吻合的。

第三阶段：全球化战略。全球化战略是跨国公司更高级和更复杂的国际化经营战略。全球化意味着跨国公司的经营活动在更广泛的地理范围内扩展。全球化还包括跨国公司为了利用经济增长和需求趋同而与其他公司进行激烈竞争抢占所有世界市场的策略。跨国公司全球化战略的实现往往是利用它集中于区域或次区域基础上的网络来进行的。比如日本汽车工业中最大的跨国公司本田、尼桑和丰田在美、日、欧地区都设有汽车生产和销售网络，这些跨国公司就通过其价值链的区域组织来达到自己的全球目标。它们在每一地区的网络都通过所有权和技术与母公司联系在一起，并从其他地区的子公司和非本公司的公司获得原材料和零部件，所有的地区网络都向其他地区销售产品，不同地区所生产的产品极为相似，但附加价值总额归原地区网络经营商所有。

总之，随着信息技术的广泛应用，经济全球化进程的加快，跨国公司的一体化经营战略还会进一步发展。可以说，经济全球化是跨国公司追求的目标，而跨国公司的一体化经营战略又极大地加速了经济全球化的进程。跨国公司的一体化经营战略向公司外发展就形成跨国公司间的国际战略联盟。

四、跨国公司的对外直接投资对世界经济的影响

（一）加速生产与资本国际化，促进生产力发展

跨国公司是生产和资本国际化的结果，但跨国公司的发展又反过来促进了生产和资本进一步国际化。跨国公司的发展使国际分工更加深化细致。从产业间的分工发展到以产品多样化为特征的企业间的分工和以零部件及生产工艺专业化为特征的企业内部的分工。生产的国际化不仅表现在跨国公司的全球化战略，在国际市场范围内合理地配置资源，同时还表现在跨国公司的产品生产过程是由分散在世界各地的子公司在同一个价值链中完成的。跨国公司的这种一体化经营活动，组成跨越国界的生产线，优化各子公司所在的价值链节点上的生产、销售活动，以获得规模经济效益，提高劳动生产率，促进了生产力水平的提高。比如西欧“二战”后电子计算机、汽车、石油化工、合成纤维、人造橡胶等新兴工业都是由美国的跨国公司最先投资建立起来的。一些资源丰富、人口稀少的国家（如加拿大、澳大利亚）的经济开发也与发达国家跨国公司的国际投资行为有关。“亚洲四小龙”的崛起、拉美新兴工业化国家的制造业、交通运输业的发展，也离不开跨国公司的贡献。

（二）促进科技进步，加强国际技术交流

科技优势是跨国公司拥有的最主要的优势，知识密集型产品是跨国公司的主要产品，跨国公司通过对这些科技的垄断和内部化，实现最大限度的利润。科学技术的特点就是不断地开发和创新。跨国公司要在国际竞争中保持和扩大自己的阵地，就需要不断地在研究与开发方面扩大规模投资，不断地开发新产品，提高产品的质量。随着研究与开发成本的不断上升，许多跨国公司为了降低成本，分散风险并取得最佳的经济效益，更多地通过非股权安排下的战略技术伙伴来建立公司间的共同研究开发网络，以实现技术知识资源共享。仅20世纪80年代跨国公司采取的这种战略性技术合作就超过了4 000项。20世纪90年代各种各样的战略联盟更是成为全球关注的热点。比如IBM公司和汤姆逊半导体（法国）联合开发微处理芯片，和东芝合作开发静态随机记忆芯片，和西门子一起研究开发动态随机记忆芯片。跨国公司通过战略联盟的形式进行新产品的研究开发，大大地推动了科学技术的进步。跨国公司不仅是新技术的开发创新者，还是先进技术的传播者。跨国公司将自己研究开发的新技术在遍及世界的子公司扩展，使这些新技术迅速地引入生产过程，并在世界范围内扩散，从而促进了世界生

产力的提高。

（三）促进国际贸易的发展

20 世纪 80 年代以来，跨国公司对外直接投资的增长速度超过了世界贸易的增长速度。跨国公司控制了 70% 左右的世界贸易，已经成为国际贸易的主要承担者和微观载体。第一，跨国公司扩大了国际贸易的规模。跨国公司在东道国投资建厂，带动了大量机器设备、原材料和零部件的进出口。第二，跨国公司跨国界的内部贸易也占了其国际贸易的很大份额。第三，跨国公司垄断了国际技术贸易。跨国公司不仅是新发明、新技术、新技能的主要开发者，同时也是国际技术贸易的主要承担者。第四，跨国公司改变了国际贸易分工体系和地区分布。随着跨国公司的投资重点由传统的资源开发、初级产品加工业向高新技术等高附加值产业和服务业转移，国际贸易分工体系也发生了同样的转移。在世界贸易中初级产品所占比重下降，高附加值产品和服务贸易所占比重上升。跨国公司分别控制了技术贸易的 90% 和服务贸易的 80%。在地区分布上，“二战”后跨国公司投资重点从落后国家转向发达国家，形成了美、日、欧三分天下的格局，并且占领全球对外投资的 3/4，促进了发达国家之间的贸易的增加。第五，跨国公司促进了贸易自由化。跨国公司在全球的发展，对各国政府形成有关投资和贸易自由化的政策框架，起到了推波助澜的作用。

（四）促进国际资金的运动

跨国公司的国际投资加强了国际资本（即生产资本和借贷资本）的国际流动。跨国公司向海外子公司提供资金，从子公司提取利润，以及它们之间的经营业务往来，会引起大量的生产资本流动。跨国公司在国际市场上买卖股票、债券，外汇等又会引起大量的借贷资本的流动。特别是在 20 世纪 90 年代以后，电子通信技术的发展，金融交易技术的创新，世界金融市场交易在以“光”的速度昼夜不停地运作，大量流动资金在其中进行频繁而快速的交易，使得国际资金运动的速度大大加快。

（五）推进了经济全球化

经济全球化是当代世界经济发展的大趋势。所谓经济全球化是指世界各国在全球范围内的经济融合。正如国际货币基金组织指出的，全球化是指跨国商品与服务及国际资本流动规模和形式的增加，以及技术的广泛迅速传播使世界各国经济的相互依赖性增强。由于第三次科技革命所带来的国际分工的扩大与深化，世界各国的经济活动更加国际化，世界经济的同质化程度迅速提高，各国对于企业经营业绩和经济发展水平的标准趋于一致，市场原则成为不同类型国家普遍遵守的原则，由此形成了世界市场的空前统一和扩大。这一经济全球化的趋势在很大程度上是由跨国公司推动的。跨国公司作为国际直接投资和国际贸易的主要承担者，将贸易的功能和投资的功能统一到了其以全球为目标的一体化经营战略中，对经济全球化起了重要的作用。跨国公司的直接投资带来的不仅仅是资金，而是一种资金、技术和管理技能紧密结合的一揽子资源。跨国公司与其海外子公司之间通过所有权、经营管理、技术转移以及利润分配等方式建立起各种联系，加深了国与国之间的一体化程度。而跨国公司沿着价值链将产品生产过程延伸到了更加广阔的区域，这就使母公司与子公司、子公司与子公司之间建立了一种密集的生产关系网络。随着这种网络的扩展，必然推动各国经济在世界范围内的融合。

第四节　案例分析

2013 年 2 月 26 日，中国海洋石油有限公司宣布完成收购加拿大尼克森公司，收购总对价约 151 亿美元。这是中国企业成功完成的最大一笔海外并购。

尼克森公司是加拿大一家独立的全球性能源公司，专注于西部油砂、页岩气及主要位于北海、西非海上及墨西哥湾深水海域常规油气勘探。尼克森公司自 2011 年起一直都在寻找买家，并寻求至少 35% 的溢价收购。2011 年末，该公司市值下跌至账面价值的 92%，为 16 年来最低。当年该公司在扣除利息、税收、折旧等费用后的组合资产和净负债额是其利润的 3.5 倍。有数据显示，其营业收入低于大多数北美的石油勘探公司，而其市值却比这些公司多 10 亿美元，并且由于其 LongLake 油砂项目的产量一直较低，在该项目上的糟糕表现也使得该公司股价大幅下跌。

中国海洋石油总公司（China National Offshore Oil Corporation，CNOOC，简称中海油）是 1982 年 2 月 15 日成立的国家石油公司，负责在中国海域对外合作开采海洋石油、天然气资源，注册资本 949 亿元人民币，总部设在北京。中海油自成立以来一直保持了良好的发展态势，由一家单纯从事油气开采的纯上游公司，发展成为主业突出、产业链完整的综合型企业集团，形成了油气勘探开发、专业技术服务、化工化肥炼化与新能源等六大良性互动的产业板块。

这一并购意义重大。对于中海油，寻求海外油气资源一直是其重要的战略之一，因为国内的石油储量十分有限。海外收购可能碰到许多障碍，如企业不愿出售、价格过高等。因此这笔交易是一个很大的成功。通过此次收购，中海油将会增加 30% 的石油储量，对于其自身的核心资源是个有益的补充，同时还能够获得更多技术人才等优势资源，提升企业自身的资源利用效率。并购成功后，中海油将在全球石油定价体系中扮演重要角色，并且可以获得供给端的关键市场信息。当然，以中海油为代表的海外并购也有更深层面的国家战略意义。

收购成功只是万里长征迈出的第一步。我国石油企业进入西方市场将会面临商务运作能力、海外社会责任、国际化管理能力以及国际化人才等种种挑战。中海油面临的挑战有公司接管后如何正常运转；如何在保证项目投资、资产增值和发展的同时，实现有效控制，其中公司经营理念和公司文化的融合尤为关键。中海油计划通过在卡尔加里设立总部，建立北美和中美洲运营平台，负责管理尼克森公司现有资产以及中海油在加拿大、美国和加勒比海地区的资产。

思考题

一、名词解释

1. 国际投资
2. 跨国公司
3. 经济全球化
4. 东道国

二、简答题

1. 简述国际投资的主要特点。
2. 国际直接投资迅速发展的原因有哪些?
3. 跨国公司与国内企业相比具有哪些特点?

三、论述题

1. 试述跨国公司近年来在中国的投资状况及迅速扩张的主要原因。
2. 试述国际投资布局的历史演变及其主要原因。

第二章　国际直接投资理论

✓ 本章摘要

本章主要介绍国际直接投资的主要理论，即垄断优势理论、市场内部化理论、产品生命周期理论、边际产业转移理论、国际生产折中理论。从不同侧面和层次展现国际直接投资产生的内在动因。通过对本章的学习，学生可以把握国际直接投资领域的各个主要理论的基本观点，形成相对完整的理论体系，为进一步研究奠定坚实的理论基础。

✓ 本章关键词

垄断优势　市场内部化　产品生命周期　边际产业　国际生产折中理论

✓ 学习完本章，你需要掌握

跨国公司垄断优势的形成，市场内部化的动机、实现条件和收益，产品生命周期三阶段模型及其区位转移，边际产业扩张理论的核心、推论和政策主张，国际生产折中理论的三大基本因素，投资发展周期论的基本思想。

第二次世界大战后，跨国公司迅速发展，国际直接投资的增长速度不仅快于世界经济的增长速度，而且也快于国际贸易的增长速度。以跨国公司为主体的国际直接投资成为现代世界经济的重要影响因素，这一现象引起了世界理论界的广泛关注，各国学者纷纷对此进行了深入的研究，从不同的侧面探讨了国际直接投资产生的内在动因，从而形成了比较完整的国际直接投资理论体系。

第一节　垄断优势理论

一、不完全竞争市场的形成

不完全竞争是指由于规模经济、技术垄断、商标及产品差别等引起的偏离完全竞争的市场结构。寡占是不完全竞争的主要形式。不完全竞争市场是指市场的运行及其体系在功能或结构上有缺陷和失效的市场。

传统的国际贸易理论是以完全竞争理论为前提的，在自由竞争的完全市场条件下，企业可以在市场上实现自己的买卖关系，企业可以根据各自的比较利益从事进出口活动，所以国际贸易也就是企业参与国际市场或对外扩张的唯一方式。但随着经济的发展、垄断的出现以及贸易保护主义的抬头等，世界市场的完全性被打破，出现了不完全的竞争市场。

市场的不完全性主要包括以下四个方面。

（1）产品和生产要素市场的不完全。即有少数买主或卖主能够凭借控制产量或购买量来影响市场价格的制定。比如在商品性质、商标及特殊的市场技能或价格联盟等方面的控制权，都会导致产品市场的不完全。在要素市场上，劳动力、资本和技术方面，特别是技术和知识市场存在着不完全。比如在技术转让中，技术拥有者（卖方）和技术购买者之间存在着信息不对称现象，由此提高了技术转让的风险，从而增加了成本。买方在购买技术过程中，虽能间接地从卖方那里了解到这种技术的有效性，但卖方为了使买方相信技术的有效性，就必须将技术的有关细节公开或部分公开，这样又会导致技术的无偿转让。

（2）由规模经济引起的市场不完全。传统的比较优势模型是假定规模报酬不变的。但实际上，有一些行业的规模越大，单位产品成本越低，边际收益越高，这就是规模经济。在这些行业中，规模经济对国际贸易起着重要的作用。规模经济的结果是使企业在本行业中处于垄断地位，达不到这种规模的中小企业被挤出，从而导致不完全竞争的出现。规模经济包括内部规模经济和外部规模经济。当规模经济存在于单个厂商内部时就称为内部规模经济。当规模经济存在于整个行业内部时就称为外部规模经济。内部规模经济导致厂商单位产品成本的直接降低，而外部规模经济则导致同行业生产的集中度提高。厂商通过资源共享特别是知识共享提高了生产效率。

（3）由于政府干预经济而导致的市场不完全。“二战”后各国经济发展的一个特点是增加了政府干预经济的力度。政府干预行为的目的是纠正市场自发造成的弊端，而政府一旦干预经济就必然带有人为性、强制性，必然打破市场的完全性。

（4）由关税引起的市场不完全。“二战”后各国的贸易保护主义抬头，发达国家实行战略性贸易政策，保护或支持某些特殊产业，设置了关税壁垒。发展中国家在“二战”后，为保护幼稚的民族工业也设置了高关税壁垒。关税的存在必然阻碍着国际贸易的正常进行，从而破坏了国际市场的完全性。不完全竞争必然导致国际直接投资。

垄断和寡占的存在导致不完全竞争，不完全竞争必然导致商品和要素市场的不完全，使企业所需的产品和生产出的产品无法在国际市场上正常交易。各国政府采取不同的经济政策和法规，如关税、税收、汇率和利率等，对经济进行干预，使国际市场出现不完全。在外部市场失灵的情况下，企业所需的中间产品如原材料、半成品、技术知识产品等的国际市场交易出现低效率或高交易成本，知识外溢给企业造成的损失等，迫使企业选择国际直接投资方式来克服这些市场不完全所带来的风险。这种市场的不完全性导致各国在商品和要素的市场容量、供求关系、价格水平上出现了种种差异，从而为国际直接投资开辟了空间。

二、垄断优势理论的形成

1960年，美国经济学家海默在他的博士论文《一国企业的国际经营：对外直接投资研究》中，首次提出了垄断优势论，不仅首先创立了国际直接投资理论，而且也开创了国际直接投资理论研究的先河，被称作“零公里界碑”。海默的这篇论文虽然充满新意，行文流畅，条理清晰，给人以启迪，但当时并没有引起理论界的重视。后来经过他的导师美国著名国际经济学家查尔斯·金德尔伯格对该理论的补充、发展和完善以及大力的宣传，使海默也被誉为国际经济学界的著名学者，但他的博士论文直到他去世后两年的1976年才公开出版。

海默在他的博士论文中，根据美国商务部关于直接投资与间接投资的区分准则，实证分析了美国1914—1956年对外投资的有关资料，并得出了对外直接投资与对外证券投资有着不同的行为表现，传统的理论难以对直接投资做出科学的解释。传统的解释国际资本运动的理论是要素禀赋论。该理论认为，各国的产品和生产要素市场是完全竞争的；资本从“资本过剩”国流向“资本短缺”国；国际资本运动的根本原因是各国间利率的差异，对外投资的主要目标是追求高利率。海默的理论认为这种传统的理论无法解释战后迅速发展的国际直接投资。海默在大量实证分析的基础上指出，现实的市场是不完全竞争的市场，面对同一市场的各国企业之间存在着竞争，若实行集中经营，则可使其他企业难以进入市场，形成一定的垄断，既可获得垄断利润，又可减少由于竞争而造成的损失。因此，跨国公司实际上就是垄断者或寡占者。海默认为，市场的不完全竞争是跨国公司进行国际直接投资的根本原因，而跨国公司特有的垄断或寡占优势是其实现对外直接投资利益的条件。

由于跨国公司在进行对外直接投资时，相对于东道国厂商处于较为不利的地位，比如东道国企业熟悉投资环境、熟悉市场、运输费用低廉、信息灵通、决策迅捷、易于获得政府的支持以及不存在语言文化障碍等。跨国公司在东道国投资要承担比东道国企业更大的风险。为了要在竞争中获胜，跨国公司就必须利用市场的不完全性和自身的垄断优势来抵消东道国厂商所特有的优势，补偿在东道国陌生环境中投资经营所增加的成本，并能获得高额利润。垄断优势理论认为跨国公司拥有的垄断优势主要有以下几个方面。

（1）技术优势。拥有先进技术是跨国公司最重要的垄断优势。大型跨国公司拥有极强的科研力量和雄厚的资金，可以投入巨额资金开发新技术、新工艺。跨国公司可以通过专利等手段，防止这种新工艺、新技术为同行所利用，保持这种优势在跨国公司内部长期使用，以保持其垄断地位，这与单纯的技术转让相比，可获得更大的利润。跨国公司的新产品开发技术是其技术优势中最有实质性的部分。跨国公司的许多开发、研究所取得的成果投入生产过程后，必然要走向产品异质化。因为对新产品进行异质化只需对产品的物质形成性能做少量改变，就可以既免受同行的仿造，又扩大市场占有量，从而扩展原有的优势。

（2）先进的管理经验。跨国公司拥有受过良好的训练与教育的员工、经验丰富的经理人员和经过实践考验的、能有效运行的组织结构和机制，能保证整个企业的高效运营。这既是先进技术对公司组织的要求，又是先进技术得以在公司普及的条件。跨国公司还在长期的世界市场竞争中总结出一整套适应于现代化生产过程的先进管理技术，大大地优化公司的生产经营活动和资源的有效配置。这是国内企业所无法比拟的优势。

（3）雄厚的资金实力。大型跨国公司的资金由两部分构成：一部分为公司自有资金，另一部分为金融市场上融资的资金。首先，跨国公司本身具有雄厚的资金实力，并且公司总部可以在公司内部的各子公司之间灵活调度数额庞大的资金，这是一般国内企业无法与之相比的。其次，跨国公司可以在国际金融市场上利用公司良好的资信顺利地融资，大大地降低融资的成本。有了大量的资金就可以在世界范围内寻找最有利的投资项目，以保证跨国公司可以获得大大高于国内企业的高额利润。

（4）全面而灵通的信息。大型跨国公司拥有先进的通信设备，分支机构遍布全球，它们收集的信息不仅全面灵通，而且可以得到及时的处理。当今世界已经迈入了信息社会，一个企业的成功与失败同它具有的信息密切相关。可以说，现代社会中，谁拥有了信息，谁就拥有了世界。有些跨国公司在信息网络上投下巨资，不仅是要拥有大量的信息为公司的运营服务，而且还要在信息网络服务上获得垄断优势。

（5）规模经济优势。大型跨国公司大都从事科学技术密集型、知识密集型行业。这些行业的规模越大，单位产品成本越低，边际收益越高，这就是内部规模经济。跨国公司可以利用各国生产要素的差异，通过横向一体化取得这种内部规模经济优势，提高公司获利能力。这种内部规模经济还会促进同行业在地域上的集中，促进专业化供应商队伍的形成，使一些关键的设备和服务由专业供应商提供，还可以实现高技术的劳动力市场的共享和知识外溢所带来的利益，这就是外部规模经济。跨国公司可以通过纵向一体化取得这种外部规模经济的优势，并使之转化为公司内部的利润。

（6）全球性的销售网络。大型跨国公司历史悠久，声名显赫，影响面广，其产品更容易打入国际市场，特别是这些大型跨国公司都有自己独立的销售网络，并且与国际包销商建立了长期而稳定的业务联系，销售成本低，成效速度快，商品流转速度快等。这就使跨国公司在销售方面占有巨大的优势。

总之，垄断优势理论认为，对外直接投资是不完全竞争的产物，纯粹竞争性的市场部门不会出现对外直接投资；跨国公司为保持垄断优势的独占性，对与东道国创立合资企业不感兴趣，而更倾向于创办独资企业；寡占行为是西方发达国家之间进行相互直接投资的重要原因。所谓寡占行为是指处于垄断地位的跨国公司通过在竞争对手的领土上建立市场来加强国际竞争地位的活动。发达国家之间相互直接投资是国内寡占竞争行为在世界范围内的延伸，其目的在于防止竞争对手占领潜在市场而削弱自己的竞争地位。例如，在制皂业中，莱弗尔兄弟公司在美国营业，普罗克特—甘布公司就在英国营业；在石油业中，壳牌公司在美国营业，而埃克森公司则在其他各个市场营业。这种投资的目的不是获得收益，而是防止市场的丢失。垄断优势理论还可以得出以下推论：对外直接投资集中于某些特定的行业，各国处于这些同一行业的企业面临着同一市场；从事对外直接投资的主要是少数大公司，因为只有这些实力雄厚的大公司所拥有的优势才能克服跨国经营所带来的障碍，并拥有绝对优势；国际直接投资发生在利润负相关的企业之间，会出现不同行业企业的合并；由小公司构成的行业不会发生国际直接投资。

1950 年美国官方的统计资料表明，美国对外直接投资主要集中在石油、橡胶、汽车等几个少数行业。在这些行业中，少数几个大公司在对外直接投资中占主导地位。在美国对外直接投资的行业中，也有大量的外国企业在美国进行投资。大量从事对外直接投资的企业的行业集中度都很高。这些事实有力地支持了垄断优势理论。

三、其他学者对垄断优势理论的发展

海默和金德尔伯格的垄断优势理论为西方国际直接投资理论奠定了基础，确定了对外直接投资的内容，在整个 20 世纪 60 年代和 70 年代，西方经济学家在此基础发表了大量的论文，对垄断优势理论进行了检验和发展。

（一）约翰逊对垄断优势理论的发展

约翰逊在继承了海默和金德尔伯格的基本观点的基础上进一步研究了跨国公司所拥有的垄断优势。他在 1970 年发表的论文《国际公司的效率和福利意义》中指出，知识的转移是直接投资过程的关键。知识包括专利技术、专有技术、管理与组织技能、销售技能等一切无形资产。跨国公司的垄断优势主要来源于其对知识资产的控制。知识资产与其他资产不同，它的生产成本很高，如果通过对外直接投资的方式来利用这些资产，能够降低它的边际成本。知识资产的供给又极富有弹性，可以在若干不同的地点同时使用。所以，跨国公司的子公司可以利用总公司的知识资产，创造更高的利润，而东道国当地企业则无此优势。

（二）凯夫对垄断优势理论的发展

凯夫于 1971 年 2 月在《经济学》杂志上发表了论文《国际公司：对外投资的产业经济学》，从产品差别能力的角度对垄断优势论进行了补充。他强调，跨国公司所拥有的使产品发生差别的能力是其拥有的重要优势。产品的差异可以适应不同层次和不同地区消费者的消费偏好，从而扩大产品的销量。跨国公司可以充分利用自己的技术优势对原有产品进行革新改造，使其产品在实物形态上或功能上与其他生产者的产品存在差异，凭借优良的质量、优美的包装、新颖的外形等，吸引更多的消费群体。跨国公司还可以通过独特的商标品牌等营销技巧，抓住消费者的消费心理。这些都是跨国公司所具有的优势。

（三）尼克博克对垄断优势理论的发展

美国学者尼克博克在 1973 年发表了《寡占反应与跨国公司》，从寡占反应论的角度对垄断优势理论做了重要补充。他指出，寡占反应行为是促使战后美国跨国公司对外直接投资的主要原因。尼克博克将对外直接投资划分为两大类：一类是进攻性投资，是指在国外建立第一家子公司的寡头公司所进行的投资。一般来说，它要承担的风险更大。另一类是防御性投资，是指同行业的其他寡头公司追随进攻性投资，在同一地点进行的投资。这种投资比进攻性投资的风险要小。进攻性投资的动机一般来说是由产品同期引起的，而防御性投资的动机则是由寡占反应行为引起的。尼克博克主要研究的是后者。

尼克博克所指的寡占是指由少数几家大公司组成的或由几家大公司占统治地位的行业或市场结构。在这种行业或市场的结构中，每一家寡头大公司都占有举足轻重的地位，其重大活动都会影响到其他几家大公司。寡占反应行为是指每一家大公司对其他大公司的行动都十分敏感，紧紧盯着竞争对手的行动，一旦竞争对手采取对外直接投资，就紧随其后实行跟进战略，以维护自己的相对市场份额。寡占反应行为的主要目标在于抵消竞争对于率先行动所带来的好处，避免给自己带来风险。尼克博克认为，寡占反应行为必然导致对外直接投资的成批性。因为只有处于盈利率高的行业的跨国公司才能拥有雄厚的资金实力，才能做出迅速的防御性反应，也只有这样的跨国公司才可能在东道国当地市场迅速建立起与国内市场相类似的市场结构，并获得高额利润。尼克博克分析了美国 1948—1967 年对外直接投资的状况，发现美国跨国公司在国外的子公司中有一半是集中在三年内建立的，并且这些跨国公司的集中程度也高。西欧对美国的直接投资也反映出同样的情况。

四、对垄断优势理论的评价

垄断优势理论不仅开创了国际直接投资理论研究的先河，而且许多内容具有科学性。该理论提出了不完全竞争市场是导致国际直接投资的根本原因，并论述了市场不完全的类型；提出了跨国公司拥有的垄断优势是其实现对外直接投资获得高额利润的条件，并分析了垄断优势的内容；提出了知识的转移是跨国公司直接投资过程的关键，并分析了知识产品的特点；提出了产品的差异性是跨国公司进行对外直接投资的又一重要优势，并分析了产品差异性能给跨国公司带来的优势的维护和强化；提出了跨国公司的寡占反应行为是促使其对外直接投资的主要原因，并分析了寡占反应行为所导致的对外直接投资的成批性。这些理论对于国际直接投资理论和实践的发展都具有十分重要的意义。

垄断优势理论也存在着许多局限性：垄断优势理论主要是对美国对外直接投资研究的成果，并且研究的对象是技术经济实力雄厚、独具对外扩张能力的大型跨国公司；垄断优势理论没有对发展中国家的对外直接投资、中小企业的对外直接投资进行分析。实践中出现的情况则是，自 20 世纪 60 年代以来，许多发达国家的中小企业也积极进行对外直接投资，特别是广大的发展中国家的企业也加入国际直接投资的行列中来。垄断优势理论显然对这些新现象无法做出科学的解释。垄断优势理论的这些局限性使它失去了普遍的意义。

第二节 内部化理论

一、内部化理论的形成

内部化理论又称市场内部化理论，是当代西方较为流行的、较有影响的、关于对外直接投资的一般理论。内部化理论对跨国公司内部贸易目前增长的现象进行了深入细致的研究后，提出了一种解释国际直接投资的动机决定因素的理论。该理论认为，世界市场是不完全竞争的市场，跨国公司为了其自身的利益，为克服外部市场的某些失效以及某些产品（如知识产品）的特殊性质或垄断势力的存在，导致企业市场交易成本的增加，而通过国际直接投资，将本来应在外部市场交易的业务转变为在公司所属企业之间进行，并形成一个内部市场，并通过外部市场内部化，降低交易成本和交易风险。

内部化理论的雏形最早是由美国学者科斯在 1937 年出版的《公司的性质》一书中提出的。他认为，市场对于某种类型的交易来说是需要支付一定成本的。也就是说，当市场失效时，通过市场进行的交易就必然导致企业交易成本的增加，使企业的市场交易失去效率。参与市场的交易成本有：寻找合适的价格的成本，在合同中规定双方权利和义务的成本，与接受合同有关的风险成本，对市场贸易所支付的交易成本等。科斯认为，贸易在公司内部组织和展开的成本比较低，而通过市场展开的成本比较大，因此贸易最好在公司内部进行。这就是科斯定理的基本内容。科斯定理与传统的厂商理论不同。传统的厂商理论仅仅分析公司在取得规模经济中的作用，公司的水平一体化或垂直一体化经营是为了获取资金、生产与销售、管理的规模经济收益。科斯定理主要从公司内部分工的性质以及相应的产品交换机制与生产组织形式来研究公司的性质。外部市场机制的不完全导致公司内部分工和生产组织形式的变革，公司的水平一体化或垂直一体化经营的目标是将各阶段分工生产置于统一的管理体制之下，通过公司内部产品流通和资金调拨，避免外部市场交易成本所产生的不利影响。

内部化理论是由英国的巴克莱、卡森和加拿大学者拉格曼完成的。1976 年巴克莱与卡森在合著的《跨国公司的未来》一书中对传统的国际直接投资理论提出了批评，并提出了新的对外直接投资理论，标志着内部化理论的形成。拉格曼在 1981 年出版的《跨国公司的内幕》中指出，市场内部化是指将市场建立在公司内部的过程，以内部市场取代原来固定的外部市场，公司内部的调拨价格起着润滑内部市场的作用，使它能像固定的外部市场一样有效地发挥作用。

二、内部化理论的假定前提

垄断优势理论提出了市场不完全是跨国公司进行对外直接投资的前提条件。内部化理论也承认市场的不完全，但将其原因归结为市场机制的内在缺陷，从中间产品（特别是知识产品）的性质和市场机制的矛盾来论述内部化的必要性。内部化的目标就是要消除外部市场的不完全。巴克莱和卡森认为，不完全竞争并非由规模经济、寡占行为、贸易保护主义和政府干预所致，而是由于某些市场失效，企业市场交易成本增加所致。市场失效是指由于市场的不完全使企业在让渡自己的中间产品时无法保障自身的权益，不能通过市场来合理配置其资源以保证企业利润的最大化。所谓中间产品不仅包括半加工的原材料和零部件，更主要的是指专利、专有技术、商标、商誉、管理技能和市场信息等知识产品。这些中间产品在实现其专用权价值时，会因不完全竞争的市场而受阻。比如信息，在外部市场让渡时极易扩散，使所有者失去垄断优势，这就是市场失效的典型，也正是这种市场失效导致了跨国公司进行内部化。

三、内部化的交易成本及其影响因素

内部化的交易成本是指企业为克服外部市场的交易障碍而付出的代价。其影响企业交易成本的主要因素有以下几个。

（1）行业因素，主要包括产品的特性、产品外部市场的竞争结构、规模经济等。

（2）国别因素，主要包括东道国政治制度、法律制度和经济制度等特别是财政金融政策等对跨国公司经营的影响。

（3）地区因素，主要包括由于地理位置、社会心理、文化环境等。

（4）企业因素，主要包括企业的组织机构、管理经验、控制和协调能力等。

在以上四个因素中，行业因素和企业因素是主要因素，其中又以知识产品因素最为关键。随着科技的进步和能力的提高，企业生产经营活动的内容和范围均发生了极大的扩展，企业的生产经营活动需要有良好的外部环境，特别是发达的中间产品市场，但有些产品市场特别是知识产品市场是不完全的。这就导致了企业将不完全的外部市场内部化。

四、市场内部化的动机

市场内部化理论与垄断优势理论不同，它不是强调跨国公司所特有的知识产权优势本身，而是强调企业通过内部组织体系以较低成本在内部转移该优势的能力，并把这种能力当作企业发生对外直接投资的真正动因。该理论认为，通过国际直接投资在国外建立自己能够控制的子公司，能以较低的成本将技术优势转移到国外，还能保证这些知识产权优势不被外人染指，使得企业在技术创新阶段所投下的巨额研发费用得到最大限度的回报。

在市场不完全条件下，跨国公司为了谋求企业整体利润的最大化，往往倾向于将中间产品特别是知识产品在企业内部转让，以内部市场来代替外部市场，以避免外部市场不完全造成的损失。因此，跨国公司实行市场内部化的动机是由知识产品的特殊性质和知识产品的市场结构以及知识产品在现代企业经营管理中的重要地位所决定的。知识产品以及市场结构特点如下。

（1）知识产品的形成耗时长、费用大。跨国公司在进行知识产品的研发时投入了大量的人力和财力，并且从新产品的研发到实际应用再到产销所需时间较长，风险性较大。比如，一些大型跨国公司每年要投入大量的科技人员和数十亿美元的经费用于研发，而新产品的产生（即知识产品的生产成功）所需时间短则几年，长则十几年甚至几十年。企业付出如此巨大的代价，不一定就能保证生产出预期的知识产品，亦即企业投巨资进行的研发的结果具有不确定性，要承担很大的风险。即使研发的新产品问世了，也会因某一环节的不完美导致整个产品的质量和性能下降，从而导致市场份额的下降。比如计算机应用软件研发出的产品，往往有这样那样的缺陷而被别的产品所取代，或者需要投入更多的资本来研发换代产品。这样一次性的外部市场转让知识产品，不能全额补偿已经投下去的研发费用。

（2）知识产品可以给拥有者提供垄断优势。跨国公司如果将其拥有的知识产品在外部市场上转让，其结果是扶持了竞争对手，削弱了自身的优势和竞争能力。相反，如果将其拥有的知识产品在企业内部转让，可以有效地控制这些优势不被别人利用，长期保持对知识产品的独占优势，可以给研发这些知识产品的跨国公司带来更大的收益。

（3）知识产品的价格很难通过市场来确定。在市场不完全条件下，由于知识产品的特殊的“共享性”特点，企业基于保密的需要，在转让知识产品时不可能把所有的技术细节都提供给对方，这就使买方很难对知识产品有一个全面深入的了解，无法对知识产品进行合理定价。加上知识产品的经济效益只有在全部投入到生产过程之后，甚至在销售之后，其效益才能显现出来，所以在知识产品交易时，买卖双方就某项知识产品的经济效益无法达成一致，难以议定一个合理的价格。由于知识产品具有唯一性，缺乏可比性，卖者从稀缺、唯一的角度要价还价，使买卖双方提出的价格差异太大，难以成交。所有这些因素都使知识产品在外部市场上无法按供求规律确定一个价格，符合这一知识产品的实际价值。这就必然导致用内部化的方式来交易知识产品。

（4）知识产品的外部市场可能导致额外的交易成本。由于知识产品具有“共享性”特点，在外部市场上进行转让，可能发生知识产品的外溢，产生一大批的仿效者，企业从而失去了研发知识产品的独占优势，使企业投下的巨额的研发费用无法收回。特别是仿效者往往以极为低廉的价格抢占市场，使知识产品拥有者的市场份额急剧下降，导致企业遭受巨大损失。

以上这四个方面的因素作用的结果，促使企业对其拥有的产品实行内部化，控制其在企业内部使用，达到长时期保持对知识产品的独占优势，最大限度地收回研究开发费用，并最大限度地实现价值的增值。

五、市场内部化的实现条件

市场内部化的目标是获得更大的利润。只有当企业的内部交易成本低于外部交易成本时，外部市场的内部化才是有利的。外部交易成本是指通过公开市场进行交易的成本，包括发现相对价格的成本、确定契约双方责权的成本、交易和支付风险的成本以及缴付税款等。内部交易成本是指企业为克服外部市场交易障碍而必须额外增加的成本。它主要包括以下几个方面。

（1）资源成本。跨国公司实行内部化是将一个完整的市场分割为若干个独立的小市场，即内部市场。所以从全社会的角度来看，实行市场内部化并不能实现资源的最佳配置，只能在低于最优经济规模的水平上从事投资和生产经营活动，易造成资源的浪费。

（2）通信联络成本。跨国公司实行内部化的主要目标是保持对知识产品的长期独占权。为了避免技术泄密，跨国公司都要建立独立的通信系统，这就必然引起通信联络成本的增加。另外跨国公司的各个机构遍布世界各地，各机构之间距离遥远，通信基础设施差异较大，特别是东道国通信设施差的地方的子公司的通信联络成本会更高。

（3）国家风险成本。跨国公司实行内部化后，在东道国的投资和生产经营活动势必会形成对东道国市场一定程度的垄断和对当地企业的控制，这些都会对东道国经济产生不利影响，导致东道国政府的干预。东道国政府有可能采取歧视性政策，对外资股权份额加以限制、实行国有化等干预。这些又会使跨国公司在东道国的投资和生产经营活动面临风险，增加了一部分风险成本。

（4）管理成本。跨国公司在实行内部化后，对于遍布世界的子公司要进行严格的监督管理，要建立一整套的监督管理机制，需要投入更多的人力和财力，这也会加大跨国公司的管理成本。

跨国公司实行内部化，将中间产品特别是知识产品在公司内部转让，是通过内部转移价格来实现的。所谓内部转移价格是指母公司与子公司之间、子公司与子公司之间进行交易时所使用的价格。它包括两种类型：一是有形产品的转移价格，比如公司内部相互提供的设备、原材料和零部件等的价格；二是无形产品的转移价格，比如技术使用费，贷款利息商标使用费、佣金、管理费等。显然，内部化实现的条件是内部交易成本低于外部交易成本，内部转移价格低于外部市场价格。

六、市场内部化的收益

跨国公司实行内部化虽然要付出更多的成本，但也可以获得更多的收益，只要收益大于成本，对于跨国公司来说就是有利可图的。市场内部化的收益主要来源于消除外部市场不完全所带来的经济效益。市场内部化的收益主要包括以下几个方面。

（1）统一协调相互依赖的各项业务带来的经济效益。跨国公司实行内部化，将相互联系的各项生产经营活动置于统一控制之下，协调不同生产阶段的长期供需关系，这就可避免外部市场不完全所造成的生产经营活动的“时滞”，也可避免外部市场价格信号的失真所带来的对短期生产经营活动与长期投资计划的负面影响，从而使公司的生产经营活动更加高效运作，提高经济效益。

（2）由于制定有效的、有差别的转移价格所带来的经济效益。跨国公司通过内部化建立内部市场，对内部市场上流转的中间产品特别是知识产品运用差别性的转移价格，使中间产品市场高效运转，加上跨国公司的一体化经营战略，使公司的整个生产经营活动高效有序地运行，提高了经济效益。

（3）由于消除买方不确定性所带来的经济效益。跨国公司通过市场的内部化，将中间产品市场搞活，使中间产品的买卖在所有权上合二为一，买卖双方统一于同一个跨国公司内部，买卖合同关系长期而稳定，消除了外部市场上买方不确定性给企业带来的风险，特别是市场内部化减轻或消除了国际市场的不完全，缓和了出口贸易的不稳定性，从而提高了企业的经济效益。

（4）长期保持公司在全世界范围内的技术优势所带来的经济效益。技术优势是跨国公司所拥有的最重要的优势。跨国公司通过市场内部化建立知识产品的内部市场，使知识产品限制在公司内部转移，避免了知识产品外溢，限制了外国竞争者的迅速仿制，消除了知识产品优势散失的风险，长期确保了跨国公司在技术上的优势地位，也确保了自身的市场份额，给公司带来了更高的经济效益。

（5）由于避免政府干预所带来的经济效益。跨国公司在外部市场上，由于价格的公开性很难逃脱各国政府的干预，通过实行市场的内部化，跨国公司可以运用内部转移价格即划拨价格避开政府的干预，还可以在符合市场规则的条件下逃避税收、转移资金等，避开外汇风险和政治风险，获得较多的经济效益。

七、对内部化理论的评价

（一）内部化理论的意义

第一，内部化理论的出现标志着西方国际直接投资研究的重要转折。垄断优势理论从市场的不完全和寡占的市场结构论述了发达国家对外直接投资的动机和决定因素，内部化理论则从跨国公司所面临的内外部市场的差异、国际分工、国际生产组织的形式等来研究对外直接投资的行为和动机。与其他对外直接投资理论相比具有较大的适应性，较好地解释了跨国公司的性质、起源以及对外投资的形式等。它既可以解释发达国家的对外投资行为，又可以解释发展中国家的对外直接投资行为，因而被称作“一般理论”，即“通论”。该理论对国际经济学界产生了较大的影响。

第二，内部化理论较好地解释了跨国公司在对外直接投资、出口贸易和许可证安排这三种参与国际经济方式选择的依据。跨国公司通过对外直接投资市场内部化，保持其在世界范围内的垄断优势，从而实现公司利润的最大化，因此在这三种方式中居主导地位。出口贸易由于受到进口国贸易保护主义的限制，许可证安排由于局限于技术进入产品周期的最后阶段，因而均属于次要地位。

第三，内部化理论有助于解释战后跨国公司增长速度、发展阶段和盈利变动等事实。知识产品市场的内部化激励跨国公司在研发方面投入巨额资金，为保持和扩大拥有的技术优势而增加对外直接投资，推动了国际直接投资的高速增长。大型跨国公司的兼并和收购活动以及研发领域的扩展使其多样化经营程度进一步提高，也促进了国际直接投资的迅速增加。

（二）内部化理论的局限性

第一，跨国公司实行内部化主要是对高技术含量的知识产品实行内部化，这就势必阻碍了新技术、新产品在全世界范围的迅速普及，从而在一定程度上阻碍了生产的发展。

第二，内部化理论未能科学地解释跨国公司对外直接投资的区域分布，因而常常受到区位优势经济学家的抨击。

第三，内部化理论对西方大型跨国公司的垄断行为的某些特征未能做出具体的分析，这也是该理论的一大缺憾。

第三节　产品生命周期理论

一、产品生命周期理论的形成

1966 年，美国哈佛大学教授维农在垄断优势理论的基础上，发表了论文《产品周期中的国际投资和国际贸易》，提出了产品生命周期理论，对国际直接投资的动因做出了另一种解释。后来他又对该理论做了发展和完善，认为跨国公司拥有知识资产优势，具有新产品创新能力，并且极力维持企业所拥有的技术优势地位，以获得新产品的创新利润。但是新技术的发展日新月异，跨国公司不能长期垄断这些新技术，新产品一旦上市就会被竞争者仿制。新产品从研制创新阶段必然要过渡到产品的成熟阶段，然后再过渡到产品的标准化阶段。因此，跨国公司只有把企业拥有的技术优势和企业在特定东道国所获得的区位优势结合起来，才能发生直接投资，才能给投资者带来利润。

维农依据美国制成品建立了产品生命周期三阶段模型。

（一）新产品创新阶段

这是产品生命周期的第一阶段。这一阶段必须具备的条件是高知识的研发技能、巨额的研发资金和高收入、高消费的市场条件。所以在新产品的创新阶段，那些国内市场容量大、收入高、研发能力和资金雄厚的国家可以首先占据开发新产品、采用新技术的优势地位。维农认为只有美国具备这些条件。首先，美国发达的市场有助于促进美国跨国公司的产品创新。其次，美国的消费者人均收入高于其他国家，并且增长速度快，消费观念超前，促使美国的企业生产高档次、高质量的消费品。最后，美国的社会生产力发达，资金供给充足，自然资源丰富，但劳动力匮乏，单位劳动力成本较高。所以，在创新阶段美国最适合安排新产品的国内生产，以满足国内需求。在美国消费者对其他发达国家的消费者产生示范作用时，还应满足国外消费者的需求。

在新产品的创新阶段，新产品一般首先集中在发达国家的创新企业进行生产，有利于降低成本和垄断技术。因为在这一阶段，跨国公司投下了巨资研发出了新产品。公司可以利用垄断的专利和专有技术，将新发明的新技术首次应用于生产，此时最有利、最安全的选择是在国内生产，大部分的产品供应国内市场，并通过出口贸易的形式满足其他发达国家的高消费阶层的需求。在新产品创新阶段，产品尚未定型，企业又拥有技术垄断优势，有能力、也有必要对新产品在设计、质量、功能、包装等方面不断进行改进，以适应消费者的新的偏好。这就需要新产品生产所需的各种投入品（如原材料、零部件等）与加工工艺、规格的变化进行严密的协调，需要生产商与投入品供应商保持密切的联系，以保证原材料、零部件等及时供应。同时，也需要生产厂商与新产品的主要消费群体的空间距离接近，降低市场调研成本、运输成本和通信成本。在新产品创新阶段，由于生产商垄断了新技术，缺乏强有力的竞争对手，基本上控制和占领了市场份额，价格弹性较小，生产成本对生产区位的选择影响不大，生产商主要是通过垄断技术和新产品来占领市场的。至于其他发达国家的市场，由于其本国尚无生产厂商，必然依靠美国厂商的供应。

（二）新产品的成熟阶段

这是产品生命周期的第二阶段。在这一阶段，新技术日趋成熟，产品基本定型。随着国内国际市场对新产品的需求量急剧增加，产品的价格弹性也增大，虽然生产商可以通过新产品的异质化来避免直接的价格竞争，但降低生产成本、节省运输费用和关税支出已经显得越来越重要。特别是当国内生产的边际成本和边际运输成本超过国外生产的成本，加之国内外劳动力成本差异，使得生产基地由国内转移到国外更为有利。美国的新产品生产商将向拥有产品市场的其他发达国家投资设厂，就近供应市场。随着该产品的出口量急剧增加，原来生产商所拥有的垄断技术开始逐渐扩散到国外竞争者手中，仿制品开始出现，由垄断技术带来的优势开始出现丧失的危险。创新企业为了维持国外市场份额绕过贸易壁垒，接近消费市场和减少运输费用，就通过发展对外直接投资，在国外建立子公司，转让成熟技术，就地生产、就地销售，延伸对这一新技术的垄断优势。在这一阶段，虽然新产品已趋于成熟，出现了外国仿制者，开始了价格的竞争，但价格仍然较高。所以，生产商在对外直接投资时总是先到人均收入水平高、技术水平较先进、劳动力素质较好、与本国需求类型相似的其他发达国家或地区建立子公司，就地生产、就地销售。比如，美国的对外直接投资首先到欧洲和日本建立子公司，满足当地市场，并向其他国家出口，以维持现有的市场份额，防止潜在的竞争者占领市场。

（三）新产品的标准化阶段

这是产品生命周期的最后阶段。这一阶段的产品生产已经实行了标准化批量生产，创新厂商所拥有的垄断优势已经消失，竞争主要集中在价格上，创新厂商需要通过价格的竞争来维护其产品的国外市场。在这一阶段，劳动成本和某些资源条件日益成为决定产品竞争优势的重要因素。加之本国的市场已经趋于饱和，其他发达国家同类产品的出口量急剧增加。在这种情况下，生产的相对优势已经转移到技术水平低、工资低和劳动密集型经济模式的发展中国家和地区。创新厂商开始在发展中国家进行直接投资，转让其已标准化的技术。由于本国生产成本相对较高，创新厂商和其他发达国家的厂商都大规模减少或停止在本国的生产，转而从发展中国家进口该产品，来满足本国市场需求。所以，在产品的标准化阶段发展中国家对该产品的生产急剧增长。

二、产品生命周期的三阶段模型

根据产品生命周期理论，国际直接投资的产生是产品生命周期三个阶段更迭的必然结果。该模型假设世界上存在三种类型的国家：第一类是新产品的创新国，通常指最发达的国家，如美国；第二类是其他发达国家，如欧洲各国、日本和新兴工业化国家；第三类是发展中国家。随着新产品依次经历创新阶段、成熟阶段和标准化阶段，其生产的区位选择也依次从最发达国家向较发达国家，再到发展中国家转移，如图 2-1 所示。

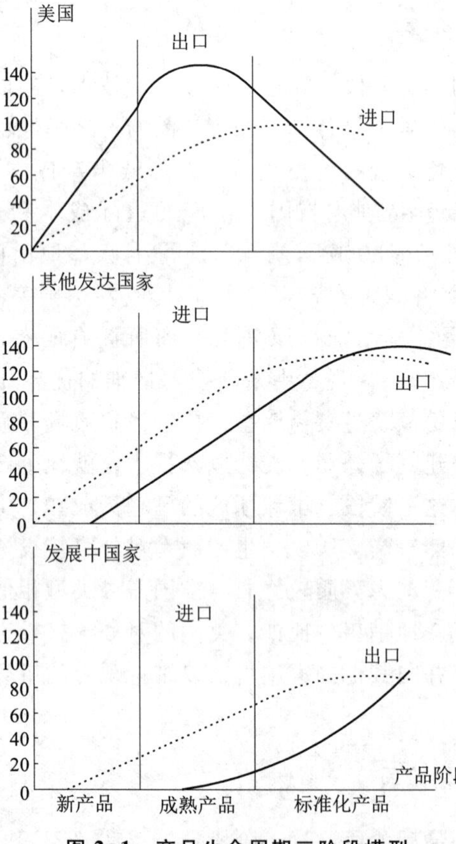

图 2-1　产品生命周期三阶段模型

在新产品的创新阶段，新产品首先由最发达的美国的创新企业生产并逐渐进入大规模生产，这一时期的产品主要满足本国市场的需求，因为只有本国的人均收入最高，只有本国存在对昂贵的新产品的消费群体。由于美国消费者对其他较发达国家消费者有示范作用，其他发达国家的高收入阶层也产生了对该种新产品的消费需求，所以随着产量和销售量的增加，有一小部分产品出口到其他较发达国家。由于在这一阶段创新企业拥有独占的技术垄断优势，其他发达国家也没有与之竞争的对手，创新企业基本上控制着国内外市场份额。在这种情况下，产品在国内生产将更为有利。所以这一阶段还没有发生国际直接投资。

到了产品生命周期的第二阶段，即成熟阶段，出现了由寡占竞争引起的对外直接投资。较发达国家的竞争厂商开始仿制创新企业的新产品，为了保护这些仿制厂商的利益，各国政府可能采取限制进口提高关税的政策，以支持本国企业迅速发展新产品替代进口。在这种情况下，创新企业为维持其在国外的市场份额，绕过贸易壁垒，通过对外直接投资在东道国建立子公司，专门供应东道国市场。在这一阶段，由于技术垄断局面完全被打破，创新企业一方面通过新产品异质化来保持自身的竞争优势，另一方面也通过许可证方式获取收益。新产品市场的垄断竞争局面正式形成。最发达国家美国的出口和较发达国家的进口开始减少，发达国家对新产品的消费对发展中国家的消费者具有示范效应，导致发展中国家对该新产品的需求增加，从而又导致发展中国家对该产品的进口增长，各发达国家的厂商都转向发展中国家出口该产品。随着较发达国家越来越多的仿制厂商的出现和发展中国家消费的增加，各发达国家的厂商都开始向劳动力成本更低的发展中国家进行直接投资，因此，发展中国家也产生了对该产品的少量的生产能力。总之，在这一阶段产生了国际直接投资，并且投资的区位重点主要是在较发达国家和新兴工业化国家和地区。

到了产品生命周期的最后阶段，即标准化阶段，新产品的生产已经成为标准化的生产，技术已经普及，技术方面的垄断优势已经完全丧失，价格方面的竞争压力越来越大，降低成本已经成为增强竞争力的第一要旨。这一阶段只有发展中国家具有廉价的劳动力优势和资源优势，因此发达国家的厂商就把新产品的生产完全转移到发展中国家进行。这时发展中国家对该产品的生产急剧增加，不仅满足本国市场，还反过来向最发达的美国和其他较发达国家出口。所以在产品标准化阶段，发展中国家对该产品的出口呈现快速增长的态势。

三、促进国际直接投资的影响因素

（一）劳动成本

劳动力的国际市场具有不完全性。这是由于大多数国家实行了移民管制，形成了不同国家实际工资成本的差异很大。在产品生命周期的创新阶段和成熟阶段，要求有高素质的劳动力与高技术的生产过程相结合，只能利用发达国家的高素质劳动力，而到了产品生产的标准化阶段，新产品的生产技术已经成熟定型并且普及，简单劳动者也可以从事新产品的生产过程，企业又迫于成本和价格竞争的压力，就趋向于把生产活动转移到劳动力资源丰富、劳动成本较低的发展中国家。例如，跨国公司在纵向一体经营中把某些产品的装配过程转移到发展中国家，就是利用发展中国家的廉价的劳动力。

（二）市场需求规模

一种新产品研制出来以后，最重要的是能不能找到市场。新产品之所以首先在最发达国家生产和销售，是因为只有最发达国家如美国的人均收入水平较高，消费者能消费得起昂贵的新产品。随着生产规模的扩大，生产成本的下降，其他发达国家的高收入阶层也开始消费这种新产品，这些消费市场的扩大，加上贸易壁垒的作用，促使美国的创新企业向西欧和日本这样的较发达国家进行直接投资。所以有利的东道国市场条件是吸引企业对外直接投资的重要因素。

（三）贸易壁垒

在产品生命周期发展到成熟阶段时，其他较发达国家出现了新产品的仿制者，而这些国家为了保护和发展本国工业，利用关税、贸易配额等来限制进口。创新企业为了占领较发达国家的市场，就绕开关税和非关税壁垒，对这些国家进行直接投资。

（四）政府政策

随着世界经济的一体化，任何国家都要或多或少地参与到世界经济一体化过程中来。不同国家的政府在一定时期内，为了自己的经济利益和政治目标，实行各种各样的优惠政策和鼓励措施，创造有利的投资环境，吸引外国投资。这也是促使跨国公司进行国际直接投资的又一重要因素。

四、产品生命周期理论的发展

1974年，维农发表了《经济活动的选址》，在这篇论文中他进一步发展了产品生命周期理论，引入“国际寡占行为”来解释跨国公司的对外直接投资行为。他把所有跨国公司都定义为寡占者，并把它们分为三类：技术创新期寡占者、成熟期寡占者和衰退期寡占者，与产品生命周期发展的三个阶段相对应。

（一）技术创新期寡占阶段

这是跨国公司在生产新产品上拥有技术垄断优势并由此获得垄断利润的阶段。维农认为，在这一阶段，美国跨国公司的产品创新仍首先以国内为生产基地，以便及时协调研制、生产和销售活动，之所以这样也是由国内的生产要素禀赋状况决定的。跨国公司为了保持垄断优势需投入大量的资金和技术力量，进行产品的异质化。比如，美国的跨国公司在满足高收入阶层的需求、节约劳动力的产品创新和异质化方面拥有比较优势；欧洲各国的跨国公司在节约土地和原材料的产品创新和异质化方面拥有比较优势；日本的跨国公司在节约原材料的产品创新和异质化方面拥有比较优势。当产品进入国外出现竞争者和标准化阶段时，美国的跨国公司就会将生产转移到国外，以降低生产成本和运输成本，占领国外的市场。由于各国的经济发展程度不同，各跨国公司的技术水平也各异，因此在进行对外直接投资时的区位选择也各不相同。比如美国的跨国公司大多数选择在西欧各国或日本进行直接投资生产该创新产品，西欧各国或日本则一般选择经济发展水平较低的国家或地区进行直接投资生产创新产品。

（二）成熟期寡占阶段

这是创新产品的生产技术开始扩散，创新跨国公司的技术优势被削弱，并且进口国贸易壁垒等因素引起创新产品进入进口国的成本增加，创新跨国公司通过进行对外直接投资来维持垄断优势，获得垄断利润的阶段。维农认为，在这一阶段，跨国公司以创新为基础的垄断优势消失，规模经济成为其垄断优势的基础。跨国公司改变了经营战略，利用其研制、生产、销售等方面的规模经济优势来排斥竞争者的进入。为了在竞争中占有双方的市场，各国的跨国公司到对方的主要市场进行直接投资，削弱对方的竞争能力。这种对外直接投资伴随着一种技术的转移，技术优势企业通过自己控制的技术扩散获得寡占利润。当某个跨国公司率先开辟一个新的市场时，其他的跨国公司就紧随其后，采取跟进战略，以维护自己在国际市场的份额。

（三）衰退期寡占阶段

这一阶段是跨国公司的技术创新优势和技术传播优势均相继丧失，由此产生的寡占利润也逐渐消失，大量的标准化生产产品涌向市场，价格竞争尤为激烈，创新企业只能通过降低成本获取利润的阶段。维农认为，在这一阶段，跨国公司以规模经济为基础的垄断优势已经消失。为了在竞争中取胜，跨国公司就另辟蹊径通过组成卡特尔、商标、广告宣传等建立新的垄断优势。由于大量的竞争者涌入该产品的生产领域，成本和价格的竞争成为胜败的关键，在成本和价格上没有下降空间的企业就被迫退出该产品的生产。所以跨国公司选择对外直接投资区位的主要因素是生产成本的降低，而发展中国家因廉价的劳动力、广阔的市场成为吸引外资的理想投资国。

五、对产品生命周期理论的评价

（一）产品生产周期理论的特点和理论意义

产品生命周期理论与垄断优势理论一样，也是在对美国跨国公司对外直接投资行为进行实证研究的基础上得出的一种理论。该理论有很多科学之处：第一，较好地解释了美国“二战”后对西欧各国大规模直接投资的原因；第二，把美国跨国公司的对外直接投资归结为出口贸易的替代，因而是美国跨国公司在国内外市场环境发生变化时采取的防御性策略；第三，将整个对外直接投资的产品周期选择、区位选择进行了动态分析和时间序列分析，为投资企业进行区位——市场选择和国际分工的阶梯分布提供了一个分析框架，这是该理论的重要特色；第四，把跨国公司的对外直接投资和国际贸易有机地结合起来进行论述，对以后的国际生产折中理论给予了有益的启迪。

（二）产品生命周期理论的局限性

由于该理论是美国跨国公司特定时期对外直接投资实证研究的结果，随着时间的推移、国际直接投资多样化，该理论也就难以对各种对外直接投资行为做出全面而科学的解释。第一，20 世纪 80 年代之后，西方发达国家的跨国公司也在国外生产非标准化产品，或者为了适应东道国市场的需求而将其原创新产品进行改进或多样化；第二，产品生命周期理论所解释的是美国制造业的对外直接投资行为，对有些跨国公司在国外原材料产地进行的直接投资行为无法做出科学的解释；第三，对发展中国家的对外直接投资行为也无法做出令人满意的解释。

第四节　边际产业扩张理论

一、边际产业扩张理论的形成

边际产业扩张理论又称边际比较优势理论，是由日本一桥大学教授小岛清在 20 世纪 70 年代中期根据国际贸易比较成本理论，经过对日本厂商的对外直接投资实证研究的基础上提出的。小岛清认为，海默的垄断优势理论是从微观理论出发，强调厂商内部垄断优势对直接投资的影响，重视对海外投资企业进行微观经济分析和公司管理的研究，而完全忽视了宏观经济因素的分析，尤其是忽略了国际分工原则的作用。他认为，根据美国对外直接投资企业的实际情况得出的国际直接投资理论不能解释日本的对外直接投资现象，因为日本对外投资的企业与美国的企业不同。

垄断优势理论认为只有拥有雄厚的资本和高技术的大型企业才能拥有独占市场的优势，才能有能力从事对外直接投资。产品生命周期理论也得出了同样的结论。20 世纪 60 年代以来，随着日本经济的崛起，日本跨国公司发展迅速，打破了美国跨国公司一统天下的局面，形成了美、日、欧“三足鼎立”的新格局。随着经济的迅速发展，日本开始了大规模的对外直接投资。与美国不同的是，日本对外直接投资的主体大多是中小企业，这些企业所拥有的是容易为发展中国家所接受的劳动密集型技术优势。因而，日本经济学家对垄断优势理论进行了反思，认为垄断优势理论所涉及的跨国公司是美国型的，不具备普遍意义。在此基础上，日本经济学家们开始了对本国对外直接投资的研究，逐渐形成了具有本国特色的对外直接投资理论，其中，最具代表性的就是小岛清的边际产业扩张理论。

小岛清是著名的国际经济学家，自 20 世纪 70 年代以来发表了大量关于国际直接投资的论著，其代表作是于 1977 年出版的《对外直接投资论》一书。在该书中，小岛清从国际分工原则出发，第一次系统地阐述了他的对外直接投资理论。在 1981 年《对外贸易论（第五版）》、1982 年出版的《跨国公司的对外直接投资》等论著中，小岛清对自己的理论做了进一步补充。小岛清认为，垄断优势理论对跨国公司的分析忽略了对宏观因素的分析，尤其是忽略了国际分工原则的作用。实际上国际分工原则和比较成本原则是一致的，即国际分工不仅能解释对外贸易，也能解释对外直接投资。美国的对外直接投资企业主要分布在制造业部门，这种直接投资是建立在贸易替代结构基础上的。也就是说，美国从事直接投资的企业正是美国具有比较优势的产业部门。根据国际分工的原则，美国应该将这类企业留在国内，通过不断扩大出口来获得比较利益。但由于这些企业竞相到国外投资建厂，把产品的生产基地转移到国外，结果造成了美国的出口被直接投资所代替，致使美国的出口减少，国际收支逆差加大，贸易条件恶化。而日本的对外直接投资方式与美国不同，其资源开发型投资具有很大比重，即使是制造业方面的投资，也属于“贸易制造型”，而不是“贸易替代型”，也就是说，日本在制造业的投资不仅没有替代国内同类产品的出口，相反还带动了与之相关的产品的出口，从而使对外直接投资和出口贸易结合了起来。日本向国外投资的企业是在日本国内生产已处于比较劣势的部门，为了继续维持这些企业的生产规模，就需要到仍然处于比较优势的国家进行生产。在目标国内应集中发展比较优势更大的产业，这样一方面可以优化国内的产业结构，另一方面又可以促进对外贸易的增加。可见，日本的对外直接投资可以将日本国内处于比较劣势的部门在国外转为比较优势的部门，从而形成了该产业比较优势的延伸。

二、小岛清的三个基本命题

小岛清的对外直接投资理论包括三个基本命题，他的国际直接投资理论就是围绕这三个基本命题展开的。

（1）生产要素的差异导致比较成本的差异。小岛清认为赫克歇尔—俄林理论中的劳动和资本要素可以用劳动和经营资源来替代。经营资源是生产要素，包括实物资产、技术等。如果两国的劳动和经营资源的比率存在差异则将导致比较成本差异。

（2）比较利润率的差异与比较成本的差异有关。凡是具有比较成本优势的行业，其比较利润率也较高，比较成本与比较利润率是相对应的。因此，应该根据比较成本和比较利润率来分析一国的对外贸易和对外直接投资。

（3）美国和日本的对外直接投资方式不同。美国型的对外直接投资人为地将经营资源作为一种特殊的生产要素，并在此基础上产生了寡头垄断优势的对外直接投资；而日本型的对外直接投资是将经营资源作为一般的生产要素，并在此基础上产生了处于劣势的产业（即边际产业）的对外直接投资。

三、小岛清国际直接投资的特点

小岛清认为，与国际货币资本流动相比较，国际直接投资具有两方面的特点：一是对外直接投资主要体现为机器设备、技术、知识的转移，再加上工人的培训、经营管理、市场销售等技能的转移，构成对外直接投资的基本内容。在国际直接投资中基本可以不考虑投资国和东道国之间为数不多的货币资本的转移，因为货币资本的大部分可以在东道国当地筹集。国际直接投资是以两国存在不同的生产函数为前提的，东道国因吸收国外直接投资而由投资国的生产函数所替代，并得以提高。二是国际直接投资是资本、技术和经营管理知识的综合体由投资国的特定产业部门的特定企业向东道国的同一产业部门的特定企业（如子公司、合资企业等）的转移行为。由直接投资所带来的先进的生产函数会在东道国逐渐普及和固定下来。在不同的产业部门中，由于新旧生产函数之间的差距、资本密集程度、劳动和经营培训的难易程度不同，其普及也将有所不同。基于此，小岛清认为，国际直接投资是以投资国的资本丰富、东道国的劳动力资源丰富为前提的，所以在东道国的生产越是劳动密集型就越具有比较优势。投资国与东道国在同一产业的技术差距越小，国际直接投资所引起的技术转移就越容易移植、普及和被吸收固定下来。

四、小岛清国际直接投资的类型

小岛清根据不同企业的投资动机不同，将对外直接投资划分为四种类型。

（一）自然资源导向型

投资国的跨国公司通过对外直接投资，在东道国建立资源开发型企业，开发油田、矿业、林业、水产等自然资源，其产品既可以向投资国出口，也可以在东道国当地市场销售或向其他国家出口。这种投资是增加国内已失去比较优势或国内不能生产的产品的进口，而向自然资源丰裕的国家进行直接投资，其结果是促进制造品与初级产品生产国之间的垂直专业化分工。

（二）市场导向型

投资国的跨国公司为了绕过东道国设置的贸易壁垒，对东道国进行国际直接投资，在东道国生产并销售，从而实现了由向东道国出口最终产品改为向东道国出口中间产品和机器设备的转换。另外，当一国出口商品市场的开辟进行到一定程度时，出于规模经济效益的考虑在东道国建立企业，在当地进行生产和销售，这样对生产者更有利。这种投资的类型可分为两类：一是由于进口国贸易障碍等因素的作用，使得继续扩大出口受到限制或成本增加，从而导致对外直接投资，这种投资称为贸易导向型；另一类是寡头垄断性质的对外直接投资，在美国的新兴制造业特别是知识产品产业中表现得尤为突出，这种投资称为反贸易导向型。

（三）生产要素导向型

各国的生产要素如原材料零部件、机器设备、技术，特别是劳动力，在国际间的流动要受到许多政治、经济和法律上的限制，土地更是完全没有流动性。利用东道国廉价的生产要素是跨国公司对外直接投资的重要目标。由于发达国家的劳动力成本不断提高，因此将劳动密集型产业，特别是已经标准化的、传统的劳动密集型产业，转移到劳动力成本比较低的国家，建立向本国或其他国家出口的生产基地，对生产者是极为有利的。美国跨国公司向欧洲和日本的直接投资既是为了占领市场，又是为了利用这些国家廉价的生产要素。发达国家向发展中国家的直接投资亦是如此。这种投资的结果是加速了国际间的产业调整和资源配置，增加了投资国和东道国之间的贸易。

（四）交叉投资导向型

小岛清认为，在发达国家之间应停止对东道国不具备比较优势的行业进行直接投资，而应当采取在产业内部相互直接投资，也就是说要对东道国具有比较优势的产业进行投资。例如，日本对美国的大型轿车进行投资，而美国对日本的小型轿车进行投资，这样可以发挥各自的比较优势。

五、边际产业扩张论的核心

小岛清边际产业扩张论的基本核心是对外直接投资应该从投资国已经处于或即将处于比较劣势的产业（即边际产业）依次进行。这些边际产业是东道国具有比较优势或潜在比较优势的产业。从边际产业开始进行投资，可以使投资国丰富的资本、技术、经营技能与东道国廉价的劳动力资源相结合，发挥出该产业在东道国的比较优势。

小岛清边际产业扩张理论中的“边际产业”是指在投资国处于劣势的产业，包括的范围较广。例如，随着日本劳动力成本的提高，与发展中国家相比，日本的劳动密集型产业已经处于比较劣势，变成“边际性产业”；而在同一个劳动密集型产业中可能一些大企业还能保持较强的比较优势，而中小企业则已经处于比较劣势，成为“边际性企业”了；在同一企业中，也可能有一些部门还保持较强的比较优势，而另一些部门则已经处于比较劣势，成为“边际性部门”。小岛清将这些“边际性产业”“边际性企业”“边际性部门”概括为“边际产业”。如果国际直接投资像日本这样是根据比较劣势的边际产业顺序投资的原理进行的，这种投资的结果就是投资国和东道国双方贸易量增加，双方福利增加，而且沿比较优势指示的方向形成更合理的国际分工和贸易发展格局。相反国际直接投资像美国那样是从处于比较优势的汽车、电子计算机、化学产品、医药产品等垄断性的新产品开始的，这种逆向国际分工的投资对投资国和东道国都是不利的。一方面，这种对外直接投资将经济发展的推动力量——最先进的产业过早地推向国外，使美国经济趋于空心，容易丧失其在世界经济中的领先地位，同时也减少了出口贸易和国内就业机会；另一方面，这种对外直接投资也不符合东道国，特别是发展中国家的经济发展水平，难以被其吸收消化，对东道国也会造成资源的浪费。

六、边际产业扩张理论的推论

小岛清根据边际产业扩张理论的核心，提出了若干推论，主要有以下四个推论。

（一）推论一：国际贸易与国际直接投资可建立在同一理论基础上

小岛清将国际贸易和对外直接投资的综合理论建立在比较优势（成本）原理的基础之上。他认为，在进行国际贸易时根据既定的比较成本，一国应大力发展拥有比较优势的产业，并出口该产业生产的产品。同时，缩小比较劣势产业，并进口该产业生产的产品，从而获得贸易利益。在进行对外直接投资时，根据可变的比较成本，投资国应该从处于或即将处于比较劣势的边际产业依次进行，这样就可以将东道国因缺乏资本、技术和管理经验而没有发挥出来的潜在比较优势挖掘出来。这样还可以扩大投资国和东道国之间的比较成本差距，为双方进行更大规模的贸易创造条件。小岛清认为，国际贸易是按既定的比较成本进行的，而国际直接投资则是按照可以创造新的比较成本来进行的，两者之间虽然有差别，但都是以比较成本原则为基础的。所以可以将国际贸易与国际直接投资建立在一个综合理论基础之上。

（二）推论二：日本式的对外直接投资和对外贸易的关系是互补的

小岛清认为，日本式的对外直接投资和对外贸易的关系不是替代关系而是互补关系，也就是说日本的对外直接投资可以制造和扩大对外贸易。因为日本式的对外直接投资是从处于或即将处于劣势地位的边际产业依次进行的，在与东道国廉价的劳动力相结合后，生产的产品成本降低了，再由日本进口这些产品对日本是有利的。随着日本式的对外直接投资的扩大，一方面可以带动投资国的机器设备等出口，另一方面也会促使投资国增加进口，从而创造和扩大了投资国的对外贸易。所以日本的对外直接投资是贸易导向型的。

（三）推论三：应该立足于“比较成本原理”进行判断

小岛清认为，传统的企业发展论、产业组织论等企业经营学是建立在对一种商品、一种产业或一家企业的分析之上，这是不科学的。他认为应采用先找出投资国两种或两种以上产品的成本比率，然后与东道国的该种比率进行比较，亦即运用“比较之比较公式”，才能做出是否进行对外直接投资的正确结论。小岛清认为，在东道国的比率小于投资国的比率时，这些产业在投资国就是边际产业，应该进行对外直接投资，转移到东道国去进行生产。

（四）推论四：投资国与东道国在同一产业的技术差异越小越容易移植

小岛清认为，在国际直接投资中，应该从投资国与东道国同一产业的技术差距最小的产业依次进行移植，因为这样的移植交给东道国的生产条件更容易被东道国吸收和利用并固定下来。由投资国的中小企业作为这种移植的承担者最合适，因为这类企业往往与东道国的技术差距较小，这种类型的国际直接投资可以为投资国和东道国双方都产生比较优势，可以创造更高的利润。

七、边际产业扩张理论的政策主张

小岛清根据边际产业扩张理论的核心和推论，提出了若干政策主张，主要有以下四个方面。

（一）政策主张一：关于日本式资源开发型直接投资的政策

小岛清认为，日本很大一部分对外直接投资的目标是在境外开发自然资源，以供日本进口。企业没有必要取得上游企业即开发创新企业的所有权，而是采取产品分享方式或贷款买矿的“开发进口、长期合同方式”，即非股权安排方式来实现对外直接投资的目标。由于这种方式考虑了高涨的东道国的民族主义情绪，因此最容易被东道国接受。而美国或欧洲跨国公司的对外直接投资采取拥有国外全部股权的自然资源，比如矿山的开采，并将产品的运输、分配、冶炼和销售统一在一家跨国公司之内，形成“自有矿山垂直统一方式”，极易引起东道国政府的干预。

（二）政策主张二：关于日本向发展中国家工业进行直接投资的政策

小岛清认为，日本向发展中国家工业直接投资政策的要点：第一，对外直接投资要根据比较成本及其变化，从差距小、容易转移的技术开始，按次序地进行；第二，要根据发展中国家的需要及吸引程度依次移植、转移新技术，起到所谓“教师的作用”；第三，日本对外直接投资应当对东道国的经济发展起到正效应，即提高当地企业的劳动生产率，传播先进技术和管理经验，使当地企业能够独立地进行新的生产以避免被东道国指责为“过分扩张”；第四，在成功地完成“教师的作用”之后，应该分阶段地转让日本国外企业的所有权。

（三）政策主张三：关于日本向发达国家进行直接投资的政策

小岛清认为，发达国家之间的相互直接投资，如日本跨国公司对美国大型汽车生产的直接投资、美国跨国公司对日本小型汽车直接投资，是在双方比较成本差距很小的基础上进行的。小岛清把这类直接投资称为“协议性的产业内部交互投资”。这类投资是在日美贸易摩擦的背景下形成的。

（四）政策主张四：关于跨国公司的功过

小岛清认为，对外直接投资与跨国公司是两个性质根本不同的问题。欧美跨国公司获得的利润来源于“生产方面的规模经济”和“商业性的规模经济”。前者是指跨国公司由于实行垂直一体化和水平一体化经营而形成的，有利于节约资源、降低生产成本和销售费用，是能实现利润最大化的经济规模。这种形式的规模经济对投资者、投资国、东道国和世界经济发展都是有利的。后者大多数是“虚假的规模经济”，是指由于跨国公司通过内部灵活调度，分割市场，以损害社会的利益、实现非最优化资源配置而形成的经济规模。最典型的例子就是跨国公司滥用内部调拨价牟取暴利。这类规模经济虽然给跨国公司增加了利润，但对社会利益有害。

八、边际产业扩张理论评价

边际产业扩张理论所研究的对象是日本跨国公司，反映了日本这个后起的经济大国在国际生产领域寻求最佳发展途径的愿望，比较符合 20 世纪六七十年代日本对外直接投资的实际，因而有其科学性的方面：第一，边际产业扩张理论与前述的垄断优势理论、内部化理论以及产品生命周期理论不同，它从宏观的角度，利用比较优势理论采用两个国家、两种产品或多种产品的分析模式提出了从边际产业开始依次对外进行直接投资的结论。第二，边际产业扩张理论分析的直接投资是随着利用东道国劳动力资源的比较优势变化的，国际直接投资从高工资国转移到低工资国，经济发达国家的要素禀赋比率的变化速度快于发展中国家，发达国家对发展中国家的投资是按照本国产业比较劣势的顺序进行的。这种依据比较成本动态变化所做出的解释，比较符合发达国家如日本和新兴工业化国家对发展中国家的直接投资状况。第三，边际产业扩张理论认为对外直接投资的主体是中小企业，因为中小企业拥有的技术更适合东道国当地的生产要素结构，这就很好地解释了中小企业对外直接投资的原因和动机。第四，边际产业扩张理论强调无论是投资国还是东道国都不需要有垄断市场，从国际分工的角度来解释日本式的对外直接投资，这一分析方法与其他国际直接投资理论相比有独到之处。随着20世纪80年代日本经济实力的增强和产业结构的变化，日本对外直接投资也偏向于对发达国家的制造业进行投资，向贸易替代型转化，特别是大型跨国公司的对外直接投资比重迅速上升。该理论显然无法解释日本对外直接投资的这些新变化。另外，20世纪80年代以后，发展中国家对外直接投资增长迅速，边际产业扩张理论显然也无法解释这种逆向比较优势的对外直接投资。

第五节　国际生产折中理论

一、国际生产折中理论的形成

国际生产折中理论又称国际生产综合理论，是由英国经济学家邓宁于20世纪90年代提出来的。20世纪80年代初他又对自己的理论进行了系统的整理和补充，形成了在国际直接投资理论中影响最大的理论框架。

海默、巴克莱和卡森、维农、小岛清等人对外直接投资理论都是从某一特定国家的国情出发进行实证研究后得出的结论，均不具有普遍的意义。20世纪70年代初，许多学者对国际直接投资理论进行了卓有成效的研究。比如，戈登在1972年出版的《生产理论》一书中根据新要素论以及与厂商拥有特定资产有关的新技术要素论解释厂商进行国际直接投资的区位决定因素；霍斯特在1972年出版了《对外投资决策的企业和产业决定因素》一书，他选择了厂商经济活动规模作为关键交易，既解释国际贸易又解释直接投资；马吉在1977年出版了《信息和跨国公司——对外直接投资的报偿理论》一书，他用厂商追求非生产性利润（租金）的动机来解释国际贸易和直接投资。巴克莱和卡森把国际直接投资动因一方面归结为区位优势的吸引，另一方面归结为知识产品市场的失灵，主张把国际贸易论和产业组织理论结合起来解释国际直接投资。在所有进行综合性理论研究的学者中，邓宁是最早开始并致力于这方面研究的学者，他在1977年发表了一篇题为《贸易、经济活动的区位与多国企业：折中理论探索》的论文。在这篇论文中提出了国际生产折中理论，他把厂商特定的资产所有权、内部化、国家区位三方面综合起来解释国际直接投资。此后，在1981年出版的《国际产业和跨国企业》一书中，邓宁全面、系统地阐述了国际生产折中理论。20世纪80年代以后，邓宁继续发表了大量的论著，进一步补充和完善了他的折中理论。邓宁在他的理论中集百家之长，融众说之精髓，包容了自海默以来的各种重要的国际直接投资理论流派，同时又吸收了西方经济学中的产业组织理论、新厂商理论、区位论和赫克歇尔—俄林的要素禀赋理论等，增加整个体系的理论色彩，并使之具有较高的综合性和概括性。

二、国际生产折中理论产生的原因

国际生产折中理论形成的原因主要有两个方面：一是“二战”后国际直接投资格局发生了重大变化；二是国际直接投资缺乏一套具有普遍意义的、全面系统的理论。

“二战”后很长一段时期，美国跨国公司在国际直接投资领域中居主导地位，投资主要集中于制造业，资本主要流向加拿大和拉美各国，国外子公司以独资形式为主。20世纪60年代后，国际直接投资在国际经济中的作用越来越重要，并且国际投资的格局发生了重大的变化。第一，国际直接投资主体呈现出多元化的发展趋势，西欧各国成为国际直接投资领域的重要力量，日本作为一个后起的经济之秀，对外直接投资也迅猛发展，形成了美、日、欧“大三角”的国际投资新格局。特别引人注目的是20世纪80年代以来发展中国家纷纷加入国际直接投资的行列，其对外直接投资也迅速增加，成为国际直接投资领域中的一支新生力量。第二，对外直接投资的部门开始分散，除制造业外还有资源开发业、服务业以及其他行业等，并且发展速度很快。第三，国际直接投资的流向呈现出多样化的趋势。既有传统的发达国家向发展中国家垂直投资，也有发达国家之间的水平投资，还有发展中国家向发达国家的逆向投资。第四，国际直接投资的形式也呈现出多样化，除了独资形式外，合资、合作企业也得到迅速的发展。对于国际直接投资的这些新发展，原来的理论已经无法给予科学的解释。所以，国际直接投资发展中出现的这些新情况，客观上需要建立一套新的具有普遍意义的国际直接投资理论。

邓宁认为，20世纪60年代之后国际直接投资理论主要向四个方向发展：一是根据工业组织理论，研究跨国公司发展对外直接投资所拥有的优势，集中表现为海默的垄断优势理论；二是采用动态分析方法，将对外直接投资与对外贸易结合起来研究，集中表现为维农的产品生产周期理论；三是根据生产区位理论研究跨国公司为什么在某国进行直接投资，而不是在其他国家进行直接投资；四是厂商理论，强调市场不完全对跨国公司对外直接投资行为的影响，集中表现为内部化理论。邓宁认为这些理论各有所长，但都是对国际直接投资所做的部分解释，缺乏将国际直接投资、对外贸易和对外技术转让结合起来的一般理论。邓宁就是在综合以上理论的基础上提出了国际生产折中理论，并作为一种普遍适用的理论来解释多彩多姿的国际直接投资现象。

三、国际生产折中理论的核心

国际生产折中理论认为，对外直接投资主要是由所有权优势、内部化优势和区位优势这三个基本因素决定的。

（一）所有权优势

所有权优势又称厂商优势，是指一国企业拥有或能够获得的，其他企业所没有或无法获得的资产及其所有权。邓宁认为，跨国公司所拥有的所有权优势主要包括两类：第一类是通过出口贸易、技术转让和对外直接投资等方式均能给企业带来收益的所有权优势。这类优势几乎包括企业拥有的各种优势，如产品、技术、商标、组织管理技能等。第二类是只有通过对外直接投资才能获得的所有权优势。这种所有权优势无法通过出口贸易、技术转让的方式给企业带来收益，只有将其在企业内部使用，才能给企业带来收益，如交易和运输成本的降低、产品和市场的多样化、产品生产加工的统一调配、对销售市场和原料来源的垄断等。具体来讲，所有权优势应该包括四个方面：第一，技术优势。它主要包括专利、专用技术、管理经验、销售技巧、研究与开发能力等。第二，企业规模优势。它有两方面的含义：一是公司规模越大，研究和开发能力也越大，就越有利于技术创新；二是公司规模越大，越能在国内外市场上获得规模经济优势。第三，组织管理优势。公司规模越大，越有利于高度专业化管理人才得到充分利用，形成组织管理优势。第四，金融和货币优势。公司越大，越能在国际金融市场上多渠道、低成本获得资金。邓宁认为，跨国公司在参与国际市场时，拥有超过其他国家企业的所有权优势，才具有对外直接投资的能力。不过，邓宁认为，企业具有"所有权优势"，只具备了进行对外直接投资的必要条件，要很好地解释对外直接投资活动，还必须具备内部化优势。

（二）内部化优势

内部化优势是为了避免不完全市场给企业带来的影响，将其所拥有的资产加以内部化，从而保持企业所拥有的优势。邓宁认为，一个企业如果有在产品各阶段生产的特点，就很容易产生"跨地区化"以至"跨国化"。因为在产品各阶段生产过程中，必然存在中间产品，如果将这些中间产品的供求过程在外部市场进行，则会由于外部市场的不完全性，造成生产成本的提高。而把中间产品的外部市场交易变成企业内部的关系，在企业内部统一调拨合理配置，使产品生产的全部过程都在企业内部完成，能使企业的垄断优势发挥最大的效用。所以，跨国公司将其所拥有的各种所有权优势加以内部化的动机在于避免外部市场的不完全对企业产生的不利影响，实现资源的最优配置，并且继续保持和充分利用其所有权优势的垄断地位。邓宁认为，市场的不完全不仅存在于中间产品中而且也存在于最终产品中。邓宁将市场不完全划分为两种，即结构性市场不完全和知识性市场不完全。前者是指由于竞争壁垒、交易成本高而导致的市场不完全；后者是指由于不容易获得或需要支付较高代价才能获得生产与销售的有关信息所导致的市场不完全。跨国公司对其拥有的所有权优势可以采取转让的方式，即将其拥有的资产或资产的使用权出售给外国的企业，也就是将资产的使用外部化；也可以采取内部化的方式，即将其拥有的资产所有权留在企业内部进行使用。在国际直接投资中，资产使用的内部化意味着跨国公司利用其所拥有的资产发展对外直接投资。邓宁认为，一个企业具备了所有权优势，并且使这些优势内部化，还不能完全解释国际直接投资活动。因此，还必须考虑导致国际直接投资的充分条件——区位优势。

（三）区位优势

区位优势是指跨国公司在投资区位上具有的选择优势。区位优势也是跨国公司发展对外直接投资时必须要考虑的一个重要因素。跨国公司在拥有了所有权优势和内部化优势后，还要进行区位选择。如果在国外生产比在国内生产能使企业获得更大的利润，那么就会产生对外直接投资；如果在国外的甲地投资比乙地投资能使跨国公司获得更大的利润，则选择甲地进行直接投资。所以，对外直接投资的流向取决于区位禀赋的吸引力。

区位优势包括直接区位优势和间接区位优势。前者是指东道国的某些有利因素所形成的区位优势，比如广阔的产品销售市场、政府的各种优惠投资政策、低廉的生产要素成本、当地原材料的可供性等。后者是指由于投资国某些不利因素所形成的区位优势，如商品出口运输费用过高、商品出口受到东道国贸易保护主义的限制、生产要素成本较高等。这两种区位优势从不同的方面形成跨国公司对外直接投资的区位优势。

区位优势是由投资国和东道国的多种因素决定的。这些因素主要包括：生产要素投入和市场的地理分布状况，生产要素成本，运输成本和通信成本，基础设施状况，政府干预经济的程度和范围，金融市场状况和金融制度，国内市场与国际市场的差异程度，文化环境的差异程度，贸易障碍等。

邓宁认为，区位优势不仅决定了一国企业是否进行对外直接投资，还决定了其对外直接投资的类型和部门结构。邓宁把对外直接投资划分为五种类型：资源开发型，生产或加工专业化型，贸易和销售型，服务型，其他。每一种类型的对外直接投资又是由不同的所有权优势、内部化优势和区位优势组合所决定的。

邓宁认为，决定对外直接投资的三项因素之间是相互关联、紧密联系的，可以用公式表示为：

国际直接投资=所有权优势+内部化优势+区位优势

一个企业所拥有的所有权优势越大，将其资产内部化使用的可能性也越大，从而在国外利用其资产比在国内可能更为有利，就越有可能发展对外直接投资。如果本国企业在这三个方面都处于劣势，则最好吸引外国直接投资。上述公式还可以说明一国企业对参与国际经济方式的选择，即将对外贸易、技术转让、对外直接投资三者有机地结合起来。企业对外直接投资必须具备所有权、内部化和区位三种优势；而出口只需要具备所有权和内部化优势，不一定需要区位优势；如果企业只具备所有权优势，既没有能力使之内部化，也不能利用国外的区位优势，最好采用许可证贸易方式进行技术转让。

四、投资发展周期论

投资发展周期论是邓宁于20世纪80年代初提出来的，其目的是从动态分析的角度解释各国在国际直接投资中的地位，进一步发展和完善国际投资折中理论。邓宁提出了"净国际直接投资地位"的概念。一国的净国际直接投资地位是指该国企业的对外直接投资总额减去引进国外直接投资总额。邓宁认为，一国的净国际直接投资地位与其经济发展水平存在着密切的正相关关系。邓宁通过对 67 个国家在 1967—1978 年直接投资和经济发展阶段的研究，得出了投资发展周期论。邓宁根据人均国民生产总值（GNP），把这些国家分为四组，相应地将投资发展周期划分为四个阶段。

（一）第一阶段

处于第一阶段的是人均国民生产总值在 400 美元以下的国家。这些国家是最贫穷的发展中国家，这些国家只有极小规模的外资进入，对外直接投资流出几乎没有。其净对外直接投资为负值。一方面，因为国内市场狭小，工业、商业、法律、运输和通信等基础设施也很薄弱，尚未形成足够的区位优势来大量吸引外国直接投资；另一方面，由于本国经济落后，技术力量薄弱，也尚未形成足够的所有权优势和内部化优势，即使有一些，也只能通过出口贸易的方式加以利用，没有足够的能力从事对外直接投资。

（二）第二阶段

处于第二阶段的是人均国民生产总值在 400~2 499 美元的大多数发展中国家。这些国家引进外资的规模不断扩大，但对外直接投资额仍较小，净对外直接投资仍为负值。在这一阶段由于实施进口替代的政策，基础设施有所改善，国内市场得到了一定的扩大，投资环境得到了一定的改善，形成了较强的区位优势，对外资的吸引力增大，外国直接投资大量流入。这一阶段的外资主要集中于替代行业、资源开发行业和劳动密集型行业。由于其生产要素市场不完善，极大地影响了外国直接投资的流入。这一阶段的经济实力和技术水平仍然有限，仍未具备较强的所有权优势，不足以克服在国外生产的障碍，对外直接投资额仍保持在一个较低的水平。

（三）第三阶段

处于第三阶段的是人均国民生产总值在 2 500~4 000 美元的新兴工业化国家。这些国家已形成了较强的所有权优势和内部化能力，对外直接投资大幅度上升，其发展速度可能超过引进国外直接投资的发展速度，但净对外直接投资仍为负值。进入这一阶段，标志着一国已经走上了国际生产专业化的道路。所有权优势最强、区位优势最弱的部门进行对外直接投资；所有权优势最弱、区位优势最强的部门引进国外直接投资。在国内企业竞争力增强的同时，使外国直接投资者的所有权优势和区位优势相对下降，外国企业必须更多地利用和增强自身的内部化优势。

（四）第四阶段

处于第四阶段的是人均国民生产总值在 4 000 美元以上的发达国家。这些国家拥有强大的所有权优势和内部化能力，也善于发现和利用国外的区位优势。所以这些国家的对外直接投资的增长速度高于引进国外直接投资的增长速度，净对外直接投资为正值。

以上四个阶段的划分和对直接投资的流入和流出状况如表 2-1 和表 2-2 所示。

表 2-1 1967—1978 年人均直接投资流量（人年均美元）和 1971 年人均 GNP

人均 GNP（1971）	加权平均（1967—1975）			非加权平均（1967—1975）			
						净流出	
	流出	流入	净流出	流出	流入	1967—1975	1976—1978
4 000 美元及以上	33.0	16.3	16.7	24.8	30.3	-5.5	7.9
2 500~3 999 美元	20.2	15.7	4.3	20.8	31.4	-5.5	-7.6
1 000~2 499 美元	3.2	12.9	-9.7	1.2	38.6	-10.6	-32.6
500~999 美元	0.4	8.6	-8.2	0.4	21.8	37.4	-14.4
400~499 美元	0.2	7.4	-7.2	0.2	9.0	-21.4	-7.1
300~399 美元	0.2	3.2	-3.0	0.1	3.7	-8.8	-3.2
200~299 美元	0	3.1	-3.1	0	1.9	3.6	-2.9
199 美元及以下	0	0.5	-0.5	0	1.3	-1.9	-1.6

资料来源：J. H. Dunning. International Production and the Multinational Enterrise. George Allen and Vnwin Ltd. 1981, p. 144.

表 2-2 直接投资流出入与经济发展阶段

	投资流入	投资流出
第一阶段	外国所有权优势丰富 外国内部化优势丰富 本国区位优势较小	本国所有权优势缺乏 本国内部化优势不适应 外国区位优势不适应
第二阶段	外国所有权优势丰富 外国内部化优势可能下降 本国区位优势上升	本国所有权优势较小 本国内部化优势很小和专业化 外国区位优势开始出现
第三阶段	外国所有权优势下降和更专业化 外国内部化优势可能上升 本国区位优势下降	本国所有权优势上升 本国内部化优势仍受限制 外国区位优势上升
第四阶段	外国所有权优势下降和更专业化 外国内部化优势丰富 本国区位优势下降	本国所有权优势上升 本国内部化优势上升 外国区位优势上升

资料来源：J. H. Dunning. International Production and the Multinational Enterrise. George Allen and Vnwin Ltd. 1981, p. 117.

邓宁认为，对外直接投资的发展阶段也可以用国际生产折中理论来解释。在第一阶段，国家所有权优势、内部化优势和区位优势三种优势均缺乏，而本国的区位优势对外国投资者的吸引力也较小，因而没有资本流出，资本流入也很少。在第二阶段，随着国内市场的不断扩大，购买力不断提高，直接投资流入开始增大。在第三阶段，国内经济发展水平显著提高，对外直接投资开始迅速增加，相对地直接投资流入开始放慢。在第四阶段，经济发展水平已经很高，对外投资净额成为正数，这说明本国的垄断优势很强，并且具备了所有权优势、内部化优势和利用外国区位优势的能力。

通过实证分析，邓宁得出如下一般结论：一国的所有权优势和区位优势与引进国外直接投资呈正相关关系，与对外直接投资呈负相关关系；内部化优势既可以促进对外直接投资，也可以促进引进外国直接投资，取决于投资国和东道国市场不完全的程度。一国的经济发展水平决定了“三优势”，即所有权优势、内部化优势和区位优势的强弱，而“三优势”的均衡决定了一国的净国际直接投资地位。邓宁的投资发展段段论从企业优势的微观基础出发进行宏观分析，对国际直接投资动因做了新的解释。

五、国际生产折中理论的发展

20 世纪 80 年代以来，邓宁一直致力于进一步完善其国际生产折中理论。他研究的重点是跨国公司所拥有的所有权优势、内部化优势和区位优势的根源以及各国政府的管理对跨国公司的影响。

邓宁认为，跨国公司之所以会拥有所有权优势、内部化优势和区位优势，根本的原因是不流动的国际资源在各国间的分布不均衡。因为用来解释国际贸易的要素禀赋理论同样也能解释国际直接投资。跨国公司进行国际直接投资的目的在于将出口本国拥有相对禀赋优势的产品与使用东道国拥有相对禀赋优势的资源相结合，以实现其利润最大化。大多数的以开发资源为直接目标的对外直接投资可以用要素禀赋不均加以解释。当然，邓宁还强调，要素禀赋理论并不能完全解释跨国公司拥有所有权优势、内部化优势和区位优势的根源。

邓宁认为，跨国公司之所以会拥有所有权优势、内部化优势和区位优势的另一个重要根源是国际市场存在的“缺陷”，即不完全竞争。如果国际市场不存在“缺陷”，那么拥有要素优势的企业只要参与市场交易，就可以实现比较利益，因而无须发展对外投资。然而，现实的国际市场是不完全竞争的市场。跨国公司只有通过对外直接投资，运用内部交换机制来替代外部市场，避开国际市场的不完全性。邓宁把这种市场缺陷分为两类：一类是结构性市场缺陷，即海默论述的市场不完全；另一类是交易实施性市场缺陷，即在公开交易中不能有效运转的缺陷。这样，通过市场交易会给企业带来附加的风险，比如，通过市场获得的原材料可能有中断供应的危险，出让技术专利可能有被接受者外泄和滥用的危险。企业通过在国外建立子公司，通过国际直接投资进行生产，就可实现企业内部转让产品和生产要素，来避免外部市场交易而带来的风险。

邓宁认为，要素禀赋理论和市场缺陷理论构成了国际生产折中理论的基础。另外，东道国政府的管理政策也会对跨国公司的对外直接投资行为产生影响。

六、对国际生产折中理论的评价

邓宁的国际生产折中理论在企业优势的微观基础上，对国际直接投资的动因从宏观的角度做出了新的解释，具有较强的实用性和科学性。第一，国际生产折中理论将所有权优势、内部化优势和区位优势结合为一个有机整体进行研究，更全面地解释了对外直接投资的决定因素。第二，对国际直接投资从动态角度进行分析，说明了随着时间的推移，经济发展水平的变化，一国不可能永远拥有某种比较优势。第三，一国对外直接投资的规模效益主要取决于其所拥有的比较优势，一国可以依据比较优势发展对外直接投资，也可以依据其比较劣势吸引外国直接投资。

国际生产折中理论也存在着很多局限性：第一，该理论是在对西方私人跨国公司对外直接投资实证研究基础上提出来的，对国有跨国公司或国营企业的对外直接投资活动无法做出科学的解释。因为这些企业的对外直接投资并不是由三种优势决定的，而往往是由国际经济合作协议和本国经济发展总体规划决定的。第二，该理论将利润最大化作为跨国公司对外直接投资的主要目标，与 20 世纪 60 年代以来跨国公司对外直接投资目标的多元化现实不相符。

第六节　其他国际直接投资理论

前面五节介绍了五种国际直接投资理论，这些理论所研究的范围较为全面、系统、完整，在当代西方国际投资学中占据主导地位。除了这些在学术界影响广泛的理论外，还有一些西方经济学家从不同的角度，就国际直接投资的某一个方面进行论述，形成了一些理论。本节主要介绍四种理论：国际资本移动效应理论，产业内双向直接投资理论，纵向一体化直接投资理论，横向一体化直接投资理论。

一、国际资本移动效应理论

国际资本移动效应理论由麦克杜格尔在 1960 年发表的《外国私人投资的收益与成本：理论分析》论文中首先提出的，后来由肯普在 1966 年发表的《国际贸易与投资收益：新赫克歇尔—俄林分析法》和琼斯在 1967 年发表的《国际资本移动与关税贸易理论》论文中做了更细致的论述。

麦克杜格尔国际资本移动效应理论认为，资本在各国间的自由流动可使资本的边际生产力在国际上得到平均化，从而可以提高世界资源的利用效率，增加世界的财富总量，提高各国的经济效益。

假定世界是由投资国（甲国）与东道国（乙国）构成的。甲国资本充裕，乙国资本短缺，资本由甲国流向乙国，甲国资本的边际生产力低于乙国。假定资本受边际生产力递减法则支配，两国国内市场完全竞争，资本的价格等于资本的边际生产力。根据这些条件，可得出图 2-2。

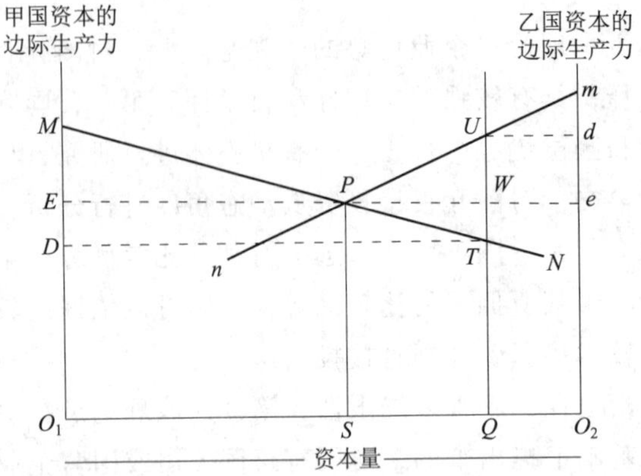

图 2-2　麦克杜尔资本流动示意图

图中 O_1 为甲国的原点，O_2 为乙国的原点；O_1Q 为甲国的资本量，O_2Q 为乙国的资本量，$O_1Q+O_2Q=O_1O_2$ 为世界资本总量；MN 为甲国的资本边际生产力线；mn 为乙国的资本边际生产力线。

在资本流动之前，甲国使用 O_1Q 的资本量全部投资于本国国内，生产 O_1MTQ 的产出量；乙国使用 O_2Q 的资本量全部投资于本国国内，生产 O_2mUQ 的产出量。甲国和乙国的边际生产力即资本价格分别为 QT 和 QU，前者小于后者，由此导致资本从甲国流向乙国，这种流动一直到两国的资本边际生产力相等即：$SP=O_1E=O_2e$，资本流动才会停止。资本流动的结果是两国共增加了 PUT 的产出量。资本的国际自由流动提高了全世界的总产出量，资本流动所增加的 PUT 由甲、乙两国分享。从甲国来看，产出量由 O_1MTQ 减少为 O_1MPS，共减少了 $SPTQ$。但甲国的国民收入并没有减少，其对外投资获得的收益为 $SPWQ$，只要对外投资的收益大于国内生产的减少量，即 $SPWQ>SPTQ$ 甲国就可以获得比资本流动前更多的收益。在图中甲国收益的增加额为 $PWT=SPWQ-SPTQ$；从乙国来看，产出量由 O_2mUQ 增加为 O_2mPS，共增加了 $SPUQ$，其中的 $SPWQ$ 支付给了甲国，乙国还净得 $UPW=SPUQ-SPWQ$。甲、乙两国共增加产量为 PUT。

从以上的分析可以得出如下的结论：资本从充裕国流向短缺国可以提高总产量，因为资本的国际移动使资本更有效地配置和资本收益更均等化。投资国把一部分资本投资到资本边际生产力较高的东道国，可以得到更高的报酬；而东道国由于利用了外资，使国内其他资源得到更有效的利用，也使本国的净收益增加，因此，国际资本的流动结果对各国都有利。

对于上述模型，一些西方经济学家提出了最佳对外投资课税论，作为麦克杜格尔资本流动理论的补充和完善。他们认为，从各国政府的角度来看，对资本的跨国流动实行一些必要的限制，有利于投资国和东道国增加国民收入。从东道国的角度来看，对外资的流入征税，采取一定的限制会产生双重效应：一方面，可以使外资的流入量减少，减少了东道国的收益（来源于外资的实际收益率与支付给外国投资者的报酬率之差），这对东道国将产生不利影响；另一方面，对外资以税收的方式采取一定的限制后，由于随着外资流入量的减少，支付给外资的利息负担也减轻了，同时税收还增加了东道国的收入，这又会对东道国产生有利影响。前者是东道国对外资实行限制所付出的代价，后者是东道国对外资实行限制所带来的效益，只有当后者大于前者，对东道国才产生真正有利的影响。因此，东道国应当有一个能使国民收入达到最大限度的"最佳课税率"和与之相对应的"最佳资本流入量"。同样的道理，投资国对本国跨国公司的对外投资征税实行一定的限制，也是有利的。

这种最佳对外投资课税论对发展中国家颇具启迪性。有些发展中国家为了吸引更多的外资，对外国投资者给予过多的优惠，特别是税收优惠，付出了高昂的代价。但实际上，税收优惠只是吸引外资的一项措施而不是全部，其作用也是有限的。比如非洲一些发展中国家对外资实行特别优惠的税收措施，但外资的流入量仍然不大，其根本原因在于其总体的投资环境较差。当发展中国家的经济发展到一定水平或者外资流入超量时，对外资征税是一项明智的选择。如韩国在给予外资企业相当一段时间的税收优惠后，断然对外资企业征税，并提高税率，对外资企业与本国企业采用同样的税率征税。此举既可增加政府财政收入，也有助于本国企业与外资企业进行平等竞争。其他发展中国家也有类似的行为。

最佳对外投资课税论与最佳关税论非常相似，在课税时，可能会招致对方的报复行为。如果将对方的报复行为考虑进来，对外资企业征税是否有利是很难判断的。不管怎样，在某一特定时期，基于宏观经济目标的需要，各国政府对国际投资实行一定的限制是必要的。投资国在国际收支发生困难时或产生产业空心化时，有必要对本国对外投资实行一定的限制；当东道国担心由于外资过多流入而产生不利影响时，也有必要对外国投资实行一定的限制。

二、产业内双向直接投资理论

产业内双向直接投资理论是解释发达国家之间在同一产业内相互进行直接投资的理论。随着科技的进步，知识产品和高技术含量的产品所占比例越来越高。这些行业的特点是规模越大，单位产品成本越低，边际收益越高，也就是存在规模经济。规模经济的结果之一是行业内贸易的出现。所谓行业内贸易是指某一行业内差异产品之间的双向贸易，世界贸易的1/4是由行业内贸易构成的。规模经济的另一个结果是不完全竞争。厂商追求规模经济的结果是同行业中只剩下为数不多的几家主要厂商，各个厂商的产品是互相区别的。这也是国际直接投资的一个重要原因。20世纪60年代以来，发达国家之间的相互直接投资一直在国际直接投资领域占据主导地位，而且这种投资的很大一部分是在同一产业（主要是技术密集型行业）内进行的。

西方经济学家格雷姆在1975年对美国187家跨国公司及其在欧洲的子公司和88家欧洲跨国公司在美国的子公司的产业分布进行了实证分析，结果表明了美国跨国公司和欧洲跨国公司对外直接投资活动的产业是相同的。邓宁于1984年根据187家美国跨国公司和226家非美国跨国公司对外直接投资的有关资料，计算出了产业内双向直接投资指数，进一步验证了格雷姆的观点。邓宁认为，发达国家之间的科学技术发展水平相近，且跨国公司都拥有强大的研究与开发能力。在发达国家的同一产业内，没有一家跨国公司能拥有独占的所有权优势，而是少数几个跨国公司拥有相近的所有权优势，都有能力向对方的国家进行直接投资。邓宁还认为，西方发达国家跨国公司的产业内双向直接投资，还可以取得垂直一体化经营的优势，获得规模经济效益，并可以充分利用东道国低廉成本的优势。

还有一些西方经济学家认为，当代国际直接投资不只是开辟了投资市场，更重要的是通过投资市场开辟了商品市场，从而带动了出口贸易。西方国家的经济发展水平相近，需求结构也基本相似，对高档消费品的需求呈上升趋势，各国的同类产品各有其特点，追求质优的、个性化的消费心理促使产业内双向贸易。当贸易壁垒或单产品运输成本过高而使产业内双向贸易受阻时，产业内双向直接投资就成为一种必然的选择。20世纪60年代以来，各国贸易保护主义盛行，也是形成产业内双向直接投资的重要原因。

产业内双向直接投资理论较为科学地解释了发达国家之间直接投资的原因和动机，但无法解释垂直对外直接投资和逆向对外直接投资，所以，它的运用范围极为有限。

三、纵向一体化直接投资理论

纵向一体化直接投资理论是关于跨国公司纵向一体化直接投资的条件、动因的理论。美国经济学家科斯曾对该理论做过一些论述，其他一些西方经济学家也曾对此做过一些论述。

（一）纵向一体化直接投资的条件

西方经济学家认为，跨国公司实行纵向一体化直接投资一般应具备如下条件。

第一，具有较强的垄断优势。进行纵向一体化直接投资，要求跨国公司将其在国外不同国家或地区的投资合理地分布于原材料开发、初级产品加工、深加工和最终产品生产等不同的阶段。因此，只有具备雄厚的资金实力、先进的科学技术和科学的组织管理的跨国公司，才有可能取得规模经济的效益。

第二，投资国的跨国公司所从事的行业必须具有较高的集中程度。在高度集中的行业中，寡头跨国公司之间的竞争往往会导致原材料、零部件等各项生产投入品来源的不确定性，迫使跨国公司根据其全球发展战略，在世界各地投资建厂，实行垂直一体化经营，增大跨国公司内部贸易的比例，避免对外部市场的过分依赖。

（二）纵向一体化直接投资的动因

垄断优势理论和内部化理论均部分地解释了纵向一体化直接投资的动因。除此之外，一些西方经济学家从三个不同的角度，论述了纵向一体化直接投资的动因。

（1）节约交易费用论。该理论将纵向一体直接投资的动因归结为节约交易费用。认为导致纵向一体化直接投资的最大动因是获得更高的投资收益，特别是获得跨国“连续性垄断”条件下的超额利润。纵向一体化直接投资所产生的收益是由两部分构成的：一是通过纵向一体化直接投资，使得跨国公司在世界各地的子公司的投入品有了较为稳定的供应渠道，增加了总销售额，从而可获得更高收益；二是通过纵向一体化直接投资，消除了外部市场的不确定性，使跨国公司的很大一部分贸易在本公司系统内进行，节约了交易成本，从而获得更高的收益。可见，节约交易费用论是以内部化理论为基础的。

（2）节约生产费用论。该理论亦称埃德尔轻—斯班格勒动因论，将纵向一体化直接投资的动因归结为节约生产费用。该理论认为纵向一体化直接投资可以节约生产费用，比如跨国公司的总公司与子公司之间、子公司与子公司之间的技术互补性得到加强，生产资源综合效率得到提高等。不同类型跨国公司实行纵向一体化所形成的生产费用的节约程度是不同的，生产费用的节约程度决定了跨国公司实行纵向一体化直接投资的方向和程度。所以跨国公司实行纵向一体化直接投资的主要动因是节约生产费用，降低成本，从而获得更高的利润。

（3）综合动因论。该理论是基于纵向一体化直接投资收益的特殊构成，由西方经济学家理查德森通过建立数学模型提出的综合动因论。其模型的数学表达式为：

$$U=[(P_{\min}-AC_{\mathrm{f}})Q_1]^{V_1}-[AC_{\mathrm{d}}-AC_{\mathrm{f}})Q_2]^{V_2}$$

式中：U——目标收益；

V_1，V_2——心理偏好参数；

$P_{\min}$——投入品的最低保证售价；

AC_{f}，AC_{d}——分别为外销、内销的单位产品成本；

Q_1，Q_2——分别为外销量、内销量。

该数学模型具有如下经济意义。

第一，在实行纵向一体化直接投资的情况下，对外部市场的销售已不再是决定跨国公司投资收益的必备约束条件，对外部市场销售所获得的收益只是跨国公司的一种附带性的收益，在其总收益中所占的比重很小。

第二，在没有外销量（即 $Q_1=0$）的情况下，实行纵向一体化直接投资的跨国公司仍能获得最低程度的投资收益，也就是说实行市场内部化也能实现资源的有效配置。

第三，当 Q_1越大时，表明跨国公司为外部市场所提供的产品越多，则进一步加深纵向一体化直接投资的愿望也就越强烈。

四、横向一体化直接投资理论

横向一体化直接投资是指跨国公司以对外直接投资的方式，在世界各地建立子公司，生产同类产品的经济行为。西方经济学家凯夫在 1972 年发表的论文《国际公司：对外投资的产业经济学》中提出了横向一体化直接投资理论。其他一些西方经济学家对此也做过一些论述。

该理论认为，跨国公司实行横向一体化直接投资可以获得超额利润。这种超额利润主要是通过子公司利用总公司的知识产品而获得的。跨国公司拥有雄厚的研究与开发能力，许多知识产品处于世界领先地位，是其他外国竞争者所无法比拟的。特别是跨国公司的子公司会在东道国当地遇到有力的竞争对手，利用总公司的知识产品更具有十分重要的意义。跨国公司实行横向一体化直接投资是以建立国外子公司为基础，以依靠总公司的知识产品为手段，以实现利润最大化为目标的经济行为。可见，横向一体化直接投资理论也是以内部化理论为基础的。

其他西方经济学家还提出了风险分散化直接投资理论、对外直接投资有机理论等。

风险分散化直接投资理论最早是由科恩提出的，拉格曼对此做了进一步的发展。该理论认为，如果跨国公司在东道国的直接投资不能得到预期的利润时，就应当根据地理位置分散投资的风险。科恩在1965年进行的实证分析支持了他的这一理论。拉格曼认为，对外直接投资既是产品市场的分散化，也是生产要素市场的分散化。西方学者史蒂文斯认为，对外直接投资是对利润最大化的补充，而不是替代，如果风险可以控制到较低，在国外投资比国内投资会更好。

美国产业协议局根据美国对外直接投资的实践提出了对外直接投资有机理论。该理论认为，在垄断竞争的条件下，企业生存的前提条件就是继续增长，即在日益扩大的市场中，保持并提高其生产和销售的份额，维持和扩大其在市场中的地位。为了保持现有的资产的获利能力，企业必须追加新的投资。减少对外直接投资，不仅减少未来的收益，而且也降低现有投资的收益。所以，在短期内，跨国公司对外直接投资的动因不在于利润的最大化，而在于防止市场的丧失，为企业的未来发展、最终实现利润最大化创造条件。

第七节 案例分析

海尔集团是全球领先的整套家电解决方案提供商和虚实融合通路商。公司1984年创立于青岛。自创立以来，海尔坚持以用户需求为中心的创新体系驱动企业持续健康发展，从一家资不抵债、濒临倒闭的集体小厂发展成为全球最大的家用电器制造商之一。2013年海尔集团全球营业额为1 803亿元，2016年海尔全球营业额为2 016亿元。海尔在全球17个国家拥有7万多名员工，海尔的用户遍布世界100多个国家和地区。

纵观海尔集团的发展历程，其生产战略按产品生命周期理论来划分，可以分成以下两个阶段。

第一阶段为1984—1998年。根据产品生命周期理论，此时的海尔集团技术水平不高，只具有相对成本优势，正处于中小企业阶层。这一时期，海尔集团的国际化生产战略便是不断吸收引进国内外先进的生产技术，提升自己的管理水平，提升自己产品的附加值。这一时期的海尔从1984年引进德国利勃海尔的亚洲最先进的四星级电冰箱生产线开始，通过与中国科学院、北京航空航天大学、菲利浦集团等国内外知名的科学研究所、大学与跨国公司合作，不断增强自己的技术水平。同时，通过兼并、控股等一系列资本运营手段，逐步壮大自己的综合实力，进而通过自己的强大的技术水平和雄厚的经济实力，不断地进行技术创新和管理创新，不断进行技术、管理和资本上的积累，如此周而复始，使集团的年平均增长率达到80%以上。

第二阶段是从1998年至今。在这一时期，通过第一阶段的技术、管理和资本上的积累，海尔集团已经迈入了国际化大公司的行列，拥有的技术、管理优势与世界先进水平保持了同步的发展，部分甚至领先世界先进水平。海尔集团基本具备了产品生命周期理论中所阐述的对外扩张的实力。因此，在这一阶段，海尔集团在“先有市场，再有工厂”的思想指导下，开始了在海外建立生产工厂基地的历程。

总的来说，海尔这一阶段的国际化生产战略按照“先易后难”与“先难后易”相结合的原则，分为以下两个层次。

第一层次是自创立至1999年4月。这一层次的海尔的科研实力和技术实力还不足够强大，它们选择了技术、管理综合水平比其稍低的印度尼西亚、菲律宾、印度，以维持其所有权优势，并通过内部化优势表现出来。例如1996年6月在印度尼西亚成立海尔莎保罗（印度尼西亚）有限公司、1997年在菲律宾成立海尔—LKG电器有限公司、在马来西亚组建海尔工业（亚细安）有限公司，就是这一国际化生产战略的体现。

第二层次是1999年4月至今。在这一层次，随着企业的技术、管理、资金等所有权优势的不断增加和前一层次国际化生产战略推行中经验的逐步积累，海尔集团已经基本具备了进入国际一流企业的条件。此时，海尔的国际化生产战略也发生了相应调整。以1999年4月美国海尔中心在美国南卡罗来纳州首府哥伦比亚市附近的汉姆顿建立生产基地为标志，海尔集团先后在美国、日本、意大利等国建立了生产基地，并依次分别组建了美国海尔、日本海尔和欧洲海尔，使其国际化生产战略延伸到了被誉为国际一流冰箱技术的发源地的美国、日本和欧洲，对惠而浦、三洋、伊莱克斯、通用电器等全球家电巨头发起了冲击，通用电器这样的巨头因此退出了电冰箱行业。

事实证明，海尔的这一国际化生产战略是正确的，海尔也因此取得了不俗的战绩。海尔能够以如此非凡的速度不断成长壮大，有赖于集团审时度势，适时调整其国际化的生产战略。海尔集团对其国际化生产战略的调整恰恰是遵循了产品生命周期理论这一规律。因此，我们可以说，海尔的不断成长、壮大，是正确遵循产品生命周期理论的结果。它的成长经历，对于我们国家一些已经或是正在走上国际化生产战略的企业来说，具有很好的借鉴意义。

思考题

一、名词解释

1. 不完全竞争
2. 市场内部化
3. 产品生命周期

4. 边际产业

5. 区位优势

二、简答题

1. 简述垄断优势理论的主要内容。

2. 边际产业扩张理论的核心思想是什么？它所蕴含的政策主张包括哪些？

3. 国际生产折中理论的主要内容包括哪些？

三、论述题

1. 目前跨国公司内部贸易增长较快，试以内部化理论解释该现象。

2. 产品生命周期理论的主要内容包括哪些？试对该理论进行评价。

第二篇　国际投资环境

第三章　国际投资环境的基本理论

✓本章摘要

本章首先介绍国际投资环境的概念以及国际投资环境的构成因素和分类，并分析国际投资环境的基本特征；接下来分别阐述国际投资环境对东道国和对世界经济的影响。在对本章的学习中，学生应注意理解国际投资环境的基本特征和发展趋势。

✓本章关键词

国际投资环境　国际投资环境的作用

✓学习完本章，你需要掌握

国际投资的概念、国际投资环境的构成因素和分类、基本特征，国际投资环境的一般作用和国际投资环境对投资国和东道国以及世界经济的影响，投资环境发展的新趋势。

第一节　国际投资环境概述

一、国际投资环境的概念

国际投资环境是指在一定时间内，东道国（地区）拥有的影响和决定国际直接投资进入并取得预期经济效益的各种因素的有机整体。它是开展国际直接投资活动所具有的外部条件，是国际直接投资赖以进行的前提。

一般来说，国际直接投资项目建成投产后的生产经营是否有利可图都取决于东道国的投资环境。就资本的本质而言，它总是投向风险小、易增值的地方。当一国失去生产要素的科学配置及实现最大利润的比较优势时，投资者就会物色更能获得高额利润的东道国，在那里获得优势资源、开拓商品市场、降低生产成本、获取高额利润，并把其作为开展国际直接投资活动的地点。由于国际直接投资是一种跨国投资，投资对象国的政治、社会、经济、文化、法律等方面存在着差异，投资者在做出投资决策之前，都要对东道国的投资环境进行国别比较，力求把具有安全度高、获利大的国家和地区确定为对外直接投资的地点。如果投资地点缺乏资本赖以生存和发展的各种必要的要素，即缺乏物质的、技术的、社会的、经济的条件，那么一种投资项目意向会在可行性论证中被否决，即使勉强做出了投资决策，也必定在建设过程和生产经营活动中遇到种种困难，招致预期投资效果的落空。这就是说，跨国公司和企业直接面临着投资失败的巨大风险。因此，从事国际直接投资活动的公司和企业，总要通过种种途径和采取适当方式，对东道国投资环境的各因素进行调查和评估，并在不同的投资地点之间进行优选，以期确定具有最佳投资环境的地点，做出投资的正确决策。

二、国际投资环境的构成因素及分类

弄清楚国际投资环境的概念，首先要明了国际投资环境所要研究的对象，即它到底应包括怎样的范围和内容，或者说由哪些因素所组成。

（一）国际投资环境的构成因素

投资环境的构成因素主要有：东道国的政治和政局的稳定性，社会的安定性，外资企业国有化的可能性，政府对外商投资的政策，居民对外商投资的态度；经济增长的情况及潜力，经济管理体制，经济发展战略，产业结构及政策；工业基础及其配套能力；财政、金融、保险状况，信息及咨询业的发展，物价上升幅度，资本及利润外调有无控制，货币对外汇价的升降，集资与借贷是否便利；商品市场规模及潜力，商品市场的地理位置，商品分销网点多少，商品营销辅助机构状况，市场开放程度及竞争状况，同类产品的进出口情况；通信设施状况，交通运输条件，电力供应，用水供应，仓储设施；科学技术水平，文化教育状况，员工素质，劳动生产率，工资水平，人才供应；物质资源状况，土地及其费用状况；语言文字，宗教信仰，社会风俗习惯，价值观念；法律健全程度，执法情况；行政机构的繁简，行政手续及办事效率；生活及娱乐设施，自然条件；等等。总之，投资环境是一个由多种复合因素构成的系统。

（二）国际投资环境的因素分类

为便于把握国际投资环境所包含范围十分广泛的因素，并有利于改善这些投资环境的实践，需要在分析国际投资环境全部因素的基础上依一定的标准，对其进行适当的归并和分类。

按照构成国际投资环境诸因素的属性并便于建立投资环境评价模型而将国际投资环境因素划分为政治因素、经济因素、基础设施因素、法律因素、社会文化因素、自然地理因素六类，如图 3-1 所示。

第一，政治因素。这是指由东道国（地区）的政治体制、社会结构、政局稳定性、社会安定性、国际信誉度等内容构成的政治和社会的综合条件，是吸引外国直接投资的必要条件和最敏感因素。因为投资者进行跨国投资，东道国的政局是否稳定、社会是否安定、国际信誉高低等直接关系到投资有无保障的问题。只有政局稳定、社会安定、讲求效益、致力于和平建设的国家，才能确保投资的安全，并为经营获利创造必要的前提。反之，一个政变迭起、社会动荡不止或者穷兵黩武的国家，则不可能使投资得到起码的保障，也难免使投资者遭到政治风险带来的巨大损失。

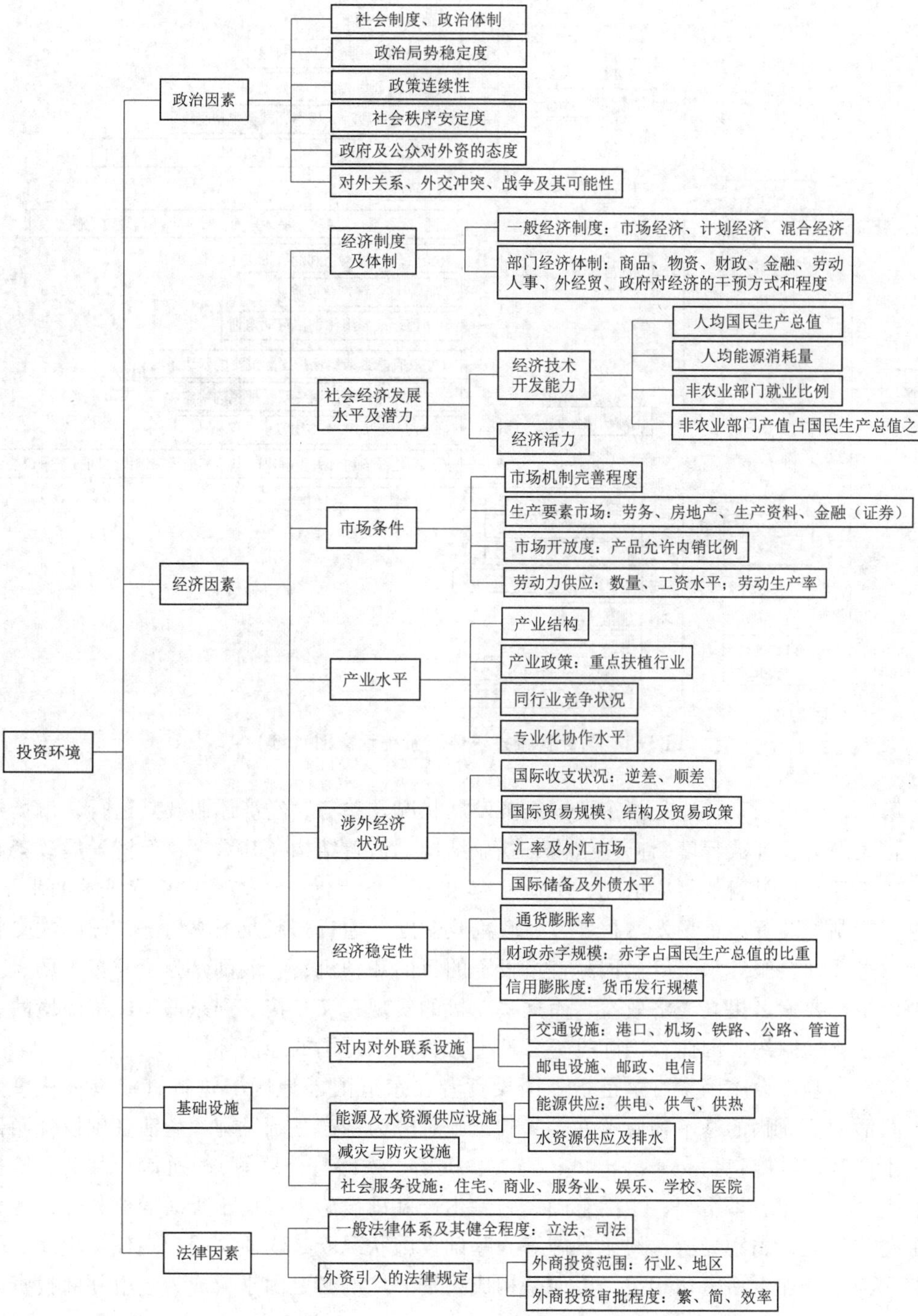

图 3-1　国际直接投资环境系统示意图

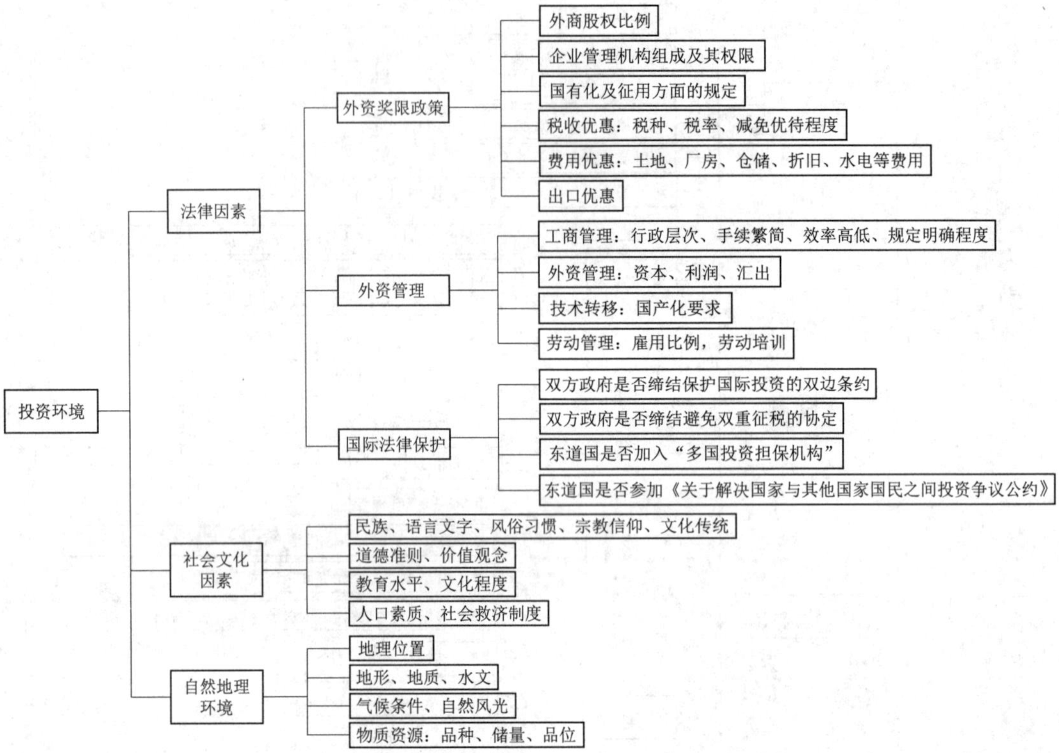

图 3-1　国际直接投资环境系统示意图（续）

第二，经济因素。这是指东道国经济发展状况及趋势，经济体制及其运行，市场规模、扩大潜力及开放程度，产业结构、就业结构、消费结构及其水平，经济发展政策和措施，资源和原材料的供应情况，工业配套水平，企业生产系统及其经营成本的水平，金融信贷制度及资本市场发达程度，财政税收制度，通货膨胀及汇率情况，国际收支状况，信息及社会服务水平等。国际直接投资的目的和动机，一般都是为了开拓市场、获得廉价生产要素、提高经济效益，而这些动机的实现，又直接受到东道国经济环境的各因素的影响和制约。因此，国际投资者都十分关注东道国的经济环境。

第三，基础设施因素。这是指外国投资者在东道国（地区）进行直接投资从事生产经营活动所面临的基本物质条件。基础设施可分为生产基础设施和生活基础设施两部分。生产基础设施包括交通（港口、码头、机场、铁路、公路等）、通信、供电、给排水、煤气、仓库、厂房等；生活基础设施除生产基础设施中可用于生活的部分外，还包括道路、住宅、购物场所、娱乐设施等。基础设施状况既是物质文明和现代化程度的标志，又与生产和生活密切相关，因而是构成投资环境的必要因素，成为吸引外商投资的重要条件。

第四，法律因素。这是指东道国政府为调整投资关系而制定并实施的各项与国际直接投资相关的法律、法规、条例以及有关政策和措施等。在范围上，它既包括东道国国内的法制建设问题，也涉及国际法规问题。在内容上，首先，它要充分体现东道国的外资政策，诸如对外商投资的范围、投资经营的期限、持股比例等实行的政策，以及对土地租用、税收、产品销售、资本和利润汇出或再投资等所提供的优惠规定；再者，要明确对外资的管理程序，主要包括对外商投资的管理体制、机构设置和审批程度等。所有这些，对于外商的投资和经营活动能否顺利进行，能否达到预期的获利目标，具有至关重要的意义，因而是构成投资环境的一个必要因素。此外，还有一个法律保护问题，其中主要涉及三方面的问题：（1）给外国投资者以某种权利、国民待遇、最惠国待遇等；（2）外资企业等被国有化或征收的合理与适当补偿；（3）对外国投资遭到的损失以何种手段加以解决以及如何处理投资争议。显然，国际法律保护环境的优劣对于能否有效吸引外商投资具有重要作用。

第五，社会文化因素。这是指东道国（地区）影响和制约国际直接投资和经营活动的各种社会文化因素的总称。它的内容比较广泛，主要包括民族语言、文字、宗教信仰、风俗习惯、文化传统、价值观念、道德准则、教育水平及人口素质等。这些是东道国（地区）投资软环境中的重要组成因素，也是投资环境整体中不可或缺的内容。对于外来投资者的行为和生产经营管理活动的顺利进行具有不可忽视的意义，因而，如何不断地改进社会文化环境是很多国家尤其是发展中国家亟待解决的一个基本问题。

第六，自然地理因素。这是指东道国（地区）的地理位置、气候条件、地质水文、自然资源情况以及环境保护情况等的总体。它的状况对一定的投资项目起着决定性作用。不同性质的投资项目所要求的自然地理条件不一。外国投资者在其他投资环境较好的情况下，必然要选择与自己投资项目相适应的自然地理环境。因此，为了扩大吸引外资的范围与规模，在科学技术和生产力发展水平允许的限度内，应努力加强对自然地理环境的利用和改造。

三、国际投资环境的基本特征

国际直接投资环境所具有的基本特征主要有以下几个方面。

（一）综合性

国际直接投资环境是由众多因素构成的有机复合体。它不仅包括经济因素，还包括不属于经济范畴的政治、法制、管理、物质技术、社会文化、自然地理等因素，而每一方面的因素又是包含着若干子因素的一个系统，并且所有因素（各方面因素及其子因素）都以其特有方式作用于投资。这种综合性特点，要求人们在改善或评价投资环境的实践中，必须全面顾及所有的因素及其系统，要全盘考虑有利因素、主要因素和关键因素以及不利因素、次要因素和非关键因素；同时，要努力探求和优选国际直接投资环境因素的最佳结构方式。

（二）先在性

国际直接投资环境是先于投资行为而客观存在的。不仅自然条件和地理位置这些不可变因素如此，即使政治、经济、物质技术、社会文化等可变因素也如此。正是这种先在性特点，影响和决定着投资者的投资决策、投资方向和投资规模以及投资者的收益。因此，东道国和地区为卓有成效地吸引外资，须提前创建良好的投资环境。

（三）差异性

国际直接投资环境在不同国家或地区之间以及对不同投资行业适应性的差异，是绝对的、显而易见的。因此，在一定时期内，一些国家或地区会成为国际直接投资的热点地区，而另一些国家或地区就成为投资者的冷落地。即使是一个既定的投资环境，因其构成因素或结构方式的特殊，也不可能对所有行业或项目的投资具有同等的作用。例如，有的投资环境适于农业或畜牧业投资，有的适于水产业投资，有的适于旅游业投资，有的适于工业投资；适于工业投资的环境，也有适于原材料工业、能源工业、加工工业等投资的区别，或者有适于知识和技术密集工业与劳动密集工业投资之分；等等。

（四）动态性

国际直接投资环境本身及其评价观念都在变化之中。一般说来，在投资环境的构成因素中，除自然条件和地理位置等不可变动外，其他因素如政治、经济、法律、管理、社会文化、物质技术等都将随着时间的推移而不同程度地发生变化。诸多因素的变化势必促使东道国投资环境结构的相应调整，从而使投资环境总体发生变动。与此同时，评价投资环境的标准和观念，也随世界政治、经济和科技的发展而发生变化和调整。例如，国际形势从战争、政局不稳转变为和平与发展成为世界的主流；制约投资及经营条件逐步向发达的社会经济条件转变；科学进步及其在生产中的加速应用，使偏重资源及其费用变为注重优秀的员工素质标准。认识这种动态性特点，可以使我们明确投资环境优劣不是绝对的而是相对的，改善投资环境是无止境的。重视研究目前和预测未来的评价投资环境的标准与观念以及提高改善投资环境的自觉性和预见性，也都具有重要意义。

（五）主观性

国际直接投资者具有按照自己需要评价和选择环境的权威性。相对于国际投资主体而言，任何东道国的投资环境都是客观存在的。东道国的投资环境到底是优是劣，是否能吸引到外商投资，是不依东道国和地区的评价及意愿为转移，而是取决于国际投资者的评价及决策。东道国的投资环境是为吸引国际直接投资而“设置”的，它必须具有获得投资者青睐和好评、激发投资者欲望、诱使投资者做出投资决策的足够魅力。只有国际投资者是评价投资环境的最具资格的权威。

第二节　国际投资环境的作用

国际直接投资环境作为国际直接投资的外部条件，对于投资国和投资东道国双方及其与世界经济相关的各个方面，必将产生复杂而深刻的影响，本节将对此进行分析。此外，还将对投资环境的发展趋势这一重要问题进行必要的论述。

一、国际投资环境的一般作用

国际直接投资环境发挥作用的范围相当广泛，但是主要是对东道国经济发展和世界经济发展的两大方面的影响。然而，为便于表述投资环境的这些主要作用，有必要首先分析投资环境本身所固有的一般作用——国际直接投资的引力磁场、吸收国际直接投资的竞争手段、国际直接投资流动的导向航标。

（一）良好投资环境是国际直接投资的引力磁场

国际直接投资是一种跨越国界的经济活动。这种经济活动因其在异国进行，与国内的同类经济活动相比，往往面临更大的困难和风险，投资者对投资地点外部条件的要求也就更严格。国际直接投资者为使其投资建厂能够顺利进行，竣工投产后的生产经营得以正常发展，以确保其投资的回收并实现更多的增值，总是选择具备最佳投资环境的国家（地区）作为自己的投资对象或投资客体；这就是说，具有最佳投资环境的国家（地区），更有利于资本的生存和增值，对国际直接投资也就更具有磁场般的吸引力。

良好的国际直接投资环境起码包括相互关联的两层含义：一是国际直接投资环境中的多种因素是最佳的，即国际直接投资环境中每一种因素都起着积极的、正面的影响，都有利于或者能促进国际投资和生产经营活动的进行，并给投资者带来丰厚的收益。二是构成外部条件的各因素的结构是最佳匹配的，即国际直接投资赖以生存和发展的投资环境的各种因素间应该是良好匹配的，才能使之作为一个有机整体，形成一种合力，共同发挥对投资活动的积极促进作用。这种促进投资的因素的有机整体，客观上处于两种状态：一是各种优良因素结构的匹配；二是各种参差不齐因素结构的匹配。应当说，第一种状态是最理想的匹配，然而这在事实上又是颇难实现的，因为任何一国、一地不可能同时拥有同等良好程度的政治、经济、基础设施、政策和法律、社会文化、自然地理等因素，何况许多因素又总是处在不同的变动之中。第二种因素结构的匹配则是现实生活中经常、大量存在的，尤其为那些确切把握了投资环境涵义的人们所自觉实践的。例如，由于种种原因，一个国家（地区）的政治、经济、基础设施、政策和法律，社会文化等因素可能占有明显的优势，而在属于自然因素的地矿资源和地理位置方面则可能居于劣势。在这种情况下，既可以通过发展交通运输业，也可以通过提高经济的优惠程度等扬长避短的办法，相对实现不等因素间结构的良佳匹配，求得投资环境整体的改善。

自实行改革开放以来，中国政府积极采取了一系列改善投资环境的有效措施。第一，提高政策、法规的透明度。清理整顿不利于吸收外资的法规和政策，多次修订《外商投资产业指导目录》，建立并公开发布外商投资产业政策的工作机制。第二，加快建设统一开放、竞争有序的市场环境，逐步对外商投资企业实行国民待遇。取消对外商投资企业的高价收费，废除对外籍人员购买飞机票、车票、船票、各种门票、公共文化设施的两种收费标准，统一了内、外资企业的流转税制等。在华外商投资企业基本享受到国民待遇，在税收待遇等方面还优于内资企业。第三，加强涉外经济法制建设。中国政府已陆续颁布了500多部涉及外商投资的法律法规，而且不断地进行修订、增补和废止。第四，加大保护知识产权执法力度。中国已经建立起了健全的保护知识产权的法律体制，拥有专利法、商标法、版权法和保护计算机软件方面的法律，并且还在不断完善以尽快达到符合世界贸易组织《与贸易有关的知识产权协议》所规定的标准。其他措施还有：完善立法，加强执法，保障外商投资企业投资经营各方及劳动者的权益；提高政府部门的办事效率，简化审批程序；依法加强对外商投资企业的监督管理，完善联合年检工作，打击走私、骗税、逃套汇、侵犯知识产权等非法行为；制止对外商投资企业的乱收费等。这些措施的有效实施为投资者提供了一个便利宽松的环境，保证了对外直接投资和引进外商投资的健康顺利进行。

（二）改善投资环境是吸引国际直接投资的竞争手段

由于良好的投资环境对于国际直接投资具有磁场般的吸引力，很多国家（地区）为了通过大量吸引国际直接投资来达到自己的预期目的，竞相致力于投资环境的改善工作。这不仅包括发展中国家（地区），而且也包括发达国家。发展中国家（地区）由于缺乏发展经济所必需的资金、技术和管理知识，还面临着失业、国际收支状况不佳、债务负担沉重等困扰，通过吸收国际直接投资，弥补自己的不足和克服存在的困难，并逐步实现初级产品出口战略向进口替代战略或出口导向战略的过渡，借以推动本国工业化的进程。发达国家在积极从事国际直接投资活动的同时，也要大量吸收国际直接投资，除了避开关税和非关税的贸易壁垒、开辟和占领市场的目的以外，主要是由于世界科技和管理发展的不平衡，一国不可能在所有领域都占有优势，即使在某一领域也难以一直保持领先地位，所以，也需要通过引进外资，弥补自己某些科技领域之不足。各国竞相吸引国际直接投资的需要，实际上变成了争夺国际资本的竞争，而这种竞争的焦点，最终又集中到投资环境的改善上。哪个国家（地区）的投资环境更为完善，哪里就能吸引到更多的国际直接投资，因而，不断改进和完善投资环境，事实上已经成为成功吸引国际直接投资的竞争手段。

这种竞相改善投资环境的活动，在发展中国家之间表现得尤为明显。具体表现：各国纷纷在沿海毗邻港口的地区，给外来投资者提供特殊的优惠政策和灵活措施，加强基础设施建设，兴办类似于自由贸易区的工业型出口加工区；纷纷制定有利于吸引外商直接投资办企业的外资引进法及一系列法规和优惠政策；在提高某些产品关税的同时，竞相为外商投资企业的该种产品让出一定的市场，即实行替代进口；为了便于外商投资，大力简化行政手续，提高办事效率。

中国采取了四大措施稳定外资规模，提高利用外资质量：一是完善投资环境，将创建政策透明、行政规范、营商便利、公平竞争的投资环境作为提升引资竞争力的重要手段；二是优化利用外资结构，重点鼓励外商投资高新技术产业、节能环保产业和现代服务业；三是改善外资区域布局，以中西部国家经济技术开发区作为载体深入推进产业转移；四是创新利用外资方式，发挥外资并购对国内企业改组改造、产业结构升级的促进作用。

与中国相比，东南亚国家也不甘落后。泰国近几年也不断采取措施加大引资力度，放宽外资准入，加强投资促进工作，在用地、劳动力、关税减免、国内税收负担、生活环境等方面具有优势，成为跨国公司进入东南亚市场的跳板。据了解，福特、克莱斯勒、通用、英特尔、朗讯等许多大牌公司早已落户泰国，并取得了较大的投资回报。另外马来西亚、越南等国家也都采取不同措施吸引外资，带动经济发展。

（三）投资环境状况是国际直接投资流动的导向航标

第二次世界大战后，尤其是20世纪80年代以来，国际直接投资格局开始呈现若干明显的变化趋势：由发达国家对发展中国家的单向投资变为发达国家与发展中国家（主要是新兴工业化国家和地区以及石油输出国组织成员国）之间的双向投资；由向劳动密集型产业投资为主转为向知识和技术密集型产业投资为主，即转向投资产业的高级化；由发达国家重视对发展中国家的投资变为发达国家更重视彼此之间的投资。据统计，1970年至1984年，国际资本对发达国家和发展中国家的直接投资还分别约为80%和20%，而1985年至1989年间两者所占比例则变为了85%和15%。再到1999年，发达国家吸引外国直接投资6 364亿美元，占全球外国直接投资的73.5%；发展中国家为2 076亿美元，占24%。发达国家1995年至1999年吸收外国直接投资增长速度年均达34.4%，发展中国家为14.6%。2007年发达国家吸引外资12 480亿美元，发展中国家吸引外资5 000亿美元，比2006年增加21%。2013年流向发达国家的外国直接投资增长了9%，达到5 660亿美元，占全球总流量的39%，而流向发展中经济体的外国直接投资再创历史新高，达到7 780亿美元，占总流量的54%。国际直接投资中已出现的上述趋势与投资流向是由于投资环境发挥的导航作用。2017年全球外国直接投资下降23%，为1.43万亿美元，流入发达国家的外国直接投资为7 120亿美元；流入发展中经济体的外国直接投资为6 710亿美元。

美国从一个最大的对外投资国变为最大的吸收外国投资的东道国。国际资本所以纷纷向美国投资，是因为美国具有便于资本增值的良好投资环境。首先，美国欢迎外国直接投资，除对涉及国家安全及其相关利益有限制性规定外，一律采取自由开放政策，为外国投资者提供良好的、公平的和非歧视性的待遇。其次，美国具有宽松而方便的筹资环境，在借款方面，资本市场对外国人或本国人采取无区别的政策。再次，美国给予外国投资者将资本、红利、专利使用费和服务费及其他收益汇回本国的绝对自由。此外，美国还在诸多方面拥有吸引外国投资者的良好条件，例如，美国是世界上吸纳商品的最大市场，并且有利可图；拥有先进的科学技术和经营管理经验，便于采纳和应用；具有大量业务熟练、受过高等教育的技术和管理人员，便于雇用且费用低于其他西方国家；拥有丰富的能源、原材料及优良而完善的社会基础设施，有利于生产经营；政局比较稳定，法律比较完备，适于工商活动的开展；等等。正是这些条件，使美国有一个有益于外国投资的良好国内环境。类似美国的这种投资环境，在发达国家也大体具备。因此，美国等发达国家便成为国际投资的主要场所，不仅发达国家之间互相大量投资，而且发展中国家尤其是新兴工业化国家（地区）的私人对外直接投资，也开始大量流向发达国家。据统计，截至1981年底，发展中国家（地区）在美国的私人直接投资就达到

124.19 亿美元，占外国在美直接投资总额的 15%，其增长速度仅次于日本而超过了西欧国家。从 20 世纪 90 年代初开始直到 1999 年，外国对美直接投资逐年持续增加。90 年代前半期，每年流入的外国直接投资平均为 400 亿美元左右，到 1999 年，这一水平上升到 2 950 亿美元。2007 年外国对美国直接投资总额约为 210 000 亿美元（以时价计算），同比增长 14%。2013 年美国保持了其作为世界上最具吸引力的投资目的地的地位，吸引的外国直接投资比 2012 年增加 270 亿美元达到 1 880 亿美元。与此相反，由于发展中国家大都债务包袱沉重，有些则面临债务危机以及国际收支状况普遍不佳等，使投资环境恶化，投资风险增大。一方面，来自发达资本主义国家的直接投资逐步减少，甚至抽回原有投资；另一方面，发展中国家的资本又流向发达资本主义国家，以致助长了“资本倒流”。据统计，在发展中国家内部，2007 年人均国内生产总值不足 800 美元的 49 个最不发达国家（其人口数占全世界的 10%）只吸收了 130 亿美元，占全球的 0.7%。2012 年流向亚洲以及拉美和加勒比地区的外国直接外资仍保持在历史高位，但增长势头有所放缓。而同期发达国家受后金融危机时期经济复苏缓慢的影响，投资环境水平下降，外国直接投资流入量下降了 32%，降至 5 610 亿美元，接近过去 10 年来的最低水平。2017 年亚洲发展中经济体吸引外国直接投资总额增长 2%，为 4 590 亿美元，亚洲超过欧盟和北美，重新成为全球最大外资流入地区。可见，投资环境的改善确实发挥着国际直接投资流动的导向航标作用。

二、国际投资环境对东道国的影响

东道国投资环境状况决定着国际直接投资的流向。良好的投资环境不仅对投资者的投资经营和获利具有十分重要的作用，同时也从多方面对东道国的经济发展产生积极而深刻的影响。

（一）完善投资环境是振兴民族经济的一条重要捷径

广大的发展中国家在独立之前长期遭受殖民统治，经济技术落后，既无对外开展大量直接投资的实力，又缺乏大量吸引国际直接投资的良好条件，因而其吸收的外资只占国际直接投资总额的很小比例。这种情况，对于发展中国家摆脱经济落后状况，实现民族经济的振兴，显然是十分不利的。因为发展中国家要发展经济就必须具备雄厚的建设资金、先进的技术和科学的管理等基本条件。一般说来，广大发展中国家只具备较丰富的农业和地矿等物质资源以及众多的人力资源，所缺乏的正是资金、技术和管理等基本条件，因此在谋求经济发展的过程中，物质资源难以得到合理的开发和利用。

通过改善投资环境、吸引外商投资办企业的途径，则不仅可以解决发展经济所需的资金问题，而且能够带来相应的可供国内企业借鉴和转移的技术和管理知识，并且不存在债权、债务关系。因此，这是发展和振兴民族经济的一条重要的便捷途径。例如，新兴工业化国家和地区的“亚洲四小龙”和拉丁美洲的巴西、墨西哥等，利用了 20 世纪六七十年代工业发达国家产业结构调整和转移的机会，大力改善投资环境和吸引外商投资，引进了资金、技术和管理，成功地促进了经济的起飞与振兴。

黑龙江省是中国的老工业基地，是资源大省和资源强省，但既有优势也有劣势。劣势是在改革开放后相对沿海省份逐渐落后了，其原因主要是体制上，在沿海地区相对转制和转轨之后，内陆地区没有跟上；存在市场劣势，黑龙江省的很多地区还未纳入世界市场的范围，甚至国内市场的范围，很多地区还处于相对封闭的状态。考虑到这些实际情况，黑龙江省不断改善投资环境，招商引资，不仅开拓了外部市场，使本地的资源不费力气地进入国内和国际市场循环链，而且带来了技术、知识和设备，提高了资源产品的附加值和市场竞争力，带来了本地所缺乏的资金，使资源的转化成为可能。

（二）完善投资环境是国家合理配置生产力的前提

东道国要想实现经济的繁荣，必须充分有效地发展生产力，其中包括充分开发和利用全国范围内可供用于发展经济的各种资源，某些发达国家凭借先进的科学技术和雄厚的资本实力，经过长期而艰苦的探索，对人力资源、物质资源的开发和利用取得了巨大进展，较好地实现了生产力的合理布局；而广大发展中国家，不仅工业基础薄弱，农业十分落后，生产结构单一，而且经济发展不平衡，生产力配置不合理，沿海与内地、城市与农村的差别很大。例如，印度的工业主要集中在沿海的三个邦，而加尔各答和孟买两大城市及其周围地区就集中了全部工业总产值的一半以上；巴西的现代化工业主要集中在仅占全国土地面积 18% 的东南沿海几个州；墨西哥首都墨西哥城集中了全国 40% 的工业；非洲一些国家 2/3 至 3/4 的工业企业都建在首都及其附近地区。因此，合理配置生产力，开发和利用内地资源，求得地区间经济的平衡发展，是广大发展中国家面临的一项紧迫任务。

实现生产力的合理配置，解决地区经济发展的不平衡问题，主要是大力开发和利用广大落后地区的资源。内地的生产力低下和经济落后，一般说来，并非资源贫乏所致，恰恰相反，这些地区的物质资源尤其是地矿资源都比较丰富，而只是由于缺乏开发和利用物质资源的各种条件，未能投资建立起相应的工业企业。因此，积极改善内地的投资环境，建设和发展交通运输、电力供应、邮电通信、生活及服务设备等基础设施，便成为开发和利用内地资源、发展内地生产力和繁荣经济的必要前提。只有这样，才能为开发和利用资源的工业发展创造必备的外部条件，才能吸引投资者前往投资设厂，并将先进的工业技术和经营管理经验带到内地，进而推动经济的发展，逐步实现国家生产力的合理布局。

在中国，区域经济发展不平衡，产业结构亟待升级，是当前经济社会发展过程中面临的突出问题。为全面贯彻落实科学发展观和党中央、国务院关于促进区域协调发展战略，大力推进国际和东部开放型产业向中西部地区梯度转移。加强东、中、西投资促进合作，充分发挥国家级开发区在促进产业转移进程中的窗口、示范、辐射和带动作用。加强对东、中、西部开发区的分类指导，引导东部开发区发挥产业集聚效应，鼓励外商投资重点发展高新技术产业、先进制造业和现代服务业；支持中、西部开发区加快基础设施建设，促进国际和东部地区开放型产业向中西部地区梯度转移；通过建立合作园区、引导东部开发区协助中、西部开发区改善综合投资环境等手段，推动东、中、西部开发区互利共赢、携手共同发展；将知识产权保护、技术创新、节能降耗、生态环保、社会保障等内容纳入国家级开发区综合统计制度和投资环境综合评价指标体系，推动资源节约型、环境友好型生态工业园区建设。

这种为开发内地和边远地区经济，而在改善投资硬环境和制定包括鼓励政策、提高办事效率等在内的投资软环境的努力，对于吸引外商投资设厂、改变地区经济发展的不平衡状况、促进生产力的合理配置等方面的发挥了积极作用。

（三）完善投资环境是提高自力更生能力的重要条件

在当今开放的世界中，一个国家在经济上谋求自力更生，在坚持依靠本国力量的基础上，积极开展国际经济技术合作与交流，这不仅对那些较充分地实现了经济国际化的发达国家是必要的，而且对于广大发展中国家也是必要的。东道国通过吸引外商前来投资办企业，可以加快国内各种资源的充分开发和利用，进而促进经济的发展，提高国家的自力更生能力。但是，要现实这一目标，必须创造并且具备适宜资本进入、生存、增值的种种外部条件。显然，如因政局不稳、社会动乱甚至发生战争，投资者会因缺乏安全感，不敢贸然进入；如因政策朝令夕改、变化无常或作为固定政策的法制不健全，投资者会因资本和利益难以确保，不肯大量涌入；如果没有一定的工业基础、生产要素供应、经济稳定发展、市场需求和经济管理体制等经济条件，没有必要的交通、通信、能源及水源供应等基础设施，投资者会因生产和经营的物质条件得不到保证，不愿意进行投资；如果缺乏发展商品经济和国际合作所必需的语言文字、教育水平和价值观念等社会文化条件，投资者会因难以进行正常经营与交往，不乐于进行投资。所以，东道国要吸引外商投资办企业，并借以开发和利用国内资源，推动经济的发展，增强自力更生的能力，必须全面地大力改善投资环境。

三、国际投资环境对世界经济的影响

国际直接投资作为当今一种跨国广泛开展的经济活动，虽然已经成为影响世界经济发展的重要因素，然而它的活动范围、规模和效果又受着投资环境的重大制约。因此可以说，世界经济发展得如何，在相当程度上也取决于国际投资环境的状况。

（一）改善投资环境有利于推动国际分工的深入发展

当今世界经济中的国际分工，在经历了工业国与农业国的分工、宗主国与殖民地和半殖民地之间或工业制成品国与单一农矿原料产品生产国之间的分工之后，随着第三次科技革命的发展而使资本国际化大大加速，国际分工已由两大产业部门的分工转变为工业部门内部的分工。国际分工的深入发展，加强了各国之间经济上的相互联系、相互依存，必然对各国的对外开放和世界经济的发展产生明显的影响。就其对参加国际分工与交换的双方而言，只要国际分工和国际交换在平等条件下进行，参加分工和交换的双方是可以达到互利的，并进而有利于世界经济的发展。然而，由于参加分工的双方经济地位不同和劳动生产力的差异，国际分工实际上是在不平等的条件下进行的，因而通过交换而产生的“净利益”，往往被一方多占有，另一方少占有。例如，当前国际分工中的垂直分工，是不同经济发展水平国家间的初级产品与工业制成品、劳动密集型产品与资本和知识密集型产品之间的分工。这种分工显然对发达国家有利，而对发展中国家不利，发展中国家受着不等价交换的剥削。

广大发展中国家虽然人力和资源丰富，但由于缺乏资金和相应的工业技术，只能利用资源进行初步加工，生产劳动密集型的初级产品，从而在国际垂直分工中处于不利地位，长期不能有效地参与国际分工，提高自己的经济实力。如果以借债购买技术设备，不仅会背上沉重的债务负担，而且因缺乏必需的技术和管理人才，也难以收到预期的效果。而如果依靠自己的力量并尽可能地采取利用外资的办法，从多方面致力于投资环境的改善，即兴建工商业活动所必需的供水、供电、通信、交通运输等基础设施，发展文化教育、培养科学技术和经营管理人员，建立和完善市场体系，理顺利于经济活动和经济发展的管理体制，制定具有较高优惠程度的税收、价格、信贷、租金、劳务等政策和措施，提供行政手续简便、工作效率快捷的服务，创造稳定的政策、社会秩序，健全法律和规章制度等，就可以兴办与外商合资经营、合作经营以及由外商独资经营的企业，从而能够引进先进的工业技术和科学的经营管理方法，有效促进资源的深度开发和综合利用，逐步实现由劳动密集型产业向知识和技术密集型产业的过渡，提高在国际分工、国际交换中的地位，并逐步由垂直工分改变为水平分工，使自己在世界经济中处于有利地位。所以，完善投资环境，尤其是完善发展中国家的投资环境，有利于国际分工的合理深入发展，从而有利于世界经济的发展。

（二）改善投资环境有利于国际经济新秩序的建立

国际经济秩序是在一定国际经济格局下形成的国际经济关系的行为准则或行为规范。国际经济格局及国际经济关系，也受着政治格局的制约和影响。进入20世纪80年代后，大多数发展中国家遇到了严重的困难和危机。它们对外债务沉重，初级产品出口价格大幅度下降，大量资金外流，国际收支状况恶化，财政赤字剧增，通货膨胀难以遏制，经济增长率明显下降，许多国家人均国民生产总值连年负增长；同时，发展中国家在国际贸易、国际投资、国际金融、国际技术转让等国际经济活动中所占的份额，也显著下降到20世纪70年代初的水平。

20世纪80年代末和90年代初，苏联解体和东欧国家发生的剧变标志着东西方冷战的结束，因而旧的世界格局已经打破，但新的格局尚未建立。在这新旧格局交替之下，发展中国家在国际经济关系中的处境以及它们的经济发展并没有好的转机。例如：（1）北美自由贸易区、欧洲经济共同体和亚太经济圈等地区性集团化趋势的加强，将使国际贸易和投资等经济活动进一步集中于发达国家，西方发达国家与发展中国家的经济关系却得不到同样大的发展；（2）正在迅速发展的以微电子技术为中心的高科技产业所带来的贸易、投资、金融、劳务和技术转让等国际经济活动，更加集中在发达国家之间进行，多数发展中国家不但不能参与，还会因其所需原材料的相对减少，使世界初级产品的市场需求萎缩和价格进一步下降；（3）世界格局变化已经造成国际资金的短缺，而许多发展中国家经济困难、负债累累、投资环境恶化，对国际资本吸引力弱化，这就更增加了它们获得恢复经济发展所急需的资金的难度。可见，目前世界格局的变化，对发展中国家的经济发展是不利的。

建立世界经济新秩序是一个相当艰巨而长期的任务，除了重开全球性南北对话和加强地区性南北协商，发展与发达国家的经济合作以外，更应正视南南之间日益增强的经济互补关系，进一步扩大和加强南南合作，包括经济一体化或地区集团化的形成，以促进发展中国家的经济发展，并有助于世界新秩序的建立。同时，为了有利于世界经济新秩序的建立，对于广大发展中国家来说，应当切实注意的一个重要方面，就是大力创造和改善自己的投资环境。因为只有如此，发展中国家才能有效增强对发达国家及新兴工业化国家和地区国际直接投资的吸引力，解决经济发展所必需的适用技术乃至先进技术，从而逐步缩小与发达国家，特别是与新兴工业化国家和地区的差距；才能有效吸引与自身资源优势相一致的国际直接投资，逐步建立起具有自己特色的工业基础，从而带动关键产业及整个国民经济的发展；才能有效利用外商投资者的商标和市场渠道，逐步扩大工业制成品的出口，从而改变长期依靠资源和初级产品出口以及国际收支的逆差状况。

总之，发展中国家改善投资环境，可以从多方面增强自身的经济实力，提高在国际经济关系中的地位，有助于世界经济新秩序的建立。

四、国际投资环境发展的新趋势

投资环境作为国际直接投资的外部条件，势必要随着世界经济和国际经济关系的变化以及国际直接投资活动出现的新特点而不断地有所变化和发展。所有国家，尤其是发展中国家，要卓有成效地吸收国际直接投资，就必须正视国际直接投资的特点对国际投资环境要求的新变化，就必须有针对性、有重点地创造和改善自己的投资环境，以适应发展着的新特点和新趋势。

（一）当前国际直接投资发展的特点

20世纪80年代以来，在世界经济和国际经济关系中，出现了一些值得注意的重要趋向。主要有：地区经济集团化的纵深发展以及新技术革命的推进，大大加快了世界经济国际化的进程；随着跨国公司的迅速发展，世界经济正由经营一体化向全球生产一体化、市场一体化演进，并进而推动着世界经济一体化的进程；世界经济发展的主流正在由总量增长型向质量效益型演变，产业结构也出现了高技术化趋势，世界经济和国际经济关系的新形势导致国际直接投资也出现了若干新特点。

第一，国际直接投资迅速发展。国际直接投资成为国际资本流动的基本形式之一，其增长速度大大高于借贷资本输出，并变为世界经济中最活跃的因素之一，是主要发达国家在新技术革命的推动下，生产和资本的国际化日益加强的情况下出现的现象。1984年以来，由于西方主要资本主义国家汇率、利率和股市价格的大幅度变化，世界范围内的对外直接投资额迅速增长，其增长幅度不仅远高于证券投资，也超过了各国国民生产总值、国内投资和国际贸易的增长。西方经济学家和企业界人士认为，国际直接投资已成为推动世界经济发展的主体，而国际贸易已退后并依赖于国际直接投资。据统计，

1960年国际直接投资额累计为677亿美元，而1988年已突破1万亿美元。跨国直接投资方式正成为世界经济发展中速度最快、最有驱动力的方式，2005—2008年，其增速达25%~30%，超过世界GNP和贸易增速。2008年全球外国直接投资额达14 491亿美元。2013年全球外国直接投资额达1.45万亿美元，比2012年增长9%。2016年底全球外国直接投资额达到69.1万亿美元，同此增长7%。

第二，国际直接投资主体日趋多元化。虽然国际直接投资的主体仍然是发达国家的跨国公司，但各国的地位发生了变动。即由于日本、德国高科技产品在国际市场上占据的优势以及国际贸易顺差的扩大，使之已成为对外直接投资的主要来源地，从而打破了美、英、法等国垄断的局面。与此同时，石油输出国组织成员国和亚洲新兴工业化国家（地区）也加快了对海外的直接投资步伐，少数工业化程度较高的发展中国家也开始涉足国际直接投资市场。

第三，资本流向和投向的变化。金融资本的投资越来越和产业资本投资相结合，机构投资人相当活跃。新技术革命的飞速发展及其带来的巨大效益，使国际直接投资的流向和投向出现了明显的变化。从资金流向看，进入20世纪90年代，随着欧共体和北美自由贸易区生效期的趋近，不仅日本、美国等发达国家进一步加紧了对欧共体国家的直接投资，一些新兴工业化国家和地区的投资也极力挤入美国、加拿大和欧共体国家，而且西欧国家的对外投资也出现了回流的势头。这样，就使得由过去发达国家向发展中国家单向投资的形势，转为以发达国家之间的“双向”投资为主，并出现了发展中国家和地区向发达国家的“逆向”投资的现象。发展经济受到发达国家高度重视，经济全球化潮流不可阻挡，作为东道国政府要研究如何在投资中实现利益的最大化。通过调整政策，和国际资本在合作中实现利益最大化，通过加速资本积累和科技创新，选择相应的模式实现赶超。据统计，在20世纪70年代至80年代初，发展中国家吸收的国际直接投资额约占到总额的40%，80年代中期以后，这一比例迅速下降至15%~17%。进入21世纪，国际直接投资在发展中国家增长很快，2007年其占全球总投资额的比例达到28.4%。2013年流向发展中经济体的外国直接投资再创新高，达到7 780亿美元，占总流量的54%。2017年流入发展中经济体的外国直接投资6 710亿美元，其中流入亚洲发展中经济体的投资达4 590亿美元，占全球外国直接投资流量的30%。从资金投向看，随着科技革命步伐的加快、市场竞争的加剧和获取最大利润动机的驱使，除产业结构调整和转移的需要外，发达国家的对外固定资产投资主要用于研究和开发高技术和高附加值产品，已由外延性为主转为内涵性为主。

第四，国际投资市场资金短缺。20世纪80年代末和90年代初，由于诸多因素的作用，造成了国际资金供不应求，出现了争夺国际直接投资的局面。就资金的供应因素看，主要有：日本内需扩大的势头，使得资金需求上升，已出现投资回流的迹象；德国的统一需要有巨额资金重建东部经济，使联邦德国的对外直接投资明显减少；美国在财政收支和国际收支的“双赤”重压之下，其经济的维持与发展将继续求助于国际投资，并进一步减少海外投资。就资金需求因素看，主要有：苏联解体、东欧剧变，民族冲突骤起，经济倒退和破坏严重，其恢复和发展将需借助巨额外资支持；拉丁美洲和非洲重债务国在难以举借新债的情况下，为维持和发展经济，将更加迫切地需要吸引国外直接投资；南亚等国家出于渡过金融危机、恢复经济的需要，对国际直接投资的需求更为迫切。加之国际石油价格和利率的上升及通货膨胀问题，2008 年金融危机严重影响了投资者的信心，投资者通过安全转移把资金转到较为安全的政府债券，市场上流通的资金量急剧减少。所有这些将使国际资金供不应求，争夺国际直接投资的形势更趋紧张。

（二）投资环境发展的新趋势

随着世界经济和国际经济关系的变化，投资环境作为国际直接投资的外部条件，也出现了与之相适应的若干变化和发展新趋势。概括地说，就是投资环境的高级化发展趋势。在这种情况下，东道国要想吸收国际直接投资，只有顺应这种发展趋势，有重点地积极改善投资环境，才能达到利用外资、有效促进经济发展的目的。近些年来，投资环境发展的新趋势主要表现在以下几个方面。

第一，拥有高素质劳动力的国家是国际直接投资者的青睐对象。在 20 世纪 60 至 90 年代，随着西方发达国家的技术进步、经济发展和工资费用上升等，西方私人企业主要通过对外直接投资将劳动密集型产业大量转移到国外，以利用廉价劳动力降低生产成本，增强其产品在国际市场的竞争力。20 世纪 90 年代以来，随着科技革命的进一步发展及其在生产中的广泛应用，生产和管理的高度机械化与自动化带来的劳动生产率的提高，使劳动力成本的重要性大为降低。国际市场竞争已开始转移到产品的高附加价值和高质量及服务质量方面。国际直接投资也不再主要是利用非熟练的廉价劳动力和陈旧生产设备，而是利用熟练劳动力和先进甚至尖端的生产线。据统计，目前发达国家对外直接投资中约有 50% 集中于服务行业或与其有密切关联的行业，简单的加工行业已不再是外资投入的重点对象。因而，东道国能够提供具有较高素质的经理、中级管理人员及熟练的技术人员和劳动力，成了吸引外国直接投资的一个重要方面。所以，通过发展各类中级和高级教育，培养和造就具有高素质的熟练劳动者，既是一国加快经济建设的需要，也已成为东道国改善投资环境、有效吸引更多外国直接投资的一个重要发展趋势。

第二，市场规模成为吸引国际直接投资的极其重要的内容。国际直接投资在相当长的发展时期是属于所谓资源型的投资。但是，由于自然资源业是个具有较强政治敏锐性的投资领域，“二战”后，不少国家为维护本国的自然资源主权，往往对外来投资施加种种限制，直至对外国投资经营的资源开发企业进行征用或没收，因而使得资源型投资面临着较大的风险。与此同时，随着技术革命的深入发展，各种新型合成材料及新的替代资源的出现，使得获得资源的传统投资动机明显弱化。在劳动生产率迅速提高的情况下，随着资源型投资重要性的下降，市场型投资的重要性便突现出来，即从事国际直接投资是为了就地生产、就地销售，开辟和占领投资东道国及其毗邻的市场。

东道国及其毗邻地区市场规模广大，不仅有利于外国直接投资者从当地市场取得生产经营所需要的多样化的各种资源，而且可以使之降低资源采购和产品出口运输的成本，提高获利水平。也就是说，经济规模大、经济增长快因而市场规模巨大的国家和地区，易于吸收大量的外国直接投资。因而，在当前吸引国际直接投资的竞争中，注重制定产业政策、加快经济发展、增强经济活力、提高开放程度，有效扩大经济和市场规模，已成为许多国家和地区致力改善投资环境中的一种较为普遍的新趋向。

第三，较高的科技和工业水平成为国际直接投资注视的重点。目前国际直接投资的产业主要是知识和技术密集型产业。在跨国公司中，已经形成了相当有效的组织，不仅有总公司及其下属的诸多子公司，而且在内部有从事研制、开发、生产和营销的严密分工，使之成为一个进行再生产活动的有机结构体系。并且跨国公司在进行国际直接投资的活动中，几乎都有获得东道国先进技术、科学管理和合格配套产品等的强烈动机。这在以发达工业国家作为东道国的投资中表现得格外突出。近几年来，英国政府强调科研成果必须尽快进入工业性应用，使科研成果能更多地变为有利于提高英国在国际市场上形象的商品，明确提出对加强工业竞争力的信息工业、新材料工业、制造工业和生物技术产业给予更大的支持，吸引了大量外国企业投资于这些高科技产业部门以实现资源共享。所以，要更加有成效地吸引外国直接投资，特别是吸引实力雄厚的跨国公司的技术要求较高的投资，就必须在改善投资环境中，把致力于发展科研事业、提高科学技术水平及提供高质量的配套技术服务作为重点。只有这样，才能更多吸引握有先进技术的外国投资者，并在为其提供必需技术、管理和配套产品中，做到取其之长、补己之短，进一步提高本国的技术和工业水平。

第四，现代化的基础设施是国际直接投资从事生产经营的必备条件。随着国际分工的深化和世界生产经营一体的迅速发展，各国之间的经济联系和依赖关系日趋密切。跨国公司进行的现代化的大规模生产经营活动，对于能源、交通、通信等基础条件的要求也越来越高。跨国公司的生产经营更加依靠发达的能源和水源供应系统、发达的海陆空交通运输系统和发达的电信网络。如果基础设施不完善，势必要阻碍生产经营活动的正常开展，因而也难以吸引到一定的国际直接投资。按照国际标准从事本国的基础设施建设是当代国际直接投资者的客观需要，也是各国改善投资环境的极为重要的内容。我国西部地区资源丰富，但由于交通、通信、信息等交流平台基础设施不完善，丰富的资源未能被外界充分开发利用，资源优势未能转化成经济优势，潜在优势未能转化成现实优势，在当前国际竞争十分激烈、价格不确定性因素增多、市场变动无常的形势下，也就成为吸引外资的一大瓶颈，也成为西部地区发展缓慢的一个重要因素。国家改善西部投资环境的需要也显得尤为迫切。

第三节 案例分析

纵观改革开放以来跨国公司在华的投资环境，无论是外资政策、劳动力市场还是市场环境与技术方面，均发生了巨大的变化。在外资政策方面，我国外资政策越来越多地注重营造一个有利于外资利用的制度环境。改革开放初期，我国经济基础薄弱，吸引外资，利用外资的先进技术进行基础产业建设与发展成为迫切的需要，在这一阶段，我国的投资环境还差强人意，因而要在竞争激烈的世界投资市场上占据一席之地就需要我国提供更多的优惠政策。同时，由于我国的外资政策法律处于萌芽时期，存在许多不完善的地方，同时对外资的利用也有许多限制，但是这些不完善的制度与限制随着经济的不断发展以及中国的加入世界贸易组织发生了巨大的改变。加入世界贸易组织以后，中国在非关税壁垒、关税等方面放宽了限制，同时，中国对货物、服务贸易、知识产权保护以及与贸易有关的投资措施方面的法律法规进行了修改。此外，随着改革开放的深入，绿色与可持续发展日益得到国家的重视，我国关于资源开采的相关政策也在不断完善，对于自然资源与环境的保护日益加深，对于外资的态度也从改革开放初期一味地“招商引资”逐步向“招商选资”转变。这些限制的放宽以及政策的转变必然会促使跨国公司大规模地进入，但是这种进入与之前掠夺性的进入相比，更多的是一种良性的进入，能够为中国的经济与环境发展争取到最适合的外资。

我国的劳动力市场也随着经济的发展不断壮大，全国就业人员从 1978 年的 40 152 万人攀升至 2012 年末的 76 704 万人，第一产业就业人员占 33.6%，第二产业就业人员占 30.3%，第三产业就业人员占 36.1%；失业率也从 5.3% 降至 4.1%。2017 年末全国就业人员 77 640 万人，全国就业人员中，第一产业就业人员占 27.0%，第二产业就业人员占 28.1%，第三产业就业人员占 44.9%。而劳动人口在三个产业的分布也随着经济的发展发生了明显的变化，第一产业的就业人数随着时间不断减少，而第二产业与第三产业的就业人数不断上升，并且在改革开放初期与中期，第二产业的就业人数明显高于第三产业的就业人数，而进入后改革开放时期之后，第三产业的就业人数超过了第二产业的就业人数，这也代表着中国经济方式的转变。

随着改革开放的不断深化，我国的市场环境也有了明显的改变，由改革开放初期的国有企业一支独大发展成为国有企业、民营企业、外资企业三足鼎立的局面。国有企业、民营企业对外商的态度也经历了一个由合作转向竞争再转向竞合的过程：在改革开放初期，我国以合资的形式与外商合作来寻求先进的生产与管理技术，国有企业成为跨国公司在华的同盟者；随着经济的不断发展以及国家政策的放宽，越来越多的跨国公司以独资的方式进入中国，伴随着崛起的民营企业以及国有企业便成为跨国公司在华的竞争者；后改革开放时期，跨国公司大规模涌入中国，其在华的竞争对手既包括原有的国有企业以及民营企业，也包括其他跨国公司，在这一阶段，跨国公司与国有企业与民营企业之间由竞争关系逐步走向了一种竞合的关系，即在竞争中寻求合作，达到“共赢”的局面，所以国有企业与民营企业在这一时期既是跨国公司在华的竞争者，也是它们的同盟者。

此外，我国的高技术产业也随着改革开放的推进蓬勃发展。外资企业来华设立研发机构始于 20 世纪 90 年代初，在 2000 年以后形成高潮，目前总量仍在持续增加。据统计，2012 年包括港澳台企业在内的规模以上外资工业企业的内设研发机构为 10 146 家，占我国规模以上工业企业内设研发机构总数的 22.1%。跨国公司设立的独立研发机构数量也快速增加。这不仅归功于我国关于知识产权保护法律的不断完善，也归功于我国人民的教育水平不断提高以及国家对于科研重视程度的日益加大。虽然取得了巨大的进步，但是与西方发达国家相比，我国对于研发的投资以及对于知识产权的法律保护仍然存在不足，需要相关部门进一步完善与改进。同时，我国企业越来越注重产品的研发，在研发环节的投资比重连年升高，这也揭示了我国企业努力摆脱“代工厂”的身份，向价值链前端转移，未来中国的投资环境更多的将是吸引技术的投资而非生产的投资。

总体而言，跨国公司在华的投资环境随着改革开放的不断演进而逐步向更加法制化、透明化、公平化、绿色化的方向发展，虽然在 2012 年出现了跨国公司投资下降的拐点，但是这代表着一种良性的淘汰，代表着让更有益于促进中国经济增长、产业结构调整以及环境发展的跨国公司进入中国。

思考题

一、名词解释

1. 国际投资环境

2. 国际投资法律保护

3. 国际经济秩序

二、简答题

1. 国际投资环境的构成因素和基本特征包括哪些？

2. 简述国际投资环境的主要作用。

三、论述题

1. 试举例说明国际投资环境对东道国的影响。

2. 试述国际投资环境发展的新趋势及近年来我国国际投资环境有何改善。

第四章　国际投资环境的基本因素

✓本章摘要

本章详细介绍国际投资环境的各个基本因素，包括政治、经济、基础设施、法律、社会文化和自然地理因素。通过对本章的学习，学生可以为全面地分析和评价东道国的投资环境打下基础。

✓本章关键词

政治风险　东道国经济状况　东道国涉外经济状况　基础设施　国际投资争端　价值观念和教育水平　非人为因素

✓学习完本章，你需要掌握

国际投资环境中的政治因素、经济因素、基础设施因素、法律因素、社会文化因素、自然地理因素。

国际上将投资环境划分为自然环境和人工环境。自然环境包括自然资源与地理位置等。人工环境包括政治、经济、法律、文化以及社会等。国际投资环境一般包括这两方面，从国内与国际两个角度进行分析。

第一节　国际投资环境中的政治因素

国际直接投资环境中最敏感的因素是东道国的政治稳定性、安全性，这是任何国际投资者都要始终给予密切关注的重要方面。能够反映东道国政治环境状况的因素多种多样，既包括政治制度、政府能力、政局稳定性及政策连续性、政府与公众对待外资的态度等国内政治因素，又涉及与他国的战争冲突、外交政策变化及经济摩擦等国际关系因素。下面具体分析各种足以影响一国投资环境的政治因素。

一、国际直接投资环境中的政治因素分析

国际直接投资环境中的政治因素是由国内和国际关系两大类构成的。其中，除社会

制度及政治制度具有相对稳定性特征外，其他因素都是可变的。它们不断变化及交互作用，决定着一定时期内东道国投资环境的政治稳定性。

（一）社会制度及政治体制

东道国的政治、经济、文化等方面的制度，特别是国家政权的组织形式及其有关的制度，是国际直接投资环境的政治因素形成的基础。不同的国家与其根本性质和社会经济基础相适应，有着不同的国家管理形式、结构形式以及选举制度、人民行使政治权力的制度等；它们的健全程度、稳定状况以及投资双方在这些方面所存在的一致性和差异性是国际投资者认识东道国投资环境的基本鉴别内容。

从社会制度上来看，在当今世界上存在着两种性质根本不同的社会制度，即社会主义制度和资本主义制度。在同质的社会制度之间更容易进行国际直接投资，在资本主义国家间的资本流动更易于进行。社会主义国家和资本主义国家之间存在着不利于国际资本广泛、大规模流动的制度障碍和意识屏障，要在两种社会制度的国家之间进行资本流动，就必须消除这些障碍。随着世界经济一体化和各国经济的国际化程度的提高，特别是社会主义国家经济的国际化程度的提高和在国际经济中地位的加强，国际投资中的这种制度障碍的影响程度将愈益缩小。

政治体制对于东道国投资环境的重要性，不仅在于它构成了政治环境的基础，而且还因为它与经济制度密不可分。政治体制的健全程度以及演变趋势往往会直接表现在政府对经济活动的管理方式以及干预和控制的程度上，从而对外商的投资和生产经营活动产生影响。在一个民主的强有力的政权之下，政府遵循客观经济规律，积极调节和干预经济生活，投资者不仅可以得到一个稳定的生存和发展的环境，而且企业的正常经济行为也不会受到无端的干预。在一个民主制度不健全的专治独裁的政权下，政府的经济行为往往不受制度约束，不仅企业的正常生产经营活动会受到过多的干预和控制，而且还会因为潜在的政治动荡而给企业的发展带来困难。

所以，国际直接投资者在考察东道国社会制度及政治体制时，不应仅着眼于社会制度的性质本身，而更重要的是要看东道国政治体制的健全和完善程度以及政体的形式如何。

（二）执政者治理国家的能力及政府部门的行政效率

在考察了东道国社会制度稳定和政治体制健全的基础上，东道国的执政者治理国家的能力及政府部门的行政效率对保持良好的政治环境也十分重要。执政者的能力反映在国家政治经济生活的各个方面，比如：（1）政府对发展教育事业的重视程度；（2）政府是否重视人力资源的开发和利用；（3）政府能否有效地利用本国的自然资源（4）政府对法制建设的重视程度，是否能够经常有效地维护社会治安；（5）政府对保护环境所做的努力；（6）政府的社会福利和社会保障工作的水平；（7）工资和物价政策及其效果；（8）在公众中保持良好的政府形象的能力（包括腐败程度）；（9）政府对待社会意见的态度；（10）在国际上保持良好的国家形象的能力；（11）处理突发性社会和政治事件的能力；（12）抗御自然灾害的能力；（13）对付外来军事威胁及其他颠覆活动的能力。通过对上述诸方面的系统考察，便可对一定时期内东道国政府的执政水平做出一个基本全面的估计。一般来说，执政者治理国家的能力越强，越能够保持稳定的社会政治环境，投资环境也就越趋于完善，也就越能吸引外资。

作为与执政者能力密不可分的政治因素，政府部门的行政效率直接影响到外商的投资和生产经营活动。在一些东道国，政府部门办事拖拉扯皮，手续繁杂，部门间职权混淆，管理人员责权划分不清，遇事议而不决，怕承担责任。这些不仅会降低政府部门的工作效率，给外商的生产经营活动带来额外负担，而且还会降低政府形象，挫伤外商的投资信心。

（三）政局稳定性与政策连续性

政局稳定性与政策连续性是决定和衡量东道国政治环境优劣的实质因素，它们在很大程度上取决于政治体制的健全和完善程度以及政府能力和办事效率。政治体制不健全、不合理，政府不能有效地行使其权力和履行其责任，政权就难以长期稳固，政府就缺乏应付事变的能力，也就易于受到反对派的攻击和公众的反对，甚至还会招致国外势力的威胁，从而导致政局的动荡不安。

国际投资者在判断一国一定时期内政局稳定性时，通常要考察以下几个方面：(1) 国家主要领导人更换情况，即常规性和非常规性更换记录（次数）如何。这里所谓的常规性更换，是指在一套健全的选举制度下，在一届政府任职期满后，人民能够通过民主选举的方式顺利产生新的国家领导人。非常规性更换是指发生政变或其他突发事件而产生的国家领导人。(2) 反对派集团的状况。如果一国政坛上存在着反对派力量，就有可能对政局的稳定产生不利影响。反对派力量越强，对政局稳定性的威胁就越大。(3) 国内一定时期内发生政治冲突的情况。革命、军事政变、内战、暗杀、动乱、大规模游行示威、旷日持久的大罢工以及政府危机等国内政治冲突事件是一切不安定因素演变、激化的最终结果，并往往对一国政治环境的稳定产生持久的灾难性影响。(4) 国内民族、宗教及其他社会文化团体的状况。民族、宗教冲突作为一个极敏感的社会政治问题，对政治环境的影响力有时并不亚于一场严重的政治事变。如果存在严重的民族、宗教冲突，国内或地区投资环境的稳定局面就会完全打破。因此，这些方面的问题越少越有利于政治稳定。(5) 工会在国内的作用。有些国家工会势力强大到足以影响首脑人员决策的地步，外商的许多管理活动不得不与工会进行商量甚至向工会妥协。(6) 军队和警察的状况。军队和警察是重要的国家机器，是防御外来侵略、维护社会安定的基本力量。它们的规模、水平以及执政者对它们的可控度从来都是影响政治环境稳定的重要变量。

政策的连续性也是与政局稳定性直接相关的另一重要因素。它既是上述政局稳定性因素的作用结果，又是进一步影响政局稳定性的重要因素。每届政府都有各自的施政方针和目标，它是政府各项政治经济政策的集中体现。政府政策的连续性越好，外商在该国的投资就越稳定；政策变化的程度越大、频度越高，政策的连续性越差，越不利于吸引外资。

例如，2000 年以前的塞尔维亚，由于政局的不稳和政治风险严重影响了吸引外资的成效，但在实施了一系列开放的外资政策之后，塞尔维亚成为巴尔干地区对外资最具吸引力的国家。

（四）政府及公众对待外资的态度

东道国政府及公众对待外资的态度，既是一个复杂的社会文化问题，又是一个敏感的政治经济问题。一个有过饱受外来侵略和奴役历史的、民族自尊心极强的国家，过多的外资涌入很可能会激起民众强烈抵御外来经济侵略的心理；而一个面临繁重的现代化建设任务、国内资金和技术又严重缺乏的国家，政府又往往会越过历史、文化、政治的障碍，大力吸引外资。政府对待外资的一般态度很自然地要反映在外资政策与法规中。但这些政策和法规要受政府及公众对待外资的态度的影响。政府和公众对待外资的态度有时是不一致的。政府支持的外资项目，公众可能极力反对，而政府要限制的外资项目、公众可能抱欢迎的态度。公众对待不受欢迎的外资项目，往往是示威抗议、罢工、甚至破坏；政府对反对的外资项目则是施加更多的额外限制，诸如苛刻的防污染要求、较高的税收、增加资金转移限制等。

由于法国实行 35 小时工作制，使法国的形象受到影响，法国政府欲改变法国在外国投资者和外国公众心目中的形象，进一步吸引外资，法国国际投资署（AFII）便出台了一系列政策鼓励外国直接投资。

（五）东道国与国外的政治关系因素

东道国与国外的政治关系因素主要包括遭受他国侵略、发生边境冲突、出现由境外势力操纵的暴乱、直接卷入地区冲突、与主要贸易伙伴发生贸易摩擦和经济战等。它们可能直接源于本国政府与外国政府的关系过于紧张，也可能间接源于本国政府与某一国政府关系过于密切，而受到他国政府政治冲突的株连。当一国受到外部威胁时，它的各项国内外政策都会发生变化，财政经济状况也有可能变得严峻起来。如果发生战争，巨大的开支和严重的破坏，则会使该国的投资环境在一定时期内变得对国际资本完全不适宜。可见，保持良好的国际关系，对于东道国投资环境的稳定也是相当重要的。如苏丹政府实行的政策使得黑人在政治和经济上处于边缘地位，进而导致边远地区发生一系列叛乱。而政府政策调整缓慢，效果不明显，短期内这种现象很难有根本性的改变，撒哈拉以南国家与苏丹关系紧张，这在很大程度上影响了苏丹的投资环境，很少有公司到那里投资。在未来一段时间内，上述矛盾如得不到妥善解决，随时会爆发新的动乱，这将对苏丹的局势构成严重威胁。由于苏丹国内长期的战乱使别国的公司不敢冒这么大的风险投资于这个市场，所以对于拥有丰富自然资源的苏丹来说，还是因为资金不足成为世界上最不发达的国家之一。

二、国际直接投资中的政治风险

国际直接投资环境的政治因素不断作用和变化的结果，可能给国际直接投资带来各种各样的政治风险。所谓政治风险，是指由于东道国发生政治事件，或该国与其他某一国家或多个国家间的政治关系发生变化而给外商的生产经营业务及财产带来重大影响的可能性。它们存在于国际投资的全过程。一般情况下，政治风险主要来自东道国政府的干涉和限制，包括：资金、货物、人员及所有权不得自由转移；违约或单方面个性合约及协议；改变租税，强制性转包等其他法律上的歧视性待遇；因暴动、骚乱、革命及战争等突发性事件所带来的财产损失及人员伤亡；实行国有化政策。其中，最严重的政治风险就是国有化。政治风险给国际投资造成利润降低甚至本金丧失等严重后果。

（一）东道国政府的国有化政策

国有化或称征用，是主权国家根据其本国的法律程序将私人性质的财产转移到国家手中，并由国家加以控制和管理的法律行为。对外资的国有化，则一般是指东道国根据本国的社会经济利益的需要，通过本国法律程序而对外商的经营特许权以及租让地、股份、财产的所有权实行较大规模的一次性完成的收回国有的法律措施，其主要形式有收买外国公司的股份和征收财产。

东道国实施国有化会对投资环境产生极其不利的影响。外商在一个有实行国有化历史的国家进行投资之前往往是慎之再慎的，不仅投资规模小，而且生产经营活动会带来某些“短期行为”特征；而对一个刚刚或正在实行国有化的国家，新的投资显然是不会进入的，就是其他未被实行国有化的外资也可能要缩小经营规模或撤出资本，严重时还会招致投资者母国政府的报复。实际上东道国往往由于管理经验、人才、推销能力、产品信誉、研究开发能力等方面的困难，会发现依靠自己的力量很难把所征用的外资企业经营得更好，反而使企业对本国经济的贡献减少了。因此，从保护投资环境、维护投资双方长远经济利益的观点出发，东道国政府对于国有化这一权力已经是慎用或不用。事实上，像埃及、马耳他等国家，已在其外资法中宣布，保证永不对外资实行国有化。

（二）东道国政府对外资采取的各种非歧视性和歧视性措施

东道国政府可以通过其他正常的立法程序，制定各种非歧视性和歧视性法规。非歧视性法规是指那些对外商并不给予特别歧视的各项政府措施。然而，这类措施对外商的影响往往要大大超过其对东道国公司的影响。这类措施主要有：要求所有产成品中必须含有一定比例的本国零部件；要求管理层中本国公民占有较大比例；要求跨国公司进行内部交易时所采用的转移价格必须固定下来，以此为外商利用转移价格转移利润设置障碍，并增加东道国的税收；有时，还要求外商必须对投资地区的基础设施建设做出贡献，诸如修路、建房或建设其他公共设施。这些规定无疑增加了外商的经营成本和现金流动的困难，也会降低东道国对外资的吸引力。歧视性法规含有更为严厉的措施，旨在削弱外资企业的地位，支持本国企业。例如，向外资企业征收各种特别税和费用；强行规定工资标准；在防污染等方面对外商实施严格而特殊的规定；要求本国企业要在外商投资企业中占有一定比例的股权（如 50%）。此外，许多东道国政府还在劳资关系方面对外商的生产经营活动给予限制和干预，有的公开支持工会对抗外资企业，有的禁止外商临时解雇员工，有的则要求外商实行雇员分享利润计划。这些歧视性措施大大增加了外商生产经营活动的困难，并使企业的一些正当权益难以得到充分的保障，因而加大了投资风险。

第二节　国际投资环境中的经济因素

东道国的经济环境是外商的投资动机和目的得以实现的基本保障。因此，经济环境不仅是影响外商投资决策的关键因素，也是东道国改善投资环境的主要方面。

一、经济因素分析

在投资环境系统中，经济因素是一个涉及面最广、内容最丰富，而且是最重要的子系统。它涉及了与外商投资相关的各种经济内容，诸如经济体制的健全程度、社会经济发展水平及增长速度、物价及货币的稳定性、市场环境、生产要素供给水平、行业竞争状况及专业化协作水平、国际收支状况、国际贸易和国际金融等涉外经济政策等。

我们可以将各种经济因素划分为国内经济因素和涉外经济因素。前者是指直接与外商投资活动相关的各种国内的宏观经济条件、生产要素供应水平、产业环境等的总和，它们是外商在东道国进行生产经营活动，实现资本增值的必不可少的因素。这些因素又可细分为经济制度和经济体制、社会经济发展水平、经济稳定性、市场环境、产业环境。后者则反映了一国经济的外向度、参与国际经济技术合作的水平和能力、国际信誉度以及对待外资的基本态度等。它们对于降低投资风险、提供利益保障、进入东道国市场以及增加经营便利都起着重要的作用。这些因素可细分为国际收支状况、国际贸易状况、国际金融状况、对外资的优惠。从上述两个方面认识经济环境，便于全面综合考察东道国吸引外资的基本经济条件，并把握能够对这些基本经济条件发生制约作用的各种涉外经济因素。

下面列出决定和影响投资环境的经济因素。

（一）国内经济因素

1. 经济制度和经济体制

（1）一般经济制度，即市场经济、计划经济、混合经济；

（2）国家对经济干预与控制的方式和程度；

（3）国家与企业的经济关系；

2. 社会经济发展水平及潜力

（1）经济技术开发能力；

（2）国民生产总值（总额、人均）及其增长现状与趋势；

（3）生活质量；

（4）经济活力。

3. 经济稳定性

（1）通货膨胀：现状与趋势。

（2）财政金融状况：赤字及信用膨胀等。

4. 市场环境

（1）市场机制的完善程度。

（2）生产要素市场：劳动力、房地产、生产资料、金融、信息、技术等市场。

（3）市场开放度。

5. 产业环境

（1）产业结构。

（2）产业政策：重点扶植产业及有关奖限政策。

（3）同行业状况：水平及竞争程度。

（4）专业化协作水平：关联产业的发达程度。

（二）涉外经济因素

（1）国际收支状况。

（2）国际贸易状况。

① 国际贸易的规模和水平。

② 国际贸易政策：贸易管制程度、鼓励出口政策、自由贸易区政策。

③ 主要贸易伙伴。

（3）国际金融状况。

① 汇率及其变化（黑市与官价的差距）。

② 外汇市场：规模、水平与管制程度。

③ 国际储备与外债：信用地位、外债规模（经济负债率、出口负债率、偿债率）。

（4）对外资的优惠。

二、国际直接投资环境中的经济体制

（一）经济体制及其对外资的影响

经济体制是实现一个社会的经济目标和基本原则所借助的手段体系。它广泛涉及国民经济的组织管理形式、国家与企业的关系、生产要素的流动形式以及由此而形成的特定经济机制。构成经济体制的主要因素包括所有制结构、国家干预经济生活的方式、企业内部的组织和管理、商品流通体系、金融保险体系、对外经济体制、劳动就业体制、资源管理体制、财政税收体制以及与此密切相关的法律体系等。

经济体制对外资的影响可以从两个方面入手：（1）投资国与东道国经济体制的近似度；（2）东道国经济体制的完善度。一般说来，国与国之间经济体制越近似，相互间的资本流动就越易于进行。这主要是因为在经济体制一致或接近的情况下，投资者会很快适应东道国的经济环境，从而会使生产经营效率大大提高。因此，在改善投资环境的过程中，应注重进一步完善经济体制，并把重点放在以下三方面上：（1）改进政府干预经济的手段，注重利用经济杠杆和法律手段调节经济；（2）改善国有企业的管理体制和经营体制，为使其成为能够有效地与外商合作的“强大”伙伴创造条件；（3）在可以控制的程度上，积极推行生产要素供应的市场化。

（二）发展中国家对经济体制的改革和完善

发展中国家国际投资地位不稳固的原因在于经济体制存在基础性缺陷，严重阻碍着经济发展和外资进入。其表现为政府过度干预甚至操纵经济，国有经济行政化，私营经济效率低下，生产要素流动难以有效地实现。因此，发展中国家改善投资环境的首要任务是要积极进行经济体制的改革。20 世纪 80 年代以来，发展中国家较普遍地进行了经济体制的改革，其核心是缩小国有经济的规模，扩大私营经济的经营范围；减少政府的过度干预，逐步放松市场控制，更多地利用市场机制调节经济；重塑对外经济政策和开放体制，让外资更自由地出入。在经济体制上，墨西哥及智利等发展中国家把培养企业竞争力及活力作为中心。墨西哥及智利等发展中国家首先注重企业体制及企业内部结构的现代性，原有的国有企业的改制及转型也比较快；其次是注重完善企业外部经营环境，强调企业经营的自主化与自由化，所以现在它们的企业完全具有充分的自由经营权利和经营环境，即企业依法经营，任何政府机构及个人不得干涉企业的经营活动；最后是非常注重企业融资体制的完善，墨西哥及智利等国的商业银行已经基本上实现了非国有化、股份化和国际化，金融业全面实现对外开放，而且中央银行体制已经是完全适应市场经济的现代中央银行体制。根据联合国拉美经委会（CEPAL）发布的报告，2017 年拉美和加勒比地区吸收外国直接投资 1 617. 7 亿美元，同比下降 3. 6%，已经连续三年下滑。墨西哥和南美洲分别吸收外国直接投资 317. 3 亿美元和 1110. 3 亿美元，同比分别下降 8. 8% 和 4. 0%；而中美洲则连续八年实现增长，2017 年吸收外国直接投资 130. 8 亿美元；加勒比地区为 58. 4 亿美元，同比增长 20. 3%，其中 60% 的投资流向多米尼加。

三、国际直接投资环境中的社会经济发展水平

一国的社会经济发展水平是指该国一定时期内的经济技术开发能力、人民的生活质量以及经济活力，是决定该国对国际资本吸纳能力的基本制约因素。它综合反映着一国投资的经济环境的总体面貌。

（一）经济技术开发能力

东道国的经济技术开发能力对国际直接投资决策有着特别显著的影响。所谓的经济技术开发能力，是指在特定区域内人们有效利用各种人力和物质资源来为社会生产和人民生活提供各种有用的商品及劳务的能力。它表明一个社会能够超越传统农业经济的程度以及致力于工业化经济发展的水平。国际上通常利用如下四个指标来衡量一国的经济技术开发能力：（1）人均能源消费量。它主要指煤炭、石油、天然气、水和核能五类能源的人均消费水平。一国或地区人均能源消费量的多少，反映经济发达程度的高低，工业化、科技和管理水平越高，人均能源消费量越大。（2）人均收入水平。它通常用人均国内生产总值或人均国民生产总值来反映。它是衡量经济发展水平的最具综合性的指

标，还可用作大致衡量购买力或市场潜力的尺度。故在各国所进行的大量的投资环境评估中，人均国民生产总值实际上成了必不可少的主要指标。（3）非农业部门雇用劳动力的比例。它从人力资源的分布和利用角度反映出一国或地区工业化程度。（4）非农业部门的产值占国内生产总值的比例。它综合反映一国或地区的工业化水平。运用上述指标便可大体弄清一国或地区所处的经济发展阶段、经济结构和工业化水平，以及由此决定的经济技术开发能力。

经济技术开发水平主要是从供给方面发挥作用的，还可以不断地创造需求。一般说来，经济技术开发能力强的国家，不仅工业化水平高，经济开发与技术创新的机制完备，能够充分有效地利用各种资源，而且还能够提供广泛的投资和获利的机会。因为，在这样的国家中，各种经济活动的水平较高，工商发展的潜力大，有可能为外国投资者提供大量可资进一步利用和开发的资源与市场。此外，经济技术开发能力还对引进外资的结构和水平产生影响。各国由于在经济实力、生产技术水平和生产要素供应水平等方面的差异，而使它们各自长于不同类型的产业的发展。发达国家在资本、技术或知识密集型产业方面享有优势；而发展中国家则偏重于劳动或技能密集型产业，以适应劳动力对资本的合理化比率以及熟练技术工人偏少的现实。由此而形成的国际间的特定的产业分工格局决定了不同发展水平的国家在对外资需求的结构和水平上的差异，发展中国家所能吸引到的外资大多属于劳动或技能密集型行业。由此可见，一国的经济技术开发能力严重影响着该国对外资的需求。在其他条件既定的情况下，一国的经济技术开发能力越强，为外商所能提供的投资和获利机会就越多，吸引外资的规模就越大，引进外资的生产技术水平也就越高。

（二）居民的生活质量

居民生活质量，即人们在健康、信息、交通等方面的一般条件和消费水平，是一国经济发展水平高低的重要标志之一。考察居民生活质量，国际上通常采用如下六个指标：每千人医生数、人均摄取热量、幼儿成活率、中学入学率、每千人客车数以及每千人报刊发行数。

生活质量因素是从需求方面发挥作用的。居民生活质量高，对商品和劳务的需求就大。随着对商品和劳务的需求扩大，相应的投资获利机会便不断地产生。然而，在很多情况下，各国本身的资源往往不足以保持和提高人们的生活质量。很显然，当一国市场需求增加，而国内可利用的资源又相对不足时，则该国为外商提供的投资机会就有可能增加。因此，一般说来，一国的生活质量越高，该国所可能吸引的外资规模就越大；反之亦然。

据统计，澳大利亚的生活质量居全球第三位，而美国这样的超级大国在生活质量上明显落后于澳大利亚，居全球第八位。澳大利亚高质量的生活水平、稳定的政治以及具有有利于商业发展的管理环境等使其外国投资存量迅速增长。

（三）经济活力

经济活力是指一国一定时期内经济中总供给和总需求的增长速度及其潜力。从投资角度看，主要涉及国民生产总值增长率（经济增长率）、固定投资率（资本积累率）和储蓄率及其变化等。国民生产总值增长率反映总产出和总消费的增长速度；固定投资率反映用于新设施、新工厂和新机器的投入水平；储蓄率代表实现固定投资、维系经济增长的基本资金来源。它们相互作用，决定和反映着一国的经济实力。一般地说，一国经济越富活力，经济中开发新工艺、新产品、新产业和新区域的内在推动力就越强，对国外直接投资的需求也就越高。充满活力的经济对外资有很强的吸引力，不仅是由于它对外资需求的扩大，还因为高储蓄、高固定投资使东道国具备了利用外资的相当的资金配套能力。东道国的资金配套能力，对于减轻外商的投资负担和投资风险、提高利用外资的效果至关重要。根据国际经验，利用外资的资金配套率，即本币与外资的投入比通常是2.5∶1。这一比率说明，要使引进的外资真正形成生产力，东道国必须在能源、交通及设备、厂房、土建等方面安排巨额的基本建设投资。这种资金配套能力的强弱将直接决定东道国利用外资的水平及规模。支撑这笔巨额配套资金的基本力量就是在国内强有力的经济增长能力。

2013年世界银行发布了人均GNP国家排行，俄罗斯位于高收入国家名单中。高速的经济增长为俄罗斯外资的流入创造了可能性，2013年，俄罗斯吸引外资同比增长10.1%，达1 702亿美元，其中直接投资261亿美元，增长39.9%。由于近几年国际油价下跌及西方国家的制裁，俄罗斯经济陷入低谷，吸收外资受到很大影响。

四、国际直接投资环境中的经济稳定性

经济的稳定性取决于社会总供给和总需求之间的平衡状况。一国一定时期内的物价稳定状况、财政赤字规模、货币供应量变化以及信贷膨胀程度可以大体反映出该期总供给和总需求的平衡状况。不过，投资者主要是通过考察通货膨胀率及其变化趋势和财政金融状况，来评价和预测东道国经济的稳定性。因为，通货膨胀率和财政赤字规模等资料比较容易获取。

（一）通货膨胀率

通货膨胀率即一般物价水平持续上升的幅度，是一国经济稳定与否的首要标志。它对外资引入的影响是多方面的，集中表现在：生产要素价格的上涨直接加大生产成本；高通货膨胀可能刺激商业过度膨胀，导致生产资料供应紧张；货币贬值最终引起汇率波动，增大外商投资的汇率风险。这些都给外商投资带来了更大的不确定性，增加了生产经营的困难。加之东道国实行不切实际的财政政策、货币汇率政策，还会导致资本出逃。这不仅会减低积累能力和投资机会，还会带来经济秩序的混乱，甚至引起社会不安。因此，稳定物价和降低通货膨胀是投资环境稳定的基础。

通货膨胀通常是用消费物价指数或批发物价指数的年增长率来衡量的。前者主要反映物价波动对居民生活的影响，后者则主要反映物价波动对企业整个资产的影响。所以，外商考察投资环境时多利用批发物价指数来作为衡量通货膨胀率的标准。一般认为，通货膨胀率保持在3%~5%的水平是可取的，如果超过两位数便可视为严重通货膨

胀；如果超过35%则视为恶性通货膨胀，它会使许多外国投资者迅速抽逃。俄罗斯在2006年由于国际油价再次大幅上涨和外国投资大量涌入，导致全年的通货膨胀率为9%，这加大了资本的风险和资本缩水的威胁。一些外商考虑到俄罗斯经济通货膨胀可能带来的损失即将大量的资金撤离，导致了俄罗斯2007年上半年外资总额明显减少。

（二）财政金融状况

东道国宏观经济稳定与否，首先要看它是否实施一套稳妥的财政政策。一国一定时期内的财政政策与货币政策密不可分，它们在很大程度上决定了通货膨胀的高低。无论在理论上还是在实践中都已证明，财政和货币政策的“松”或“紧”对货币供应量、物价水平、市场利率、工业投资、贸易平衡乃至就业水平都会产生深远影响。扩张性财政政策通常以减税和扩大财政支出为主要特征，往往会导致过高的财政赤字。弥补赤字的方式有三种：增发货币、动用外汇储备、举借内债和外债。这些都与宏观经济失衡因素相联系，从而也就有可能引起高通货膨胀率、外汇危机及汇率波动、外债危机和高实际利率。当然，财政政策对经济稳定性的影响程度还要看货币政策与之相配合的程度。中央银行通过运用货币政策手段，即进行贷款限额管理、货币总量调节（法定存款准备率、再贴现和再贷款）和利率水平调节，可以对财政政策的效果产生影响。但由于绝大多数国家的中央银行都在某种程度上“附属于”政府和财政部，因此，财政政策的作用更大。尽管如此，外国投资者要全面了解和预测东道国的财政金融状况及其变化趋势，仍有必要对东道国的财政政策和货币政策进行综合考察。

东道国财政金融状况可以用两个基本指标来衡量：一是预算赤字占国民生产总值的比重；二是货币发行量占国民生产总值的比重。根据各国的经验，在经济适度增长的情况下，预算赤字占国民生产总值的比重大体保持在1%~3%的水平，超过这个水平达到5%~6%，势必对经济造成不良影响。事实上，一些经济环境曾一度恶化的发展中国家，往往就是由于存在巨额预算赤字。

如果我们把通货膨胀、预算赤字和货币发行量作为衡量一国投资环境中经济稳定性指标，应该说符合如下三个经验比率的经济就是一种稳定的经济：即通货膨胀率低于5%，预算赤字水平保持在国民生产总值的3%以下，货币发行量在国民生产总值的2.5%以下。

在中国，2007年60%的出口是由外资企业创造的，而且近80%的贸易顺差也是由外资企业创造的。但外资对印度的作用并不明显，一个最主要的原因就在于印度吸收的外国直接投资规模太小。

通过表4-1和表4-2可以看出印度储蓄率与投资率之间常年存在不平衡以及居高不下的财政赤字，2007—2008年度财政赤字已经降为5.8%。但是由于这个数据没有包括政府提供的化肥和石油补贴，使印度的财政赤字至少低估了2个百分点。因此，印度实际的财政赤字为8%左右。在印度的财政赤字中，有一半以上属于经常性赤字。巨额财政赤字限制了印度吸引外资的规模及数量。

表 4-1　　印度国际收支平衡表（2000—2007 年）　　（单位：亿美元）

	2000—2001 年	2001—2002 年	2002—2003 年	2003—2004 年	2004—2005 年	2005—2006 年	2006—2007 年
1 出口	454.52	447.03	537.74	662.85	852.06	1 051.52	1 280.83
2 进口	579.12	562.77	644.64	800.03	1 189.08	1 570.56	1 912.54
3 贸易差额	-124.60	-115.74	-106.90	-137.18	-337.02	-519.04	-631.71
4 无形账户（净）	97.94	149.74	170.35	278.01	312.32	420.02	534.05
非要素服务	16.92	33.24	36.43	101.44	154.26	231.70	311.80
收入	-50.04	-42.06	-34.46	-45.05	-49.79	-58.55	-65.73
私人转移支付	128.54	153.98	163.87	216.08	205.25	244.93	279.41
5 商品及服务贸易差额	-107.68	-82.50	-70.47	-34.74	-182.76	-287.34	-313.61
6 经常账户	-26.66	34.00	63.45	140.83	-24.70	-99.02	-97.66
7 国际援助（净）	4.1	11.17	-31.28	-28.58	19.23	17.02	17.67
8 商业借款（净）	43.03	-15.85	-16.92	-29.25	51.94	25.08	161.55
9 非居民储蓄	23.16	27.54	29.78	36.42	-9.64	27.89	43.21
10 外国投资（净）	58.62	66.86	41.61	137.44	130.00	155.28	155.41
直接投资	32.72	47.34	32.17	23.88	37.13	30.34	84.79
证券投资	25.90	19.52	9.44	113.56	92.87	124.94	70.62
11 其他资本流入	-43.56	-6.15	83.21	57.35	94.76	-1.80	89.67
12 资本账户	85.35	83.57	106.40	173.38	286.29	249.54	463.72
13 储备变化	+58.42	+117.57	+169.84	+314.21	+261.59	+150.52	+366.06

数据来源：India Economic Survey 2008—2009，http：//indiabudget. nic. in.

表 4-2　　印度储蓄与投资占 GDP 的百分比（按照当时的市场价格）

	2001—2002 年	2002—2003 年	2003—2004 年	2004—2005 年	2005—2006 年	2006—2007 年
国内总储蓄率	23.5	26.4	29.8	31.8	34.3	34.8
1 公共	-2.0	-0.6	1.1	2.2	2.6	3.2
2 私人	25.5	27.0	28.7	29.6	31.7	31.6
1）家庭	22.1	23.2	24.4	23.0	24.2	23.8
金融	10.9	10.3	11.4	10.1	11.8	11.3
物质	11.2	12.9	13.0	12.9	12.4	12.5
2）私人企业	3.4	3.9	4.4	6.6	7.5	7.8

续表

	2001—2002 年	2002—2003 年	2003—2004 年	2004—2005 年	2005—2006 年	2006—2007 年
国内总投资率	22.8	25.2	28.2	32.2	35.5	35.9
公共	6.9	6.1	6.3	6.9	7.6	7.8
私人	16.7	18.6	19.5	23.4	25.8	27.0

资料来源：Indian Economic Survey 2008—2009，http：//indiabudget.nic.in.

五、国际直接投资环境中的市场环境和产业结构

我们在分析特定的国别和区域投资环境时，影响投资意愿和投资决策的最直接的环境因素就是与具体投资项目相联系的市场和产业环境因素，主要包括市场的一般环境特征、生产要素供应水平、产业结构和产业政策、同行业发展水平及专业化协作水平、行业竞争状况等。

（一）与特定行业相关的一般市场环境

外国投资者考察东道国的市场环境是否适应跨国企业的生存和发展是至关重要的。各国的市场环境在诸多方面呈现出不同的特征：（1）生产要素流动的市场化程度及运作特征；（2）投资行业的市场规模及变化趋势，具体包括有关行业所处的商业周期、市场的地理分布、市场潜量及增长趋势等；（3）顾客特征，诸如消费习惯、收入的阶层分布、社会风俗、宗教信仰以及居民对外国产品的评价等；（4）商品流通渠道的特征，主要包括商业组织结构的完善程度、批发与零售企业的规模和水平以及商业经营习惯等；（5）政府对市场活动的管理主要涉及价格管制、反倾销法规、反垄断法规、商标及专利制度等；（6）同行业竞争状况以及相关产品的市场占有率；（7）市场开放度，直接表现为东道国政府对外商投资企业产品所规定的内销比例，从一个侧面反映着东道国的国际经济贸易政策（特别是外交政策）的特征。良好的东道国市场环境应该是：生产要素流动的市场化程度高，供应渠道畅通，存在着一个规模大或增长势头强劲的市场，居民不歧视外国商品，商业组织结构完备，商业企业效率高，政府对市场活动的行政管制少且已规范化和法制化，东道国对国内市场的保护适度，并逐步扩大市场开放度。此外，还应看到，由于各市场环境因素与行业和项目相关，它们对于不同行业的投资者来说侧重点也不同。例如，市场导向型投资者最关心的是市场规模和市场开放度；生产要素利用型投资者则最关心要素市场的完善程度，尤其对于那些以利用东道国廉价劳动力和土地为主的专事出口加工工业的投资者，东道国市场环境因素往往并不是重要的。中国在这方面就是一个很好的例子。中国吸引外国投资的部门基本上都是劳动密集型企业和部门。在中国吸引的外来投资中，有 2/3 是来自亚洲的国家或地区。日本和韩国的一些企业也正是看中了中国大量的廉价劳动力和广大还未开发的市场而到此投资。比如大润发、沃尔玛、家乐福等大型超市在中国的发展。

（二）产业环境

外商投资一般都会具体到某一行业，对于特定投资项目来说，直接决定和影响外商生产经营成本和效率的因素是产业环境。产业环境既包括属于宏观经济条件的产业关联状况（即产业结构）和行业奖限政策（取决于产业政策），又包括关联产业发展水平、行业竞争状况以及生产要素供求状况。

第一，合理的产业结构是良好产业环境形成的基础。良好的产业环境是建立在合理的产业结构基础之上的。在开放经济系统下，所谓合理的产业结构，不仅是指国内三大产业（农业、制造业和服务业等）及其各自内部关联比例的协调，还包括国内产业与国际产业结构的衔接。对于利用外资来说，后者往往比前者还重要。

各国（地区）在内部三次产业的相互联系和比例关系表现出结构上的差异性和水平上的层次性。但从世界各中心城市产业结构演变的趋势看，仍存在着某种规律性：一个规律是，随着经济发展，产业间的协调关系不断变化，三次产业结构的重心由“一、二、三”，经过“二、一、三”，再向“三、二、一”转变；经济越发达，第三产业的地位就越高。国际经验表明，在交通通信业发达，具备知识融合化的信息、咨询等现代化工商服务业，以及商业、金融、旅游、科技、教育、医疗保健、房地产等第三产业全面发展的经济中，往往会形成对外资的强大吸引力。因为一种结构齐全、布局合理、技术先进、服务周到、效率甚高的服务产业是外国投资者改善资源配置、提高生产经营效率的先决条件之一。各国产业结构演变的另一规律是，随工业化水平的提高，产业结构特别是工业内部结构逐渐升级，技术、资本密集型产业逐步取代劳动、技能密集型产业。产业结构在技术上的这种层次性使一些国家形成了有利于吸引这类行业而不利吸引其他行业外资的特殊产业环境。在这些国家为适应世界生产和消费所进行的产业结构调整过程中，也就形成了特定产业依次在发达国家、新兴工业化国家或地区及其他发展中国家转移的情况，亦即国际间产业结构调整的传递。一国参与这一传递过程的能力越强、规模越大，国内产业结构与世界产业结构衔接得就越紧密，就越能充分发挥其比较优势，吸引到更多的外资。这不仅为国内产业环境的稳定奠定了基础，而且为尽可能多地及时接纳国外转移的产业部门创造了条件。

产业转移已成为国际、国内经济发展的重要表现及必然趋势，国际、区际产业转移已成为各地提升产业结构水平的重要推动力。在这种形势下，上海、广东先后提出“腾笼换鸟”的产业转移思路，江西、福建则在承接产业转移中走在了前列，吸引外资的规模也遥遥领先。2013 年江西省实际利用外资 75.5 亿美元，同比增长 10.7%，总额居中部第二位。2017 年江西省实际使用外资 114.64 亿美元，同比增长 9.8%。

第二，东道国的产业政策不容忽视。东道国为了调节产业部门的均衡与发展，大都根据本国经济发展的实际制定一套用以指引产业发展方向、规划产业发展目标、调节各产业间的相互关系的政策和措施。这些产业政策的实施和调整会对一国产业环境产生深远影响。对于外国投资者来说，东道国的产业竞争和反垄断政策、产业保护政策以及产业促进和限制政策会直接影响外商的投资行为。对于东道国重点扶植的产业部门，政府往往实行政策倾斜，对投资于该行业的外资也给予较优惠的待遇，但在投资的规模、技术先进性和国产化程度上往往条件甚高。而对于那些限制或不鼓励发展的行业，外资往往很难进入，即使可以进入也要在就业、技术升级和出口等方面对东道国做出显著贡献。因此，外资投资项目只有符合东道国产业奖励政策才能够有效地利用东道国的投资环境，获得最大的利益。

2004 年 6 月 1 日，国家发改委正式出台《汽车产业发展政策》。这项政策简化了政府审批程序，给予外国生产厂商更广阔的业务发展空间。相应地，跨国汽车公司在华战略进行了新的调整，把过去相对独立的“中国战略”转变为符合其长远利益的“全球战略”，中国市场逐渐成为其“全球战略”的一部分。外资不断加大在中国的生产力度：日本丰田和一汽集团全面合作；日本日产与东风汽车达成全面合资协议；德国戴姆勒—克莱斯勒提高其在中国轿车和商用车市场上的地位，与合作伙伴北京汽车工业控股公司签署了一项价值 10 亿欧元的合作协议；通用汽车宣布三年内向在华合资企业投资超过 30 亿美元。这些行为更加激励了国内大型汽车集团与外资携手兼并，大大提高了中国汽车行业的技术含量，有利于中国汽车行业更好地与国际水平接轨。

第三，关联产业的发展水平直接决定和影响生产经营的成本和效率。东道国的同行业或相关行业的生产技术水平以及专业化协作水平直接决定和影响外商的成本和效率。外国投资者在投资地进行生产经营活动，需要与当地同行业或相关行业的厂家建立起广泛而密切的分工协作关系，通过就近获得设备、原材料、零部件的供应及其他相关的配套服务，达到降低成本、减少存货、缩短供应期和提高效率的目的，并收到减少风险、扩大影响的效果。一般说来，投资行业的生产技术水平越高，生产工艺越复杂，投资者越能从同当地厂商的合作（建立供应关系）中获得更多的利益。如韩国微微时尚集团有限公司在选择投资地域时，韩国薇薇时尚集团有限公司选择了中国的时尚和对外中心城市——广州，这里有丰富的人力资源以及科技研发团队，有充足的材料供应。当然，最重要的是，这里的时尚文化标签将为薇薇时尚事业打开有利的突破口。以广州为中心，把薇薇时尚的浪潮逐渐地扩展到周围城市乃至整个中国，并逐步探索出适合于中国市场消费的市场模式，这些都成为韩国薇薇时尚集团有限公司长足发展的制胜点。

外商是否要积极谋求同当地厂商建立起广泛的分工协作关系，取决于东道国是否具备如下三个基本条件：（1）东道国同行业或相关行业的发展水平应与投资国大体相当，且存在着大批效率高、供货及时而且价格合理、稳定的承包厂商；（2）在东道国关联产业水平明显低于投资国，东道国应制定一套行之有效的保护工业产权的法规，以避免外商在同当地厂商的合作中蒙受过大的技术泄漏损失；（3）在不具备（1）而具备（2）的情况下，东道国应有良好的生产要素供应条件，从而使其在原材料和中间产品供应的价格上明显低于投资国。跨国公司为了实现生产和销售的全球一体化，追求规模经济，防止技术优势的丧失，并操纵转移价格攫取高额垄断利润，往往积极谋求公司内贸易，以便在母公司与子公司之间以及各关联公司相互之间建立起生产设备、原材料、中间产品的内部市场，以实现其利润的最大化。东道国要想吸引更多的外资，并且尽快地将引进的先进技术消化掉，就必须积极地推动工业化的进程，提高配套工业的生产技术水平和经营管理水平，尽快消除各种不利于外商进行专业化协作的障碍。

六、国际直接投资环境中的生产要素供应

国际直接投资是生产要素实现跨国配置的过程，东道国的生产要素供应如何直接决定和影响外商生产经营成本和效率。因此，东道国在劳动力、工商业用地、生产资料（生产设备、原材料、元器件等）以及资金等生产要素方面的供应水平是国际直接投资环境诸因素中最重要的因素。生产要素供应水平的高低大致反映在以下四个方面；(1) 生产要素流动的渠道、效率及灵活性同生产要素市场的发育程度是正相关。一种由生产资料市场、技术市场、金融市场、劳动力市场以及房地产市场所构成的生产要素市场体系（或称供应网络）可以为向外商及时、齐备、按质、按量地提供所需的生产要素创造应有的条件，同时还会大大增强外商生产经营的灵活性。(2) 生产要素的可供量。(3) 生产要素的成本，如劳动者的工资水平、土地的价格、生产资料的价格、筹资的利息等。(4) 生产要素的质量，即劳动者的素质和生产资料的质量。这几个方面是相互联系、辩证统一的，受经济发展水平的制约和影响。通常，经济发展水平越高，生产要素流动的市场化程度越高，高素质的劳动者和优质的生产资料的供应越充足，融资渠道也越广泛和通畅，但生产要素的价格却越趋高攀；反之亦然。这使得发达国家在生产要素的供应方面以高质量占优，发展中国家则以低成本见长。

（一）生产资料供应与生产资料市场

生产资料交换领域和场所的多样化是外商及时、灵活地获取各种原材料、零部件以及生产设备所必需的。东道国向外商提供生产资料一般通过两种基本形式：其一，是由当地厂商按照加工制造合同将货物直接供应给外商。这种直达供应方式属于厂商与厂商之间的交易行为，其关键是当地厂商的专业化协作水平问题。其二，是以市场为媒介将其在当地、全国乃至世界各地所采购的货物供应给外商，在这种市场供应方式下，关键是要为外商提供一个多样化的、完善的、易于进入的开放式生产资料批发市场。

完善的生产资料市场可以在价格、数量、品种和质量等诸多方面大大改进生产资料的供应水平。首先，它可以摆脱价格垄断以及不必要的价格控制，使外商能够根据生产需要和市场供应变化来灵活安排采购活动。其次，它可以活跃购销活动，刺激生产，增加生产资料可供量。最后，在当地生产资料在数量、品种和质量等方面不能满足外商需要的情况下，有关外贸公司、批发企业和贸易中心能够及时提供进口物资。

沃尔玛 1996 年进入中国，在深圳开设了第一家沃尔玛购物广场和山姆会员商店。它在中国每开设一家店，均会为当地引入先进的零售技术及创新的零售观念。它在中国的经营始终坚持本地采购，以提供更多的就业机会，支持当地制造业，促进当地经济的发展。沃尔玛每年直接采购中国商品出口金额约为 90 亿美元，间接采购金额也超过 90 亿美元。沃尔玛主要是在以下几个方面加大在中国的投资与合作，以取得最大收益：加大在中国的投资，降低生产成本；继续加大在中国的采购，支持中国商品出口到世界其他国家；与中国的消费品制造商紧密合作，分享沃尔玛的信息和资源；促进国内的制造企业提高生产、技术和管理水平。也正是中国满足了这些条件才使得沃尔玛有了在中国

的地位。

（二）资金供应及金融市场

跨国公司在东道国投资设厂，不仅需要投入自有资金，还需要在当地筹措资金，以维持或扩大其生产经营活动。因此，东道国的资金来源、供应的稳定性和筹资成本以及决定和影响资金供应水平的金融体系、金融市场和民间资金的储蓄率等对于吸引外商投资极为重要。为了更有效地利用外资，东道国需要相应建立一套完善的金融服务体系。

东道国的金融服务体系应该具备以下几个条件：第一，要具备由众多金融机构组成的多种金融市场。在这样的金融环境中，外商既可以通过当地短期资金拆借市场、票据贴现市场、短期债券市场和短期借贷市场来融通资金，满足临时性或短期的资金需要；还可以利用当地的中长期信贷市场、债券市场、股票市场等筹措资金、增加投资，以扩充生产经营规模。此外，外商还可以在当地的外汇市场、黄金市场、金融租赁市场、抵押市场、保险市场上从事各种政策允许的金融活动，增加其经营灵活性，减少经营风险。第二，要有充足的信用工具，尤其要不断创造与商品经济发展相适应的各种新的信用工具，如政府债券、公司债券、大额存款单、各种股票、信用卡等。由于信用工具的种类和数量的多少在很大程度上决定着金融市场的交易范围和交易规模，所以国际投资者对此都十分关注。第三，要有一种在政府积极干预下的自由浮动、反应灵敏的利率机制，从而能够给外商带来准确、及时的金融信息，利于外商做出符合客观实际的筹资决策。第四，还应有一套完善的金融法律制度，借以保护和调整投资者和筹资者双方的经济利益。

完善的金融服务体系还应该是开放的，以给外商提供较多进入东道国金融市场的机会。在东道国具备一定的经济实力的情况下，积极引进外资银行，对于引进外资、促进本国经济发展有着重要意义。引进外资银行可以带进一大批投资者，这是因为，大的外资银行都有自己众多的客户，这些客户有在其开户银行所在地投资的习惯，银行能够为其承担一定的风险，并能够为投资者提供所需的大量资金。再有，由于许多外资银行资金雄厚，承担着国际间资本转移的职能，因而它们可以吸收大量国外存款，可以为外商和当地企业提供贷款或投资。此外，外资银行服务业务广泛，熟悉国际金融动态，能够提供及时、准确的国际经济信息，对于改善东道国的投资环境、为外资提供准确的金融信息有着不可低估的作用。

有的东道国为了吸引外资，还给予外国投资者直接的金融优惠，包括提供低息贷款和由政府担保的优惠贷款。提供低息贷款实质上是东道国对外国投资者的一种补贴，它既可以降低外商的投资和生产成本，也会促使外商以优惠贷款为后盾，而愿意向那些风险较大的领域投资。但采取这样的金融优惠，无形中会在某种程度上影响到国内企业的资金供应，并可能将国内企业置于不利的地位，使其无法与外资企业展开平等竞争。由东道国政府向外商提供担保贷款的做法可增强外商的投资信心，并可降低贷款费用，亦可促使当地私人资本拥有者愿意将其资金贷给外商，也就是说，政府担保贷款可以在当地私人投资者和外商间起到桥梁作用。政府的担保实际上把投资风险的很大一部分转嫁给东道国，因而可促使外商从事风险较大的项目投资。但这种金融措施确是一种带有一定风险性的吸引外资的方法，一旦外资项目终告失败，无力偿还贷款，东道国政府将要承担巨大的损失。

目前，越来越多的发展中国家已逐渐认识到完善的金融服务体系对吸引外资的重要性，纷纷采取措施，提供优惠贷款，放松外汇管制，引进外资银行或其办事处，开放金融市场，为外商的资金融通提供各种便利。在东南亚金融危机后，外资大量撤走，东南亚国家经济几乎崩溃。之后，菲律宾央行决定，停止颁发新的银行执照，鼓励现有的50多家商业银行进行合并，以达到上调后的最低资本额要求，年内不能达标的金融机构将被降级或停业。马来西亚政府决定，将全国58家金融机构最终合并成6大银行，使新组建的银行有雄厚的资本为经济建设服务，并能抵御金融风波的冲击。为了有效地完善金融体系，韩国、泰国、新加坡等国家已开放了金融市场，允许外国投资者购买本国金融机构的全部和部分股份。菲律宾政府也向议会提交了开放金融市场的议案，允许更多外国银行进入菲律宾参与竞争。

（三）劳动力供应

由于受经济和多种社会文化因素的决定和影响，各国在劳动力供应的总量、素质、成本及流动性等方面呈现出差异性。资本总是向劳动力丰富、素质高、工资费用低廉及流动性强的国家或地区流动，这已成为一种规律。劳动力是生产力中最积极、最活跃因而也是最重要的生产要素，它从根本上决定着外资的价值增值程度。在国际直接投资的长期实践中，利用东道国的人力资源始终是其发生和发展的基本诱因之一。

第一，劳动力数量。东道国劳动力资源的多少直接关系到外商在当地雇用工人的难易程度。劳动力资源丰富，则有利于保证劳动力的稳定供应，也有利于保持较低的工资水平，从而降低外商投资的劳动力成本。不同行业及不同技术水平的投资项目对劳动力的需求是不同的。资金及技术密集型行业对劳动力数量的需求不是很大，但对劳动力素质要求较高；而劳动密集型行业由于技术装备程度低，对劳动力的需求量则较大，因而一国劳动力资源的丰裕程度对劳动密集型行业至关重要。中国和印度就是利用丰富的劳动力资源发展劳动密集型产业。

第二，劳动力素质。随着社会的发展和技术的进步，生产对劳动力素质的要求越来越高，加之生产过程中活劳动的投入有越来越少的趋势，因而在投资环境中，劳动力素质正在越来越大的程度上决定和影响着劳动力的供应水平。现代生产的一般趋势是，生产过程的体力劳动逐渐减少，脑力劳动相应增加，即智力因素在生产中的作用日益重要，故而对高素质劳动力的需求量也就日益增加。据国外有关资料表明，在工业化初级阶段，体力劳动与脑力劳动消耗的比例为9：1，进入工业化中间阶段为6：4，到高度工业化阶段为1：9。当代国际投资大规模地采用自动化生产，并系统地将科学技术应用于生产过程。劳动力的文化技术素质的高低与劳动生产率、产品质量、技术创新能力呈高度正相关。劳动力只有具备较高的文化技术素质以及较丰富的生产和经营管理经验，才能适应外商投资所带来的新设备、新工艺、新材料、新产品和新技术的要求。所以，改善外商的劳动力供应条件，关键就是要努力提高劳动力素质。

在中国调查失业人口的结果表明：综合素质低是失业青年目前面临的最大问题。而综合素质低的最主要表现就是文化层次不高。在求职时，超过60%的失业青年认为最大的困难是文化水平低，农村青年的这一比例高达75%。失业青年中，职业中等教育水平和初中文化水平的青年比重最高，分别为37%和30%。这就显示了文化技术素质以及较丰富的生产和经营管理经验在企业中的重要性。

第三，劳动力成本。劳动力成本，即人工费用或工资，是任何工商业活动中必然要发生的一个重要的成本项目，这在一定程度上决定着外商投资的收益水平。一般地说，为了保持成本优势和产品在价格上的国际竞争力，国际投资特别是劳动密集型投资很可能需要从劳动力成本较高的国家流向劳动力成本较低的国家。"亚洲四小龙"的经济起飞在很大程度上是凭借其劳动力成本低的优势吸引了大量外国投资而取得的。一国劳动力成本的高低直接取决于该国的经济发展水平以及劳动力资源的丰歉程度。经济发展水平高，则工资水平也高，反之亦然。日本作为亚洲地区最发达的国家，其工资水平也是最高的，大约为东盟国家的10倍，是"亚洲四小龙"的5~6倍，是我国的20多倍。此外，劳动力成本的高低还受劳动力资源状况以及由此决定的劳动力供求关系的影响。劳动力资源丰富，整体上供大于求，工资水平就会稳中偏低。但是劳动力成本对吸引外资的作用正在降低。其一是因为，外商利用东道国廉价劳动力的一种内在标准，就是要达到同本国大体相当的劳动生产率，如果工资水平较低，但劳动生产率很低下，两者相抵则可能使吸引外资的劳动力成本优势荡然无存。其二是因为，随生产现代化水平的日益提高，生产过程中活劳动消耗越来越少，职工工资占生产成本的比重呈逐渐下降趋势。目前发达国家的人工费用大约占总成本的10%~15%。

第四，劳动力的流动性。劳动力的流动性也是影响劳动力供应条件的一个不可忽视的因素。劳动力流动自由，可使外商较容易地在东道国雇用到所需的各层次的劳动力，并根据市场变化来调整组织结构和组织战略，可以为企业开展竞争创造条件。反之，劳动力流动性低，不仅增强了外商招聘职工的困难，而且制约一国人力资源优势的充分发挥。

（四）土地的供应

跨国公司在东道国进行投资设厂的基本条件之一，就是能够在选定的地址以合理的地价或租费顺利地得到土地。这取决于东道国的房地产经营和管理机构是否按照国际房地产经营惯例，以灵活的方式、低廉的价格、较长的期限以及较少的附加条件及时地向外商提供所需的土地。东道国如果具备这样的条件，不仅可以方便外商的投资活动，加速投资过程，节省投资支出，而且会增加外商的投资获利和转移投资的机会。外商对土地的供应主要考虑以下几个方面。

1. 地价水平

地价水平是外国投资者最关心的。在其他条件相同的情况下，地价较低，外资的投资和费用越少，所得利润就越多，对外资的吸引力也就越大。地价水平不仅取决于自然禀赋因素，而且还是社会、经济发展的综合性结果。影响它的因素主要有：（1）土地本身的供求状况；（2）经济发展水平及经济增长速度；（3）通货膨胀率；（4）土地开发利用政策和城市规划等。由于这些因素的差异，使得不同国家、不同地区和同一地区内的不同地段的土地价格高低差别明显，从而在相当大的程度上影响着当地的土地供应水平。通常，在一国范围内，在沿海地区与内陆地区之间、城市与农村之间、已开发地区与未开发地区之间，不仅前者在及时获得所需土地的难度上要比后者大，而且更重要的是前者的地价要比后者昂贵。在发达国家、新兴工业化国家（地区）与发展中国家之间，地价水平的差异更加明显，有时差别竟高达几倍甚至几十倍。香港的地价要大大高于内地的地价，香港飞涨的地价已经而且正在迫使港商赴内地投资。事实上，低廉的地价同低廉的劳动力相辅相成，一直是许多发展中国家吸引外资的两张“王牌”。为了进一步强化这一优势，有些国家和地区甚至不惜以低于土地开发成本的地价向投资者出让工业用地。

2. 土地开发与土地供应水平的改善

土地的开发是指对土地进行勘查、征地、拆迁、土地平整以及道路交通、供水、排水、排污、供热、供气、供电、电信、绿化、环境卫生和环境保护等基础设施建设，使之达到可直接利用的程度。这些土地开发活动由当地政府部门或国内外工商实体（包括房地产公司）承担，大大增加了土地的使用价值，减少了外商的投资负担和投资风险，解决了单个厂商所难以解决的问题。

土地开发的形式主要有三种：第一种是由政府机构或由政府委托开发机构进行，由国家通过财政拨款、银行贷款、专项集资基金进行投资。第二种是由当地有关部门同国内企业联合承担的“划片开发”形式。在这种形式下，该国国内企业不仅直接参与各项土地开发活动，而且直接在此投资设厂，并凭借其信誉在海外进行招商，最终形成一个由该企业经营的工业小区。第三种是将土地“批租”给投资单位（包括外商）进行投资开发，即实行土地使用权有偿转让的开发形式。在三种形式中，采用第一种开发形式的越来越少，后两种形式，尤其是第三种形式，由于将土地开发的风险分散给了投资厂商，因而正在为越来越多的国家和地区所采用。土地开发的程度一般应达到“三通”（路通、电通、水通）一平（土地平整），进而实现“五通”（“三通”、通电信、通排水）、七通（“五通”、通气、通供热）。在有些情况下，还应营建标准厂房、仓储设施、住宅和办公楼，以供外商租用。土地开发程度越高，设施越完备，越利于外商减少投资支出和降低投资风险，也越便于外商的生产经营。

3. 土地使用权有偿转让及其意义

各国的土地所有权大都归国家所有，土地所有权不能买卖，因此外商只能够通过有条件地获得土地使用权而享有上述自主权。在国际上，把土地使用权当作一种商品而有偿、有期、有条件地进行买卖，允许其进入流通领域。土地使用权有偿出让的做法，对于改善投资环境，增强其对外资的吸引力有着十分重要的意义。首先，实行土地使用权有偿出让可以使外商获得更多的商业灵活性和投资获利的机会，进一步坚定外商长期投资信心。土地出让政策的推行，使得外商能够以土地为主的房地产业做独立的经营性投入，土地使用权作为投资者的资产，能够连同房产进入流通领域，在较长的期限内（通常为50年、70年、99年，在中国香港甚至可达150年和999年），可在境内外销售、出租和抵押，这样既利于外商防范风险和转移投资，又为外商提供了投资获利的机会。其次，可以直接或间接地为当地投资硬环境的改善提供资金。通过土地出让，可以直接获取一笔数额可观的地价收益，同时，外商获得土地后也要依照合同尽快投入资金进行建设，这些为当地基础设施建设提供了资金保障。再次，可以利用土地受让方外商的国际信誉吸引到更多的外资。在土地面积较大或投入资金量大的情况下，外商需要联络其他外商共同开发，并及时向海外招商。最后，可以推动房地产市场的发展，并带动一系列与房地产业相关工作的配套改革，诸如按国际房地产经营惯例制定土地管理法规，向外商提供建筑贷款和房产抵押贷款、实行土地出让的招标和拍卖方式，等等。

七、国际直接投资环境中的涉外经济状况

东道国积极引进外资，其目的就是在更大的范围和程度上加入国际分工和国际市场交换。因而，由该国国际收支状况、国际贸易、国际金融状况以及外资政策等所反映出的经济外向度和开放度，也就会受到外商的高度重视。一般地说，一国经济的外向度越高，该国参与国际经济活动的能力越强，外资政策也趋于宽松，也就越易于吸引外资。

（一）国际收支状况

国际收支作为一定时期内一国与他国的贸易、非贸易和资本往来收支的综合对比，是外商了解东道国投资环境中的涉外经济状况的最综合性资料。一国的国际收支状况在一定程度上反映着该国一定时期内的经济实力（特别是金融实力）的强弱及其发展趋势。经常项目，尤其是其中的贸易收支，反映着一国与他国经济交往的物质内容，其平衡状况标志着该国在对外贸易等方面所处的地位，如果存在逆差，则意味着处于不利的地位，并有一定的外汇债务；资本项目反映着一国参与国际直接投资和证券投资状况以及其可支配的国际储备资产情况，其平衡状况是该国是否属于债权国还是债务国的标志。

一国涉外经济政策的调整往往与该国的国际收支平衡状况有关。透过东道国的国际收支平衡状况，外商可以了解东道国的贸易政策、汇率定值以及利率调整等的变化趋势。如果东道国国际收支出现巨额逆差，就可能采取奖励出口、限制进口的贸易壁垒并辅之以调整汇率和利率等措施，即通过调低本国货币汇率推动出口，或采取提高本国利率的办法，来达到吸引外国资金流入或防止资金流出的目的。这些措施都会影响到外商在东道国的生产经营活动，贸易壁垒减少了占领东道国市场的机会，汇率变化加大了外汇风险（即给财务管理带来困难），高利率则会增加在当地筹资的成本。2008 年 12 月 30 日，斐济政府宣布，自 2009 年 1 月 1 日起开始实施非居民外币账户计划，根据该计划，非居民可拥有外币账户和本币账户，对相当于 30 万斐济元的外币存款可免利息税。斐济政府希望通过此举吸引外国投资，维持国际收支平衡。

（二）国际贸易状况

东道国对外贸易的规模和水平以及对外贸易政策是决定该国经济的外向度和开放度的实质性因素：它们在很大程度上反映着一国投资环境的涉外经济因素的整体面貌。

第一，对外贸易规模和水平。国际直接投资总是以国际贸易为基础并伴随它的进行而发生和发展的。一个不能经常地同他国保持相当规模的国际贸易往来的国家，不仅同

世界经济的联系是有限的，而且在参与国际市场交换的能力和经验方面也是有限的，这也就使得该国难以在更大规模上加入国际生产过程。也就是说，一个国际投资大国，首先应该是一个国际贸易大国。考察一国的国际贸易规模和水平，不是仅着眼于该国的国际贸易总量即进出口总值，而是还要进一步分析该国进出口总额占国民（或国内）生产总值的比重（即贸易依存度）以及该国进口总额占国内消费总额（国内生产额加上进口额再减去出口额）的比重（即进口渗入率）。通过贸易依存度，外商可以衡量出东道国国民经济参与世界经济的程度。通过进口渗入率，外商则可以衡量出东道国市场的开放速度及其国际竞争能力的强弱。

第二，国际贸易政策。跨国公司进行国际直接投资的主要动机是最大限度地占领东道国或第三国市场，而能否顺利实现这一投资目的，则在很大程度上取决于东道国所采取的贸易政策。东道国为了保护本国市场免受外国商品的冲击，保护本国的幼稚工业的发展，都不同程度地采取奖出限入的贸易政策，这已成为当代国际贸易政策的一个普通特征。任何市场导向型国际直接投资都不可避免地面临市场进入的障碍。一国所可能采取的贸易限制措施分为关税壁垒和非关税壁垒。关税壁垒是一国政府用高关税限制或杜绝某些外国商品冲击本国市场的措施。它主要是通过加大进口商品成本，从而削弱其竞争能力而达到目的的。关税壁垒阻止着国与国之间的经济交易往来，阻止生产要素在国际间的合理组合，成为一国投资环境中的消极因素。长期以来，经过关税及贸易总协定和 WTO 的多轮贸易谈判，各主要缔约国的关税水平已普遍降低，但各国仍然对重点的、敏感的、需要保护的商品或产业实行较高的关税。随着经济国际化程度的提高以及利用外资的需要，各发展中国家的关税水平也在逐步下降。除关税壁垒外，外商涉及东道国市场还要面临非关税壁垒措施，诸如进口配额制、进口许可证制和自动出口限制等数量限制措施以及进出口的国家垄断、进口抵押金、进口最低限价、繁苛的技术标准、卫生安全检验及包装、标签规定等以间接方法限制商品进口的措施。由于各国对外国商品都不同程度地实行贸易壁垒政策，因此允许外商的产品部分或全部在东道国市场销售也就成了东道国政府给予外商的一项重要的政策优惠。

（三）国际金融状况

跨国公司在进行国际直接投资时，要发生大量的资金转移和外汇业务，所以它们在进行投资和生产经营决策时，必须把币值变动的可能性以及相关的外汇和外债问题考虑在内，并考察东道国是否能提供足以使其资金在国际间安全、顺畅、高效转移的国际金融服务条件。

1. 汇率与货币稳定性

东道国货币的稳定性及汇率（即本币折算成外币的比价）波动的频率和幅度是外国投资者所必然面临的重大的不确定性因素，汇率变化会使外商受损或获益，因而外商要承担外汇的交易风险和折算风险。然而，对于外商的投资和生产经营的长期决策影响最大的还是外汇的经济风险，即汇率波动给外商未来销售、价格和成本带来的不利或有利影响的可能性。在东道国货币贬值的情况下，外商可能会调整原有的生产地点和生产要素来源，转而扩大在东道国的生产、购买和借贷活动，以对付外汇的经济风险；如果这种风险是由东道国货币升值或投资国货币贬值造成的，外商的对策也就正好相反，从而不利东道国吸引更多的外资。总之，对于外国投资者来说，为了防范外汇风险，往往随时掌握各种足以影响东道国币值和汇率变动的因素，据以预测汇率变动的趋势，并制定和实施相应的外汇风险管理措施。对于东道国来说，在特定的财政货币政策下，积极利用汇率这一政策工具通过汇率的制定和调整来诱导外商的投资和经营行为，也会对投资环境产生重要影响。币值的稳定性也非常重要，并且汇率与币值密不可分。一国的币值的稳定性差，汇率也就易于出现波动，外商也就要遭受更多的外汇风险。因此，外商对东道国的货币稳定性十分关注。在实行外汇管制的国家，由于存在着的复汇率、官定汇率（官价）与自由汇率（黑市价）往往存在着差距，而自由汇率又大体反映着该国货币的实际价值，所以，国际投资者一般都以黑市价与官价差距的大小来衡量东道国货币的稳定性。

自2005年7月21日起，中国开始实行以市场供求为基础、参考一篮子货币进行调节、有管理的浮动汇率制度。这种外汇措施是中国摆脱初级产品“世界工厂”的形象，促使产业升级，减少中国经济对外贸的依赖，使中国经济可以更平衡、稳定和持续地发展的必然选择。但是从短期来说人民币的升值和贬值对中国经济的直接影响，简单来说就是人民币升值有利于进口，不利于出口和吸引外国直接投资。人民币贬值有利于出口和引进外资，但却不利于进口。

2. 外汇市场

东道国的外汇市场对于外国投资者是非常重要的。首先，外汇市场作为外汇资金的集散中心，对于调剂外汇资金余缺、方便外商的资金融通起着直接作用。其次，外汇市场以其先进的经营手段和通信设施可以为外商提供便捷的清算服务，从而避免资金积压，减少资金周转费用，加速国际资金周转。最后，外汇市场还可以为外商的套期保值提供机会，利于外商的外汇风险管理。在某些情况下，外商还可利用外汇市场从事套利、套汇等外汇投机生意，从中获利。目前世界上大多数国家的外汇交易都是利用现代化的电子通信设备进行的，像纽约、伦敦、巴黎、法兰克福、苏黎世、东京等交易量巨大而且具有国际影响的外汇市场，已经形成了相互间的电子通信联络系统，成了全天连续运作的市场。所以，外商投资者都希望东道国有功能齐备、机构完善、运作灵活、服务上乘、交易量巨大的完善的外汇市场。

3. 外汇管制程度

各国实行外汇管制是为了维持国际收支平衡、稳定汇率和物价，而这又会给国际资本流动和国际贸易设置障碍，不利于一国吸引外商投资。外汇管制程度的高低，同一国的经济实力和外汇资金的余缺状况密不可分。根据各国外汇管制的内容和严格程度，大体可分为三种类型：第一类为实行严格管制的国家和地区。这类国家主要是发展中国家，经济实力不强，外汇资金短缺，因而往往对贸易收支、非贸易收支和资本项目的收支都实行严格管制。第二类为实行部分外汇管制的国家和地区。它们对非居民（比如外资企业）办理经常项目的收付原则上不加限制，而对资本项目的收付却加以管制。第三类为基本上无外汇管制的国家或地区。它们对非居民的经常项目和资本项目的收支原则上不实行直接管制，像美国、德国、科威特、沙特阿拉伯等国。从国际直接投资环境角度，东道国的外汇管制程度应该是越低越好。但是作为防止外汇储备流失、保护本国工业的重要手段，外汇管制对于许多发展中国家又是必要的。为了处理好外汇管制与吸引外商投资的关系，东道国在外汇管制的内容、程度和措施上应逐渐加以调整，努力为外商的投资和生产经营创造越来越宽松的外汇市场环境。

马来西亚中央银行在 2008 年 5 月 28 日取消了本地公司与居民外汇贷款的限制，也取消了部分马元贷款的限制，本国企业可以自由向外国母公司和境内银行借贷外汇，不限制金额，也可以向供应商借贷资本来销售融资，金额同样不受限制。马来西亚最新的放宽外汇管制措施是延续先前的减少管制方针，意在降低本地与外国投资人在马来西亚的经营成本，希望放宽外汇管制以吸引外资。

4. 国际储备状况与外债规模

东道国的国际储备资产（包括黄金，外汇储备、特别提款权和在国际货币基金组织的储备头寸）的充裕程度是维系该国对外信誉的基础。一国国际储备充裕，国际清偿能力就强，就能够在按期偿还债务的情况下进一步扩大内需和放松外汇管制，这不仅利于该国的对外贸易和经济发展，而且也利于吸引更多的外资。当然，为维持一定清偿能力而储备的资产并不是越多越好，超量储备而形成积压反而会给国民经济带来负担。外债规模和信用度也是决定和影响一国对外信誉的关键因素。外债规模过大，超过国民经济的承受能力，势必造成无法按期偿还债务本息的局面，从而给债权国和债权银行带来极大的经济损失，也严重损害着债务国的国际信用地位。衡量一国债务规模通常可采取如下三个指标：（1）经济负债率，即外债余额与国民生产总值的比率。它反映一国的负债程度和偿还潜力。这一比率以低为好，最好保持在 10%～20%。（2）出口负债率，即外债余额与商品和劳务出口总额的比率。外债总是要以外汇或本国的商品和劳务来偿还的，因此，一定时期内的出口创汇额是保持偿还能力的关键。作为上限，一国的出口负债率不能超过 100%。（3）偿债率，即当年外债还本付息额与商品和劳务出口总额的比率。它反映一国在某一年份的实际偿还能力。目前，世界公认的量度一般为 20%～25%，偿债率超过这个警戒线就有可能出现不能如期还债等违约现象。

2017 年，中国吸引外国直接投资 1 440 亿美元，创历史新高。中国继续成为吸引外资最多的发展中国家，也是继美国之后全球第二大外资流入国。同时，中国吸引外资的质量进一步提高，高端制造业和高附加值的服务业（如研发等）吸引外资比重持续上升。

第三节　国际投资环境中的基础设施因素

基础设施是任何投资活动都必不可少的物质技术条件。它与自然地理因素同属于投资环境的“硬件”。外国投资者要在东道国从事生产经营活动，需要随时利用交通邮电设施同外部保持联系，需要经常得到能源和水资源的供应，还需要享受必要的社会服务，这些都有赖于东道国完善的基础设施。

一、基础设施因素分析

（一）基础设施的内容及其重要性

基础设施又称基础结构，是人们从事生产活动的物质条件，其基本作用是为生产地域综合体、工业枢纽、城市、工业区及其他各种特殊经济区域的生产和生活服务，也是投资活动赖以生存和发展的基础。它涉及的范围很广，按职能可分为7个系统：（1）能源供应系统，主要包括油气管道、供热和供电设施等动力燃料供应设施；（2）供水和排水系统；（3）交通系统，包括特定区域内（如城市内）的公共交通设施和同外部进行物质联系的各种运输线路，如铁路、公路、水路、航空、管道等设施；（4）邮电系统，包括邮政设施和电信设施，如电话、电报、电传等；（5）防灾系统；（6）环境系统，主要是环境美化和保护设施；（7）生活服务系统，包括住宅、商店、旅馆、医院、学校和其他一些服务性机构。前5个系统称为生产性基础设施，后2个系统称为社会性基础设施。对于投资活动来说，前者的重要性大大超过后者。由于把基础设施按生产性和社会性做划分过于笼统，不利于深入分析不同基础设施对于外国投资活动的影响，故对基础设施可另做如下划分：（1）对内对外联系条件，即交通邮电设施状况；（2）能源和水资源的供应条件；（3）减灾与防灾条件；（4）社会服务条件。

基础设施是国民经济建设和发展的主要组成部分，是维系和促进种类生产和生活活动的基本物质条件。从物质生产角度，基础设施作为“劳动过程的资料”为其提供着不可缺少的一般条件，它们不直接加入劳动过程，但是没有它们，劳动过程就不能进行，或者只能不完全地进行。国际直接投资方式更与东道国基础设施条件密不可分离。因此，当地基础设施状况也就必然成了外商投资区址选择的重要因素之一。当地基础设施落后，既意味着当地内部人流、物流、信息流的载体容量小，整体功能差，也意味着使各种“流”向外辐射的能力低。在这样的地区投资，不仅对内对外联系的困难多、效率低，而且获取生产要素的选择性也小。

（二）基础设施的特征

基础设施是国际直接投资环境中的一个相对独立的子系统，有着鲜明的特征。充分认识这些特征，对于改善投资环境有着重要意义。

1. 基础设施服务的公共性和两重性

首先，基础设施的服务具有公共性，对基础设施的投资也属于一种公共投资。基础设施建立需要兴建一系列工程项目和投入巨额资金，而且建设周期长、收效慢，个别厂商难以凭自身力量解决，而一般由政府投资建设。基础设施的服务对象也没有选择性，它不仅为外国投资者，而且要为整个地区提供社会化服务。所以，基础设施具有服务公共性的特征。其次，各类基础设施还往往兼具两种功能，既供工业又供民用。如城市供水供电，既可以工业使用又可以民用，这使得它们所提供的服务又具有两重性特征。这样，在基础设施条件有限的情况下，就又存在着一个如何处理好生产和生活服务的关系问题。

2. 基础设施效益的间接性

基础设施投资效果和经营管理水平，往往不完全直接体现在投资项目上，而是间接表现在服务对象的效益提高及其所产生的社会效益上。交通邮电设施尤其如此，它的建设要耗费国家的巨额资金，却很难以市场方式进行补偿，而使用设施的厂商却可以大大提高效率、降低成本。根据国外的有关调查，在通信事业的总效益中，直接效益仅占5%～10%，间接效益高达90%～95%。所以，改善当地基础设施可以为企业和居民提供更优质的服务，特别是给外商提供生产经营的方便，使其降低成本，增加盈利的机会。

3. 基础设施运转的系统性和协调性

基础设施是一个由多个子系统构成的有机的综合体，它们之间是互相联系、互相依存、互相制约的，这使得基础设施的运转呈现出系统性和协调性的特征。例如，在道路建设和管理中，需要涉及电力、电信、供水、排水、燃气、热力、园林、环卫、消防等众多部门，为了保证道路运输设施的高效营运，必须做好各部门之间的协调工作。再如，开发建设经济技术开发区时，需要协调各类基础设施的建设，并应同时形成能力，在标准厂房建成，入区厂家准备进行设备调试或试生产的同时，必须做到通水、通电、通气、通热、通道路、通邮电，甚至还要通海运或空运。只有协调好种类基础设施之间的关系，才能够充分发挥基础设施的综合效益。

4. 基础设施建设的超前性

由于基础设施是各项生产和生活能够顺利展开的前提条件，并且基础设施的建设项目通常投资大、施工周期长、使用年限久、建成后又不易移动，因而为满足一定时期内的生产和生活需要，这类项目具有一定的超前性。尤其是外商投资密集地区的基础设施项目，在规模和现代化程度上更应力求接近国际水平。这种超前性如果同外商入区的不确定性联系时，改善外商投资硬环境在某种意义上也就具有一定的风险性。所以，在进行基础设施建设时一定要充分考虑到这一点。

5. 经营管理的多样性和垄断性

基础设施在提供服务的过程中，要消耗活劳动和物化劳动，这些劳动消耗需要通过市场或财政渠道得到补偿。根据不同基础设施的特点，选择适当的经营管理方式，特别是补偿方式，对于基础设施的营运和利用效果有重要影响。在采取市场补偿的情况下，往往存在着基础设施有形产品的价格和服务的收费标准问题。应该遵循价值规律，并在保持基础设施公共服务特性的前提下，合理确定价格的收费标准。为了严格管理、保持基础设施产品和服务的相对稳定性，其经营管理一般还具有垄断性特征。政府通常以法律形式，明确规定经营管理者的权利和义务，其中包括授予垄断权，以便为国际直接投资活动提供稳定、高效的服务。

二、国际直接投资环境中的交通邮电设施

交通邮电设施在基础设施诸因素中占有举足轻重的地位。发达的交通邮电系统是实

现投资过程中人、财、物及信息流动顺利、高效的基本前提，也是外商投资对内对外联系的基本条件。

（一）交通运输设施的建设与管理

交通运输系统是适应人流和物流的需要而形成的。由于这种需要是广泛的，无所不有的，因而作为其载体的交通运输形式也就多种多样：按照运输系统的循环线路，有对外交通运输和内部交通运输（如市内或区内的交通）；按照服务对象，有货运、客运和特殊任务运输。从对外商投资活动的重要性看，对外交通运输特别是其中的货运更为企业所重视。对外交通运输是实现内联外引，沟通城际、区际以及国际相互联系的纽带和桥梁，其中的货运则为实现物畅其流、保障生产建设和对内对外贸易顺利进行的基本条件。但这并不意味着客运对外商投资不重要。对于投资旅游业等第三产业的外商来说，交通运输中最重要的就是客运。要想提高交通运输的效率，必须积极改善交通运输的条件。

1. 因地制宜地发展多种运输方式

交通运输系统完善的基本标志之一就是能够因地制宜地发展起多种对外运输方式，以满足外商的多种运输需要。现有的对外交通运输方式有铁路、公路、水路、航空和管道五种，它们有着各自的特征及其最适宜的服务对象。（1）铁路运输，具有快速、舒适、安全、可靠的特点，适合大宗货物和远距离运输，目前已成为城市对外运输不可缺少的方式。（2）公路运输，具有机动灵活、快捷方便、点对点直达等特点，是一种最普通、最便利的对外运输方式。（3）水路运输（包括内河、沿海和远洋航运），具有占地少、投资省、运量大、运距长、耗能省、成本低等诸多优点，适合大宗散货、大件物资和集装箱运输。特别是作为对外贸易的主要运输方式，海运业及其港口设施建设在沿海城市投资硬环境中占有重要地位。（4）民用航空运输，具有航程远、舒适和省时等特点，主要适应远距离客运和小批量或轻型贵重物资运输、鲜活商品运输及完成紧急运输任务。但客运成本较高，并受气候条件限制较大。（5）管道运输具有干扰少、安全可靠、快速稳定、成本低、少污染环境等优点，主要承担石油和天然气运输。显然，具备陆海空三位一体的发达对外运输系统是外商所要求的理想的运输条件。但是，受各种主客观条件的限制，一个地区或一个城市往往难以向外商提供所有各种形式的对外运输服务，只能因地制宜地重点发展当地具有优势的运输方式，并同其他运输方式有机地协调起来，实现对外运输的高效率和低成本，这样就能够在符合本地实际的交通运输结构下，为外商提供优质高效的运输服务。一般来说，内陆地区应具备较高的公路运输水平，适当发展铁路和民航运输；中心城市应以发展公路、铁路为主，重视发展民航运输；港口城市应重点发展海运，并尽可能地实现运输方式的多样化；边境地区则以发展公路运输为主。

2. 有重点地改善货物运输条件

外商在东道国进行生产经营活动需要从海外输入设备和大批原材料和零部件，然后还要将大部分产品销往海外，因而其国际货物运输量很大。这就要求当地具有方便的国际运输条件，具有或接近较大吞吐量和较高营运效率的海港和航空港，有完善的集装箱运输系统，有发达的国际国内联运系统。如能凭借优越的地理位置和良好的港口条件开展陆桥运输，则更利于方便外商的国际货物运输，并将收到缩短运时、降低运费的良好效果。为了完善货物运输体系，还应组织综合配套设施的建设，建立起由卡车枢纽站、商品批发市场、仓库及其他服务配套设施所组成的各种货运服务中心。由于这种中心集货运、仓储、中转、批发、咨询于一体，并可作为火车站、港口和机场货运集中和疏散的二线库场以及集装箱运输的中转站，发挥着多功能的综合配套服务枢纽的作用，因而对改善外商的货运服务条件十分重要。西欧、北美和日本等地区和国家的大中城市都十分重视这类货运服务中心的建设，并往往是在政府直接干预下进行规划和建设的。

3. 按现代化要求改善对外交通运输系统

发展中国家在交通运输系统的数量、规模和质量等方面都落后于发达国家，既不能满足当地社会经济发展的需要，也不利于引进发达国家的直接投资，必须有计划、有步骤、有重点地逐步提高当地对外交通运输设施的现代化水平。针对不同运输方式，应该采取相应的措施。（1）铁路建设。在努力提高车站和线路通过能力的同时，要积极加强铁路电气化建设，采用数字化网络等先进技术装备铁路管理系统。（2）公路建设。要提高标准质量和等级，加强高速公路和立交桥的建设。随着车辆技术性能和装卸机械化程度的提高（如集装箱车和自卸车）、拖挂运输和载重能力的增强以及运输组织工作的改进，公路汽车运输已向高速度、大吨位、重轴、大交通量、列车化、柴油化、集装箱化、远距离、电子调度的方向迅速发展。20 世纪 80 年代中期，发达国家的货物周转总量中，公路货运量所占比重都很高，联邦德国为 52%、英国为 60%、法国为 48%、日本为 46%、美国为 24%，而我国 1988 年还不足 2%。可见，加强公路建设，推动公路汽车货运的发展，对于改善发展中国家的交通运输状况是十分重要的。（3）港口建设。需要加速万吨级以上深水泊位的建设，建设重点是能源、外贸泊位，同时还要努力提高港口自动化装卸和管理水平，为海运业的蓬勃发展创造条件。（4）要加强首都、地方首府、沿海城市以及重点旅游地区的机场建设，改善通信导航系统和气象预报系统，使大中城市均能起降大中型飞机，并在有条件的地区建立起货运航空港。总之，努力实现对外交通设施及管理的现代化，是广大发展中国家在实行对外开放和经济现代化建设中所必然面临的一项长期而艰巨的任务。

（二）邮电通信设备的建设与管理

当今世界是信息世界，信息是十分重要的资源，对信息的获取、传递和处理能力往往标志一国（地区）经济和社会发展的水平。在信息的交流和传递中，邮政通信和电信通信又是不可缺少的手段，它们以其广泛的服务性、高度的时效性直接为各种生产建设服务，为人们的联系交往服务。国际直接投资作为一种最高形式和最复杂的国际商务活动，必然要发生大量的跨国界的信息交流，东道国能否以先进的邮电通信设施和优质高效的服务，最大限度地满足外商的这种需要，对于外商的生产经营和投资效益将有重要影响。因此，要改善投资环境、吸引更多的外资就必须加强邮电通信设施的建设和管理。

1. 邮政通信服务

邮政通信是传统的专门承担实物信息的传递部门，它的业务范围和服务水平在很长一段时间直接关系到外商投资和生产经营的便利程度。在业务范围方面，当地邮政部门应能经办包括信函、印刷品、包裹、报刊发刊、汇兑、邮政储蓄在内的多种邮政业务，尤其应能办理国际、国内的特快专递业务；在服务水平方面，就是要达到较高的普及率和便捷度。随着通信业的发展，传统的邮政服务已渐渐被电信通信所替代。

2. 电信通信服务

电信通信是通过电线或电子设备对信息进行复制和再现来完成信息的传递任务。一种较完备的电信服务系统至少应能提供如下的服务：（1）国内固定及长途电话业务；（2）移动通信业务；（3）国际电话业务；（4）非电话业务，如数据通信图像通信、电子信函（如电传）和智能用户电报、传真等；（5）网络业务。对于外商企业由于需要经常地同母国或第三国进行联系，因此对电信服务的要求更高。目前，世界各国的电信服务水平都在迅速提高，其发展速度一直比各国经济发展速度快。

三、国际直接投资环境中的能源及水源供应设施

稳定、充足的能源和水源供应是任何工商业活动得以正常进行的基本保证。东道国能源生产及其管网设施、水源及其供水和排水设施所构成的能源及水资源供应系统与外商生产经营息息相关。

（一）能源供应设施的建设与管理

现代工商业活动所需的能源种类主要有煤炭、天然气、电、石油制品及其他新能源，其中电力、燃气和热力更为重要。改善能源供应关键是加强电力、燃气、热力设施的源、网、点即生产、输配和应用三方面的建设和管理。

1. 电力供应设施

电力在各种能源中以其清洁、方便和安全的特征成为工商业活动所需的最理想的能源。对于工业企业来说，电力供应不足或供应不稳定往往会导致停工停产、设备开工不足以及生产计划被打乱等不良后果。因此，为了保证外商的正常生产经营，必须大力加强电力建设和管理，保持电力弹性系数（用电量年增长率与工农业生产总值或国民生产总值增长率之比）大于1。发展中国家加强电力建设和管理，关键是要搞好电源电网建设，使由发电厂、送电线路、变电站、配电线路、电力用户五个环节构成的电力系统协调发展，以提高综合供电能力。特别是发电厂的建设，在继续加强水电站和火电站建设的同时，还要投入更多的资金兴建核电站。

2. 燃气供应设施

燃气是现代化城市的主要能源之一，也是工业生产不可缺少的优质能源。工业使用燃气，操作方便、卫生、易于实现自动化，也有利于提高产品质量。目前，世界各发达国家的城市气化率大都在85%以上，燃气占各国能源构成比例大体保持在12%～35%的水平。完善的燃气设施和充足的气源也是良好的基础设施条件中的重要方面。对于化

工、纺织、食品、制药、玻璃等行业的投资者来说，稳定、充足的燃气供应往往是保持正常生产必不可少的条件。东道国加强燃气设施建设和管理，对投资于这些行业的外商有着特殊意义。

3. 集中供热设施

集中供热或热化也是东道国现代化水平的标志之一。目前，利用集中热源，成区成片地向民用建筑和工厂供应采暖、制冷、生活及生产用热已为越来越多的国家所重视。在这方面，与外商投资直接相关的当然是工业供热。工业生产中许多部门需要蒸汽作为工艺条件或原材料，它是化工、轻纺、酿造、机械等行业的重要动力。在外商投资密集区实现集中供热，不仅会减少矿物燃料消耗，降低成本，给外商的生产经营带来方便，还会收到良好的环境效果。实现集中供热，需要建立热电厂、供热厂、集中锅炉房等设施。同其他能源设施建设一样，供热设施建设规模大、投资多，需要坚持统一投资、统一建设的原则，才能使其尽快发挥效益。

（二）水资源供应设施的建设与管理

1. 供水设施

水作为一种宝贵的资源，不仅是人类生存必需的生活资料，也是发展生产必不可少的物质资料和物质基础，甚至有人称之为工业生产的“血液”。如果一个地区的水资源供应常处于紧张状态，那么工业企业就难以维持其正常的生产经营活动，从而也就不利于吸引外资。一个地区的供水状况，在很大程度上受制于该地区水资源的丰贫程度。加强水资源的合理开发和利用，消除水资源使用的不合理及严重浪费问题是极为重要的。在特定的水资源条件下，搞好水资源开发和利用的关键是供水设施的建设。完善的供水系统由取水工程、输水工程、净水工程、配水工程四部分构成。改善供水状况必须相应地建立并逐步改造取水设施（如一级泵站等）、输水管渠、净水设施以及二级泵站、配水管、水塔、水池等设施。这些设施的建设同样具有配套性强、工程大、投资多的特点，需要根据生产和生活用水量及其变化趋势，合理确定建设规模。

2. 排水设施

排水设施包括排泄和处理污水及雨水的各种管道、明渠、河道、泵站和污水处理厂等设施，既是防治水污染、进行环境保护的重要方面，又是保证工业正常生产的重要手段。排水设施的建设通常由当地有关部门负责。尤其在新区，作为“七通一平”建设的一个方面，排水设施是当地土地开发中很重要的环节之一。在统一建设和集中管理排水和污水处理设施的情况下，企业的大部分污水便由公共下水道接纳，送入公共污水处理厂处理，从而既可以解除单个企业污水处理方面的负担，又会消除因分散处理易造成的管理不善现象。外商投资企业工业污水的处理关系到当地的环境保护，应纳入国家环境保护计划。为了避免在污水处理上出现不应有的纠纷，也为防止投资国向东道国大肆转移污染工业，除需要严格项目审批外，还应依据有关环境保护法规，在项目注册和土地出租时向外商规定对保护当地环境所应承担的责任和义务。

如处于我国西部地区的新疆，它的绝大多数城市位于沙漠边缘，通过实施沙漠区的大规模太阳能集热、储热和集冷、储冷就可以满足城市的冬季集中供暖、夏季集中空调的需要。建在沙漠区的太阳能烟囱式发电站可以为城市的生活、工作、通行、生产提供充足、廉价的电力。太阳能烟囱式热力发电是一项可利用太阳热能进行大规模发电的、非常有前景的清洁能源技术，在费用与性能上已经显示出了很大的优势，对人类环境的改善和电力行业可持续发展具有重要的战略意义，再加上新疆在新能源开发上的战略部署和风力发电工程的实施，这些能源优势也吸引了大批的外来投资。

四、国际直接投资环境中的减灾设施

（一）灾害是国际直接投资环境的破坏性因素

灾害是指火灾、水灾、风灾和震灾等各种灾害。它们直接危及能源、交通等基础设施的安全和正常营运，给当地经济、社会生活和人民生命财产带来严重损失，也给外商造成危害，不利于吸引外资。仅以我国为例，1989 年 5 月 3 日，由中外合作开发的南海北部涠油田遭受罕见的暴风、冰雹袭击，关键设备被破坏，整个油田被迫停产，损失逾百万美元。对于灾害给投资带来的这种破坏性，外商投资者可以采取消极躲避的态度，对灾害区不发或少发投资，但作为东道国则应采取积极的态度，通过制定一系列减灾、防灾和灾害补偿措施，建立完善的防灾设施，来减少甚至消除灾害。这对于灾害多发区是极为重要的。

（二）国际直接投资环境中的防灾减灾措施

1. 增加投入，搞好防灾设施的建设和维护

在各项防灾减灾措施中，最重要的是防灾设施的建设和维护。其中主要包括：（1）消防设施的建设，如消防队（站）、消防供水和消防工具等；（2）防洪设施建设，如调洪水库、整治河道、修整堤防和护岸、防潮闸等；（3）抗震设施建设，如地震预报设施和各种工程的抗震加固等。这些防灾设施的建设，既是当地基础设施建设的重要组成部分，又对这些基础设施的安全和正常营运起着直接的保障作用，因此大力实施和修缮各类防洪、防潮、防震、防火、防风等防灾工程是非常必要的。

2. 提高灾害预报水平，加强外商投资企业同当地灾害预报部门的密切合作

在由监测、预报、抗灾、防灾和灾后援建等环节构成的减灾系统中，测报环节十分重要。预报的及时性和正确性决定着防灾和抗灾的效益。因此，灾害预报部门要利用先进的设施和预报手段，提高预报的成功率，减少漏报、误报。同时，东道国灾害预报部门还应加强同外商投资企业的联系，争取外商的主动合作，必要时签订专项服务合同。这对于保障从事海运、海洋石油、海洋水产养殖和捕捞等行业的外商投资企业的生产安全是非常重要的。

3. 积极发展海外保险业务，增强外商投资安全感

参加涉外保险是外商分散灾害风险、预防灾害损失和获取灾害补偿的重要手段。外商投保后，把不可预见的经济损失化为固定的小额保险费支出，可避免因遭受意外损失而可能陷入的经营和财务危机。东道国的保险公司应该大力发展涉外保险业务，为外国

投资者提供内容广泛的经济保险，增强外资来东道国投资的信心。

第四节　国际投资环境中的法律因素

在国际直接投资环境的诸因素中，法律因素起着调整投资关系、保障投资者的利益和安全、调节投资行为的作用。东道国对国际资本输出和输入的态度及其所采取的鼓励、保护和限制的政策措施，都是以一定的法律形式表现出来的。因而，为了给国际投资者提供充分的法律保护，以期强化国际投资者的投资意愿，坚定其投资信心，东道国必须不断健全法制，努力保持其法律的相对稳定性；同时，还要认真研究投资国的法律，并积极谋求国际法的支持，从而使东道国的涉外法规同投资国的法律以及国际法规范形成一个宜于国际资本流动的完善的法律环境。

国际直接投资法律环境广泛地涉及了东道国法律、投资国法律和国际法方面的法律因素（见图 4-1）。虽然对投资者影响最直接和最广泛的是东道国的法律，但投资国法律和国际法也对国际投资有着重要影响，本节将从这三个方面进行论述。

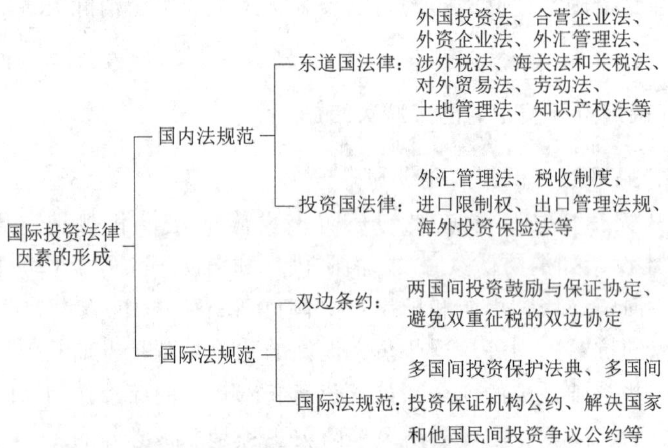

图 4-1　国际投资环境中的法律因素

一、东道国吸引外资的法律法规

东道国根据本国实际，从利用外资、发展本国经济的目标出发，在维护国家主权和本国经济利益的前提下，制定外资政策以及与之相适应的各项利用和管理外资的法规，借以调整投资关系、实施法律保护。这些法规主要有：外国投资法、合营企业法、外资企业法、外汇管理法、涉外税法以及散见于宪法和国内其他特别立法（如公司法、专利法、破产法和海关法）中的有关法律规定；政府针对外资所做的各种政策声明。这些法规和政策确定了东道国允许外国投资的范围和形式、外国投资者的权利和义务及其法律地位，以及对外资的鼓励、保护、监督和限制等措施。它们不仅给外国投资者提供了应有的法律保护，还通过直接要求外商改变其投资行为使其按东道国的意愿及模式进行投资，这也是东道国健全法制、完善投资的法律环境的真正意图。东道国法律环境的形成包括立法、执法和司法等诸多环节，涉及鼓励和限制等各项具体内容。就前者而言，良好的法律环境需要有一个由一系列法律和法规所构成的完备而稳定的法律体系，做到有法必依、执法必严、违法必究。就后者而言，东道国应根据本国实际，参照国际惯例，严格、周密、详尽地制定鼓励或限制外贸的各项具体措施，并根据实际需要不断加以充实和修正。

东道国完善的外资立法应大体包括如下十个方面的内容：（1）关于外资的定义和评价（包括资本构成）；（2）外资的审查标准及审批机构和程序；（3）外资投向的原则和范围；（4）外资的股权比例以及转让；（5）外资资本、利润及其他合法收益自由汇出的保证和制度；（6）税收及税收优惠措施；（7）经营管理与劳动雇用关系；（8）市场销售比例和国产化规定；（9）国有化、征用与外国投资保护；（10）关于处理投资争议的原则和程度。当然，由于国情和传统的不同，特别是经济发展水平的差异，各国外资政策和立法态度各异，奖限程度也宽严不一，发达国家大都奉行开放的外资政策，对外资实行无差别待遇，很少限制，也很少优惠鼓励；而发展中国家则不同，为了弥补投资环境总体水平之不足，维护本国的经济利益，大都采取有限开放的外资政策。表现在外资法规中，也就是优惠鼓励措施多，但限制措施也较多、较严格，并且多因投资行业、类型和地区而异。

（一）对外资进入的法律规定

对外商投资范围加以限定，并建立健全相应的外资审批制度，是东道国对外资实行必要的监督和控制的基本法律措施。

1. 外商投资范围

东道国根据本国经济发展目标，考虑到相关领域对该国经济的重要性，或为了维护国家利益，一般在其外资法中都规定不允许外商投资的经济领域，即不完全给予外国投资者国民待遇，并且明确规定允许或鼓励外商向哪些产业部门投资，限制或禁止向哪些产业部门投资。通常，各国限制的领域主要有：国防和军事、交通运输、通信、公共设施、宣传媒介（如报刊、广播电台、电视台）以及银行和保险业务。即使像美国这样实行所谓完全开放政策的国家，也对上述部门实行禁止外国投资（国防、军事部门）、限制持股比例或基于互惠条件予以特许等程度不同的法律限制。发展中国家和地区主要是鼓励外资向有利于当地经济发展，特别是新兴产业部门以及利于改善国际收支、扩大出口的部门投资；禁止在军事工业以及支配国家经济命脉的部门投资；限制在本国已有一定发展基础、需要加以保护的行业投资。但从趋势上看，随着经济实力的不断增强以及对外开放政策的日益完善，各国对外商投资范围的限制越来越少。

2. 外国投资的审查和批准

东道国对外国投资计划和项目实行审查是其对外资实施政府监督和管制的最常用的手段，也是诱导外商在某些领域内投资的重要方式。通过审查、甄别，可以进一步了解外资的资信状况及其真实的投资目的；可以防止外资膨胀，避免外资过分集中于少数经济部门，以致造成经济上的畸形发展；可以确定相关外资项目是否符合当地经济发展的总目标和总战略。为此，发展中国家都规定有对外资的审批程序和标准。对外资的审查包括程序上的审查和实质上的审查。

程序上的审查：依各国立法，都规定通过有权审查和批准外国投资的特别政府机构（如外国投资委员会、外国投资审查局等）及其授权机关，接受投资申请后，对投资计划、方案、项目、投资者的资信、投资协议、合同章程、可行性研究报告、工业产权证明文件及其他必要文件等进行审查，在法定期限内，予以批准或不批准。审批期限各国长短不一，通常是两三个月。在新加坡一般外资项目从申请到批准只需 20 天，而在韩国实施的“自动批准制”下，符合条件的外资项目 10 天内即可获得批准。

实质上的审查：主要涉及外资项目是否有损于国家主权，是否有利于国家经济和技术的发展，是否有利于改善国际收支，是否适合于国家当前和长远的经济规划。

尽管为了国家利益而对外资进行审查是必要的，但外资审查制度终究属于一种限制国际资本自由流动的形式，如果运用不当，不利于吸引外资。比如，过于苛刻的审查标准、烦琐的审查程序、繁复重叠的审查机构，会大大降低外资管理的行政效率，甚至贻误外资投资获利的机会。2007 年初，泰国提出了修改外商经营法草案并提交内阁批准通过，该草案在立法院审核后将会颁布执行。该法律进一步放松了对外资的管制，为外资的流入提供了一个宽松的环境。之后，政府将明确一些有关外资的条例，并将减少外资限制领域。

（二）东道国对外资经营活动的监督和限制措施

发展中国家为了使外资服务于本国民族经济发展的总战略，除了对外资进入做出详尽的法律规定外，还对外资的经营活动施加一定的监督和限制。具体涉及股权比例、经营管理权和职工雇用、资金汇出、内销比例和使用当地资金等诸多方面。

1. 外商股权比例的限制

外商的股权比例关系到对企业的经营控制权和投资者的权益，一向为东道国和投资者所重视。许多国家都在其外资法中规定当地企业参股的比例。发达国家中仅有日本的法律规定外国投资必须有日本企业参加，其他发达国家只在某些特殊领域具体规定外国投资者的所有权不得超过一定的比例。发展中国家的法律规定外资股权一般不得超过 49%，只有外资项目在出口比例、技术先进程度和提供就业机会等方面满足东道国的特殊要求时，外商方可提高参股比例。20 世纪 80 年代中期以来，许多发展中国家为了吸引外资，都逐步放松对外商股权比例的限制，允许外商有条件地拥有企业 100% 的股份。特别是 1997 年亚洲金融危机过后，许多亚洲国家因为负债原因，被迫有条件地允许外商拥有企业的 100% 股份或提高参股比例。当然，实行对外商股权比例的限制，有利于扩大当地企业在相关工业中的作用，保护东道国的投资，以便形成以当地企业为主导的工业体系；通过共同管理，共同使用土地和其他不动产，共同拥有技术财产，可以获得更多较先进的工业技术管理方法及经营利益。但限制股权有时也会对吸引外资起到消极作用，比如外商在国际市场上处于绝对领先地位，出于财务或技术方面的考虑，可能不愿意与当地企业合作。在这种情况下就不能强制实行股权限制。

2. 经营管理和劳动雇用方面的限制

发展中国家为了防止外国经济努力地控制、维护经营自主权，通常规定在允许外商参与经营管理的条件下，坚持本国人有进行管理的决定性权限。在合营企业中，外商参与管理的权限大小主要依股份比例而定。通常，董事长或总经理等企业的最高决策职位规定由本国人担任，外商只有担任副职或技术经理。对于外商独资企业，在充分保证其经营自主权的前提下，东道国也以法律形式明确对其监督管理的权力。东道国吸引外资一方面是为了解决就业问题，同时也想尽快地培育和发展本国的管理和技术人员，掌握外国的先进管理经验和技术。各国法律大都规定在外商独资企业中雇用一定数量或比例的当地人员，并对雇用外籍人员的数量和期限加以限制。如巴西外资法规定，外商独资企业中当地雇员总数不得少于企业雇员的2/3。

3. 对外商资金汇出的限制

在国际投资关系上，原则上应允许外商投资在东道国所获利润、其他合法收益及本金自由地汇回本国，这是国际投资法律保护的重要内容之一，也有利于调整投资环境，吸引外国投资。因而，许多发展中国家外商法都允许外商将其资本及利润汇往国外，但为了防止外汇资金大量流失，又普遍实行外汇管制，大都根据“合理的规定”将外商资金汇出给予一定限制。如1984年8月安第斯条约组织第24号决议就明确规定，在各成员国的外资企业利润的汇出率一般不得超过外商投入资本的20%。此外，有些国家还采用征收超利润税的办法来控制利润汇出。东道国对外商的外汇汇出施加某些限制使外国投资者遭受损失，从而不利于吸引外资。

（三）对外资的税收优惠

发展中国家为了吸引更多的外资，在税收方面都通过制定法律或行政措施的方式给予外资各种优惠和保护。这些优惠和保护主要包括提供税收优惠、降低各种生产要素的费用标准、提供优惠贷款、放松外汇管制和进口限制以及通过宪法或外资法明确规定不对外资实行国有化。

1. 对外国直接投资的税收制度

许多发展中国家都把对外商实行税收优惠作为鼓励外资的重要措施。税轻利厚，税重利薄，税收对外国投资既可构成障碍，也可成为刺激和鼓励。一般说来，在各国投资环境其他因素大体相同的情况下，外资会流入税率较低的国家。特别是外商已做出投资决策时，东道国税率高低对外商就显得十分重要了，尤其对外商的再投资决策有举足轻重的影响。例如，在欧盟国家中，爱尔兰一向是吸引外资较多较广的国家，其主要原因是采取较其他欧盟国家更为优惠的税率。

2. 对外国投资的税收优惠措施

东道国对外国投资者所采取的税收鼓励措施主要有企业所得税优惠（减税、免税、利润再投资鼓励、加速折旧）和进口关税及有关的国内流转税（如货物税、产品税或增值税）的减免。东道国税收优惠的原则主要有：（1）按不同行业与企业给予税收优惠。即对重点发展行业和企业，主要是产品供出口和技术先进的企业所给予的税收优惠多，或者根据不同行业在本国经济中所处的地位，分成若干等级给予税收优惠。如新加坡规定，对产品出口的新兴工业自投产之日起免税8年，如产品不出口，则只免税5年，而对非新兴工业则一般无免税优待。（2）按不同地区给予税收优惠。即对重点开放地区（如出口加工区、科学工业园区等经济自由区以及沿海沿边开放地带）或亟待开发的落后地区的外商投资给予特别税收优惠。这是一种相当普遍的做法，西欧等一些发达国家即是如此。（3）按投资额给予税收优惠。即对投资额大的外资项目给予更加优厚的待遇。例如新加坡对投资额10亿美元以上的出口企业，免税期可长达15年。（4）对利润再投资给予特殊优惠。这样不仅可以进一步扩大利用外资规模，增加投资环境的总体效应，而且还可推迟利润汇出时间，有利于当地国际收支平衡。（5）按投资给当地带来的社会经济效益给予税收优惠。对外资税收优惠的措施在企业所得税优惠方面，首要的是规定减免税期，即在一定期限内免征外商投资企业所得税，之后，再加一定期限作为减征一定百分比的所得税。免税期通常是从获利年度算起，但也有从投资年度算起的，一般1~5年，较长者可达10年或更长。除中央政府提供的减免税优惠外，地方政府为吸引外商到当地投资，还往往给予外商免缴地方所得税的优待。此外，为鼓励再投资，多数国家还对用于再投资的那部分利润给予税收减免。实行固定资产的加速折旧，也是给予外商税收优惠的重要措施。因为加速折旧人为地加大了成本及费用，减少了账面利润，从而减少了应纳税金额；外资企业可增用相当于加速折旧率与原折旧率的差额资金参加周转。但从本质上讲，加速折旧所减少的那部分税额，并不是真正的减少，而是延期缴纳。除所得税外，各国还在进口关税和其他有关国内工商税收方面给外商以减免优待。通常是对投资设厂所需的必要物资和机器设备等资本货物的进口豁免关税和货物税等流转税。此类税收优待在各国（地区）建立的各种经济自由区中是吸引外商的最基本的手段。

我国广州市对外商投资企业实行了一系列税收优惠政策，如：对设在经济技术开发区的生产性外商投资企业减按15%的税率征税；对设在经济技术开发区所在城市的老市区的生产性外商投资企业减按24%的税率征税；对设在经济技术开发区所在城市的老市区的、从事技术密集及知识密集型的外商投资在3 000万美元以上、回收投资时间长的能源、交通、港口项目的生产性外商投资企业减按15%的税率征税；外商投资企业的外国投资者，将从企业取得的利润直接再投资于该企业，增加注册资本，或者作为资本投资开办其他外商投资企业，经营期不少于5年的全部退还其再投资部分已缴纳的所得税税款等。

二、投资国鼓励资本输出的法律法规

投资国的法规和政策对其海外投资的作用是很大的，较有影响的法律和制度主要有：海外投资保证制度（提供政治风险担保和投资保险）、税收制度、涉外管理法规、股权和有价证券投资与贷款法规、反垄断法及有关法律以及为实施进口限制和出口管制而制定的各项国际贸易法规。

（一）投资国的税收鼓励措施

投资国的税收制度也会对东道国税收优惠的效应产生有利或不利的影响，从而起到鼓励或抑制对外投资的作用，此类税收制度主要是税收抵免制和延期付税制。

1. 税收抵免制

投资国允许海外投资者将其在东道国已纳税款从按本国税率计算的应纳税额中扣减。原则上，对企业的海外投资所得，除了作为收入来源地的东道国政府有权课税外，作为对投资者具备居民管辖权的投资国政府也同样有权课税。由此便产生了国际重复征税，并对国际投资构成严重障碍。为了避免重复征税，投资国通过单边或双边途径，对其本国企业的海外投资所得实行税收抵免制，采取这种制度，投资国部分地放弃了居民管辖权，少征税收，表明了投资国在税收上对本国企业对外投资给予鼓励的意图，有利于国际资本流动。但是在税收抵免制下，只有在东道国实际缴纳的所得税税款才能在投资国得到抵免。在东道国提供税收优惠的情况下，由于减免未纳税，投资者就须向投资国如实补缴未纳的税款，这显然使得东道国提供的税收优惠，只起到将其原可获得的财政收入拱手送给投资国国库的转移资金的作用，外商并不能得到应得的实惠，东道国的税收优惠的作用被抵消了。为了避免抵免制所带来的这种不利后果，许多国家便积极努力，促使投资国采取税收饶让抵免制，即投资国对本国纳税人的海外所得因东道国给予税收减免而未缴纳的税款，视同已纳税款给予抵免，从而使得东道国的税收优惠真正地为投资者所享受。既然税收饶让抵免能够给国际投资者带来巨大的利益，因而它实际上也就成了投资国对本国私人对外投资的一项极重要的鼓励措施。如美国、中国、马来西亚、法国等国家对外资都实施不同程度的税收抵免政策。

2. 延期征税制度

投资国通常允许其海外投资者的国外投资所得在实际汇回前不必向本国政府纳税，也就是允许延期纳税。这使得投资者能够利用这部分资金进行海外投资支付，从而减少贷款。实际上这是投资国给投资者提供了无息贷款，有利于降低投资成本，对投资者将其投资所得进行再投资有明显的刺激作用。显然，投资国的延期征税制度必将促进资本的外流，有利于东道国吸引外资。如韩国、荷兰、阿尔及利亚等都实施了这一制度。

（二）投资国的海外投资保证制度

国际直接投资中最大的风险就是政治风险。虽然东道国致力于改善投资环境，却不可能完全消除因各种国内和国际的政治经济因素变化而产生的政治风险。诸如东道国对外资企业的征用、没收或国有化，禁止或限制对外资的资本、利润及其他合法收益的汇出，因东道国发生革命、战争、内乱等而使外资企业或资产遭受重大损失，以至不能继续经营等，这些直接危及和损害外资的安全和利益。投资国为了解除海外投资者对东道国政治风险的顾虑，保护和鼓励其对外投资，都普遍建立了海外投资保证制度（见表 4-3），即由本国政府（批准）设立的海外投资保险机构（公司），鼓励本国的海外投资者向其申请投保政治风险等的保险。这样就从客观上起到了弥补东道国投资环境之不足的作用。从表 4-3 中可以看出，各主要资本输出国政府通过其批准和设立的保险机构，实际上已向各种类型的海外投资提供了所有政治风险的保险，而且主要面向的是对发展中国家的投资，这显然有利于外国资本流入发展中国家。

表 4-3　　各主要资本输出国的海外投资保险制度

国别	保险机构	保险范围 (a) 征用险 (b) 战争险 (c) 外汇险	对象地区范围 (a) 全世界 (b) 发展中国家 (c) 签订双边投资保证协定国	保险对象的形态 (a) 股份 (b) 贷款 (c) 专利权 (d) 其他	保险期限
美国	海外私人投资公司	(a) (b) (c)	(b) (c)	(a) (b) (c) (d)	最高 20 年
日本	通产省“海外投资保险计划”	(a) (b) (c) 及信用风险	(a)	(a) (b) (c)	通常 15 年
德国	黑姆斯信用保险公司 德信托与监察公司	(a) (b) (c) 及迟延支付引起的货币贬值险	(b) (c)	(a) (b) (c)	通常 15 年，例外 20 年
英国	出口信用担保部	(a) (b) (c)	(a)	(a) (b) (c)	15 年
荷兰	荷兰信用保险公司	(a) (b) (c)	(a)	(a) (b) (c)	投资完成后 15 年
瑞典	出口信用担保部	(a) (b) (c)	(c)	(a) (b) (c)	通常 15 年，例外 20 年

注：* 投资形态包括现金、实物和权益（劳务、专利、专用技术等）。

资料来源：根据《经济合作与发展组织对发展中国家的投资》（巴黎，1978）资料整理。

（三）投资国影响国际投资的其他法律措施

投资国对国际投资产生重要影响的其他政策和法规还有：（1）投资国的外汇管理和银行业务法规直接关系到投资者资本输出顺畅程度和筹资的方便性；（2）出口管制可能使某些特定产品和技术的输出受阻，从而减少投资者的获利机会；（3）对海外投资企业返销产品或原材料的鼓励或限制措施，更与投资决策息息相关；（4）反托拉斯法则直接关系到海外投资企业的行为是否合法，如企业对其本国原材料市场或产品市场具有一定控制能力时，便可能涉及垄断之嫌；（5）投资国的刑法，如《外国腐蚀行为法》亦会对国际投资行为有相当重要的影响。

投资国除了通过法律措施影响海外投资外，还通过某些行政和经济手段来鼓励海外投资。其中主要有：（1）提供投资情报和有关调查费用的资助。许多投资国通过各种渠道随时向本国企业提供东道国情况和投资情报，并对与投资计划有关的技术资料、可行性研究、投资事前调查等所需资金予以全部或部分资助，以鼓励本国企业对外投资。（2）提供资金援助和技术援助。大多数发达国家都向其海外投资者提供资金援助，有的设立特别金融机构，用出资或贷款方式作为投入资本，有的则建立特别制度或设立特别基金进行资助。同时，还在管理和技术人员的培训上给予发展中国家以资金、技术和服务等方面的帮助。这些措施都有利于投资者拥有雄厚资金和技术、降低投资风险，实现利润的最大化。

三、保护国际直接投资的国际法律制度

在对待外资的待遇标准、征用或国有化的合法性及其补偿标准、投资争议与处理和管辖权等一系列问题上，东道国和投资国都试图通过法律形式来解决但都无法得到圆满解决。为了在这些问题上谋求一个共同的基础，使投资各方能在一种共同调整的法律体制下行事，有必要建立起一套受到有关各国承认的保护投资的国际法制度。经过长期的努力，这种制度已初步形成。

（一）保护国际投资的双边条约

东道国同投资国签订的双边投资条约在保护投资的国际法制度中，是一种居于主要地位的且普遍行之有效的形式。据统计，20 世纪 80 年代末期双边投资条约已达 300 多个。其中，美国、德国、英国等发达国家之间及其与发展中国家签订的条约就占总数的 50% 以上。

关于保护国际投资的双边条约主要有两类：一是美国型的《友好、通商、航海条约》，由于其重点不是保护国际投资，也就没有规定有关保护外资的具体措施。其二是双边投资协定。这是调整国与国之间的投资关系的主要依据。在各国签订的各种双边投资协定中，大多数国家间签订的都属于德国式的相互鼓励和保护投资的双边协定。这类协定具体详尽地规定了关于鼓励和保护外国投资的各项措施，对于改善缔约国之间的投资环境，增强投资者的信心，有着重大的促进作用。

双边投资保护协定的主要内容是：（1）关于外国投资者在东道国享受的待遇标准。在发达国家间签订的这种协定中，一般规定外资可享受国民待遇，即在同样的条件下，使外国投资者与东道国国民享有同样的民事权利和义务；而在发达国家与发展中国家签订的协定中，大都规定外资在东道国只有享有“最惠国待遇”，即东道国给予其缔约国的投资待遇，不低于或不少于其给予任何第三国投资者的待遇。（2）在政治风险的保证方面明确规定，外资在东道国因政治事件造成损失时，应从东道国获得相应的补偿、赔偿或恢复，甚至要涉及国有化补偿的具体标准和计算方法等。（3）关于代位求偿权，许多双边投资协定中规定，在外资因政治原因而遭损失时，投资国政府有权代替投资者向东道国政府提出赔偿的要求。（4）关于投资争议的解决，此类双边协定中主要规定，缔约国双方政府对协定的解释和适用上产生争议的解决方法和程序，一般不直接涉及投资者间的争议。

（二）保护国际投资的国际公约

各国政府、有关国际组织及国际学术界长期以来希望通过缔结国际多边公约来建立一套统一的保护国际投资的国际性法典和制度，借以调整国际的投资环境。在世界银行体系范围内有两个保护国际投资的公约，分别是 1965 年 3 月签订的《关于解决国家与其他国家国民之间投资争议公约》和 1985 年 10 月签订的《创设多国投资担保机构公约》。依据《创设多国投资担保机构公约》，1988 年 4 月 12 日在世界银行体系范围内正式成立了一个与促进国际投资有关的国际性金融机构——多国投资担保机构。它旨在促进成员国间的投资，特别鼓励向发展中国家的生产性投资。其手段是向投资者提供担保，以对付东道国境内的非商业性风险，并进行与促进投资有关的研究和咨询活动，以改善发展中国家的投资环境，增加这些国家吸收外资的机会。1991 年已有 70 多个国家签署了创设这一机构的多边公约。

为了协调国际直接投资关系，其他一些国际组织或机构也做出了积极的努力。在 1992 年 9 月 21 日，世界银行同国际货币基金组织一起在征询了有关国家政府和国际组织（如国际法协会）的意见后，公布了《关于外国直接投资的待遇准则》（Guidelines on the Treatment to Foreign Direct Investment，下称《准则》），并要求世界银行和国际货币基金组织的各会员国把该准则作为在其领土内对外国私人直接投资的进入和待遇的参照尺度。但这一准则是非强制性的，完全是自愿执行的。经济合作与发展组织于 1976 年 6 月在巴黎公布了《关于国际投资和多国企业宣言》（Declaration of Investment and MNE，下称《宣言》）。《宣言》共分 5 个部分：一是《多国企业准则》（Guidelines for MNE），这是《宣言》的主要内容，载于其附则中；二是国民待遇；三是鼓励和抑制投资；四是政府间磋商程序；五是检查。上述经济合作与发展组织的《宣言》和《准则》均属“建议”性质的，对成员国没有约束力。国际社会在直接投资方面所进行的协调活动还包括：1980 年 12 月 5 日联合国第 35 届大会通过的《关于管制限制性商业做法的公平原则与规则的多边协议》（这项多边协议是自愿执行的）；1970 年 12 月 31 日安第斯条约组织通过的《对外资、商标、专利、许可协议和提成的共同待遇的第 24 号决议》（在 5 个成员国间实行，于 20 世纪 80 年代对之做了较大的改动）；1977 年 11 月 16 日国际劳工组织通过的《关于多国企业和社会政策原则的三方宣言》（只是一个建议，无约束力）；国际商会分别于 1972 年和 1977 年公布的《国际投资准则》及《对付勒索和贿赂行为守则》（这两个文件未被世界各国和跨国企业广泛接受）。

多国投资担保机构的建立是世界银行在鼓励生产性外国私人直接投资方面所采取的重大措施，是国际投资法制建设中的一个重要里程碑。首先，该多边机构采取投资国和东道国共同出资认缴股金为投资者提供保险的办法，把投资国与东道国的利益较紧密地结合了起来，为跨国直接投资提供了基础。其次，机构从诸多方面弥补了现存各投资国单方面提供投资担保做法的缺陷。它所提供的保险活动不受各国政府的政策制约。在保险的险种上除了货币兑换险、征用及类似措施险、战争与内乱险外，增加了违反合同险。最后，通过机构进行的范围广泛的促进投资活动，可以帮助发展中国家寻求适合其需要的投资项目，并向潜在的投资者提供有关发展中国家投资环境和投资项目的资料。

尤其在改善发展中国家投资环境方面，机构可以发挥其独特的作用，如鼓励并促进成员国间缔结保护外国投资的协定；召集会议，对影响外资的政策法规进行评估并提出相应的技术援助。

四、解决国际投资争端的法律制度

在国际直接投资过程中，在外国投资者与东道国合营者和政府之间以及在投资国和东道国双方政府之间，都不可避免地会发生关于投资事项的分歧和争议。依据有关的国内和国际法制度，按照国际通行的方式，及时、公正、合理地处理这些投资争议，对于国际投资的顺利进行极为重要。

（一）解决投资争议的两个关键性法律问题

在国际投资争议发生后，有关各方必须确定下述问题：（1）有关合约或协议中是否明确规定了解决争议的程序，如各方首先经友好协商，无法达成一致意见时，方通过调解、仲裁或法院解决等；（2）有关合约如无具体规定，当事各方通过磋商、调解、仲裁等非司法形式解决是否可能或有利；（3）如采用司法解决，哪些法院具有管辖权；（4）法院判决和仲裁裁决应适用的法律，如东道国法律、投资国法律、第三国法律或国际惯例和国际法原则；（5）判决或裁决的执行。在这些与投资争议有关的法律问题中，关键是解决投资争议所采取的方式和所适用的法律。

在谈判投资协议或其他有关合约时，有关各方均有意识地拟定争议发生后的解决办法，在各国外资法中也都有相应的规定。在协商、调停、调解仲裁和司法（诉讼）等解决方式中，各国通常倾向于采取仲裁方式。与诉讼方式相比，仲裁方式有着明显的优点，仲裁始终是贯彻当事人自治的原则，仲裁人、仲裁地等均由当事人自由选择；仲裁程序简单、灵活，不受严格的司法程序的拘束，且裁决具有终局性，不会无限期延长争议解决的日期，从而也就会尽可能地减少因争议而给外商的生产经营带来的诸多不利影响；仲裁裁决一般不予公开，利于保护当事人的商业秘密和其他商业利益。因此，许多国家的外资法中都明确规定，以仲裁方式解决不同国籍投资者间的投资争议，有关各方在投资合同中也应订入仲裁条款，在政府间双边投资保护协定中也可订入仲裁条款，为解决两国国民之间的投资纠纷提供法律依据。当然，为了通过仲裁方式公开合理地解决投资争议，东道国还应努力加强仲裁机构的建设，同时，积极利用世界上现有的国际性和区域性等常设仲裁机构，诸如瑞典斯德哥尔摩商会仲裁院、国际商会仲裁院和华盛顿“解决投资争议国际中心”等。

（二）解决投资争议国际中心及其特殊地位

世界银行于1965年3月8日制定了《东道国与其他国家国民之间投资争议解决公约》（Convention on the Settlement of Investment Disputes between States and Nationals of Other States）（简称《公约》），并据此于1966年在世界银行内设立了一个专门处理一国与他国国民投资争议的国际仲裁机构的“解决投资争议国际中心”。该《公约》的制定，使国际投资争议除通过政府的外交途径解决之外，又开辟了一个新的调解和仲裁的途径。但该《公约》仅涉及投资争议问题的解决，而对如何消除争议产生的原因以及国际投资方面的其他问题并未触及。《公约》是国际投资法的重要组成部分，通过该中心，为解决东道国同外国投资者的投资争议提供调停和仲裁便利，而且，《公约》在具体确定上又极为慎重地考虑维持投资者与东道国双方利益的平衡。因此，《公约》及其中心在促进投资者与东道国间的相互信任的气氛、改善投资环境、推动私人资本的国际流动中起着积极的作用。

《公约》及中心仲裁程序之所以在解决外国投资者与东道国的投资争议中具有独特的地位、作用和优点，主要是因为：（1）在仲裁适用的法律上有其自身的特点及优越性。《公约》规定，适用的法律以东道国法律为主，而辅之以国际法，即在东道国法律不完备的情况下，再适用可以适用的国际法有关规定。（2）在选择法律问题上有较大幅度的伸缩性，可避免在法律适用上产生遗留问题，也可促进有利于解决国际投资争议的新的仲裁程序和体制的建设。（3）公约及中心的设立使国际投资争议得以摆脱“政治和外交的领域”，而纳入正轨的仲裁程序，这确属国际投资法律保护制度建设中的一大进步。

第五节　国际投资环境中的社会文化因素

东道国的社会文化环境是对国际投资行为和生产经营管理具有重大影响的因素。社会文化环境包括语言、民族、宗教、风俗、传统价值观念、道德准则、教育水平、人口素质等。显然，它们是构成东道国投资软环境中的一个基本方面。

一、社会文化因素分析

（一）人的行为是社会文化因素影响国际直接投资的主要途径

社会文化因素对国际投资的影响，主要是通过人的行为实现的。人们都在一定的社会文化环境中生存和成长，都要受到该种社会文化的熏陶和教化，并使思想、语言、行为无不打上深刻烙印。国际直接投资难以游离于特定文化的影响之外，只有通过投资者与东道国居民的成功交往、合作才能实现。在东道国的特定社会文化环境下，投资者从寻找投资机会、谈判、签约、申请立项、批准开业并领取营业执照直至正常的生产经营管理过程，均离不开与东道国政府、组织（如公司、企业、工会等）、群体及个人（技术人员、管理人员、工人、消费者等）的接触和交往，并发生一定的相互关系。处理这些关系的方式和结果，必然要受到东道国社会文化因素的影响和制约。东道国的文化背景决定了当地普遍的社会态度、思想观念和行为模式，影响着投资者与当地政府、组织和个人的交往方式及途径，要求投资者的行为符合东道国的习惯和规范。投资者为达到预期的目的，必须随时调整企业的经营战略、组织结构、管理方法和企业文化，以适应东道国特定社会文化环境的要求。如 TCL 在非洲投资成功的案例、海尔电器在发达国家的畅销等都是充分考虑到当地居民的消费模式和消费习惯以及当地的文化。投资者根据这些特定的社会文化环境，适时调整预期计划及各个时期的销售战略达到销售利润的最大化，同时也为以后更广阔的投资渠道打下了基础。

（二）社会文化对国际直接投资的影响和制约

社会文化对国际直接投资活动的影响和制约主要表现在文化差异、文化自我参照准则和种族自我中心主义等方面。

1. 文化差异的制约

文化表现出鲜明的地域性和民族性。不同区域的自然环境和社会条件使得各区域文化呈现出不同的特色；不同民族的语言、思想、意识、心理、性格及风俗习惯也各具特色。文化的这些地域差别和民族差别为生产资本的国际流动带来了障碍。各国间的文化差异有时会造成沟通与理解的困难，进而可能影响投资的效果及项目的成败。对一国事关重大的价值观念可能对另一国来说却无足轻重；同一事物，各个国家的人们可能有不同的态度和看法。另外，文化差异是有强烈的隐蔽性，有时很难察觉，由此常常以非常微妙和间接的方式给投资活动带来不利影响。

2. 文化自我参照准则的影响

人们在特定文化条件下成长，并逐渐建立起对外界事物的反应方式和他人的行为预期，在对外交往时，往往会按照其特定文化的价值观念和行为方式，认识和对待其他国家的人和事。这就是所谓的自我参照准则，也是人类普遍的行为倾向。这种现象加剧了国际投资过程中的文化冲突，使不同文化间的融合出现困难，从而阻碍了国际投资活动的开展。

3. 种族自我中心主义的影响

所谓种族自我中心主义是指一般人认为本民族的文化才是世界上最好的、最先进的文化，而其他民族的文化则是落伍的、不合理的。这种现象在世界各国都不同程度地存在，并在激发民族自豪和鼓舞民族自信心方面有一定的积极作用。但是从本质上说，它又是滋生于自然经济中的封闭意识的产物，表现出对外来事物的极力排斥，这既不利于吸取世界其他国家文化的精华，也为国际经济技术合作的开展造成一定的心理障碍。

此外，由于社会、历史等多种原因，不同国家之间，尤其是社会制度不同的国家之间，存在着强烈的偏见，从而在一定程度上阻碍了国际投资的发展。这种偏见，既可能是上述三种文化制约因素作用的结果，也可能直接来自政治、经济方面的影响。

如上海某家日用化工厂在加拿大投资失败，主要就是因为只考虑到了加拿大十分理想的投资环境，而忽视了另外很重要的一点：我方派出的经理不懂当地语言文化、消费习惯、宗教信仰及价值观念，无法跟当地居民沟通，也就没有正确地掌握投资活动开展需要遵循的模式，最终导致了投资的失败。

（三）社会文化因素的评估

随着国际投资规模的扩大和形式的日益多样化，西方国家的投资者开始更多地注意研究和了解东道国的社会文化特征，从不同角度提出了一些分析文化环境的方法以及适应文化环境的技巧，以为投资者提供指南。评价文化环境，一般从两个方面着手，即投资国与东道国的文化差异性和东道国的文化特征。

1. 社会文化差异的识别

一般说来，投资国与东道国之间的文化差异越小，就越有利于投资的顺利进行；相反，两国间文化差异越大，则双方越难相互沟通、理解和合作，越不利于国际投资。从国际投资流向中也反映了文化差异的这种影响。长期以来，加拿大和欧盟一直是吸引美国对外直接投资最多的国家和地区，而我国吸引的外商投资中绝大部分来自我国港澳地区及东南亚地区，这就是文化相近在起作用。

2. 东道国社会文化因素特征的评估

（1）文化的同质性。即东道国社会文化的一体化程度。东道国内人们的宗教信仰、处世哲学、人生态度、价值观念及语言、民族等社会文化因素越是具有一致性，则其同质性或一体化程度越高，外来投资者对该社会文化越容易适应，从而越有利于投资活动。（2）文化的稳定性。稳定性越高，风险和不确定性越小，反之则要求投资者具有对文化环境剧烈变化的极强感受、调整和适应能力。（3）文化的威胁性。即指东道国社会中人们对外来投资的态度。对外资排斥、敌视则意味着威胁性大，投资风险也就较大；反之亦然。（4）文化的复杂性。即指东道国中人们行为的含蓄或外显的程度，或沟通过程中非言语符号、非正式规则的使用程度。行为直率，更多地利用言语进行沟通，则文化的复杂性低，外商较易适应；反之，则给双方的沟通和理解造成困难，要求投资者进行更多的学习和训练。

二、国际直接投资环境中的语言文字

国际投资者在东道国进行投资和从事生产经营活动中，必然要同当地政府、雇员、供货及经销商以及顾客发生广泛的关系，语言文字则是各种经济信息交流的主要工具。其他条件相同情况下，若东道国与投资国语言文字相通，则双方经济信息沟通的准确性和有效性会大大提高，从而增强投资者在东道国投资进行投资的信心。

（一）语言文字差异是国际投资的制约因素

国际上的语言文字差异，作为一种普遍存在的复杂文化现象，是国际投资者不可回避但又难以改变的现实。目前，世界上大约有 3 000 种语言，而半数以上的人使用着其中的 15 种语言。使用较为广泛的语言文字主要是英语、法语、西班牙语、俄语和阿拉伯语。在国际商务活动中，英语作为国际沟通工具得到了更为广泛的采用，这给英语国家相互投资和利用他国资本带来便利。美国、英国、加拿大、澳大利亚等国之间的投资一直十分活跃无疑有语言因素的作用。语言差异不仅存在于国家之间，还存在于一国之内，这就是所谓的东道国的语言分化。东道国内存在着多种语言和方言，没有统一的语言文字环境，这种状况使本来就存在的语言文字差异变得更加复杂，进一步增加了投资者在当地投资和经营的困难。因此，一般情况下，东道国的语言分化状况越突出，对吸引外资越不利。

据统计，世界上使用语言人数最多的是汉语，第二是英语，第三是俄语，第四是西班牙语。吸引外资相对较多的国家有美国、中国、英国、俄罗斯、加拿大等，这些国家巨额的外资额跟语言的使用人数是息息相关的，语言在世界上的畅通保证了投资的一个最主要环节——调查的进行。

（二）东道国语言文字对国际投资的影响

1. 对投资项目效率的影响

投资者在东道国投资建厂，必须得到东道国政府的批准，并与有关政府部门保持联系，遵守东道国政府的法规，对政府承担纳税义务和其他的社会责任。语言差异有时会妨碍投资者对政府法规的理解，甚至产生某些误解。在与东道国政府部门以及与当地企业的谈判过程中，使用当地语言是各国普遍的礼仪，如果语言不通，就只能依赖翻译，但这会影响信息沟通的效果及项目谈判的效率，进而影响谈判的成功率。韩国在哥伦比亚的贸易中发现，用当地通用的西班牙语谈生意，其成功率比用英语高25%。

2. 增加生产经营活动的困难

在跨国企业内部管理过程中，语言问题更加突出，语言相通与否对管理的有效性影响很大。美国亚洲咨询服务公司东京分公司的经理谈到在日本的经营活动时说："我们与当地雇员用日语交谈，气氛十分融洽，你能够有效地发布指示。"一名在雅典工作而不懂希腊语的英国经理则埋怨道："我常常发现由于我的指示被误解而使工作陷入混乱。"特别是生产工人一般教育程度较低、外语水平较差，外国管理人员与工人间的沟通必须使用当地语言，这就要求管理人员学习、掌握当地语言。如果企业产品的很大部分直接在东道国市场销售，促销活动也必须适应当地的语言要求。在泰国的曼谷，做广告必须使用英语、汉语和泰语三种语言；在新加坡，则需同时使用英语、汉语、马来语和泰米尔语四种语言。所有这些都会增加语言翻译和广告制作的费用，并影响促销的效果。

（三）东道国改善利用外资语言环境的措施

东道国为了改善语言状况对国际投资的不利影响，增强对外资的吸引力，一般采取如下的措施。

1. 采取渐进性措施，力争逐步形成统一的语言环境

东道国语言分化常常潜藏着文化和政治的不和谐因素，不利于社会活动的协调，增加了投资活动的成本及投资和管理的困难。一国采取统一语言的政策措施，不仅有利于国内经济、社会和文化的发展，也有利于对外经济技术合作与交流的开展。但统一语言，又须采取慎重的态度，实行渐进性措施，以不致引起民族冲突与政治分化。

2. 努力扩大本国语言的国际影响

东道国为了增强投资者对东道国文化环境的适应力，就应利用一切可能的机会，在国际上更多地使用本国语言，以扩大本国语言在国际上的影响，改善其国际沟通能力，并应努力使更多的外国人学习、掌握东道国语言，以增进世界各国人民对该国文化和历史的了解。

3. 普及外语教育

东道国为了提高其与国际社会沟通的效率，为外商投资及其他国际商务活动创造良好的语言环境，必须大力加强外语教育。普及外语教育主要以英语等几种国际商务活动中使用较多的语言为主。目前，英语已成为国际商务中普遍使用的语言。据统计，世界上 3/4 的邮件以英文发出，80% 的电脑储存资料使用英文，45% 的科学刊物以英语出版，而且英语也是许多跨国公司的正式语言。

三、国际直接投资环境中的价值观念

价值观念指人们对周围事物的意义和重要性的评价，也是决定人们态度和行为的心理基础。每一民族和国家都存在着能够反映特定文化主流和核心的主导价值观，这些呈现出巨大差异的主导价值观，必然通过人们的态度和行为对国际投资活动产生影响。一般说来，东道国与投资国之间主导价值观差异越小，越有利于相互间的直接投资。因为，主导价值观的相同或相近，有利于伴随国际投资过程的文化顺利融合；反之，国际投资则往往会遇到剧烈的文化冲突而障碍重重。东道国在利用外资的过程中，应该既能发扬本民族的优良文化传统，又能扬弃文化传统中的消极因素，积极吸取外来文化中先进的、积极的东西，这是发展中国家改善投资环境的一条重要途径。

影响国际投资的价值观因素主要有以下几个方面。

（1）开放观念和对外资的态度。对外资的态度如何深受东道国社会经济制度、政治观念及国际关系等因素的影响，从而含有某种政治色彩。仅就文化范畴而言，一国国民的开放观念以及对外资的态度会对外商的投资行为产生多方面的影响。友好、礼貌和尊重会给外来投资者以“宾至如归”的感觉；相反，不友好或敌视的态度，会令外商感到不安全，给企业的正常运营带来不利影响。真诚友好的态度是不同文化群体间有效沟通的基础。投资活动的成功在很大程度上有赖于投资双方的友好合作意愿。如果双方彼此存在成见和强烈的种族偏见，则不仅会减弱投资者的投资意愿，而且会给投资者与东道国种类群体的有效沟通造成障碍。

（2）对管理和管理人员的态度。如果一国高度重视管理工作和管理人员，则有助于为企业创造一个充分自主经营的环境，使企业根据市场条件的变化和价值规律自主决策，而不是处处受到行政手段的过多干预；反之，如果社会上普遍存在着轻视管理的风气，则会促使企业通过不正当甚至违法的手段钻政策和法律的空子，牟取暴利。另外，对管理工作和管理人员是否重视，还将直接影响到管理人员的数量和素质。轻视管理不利于管理人才的成长，会造成管理人才缺乏，也必然使外资企业在当地难以找到合格的高素质的管理人员。

(3) 时间观念。不同的社会背景下，人们利用时间的方式、时间取向、生活（工作）节奏呈现出显著的差异，并常会给投资双方的有效合作造成无形的障碍。时间观相同或相近，会减少误解，有利于相互投资；反之，则有碍于双方的投资合作。当今世界是市场经济为主流的世界，东道国要想吸引更多外资，发展本国的经济，必须促使人们的时间观念从传统的自然经济的羁绊中挣脱出来，树立“时间就是金钱”的观念，提高生活和工作的节奏，为提高与外商的合作效率创造必要的条件。如果欧洲国家在日本投资，就得考虑两个地区之间对时间的不同概念了，西方国家的生活节奏是世界上轻松悠闲的典型，而日本又是一个生活节奏如此之快的国家。

(4) 对工作和成就的态度。各国的工作和成就观念有其深刻的宗教、社会结构和历史基础及其内在的发展规律。在不同的国家或不同的文化群体，人们在对工作和成就的重要性的认识以及工作目的、成就需要等方面都不同程度地存在着差异。东道国雇员的工作与成就观念对投资者的生产经营活动有着重要意义。它在一定程度上决定着职工的工作积极性和不同管理方法、激励手段的效果。强烈的工作和成就需要是提高工作效率、促进经济发展的积极因素，不仅为西方投资者所推崇，也是东道国应鼓励并应具备的一种精神。

(5) 对变化的态度。东道国居民对新变化的反应在一定程度上影响着投资活动的开展。有些东道国文化习惯于循规蹈矩，对于新事物、新变化、新产品、新工艺和新技术表现出熟视无睹，甚至加以排斥的倾向，这必将缩小投资者与东道国的合作的可能性，也会给外商投资企业的管理活动带来重重阻力。因此，东道国应当积极采取措施，在发扬本民族优秀传统的同时，努力在全民中形成应变的观念，积极吸收外来的先进科学技术和文化。

四、国际直接投资环境中的教育水平

教育对社会经济发展的强大推动作用，已经被现代社会所证实，并受到各国的普遍重视。东道国的教育水平对国际直接投资活动的影响也很大，应该从以下几个方面加以改善。

（一）发展教育是提高劳动力文化技术素质的根本途径

东道国通过发展教育对改善投资环境具有根本意义。因为教育是培养人的事业，能够把可能的劳动力资源训练成现实的劳动力，把一般的劳动力训练成具有一定专长技能的劳动力。普通教育可为劳动力素质的提高提供前提和基础，而职业培训则对提高现有职工的劳动熟练程度、提高劳动生产率有着更为直接的作用。教育的发展可为外资企业提供所需的三支队伍，即熟悉现代管理知识、具有开拓精神的管理人员队伍，具备强大吸收消化能力和创新能力的技术人员队伍，具有较高文化素养和熟练劳动技能的工人队伍，从而使外商投资面临一个良好的人力资源环境。

（二）教育是促进投资国与东道国文化融合、形成良好人际环境的重要手段

教育具有强烈的文化功能。教育可使适应社会发展需要的价值观念、道德准则、风俗习惯、规范礼仪等在传递中得到保存和发展，进而发挥维系社会稳定、形成社会巨大凝聚力的作用，从而为提高外商投资的安全性做出重要贡献。另外，教育也是促进一国文化进步并吸收、融合其他国家先进文化的一种重要方式。一般说来，教育程度越高，接受新思想、新行为、新技术、新产品、新方法的能力就越强，就越能理解、容忍异国文化的不同模式，融洽地与外商进行有效的合作。

（三）教育通过促进经济增长，间接地为国际投资创造获利机会

东道国的教育水平的高低是决定其宏观经济增长的重要基础。各国学者的研究表明，教育对一国的经济发展的贡献越来越大：美国 1925—1957 年经济增长的 21% 应归功于教育；日本 1930—1955 年国民收入增长的 25%、苏联 1940—1960 年国民收入增长的 30%，都归功于教育水平的提高。教育、经济增长和外商投资三者之间的关系是一种正向传递关系。教育通过促进经济增长使外商能够分享经济增长的利益，降低投资风险。教育对外商投资的这种间接影响之所以重要，根本原因在于经济增长正是一国能否大量吸引外国投资的最主要因素，而其所赖以维持的关键因素，如科技进步、生产率提高等，都以教育的发展为基础。教育通过对一国经济增长的强大推动力，间接地促进了国际投资所依托的东道国环境的形成和改善。

第六节　国际投资环境中的自然地理因素

投资环境的自然地理因素主要是指国际投资者所面临的并与其生产和经营活动直接相关的地理位置、自然资源、气候条件等非人为因素。

一、国际直接投资环境中的自然地理因素分析

投资环境的自然地理因素主要包括东道国的地理位置、国土面积、人口规模及分布、地形、地质、水文、气候、自然风光以及更为重要的物质资源（矿产资源及农林牧渔资源等）状况。显然，对于国际直接投资者来说，这些因素中哪一种更重要，取决于投资的行业或项目。一个以采矿为主业的跨国公司，为开发利用或控制某一特有东道国的矿产资源，往往是不会顾及该国的人口、气候和自然风光的；而一个商品销往世界各地的制造业公司，在选择投资地时就不能不考虑地理位置因素；同样，一家发展旅游业的公司在进行国际投资决策时，各国的自然风光及气候条件便成了十分重要的因素。但从国际直接投资的影响力来看，主要因素是地理位置和物质资源条件。

（一）自然地理因素对于国际直接投资的重要性

由于自然条件直接或间接地影响构成生产力的两大要素——劳动对象和劳动资料，因而它便成为社会物质资料生产过程正常进行的基础。对于国际直接投资来说，自然地理因素的重要性首先表现在直接影响外国投资者的生产、运输、通信和产品销售等活动上，从而影响投资的获利程度。因此，它必然在一定程度上影响乃至左右投资者的投资决策，并且在更深的层次上，自然地理条件也会对构成一国投资环境的其他因素（如政治、文化）产生较为复杂而深刻的影响。

（二）投资环境的自然地理因素的特点

1. 不可控制性

投资者对于东道国或地区的既定地理位置、地形、气候和资源状况等自然条件，只能选择、利用，而无法控制，即只能在自然条件不同的各个国家选择。在特定的自然环境下，根据自身的能力，利用东道国提供的各种服务顺应自然地理环境规律的要求，进行投资和生产经营活动。

2. 相对稳定性

地球上陆地与海洋的分布、各种资源的分布状况、各种地形以及气候地带性等是与人类生产密切相关的自然地理条件，虽然这些自然地理条件是变化的，但是相对稳定的。自人类进入文明社会以来社会、经济等环境已经发生了很大的变化，而自然地理条件却没什么重大变化。所以，自然地理因素有明显的稳定性。

3. 行业差异性

自然地理因素对不同行业有着不同的影响。尤其是那些受自然条件影响较大的行业，如种植业、林业、牧业、渔业、矿业等，它们的产品生产往往有强烈的地域限制，而其消费则遍布全球。各行业对自然地理条件有着不同的要求，一国的自然条件可能为发展某些行业提供了良好的条件，使得这些行业的投资环境较好；但可能缺乏发展其他行业所需要的条件，而使得该类行业的投资环境较差。比如，地处中东的沙特阿拉伯等国石油资源丰富，不仅储量大，而且油层浅、油质好、开采成本低，对于石油业跨国公司来说，这些国家的投资环境是极佳的。但由于这些国家的国土几乎全部是沙漠，雨量稀少，对于农业投资来说又是极差的。

4. 盈利相关性

由于企业的整个生产经营过程，从原材料采购、生产加工、产成品运输到市场销售，都将受到自然地理因素的一定影响，因此各种类型投资的盈利将也不同程度地与自然地理因素有关。这种影响首先表现在劳动生产率的提高依赖于自然地理条件上；其次表现在成本的降低上。自然资源条件直接决定着资源开发的成本水平，在储量丰富、品位高、开采条件好的情况下，资源开发和利用的成本较低。例如，在 20 世纪 70 年代，中东石油的开采成本只相当于美国开采成本的 1/30 至 1/10，使得 1977 年美国在中东地区石油投资的利润率高达 120% 以上。即使是与自然地理并无直接关系的加工工业，其投资利润率也受到自然条件的直接影响。如投资建厂的地理位置要影响到原料和产成品的运输成本，恶劣的气候条件会增加产品的存货、仓储成本，气候炎热会促进饮料和空调机的消费和使用等，从而使这些投资的盈利率降低。

二、国际直接投资环境中的地理位置

地理位置是指某一国家或地区对于外在的客观事物在方位上和距离上的空间关系，是投资环境中一个十分重要的因素。在理论上，根据不同的研究目的，一般将地理位置区分为数理地理位置、自然地理位置、经济地理位置、政治地理位置四种。这些地理位置概念是相互关联的。经济地理位置和政治地理位置是以自然地理位置为基础发展起来的。我们主要研究的是经济地理位置，即在自然地理位置基础上结合人文因素作用而形成的某一国家或地区对具有经济意义的其他事物的空间关系。对国际投资有重要影响的自然地理因素主要有：（1）与投资国的距离；（2）与重要国际运输线的距离；（3）与资源产地的距离；（4）与市场的距离。

（一）与投资国的距离

东道国与投资国地理上接近是优越地理位置的一个基本方面。距离近可节省运输时间、降低运输成本，而且毗邻国家间往往语言相通、文化相近、历史相似、有着长期交往的传统，这无疑给投资者管理企业、了解当地市场以及熟悉与此密切相关的文化习俗、消费习惯等提供了方便。据有关的统计资料显示：美国战后各时期对外直接投资的主要对象国始终是其邻国加拿大和拉美各国；西欧各工业国对外直接投资的地区分布则更具有区域内部流动的特点；日本对外直接投资在美国和西欧的数额大，但受地理因素的影响，很大部分仍流向了亚洲（主要是东南亚）国家；发展中国家对外直接投资中的很大比重也是在邻近国家。在我国，我们的大部分企业都是把东南亚作为延伸国内市场的第一步，原因就在于相似的国家形态、相近的文化、相同的语言和相关的市场。

（二）与重要国际运输线的距离

接近主要国际贸易航线是优越地理位置的重要构成因素。优越地理位置的表现之一就是具有方便、经济的运输条件。接近国际运输线可降低原材料运进和产成品运出的成本；相反，交通不便则既会增加运输和存货成本，又会因原材料不能及时运进而使企业生产难以为继，或造成大量产成品积压。因此，国际投资者在进行投资项目的可行性研究和做出投资决策时，十分重视投资地点的运输条件。目前许多国际贸易运输线及国际运输中心拥有齐备的运输工具、完善的运输设施和先进的管理技术，不仅运输成本相对较低，而且运输效率极高。接近或地处这些国际航线往往可成为一国或地区能否吸引大量外资的关键因素。其中，最典型的例子是新加坡和中国香港，在某种程度上，正是由于其优越的地理位置，良好的运输条件，才弥补了其地域狭小、资源贫乏等缺陷，而备受跨国公司的青睐。

（三）与资源产地的距离

与资源产地的距离是构成优越地理位置的一个必要条件。资源是生产的重要物质条件。距离资源产地的远近，影响着企业生产所需的原材料和燃料的运输成本。因此，一国或地区距离外商投资厂所需资源产地的距离，必然影响外商是否在该地投资的决策。尤其是那些需要大量消耗原材料或者原材料体积和重量较大的行业，与资源产地距离的远近直接关系到产品成本的高低，因而会对吸引外资有重要影响。在接近资源产地的地方投资，既可以减少运输成本，同时原材料、燃料的价格比较低廉，供应也比较稳定，从而有利于生产的正常进行和增加投资的利润。如贵州省的矿产品加工，重庆市的汽车、资源加工、装备制造，都因为本身就是或靠近资源产地成了当地吸引外资的一些重点领域。

（四）与市场的距离

东道国与目标市场的距离是优越地理位置应具备的因素。东道国与目标市场的距离对于国际直接投资极为重要，其原因是：首先，与目标市场的距离远近，会影响企业产品从生产地点到目标市场的运输成本。其次，与目标市场接近可以及时得到市场信息。有些产品的市场竞争激烈，需求变化快，对产品质量、款式、规格、包装等方面的要求变化多，市场的信息反馈对企业来说至关重要，这类行业往往要求投资地点以接近市场为佳。此外，有些行业耗用原材料较多，产成品重量较大，或者容易破损、体积大、易腐烂造成运输困难，这些行业的投资也倾向于投在接近市场的地方。例如，西欧1986年石油消费约70%依赖进口，但是世界石油业吸收的美国直接投资额中，西欧却占了绝大多数，其最重要的原因在于西欧本身就是容量极大的石油消费市场，可以就地进行开采、生产和销售。

东道国与目标市场的距离对于投资决策的重要性在不同的行业及不同的目标市场会大不相同。目标市场的规模也会影响某一国或地区对外资的吸引力。东道国的市场规模越大，则该国对外资越富吸引力。巴西、墨西哥不仅吸引了大量美国投资，而且也吸引了大量日本和西欧的投资，其中有很多项目的产品是以美国为目标市场的。近些年来，邻近美国南部的墨西哥边境城市吸引了大量日本投资，成为世界工业热点之一。其重要的原因就是它邻近世界上最大的美国市场。

三、国际直接投资环境中的自然资源

自然资源指在自然环境中能为人类提供使用价值的一切物质与能量。它是社会经济发展的物质基础。依据自然资源的再生性能，可将其划分为可再生资源和不可再生资源。前者如太阳能、风、水力、动植物资源等，后者如矿产资源、土地资源等。

（一）自然资源与国际投资

自然资源作为人类进行生产活动的基本要素，其数量、质量及分布状况对社会生产和生活具有重大影响。然而，各国间自然资源的分布呈现着高度的不均匀性。有些国家资源丰富，自给有余；有些国家则资源贫乏，需要依靠国外供应；有些国家矿产资源丰裕，但动植物资源匮乏，而有的国家则可能正相反。资源的这种在数量及种类上的不均匀分布，既可以通过国际贸易活动也可以通过国际直接投资活动来加以弥补。国际直接投资更利于投资者控制他国的某一类战略资源。因此，自然资源分布的不均衡性是国际直接投资发生和发展的一种重要推动力。

第二次世界大战前，国际直接投资主要是作为获取原料的手段而出现的。随着战后各种新型合成材料的问世以及新的替代资源的发现，获取廉价资源的对外直接投资的传统动机明显减弱，但资源开采和冶炼业仍不失为各国对外投资的重要部门。有关资料表明，1966—1986 年美国私人对外投资的主要行业是石油业，约占 1/4；对发展中国家的投资中，资源行业所占比重要更大一些。据统计显示，资源开发一直是日本对外投资尤其是对发展中国家投资的一个重要目的。这是因为投资者投资资源开发业可获得特殊的利益：（1）通过控制资源开采过程，可对资源的销售、价格等因素施加进一步的影响；（2）利用东道国优越的资源条件及所提供的优惠待遇，结合自身的技术、管理优势，往往可获得较其他行业高得多的利润率。但资源开发投资也可能有某些不利：（1）自然资源业是个具有较强政治敏锐性的投资领域，许多国家为维护本国自然资源主权而往往对外资施加种种限制，在某些极端的情况下，甚至要没收或征用该类行业的外国企业，因而潜在的风险较大。（2）资源一般投资金额大、周期长，因而投资的风险也较大。正是由于资源业投资的上述特点，一般说来，投资于国外资源业的往往是那些资金雄厚、具有相当垄断力量的大型跨国公司。

在我国，东部地区在资金、技术、管理和人才方面具有明显的优势。但是近年来随着东部地区土地价格、能源紧张和劳动力价格的升高，现在已经在中东部地区投资的外资企业也受资源约束矛盾的影响，这使得中西部的资源优势显得越来越重要，产业向中西部地区转移，成了一个必然的趋势。在实施西部大开发战略的推动下，产业转移的速度明显加快，西部地区资源很丰富，市场潜力大，劳动力价格比较便宜，而且劳动力的素质正在不断地提高，除了具有资源优势外，还逐渐具有了一定的产业基础和区位优势。2013 年，中国中西部地区实际使用外资增长高于全国平均水平。不但西部地区吸引外资出现了比较好的增长势头，而且在增长过程中也呈现出了一些不同于近年来外资在区域间梯次转移的新特点。

（二）东道国的自然资源条件是引进外资的主要因素

东道国拥有丰富的自然资源尤其是与经济发展密切相关而又十分稀缺的战略资源（如石油和冶金矿物等），可以成为该国的巨大优势，并可弥补投资环境其他方面的不足（如技术落后、基础设施欠发达等）而吸引大量的国际直接投资。一般说来，东道国资源条件对引进外资的作用主要取决于以下几个因素。

1. 资源本身的条件

资源本身的条件是决定东道国对外资吸引力大小的根本因素。所谓资源本身条件，指的是一国拥有的自然资源的数量、质量、品种、分布状况、开采价值和开发成本。就矿产资源来说，只有达到一定的可采储量、较高的矿产品位以及理想的开发条件，投资者才能以较少的投资、较大的生产规模、较低的生产成本获得较高的投资利润。因此，东道国资源条件的优劣是资源导向型投资者进行区位选择的最基本因素。

2. 投资国对国外自然资源的依赖程度

各国对国外资源的依赖程度取决于其本国资源供给与需求之间的差幅，特别是对那些工业高度发达的国家来说，资源的巨大需求已远远超出了其自身供给能力。例如，美、日、西欧的矿物原料生产不到世界的 25%，但消费却占世界的 60% 以上；石油生产约占世界产量的 30%，而消费却占世界的 70% 以上。这便产生了某些国家（主要是工业国）对外国（主要是发展中国家）资源的严重依赖，这种依赖性深刻影响着国际直接投资的发展。

各国的短缺资源虽然可以通过国际贸易的方式解决，但存在两方面的明显不利：（1）难以保证资源的稳定供应。国际政治形势的恶化、各国对外贸易政策的改变以及资源价格、供应数量的变化，随时可能影响资源的正常、稳定供应。（2）不能获得对外直接投资所带来的高额利润。为了弥补这种缺陷，加之跨国公司寻求垄断优势的需要，“二战”后，投资者纷纷采取了直接投资于国外资源行业的形式。他们大多采取“投资资源进口”战略，投资者通过控制资源生产和销售，一方面可以保证生产所需的资源供应，另一方面还对资源在世界市场上的价格施加影响。投资国对东道国资源的依赖越深，该国自然资源对投资者就越有吸引力。

3. 其他因素

资源条件对外资引进的作用还要受到其他一些因素的制约，诸如东道国的经济发展水平、基础设施状况、社会文化状况等，都会给一定资源条件下的外资引进带来影响。发达国家中以资源丰富著称于世的加拿大、澳大利亚等国历来是国际投资集中的国家。此外，东道国对资源开发的政策、法律也深刻制约着外资对该国资源开发业的投入。

第七节 案例分析

波兰被认为是欧盟最有吸引力的经济体，波兰正吸引着全球投资者的强烈关注。其不断增长的中产消费群体，熟练及低成本的劳动力，位于主要欧洲市场的中心位置和基础设施投资浪潮，创造出吸引人的崭新机会。波兰是自 1992 年以来整个欧洲唯一保持每年正增长的经济体。波兰政府和欧盟正通过不断的市场自由化、资产私有化、基础设施的改进以及提供投资促进项目比如经济特区（SEZ），帮助外国投资者在波兰进行投资。投资波兰的一些主要优势如下。

（1）波兰是巨大的正在成长中的市场，与广泛的欧洲市场有便利的联通。

（2）波兰位于欧洲中心，但（业务）成本却相对低廉。

（3）商业条件极为有利，主管机构总体对商业经营较支持。

多年以来，中国对波兰的对外投资较少。直至 2007 年，中国投资者才开始注意到强劲发展的波兰经济。2007 年中国对波兰的直接投资约为 9 300 万美元，2008 年该数额前所未有地增长了49%至1.4亿美元。截至2009年12月31日，中国对波兰的直接投资持续飙升，累计达到约3.75亿美元。2009年末，在波兰的中国公司仅392家，其中348家是微型公司（员工为9人或9人以下）。自2010年以来，中国公司对波兰的兴趣与日俱增。伴随着前几年的绿地投资项目，中国公司对收购波兰政府广泛的私有化项目资产的兴趣不断增加。截至2016年中期，中国在波兰投资达到4.62亿欧元。

两个蓬勃发展的经济体之间不乏很多相似之处。两个国家都经历了不确定的转型时期，并以更强大的状态脱颖而出，并收获了实施更加以市场为导向的经济政策的丰厚回报。随着中波两国关系的不断加强，两个国家携手迈入下一个合作的十年，大量投资机会涌现。迄今为止，一些中国大型公司已经登陆波兰市场，其中有：TCL Operations（液晶显示器制造商，在Zyrardów建有部件工厂）投资额约6 000万美元；GD Poland（位于Wólka Kosowska的中国商品分销中心）投资额约2 500万美元；明鸿发展（位于华沙和Sopot的房地产商）投资额约2 500万美元；华为科技（华沙分公司）员工约150名，与一些主要移动运营商合作；中兴通讯（IT及通信行业公司）；胜利科技（来自中国苏州的公司，液晶显示器电视部件生产商）；中国五矿（自1997年起，五矿就与KGHM展开了合作，KGHM是其第二大铜矿供应商）。

进入21世纪以来，波兰迅速发展，也带来了许多问题。其中，最重要的问题是基础设施硬件跟不上经济发展速度。在过去几年中，波兰政府承诺实施许多大型建设项目，这些项目通常也能获得欧盟的资金支持。伴随着对这些项目的新资本的投入，中国建筑行业的公司也跟随而至，增加了其在波兰的业务与活动。在这一行业业务活动最多的中国公司主要有：中智集团与波兰房地产开发商Polnord签订了初步协议；原中国北车与波兰国家铁路运营商（PKPCargo）的货运子公司成立了合资企业；上海建工集团考虑承建华沙Legia体育场。

波兰电力基础设施建设需要持续的投资，一些中国大型公司（中国电工设备总公司、上海电气集团股份公司）日前宣布，打算投资最多150亿波兰兹罗提，以建设新的（煤电）火电站。中国电工设备总公司计划在Kozienice和Jaworzno建立电站，而上海电气集团则将目光投向了Ostroleka。

许多中国公司都将私有化视为进入波兰市场的有吸引力的途径。比如柳工集团，一家建筑设备制造商（是率先在海外开设工厂的著名中国公司），前不久就收购了私有化程序中出售的波兰最大建筑机械制造商Huta Stalowa Wola的非军工部分。

伴随着中国的对外直接投资涌入波兰，波兰工商业也已动员起来，努力推进与中国投资者建立合资企业。在Kielce，新的中国产业园已经建立，目的是为了使新来的投资者能够适应波兰法规和商法的各项要求。在Koszalin也有一个为寻求建立生产设施的中国投资者量身打造的工业园。

尽管经济放缓，中波双方贸易的长期趋势依然强劲。中国是波兰在亚洲国家中最大的贸易伙伴。越来越多的中国建筑公司认为波兰市场的这个领域充满商业机会。随着越来越多的公司认识到合作能带来的收益，中波关系只会日益加强。波兰不仅是中东欧地区最大的转型国家，它还正在成长为地区性的经济强国。波兰并无大量负债，政府有能力贯彻执行温和的开放政策。波兰的银行系统已经被证明抗打击力相对较强，属于少数几家不需国家支持的银行系统之列。华沙股票市场正成为区域领袖及投资中心，其上市公司数量翻番，日交易额也几乎增长了3倍。实际上它是中东欧地区最大的股票市场，比维也纳证券市场大30%，是布达佩斯交易所上市公司市值总额的5倍。

基于波兰拥有强劲的基础以及稳定的经济增长，巴克莱资本将波兰列入其全球十大领先新兴市场（Advanced Emerging Markets，AEM），即经济已经摆脱了一般新兴市场的状态，在承担与发达国家相类似的（低）风险的同时，却可拥有典型新兴市场的更高的回报率。而作为欧盟和经合组织的成员，波兰的稳定性和机构改革也由此得以加强。

波兰的基础设施正在快速更新换代，以支持其增长，并加强了其西连德国及荷兰、比利时、卢森堡，东接俄罗斯和乌克兰，作为欧洲北部东西欧走廊的地位。其稳固的经济和来自欧盟的资金（2007—2013年获得超过670亿欧元的发展资金），让波兰能够在未来数年对全国的运输及能源基础设施进行大手笔的投资。

波兰庞大的国内市场，以及拥有熟练和相对廉价的劳动力，进一步增强了波兰的投资吸引力，使其成为欧洲最具投资吸引力的四大国家之一。根据世界投资前景调查报告，波兰在中东欧地区独领风骚。波兰的劳动力质量相对较高［根据主管信息系统（EIS）数据，在欧盟平均水平之上］而且雇用方便，同时，其劳动力市场变得越来越灵活富有弹性。波兰的劳动力成本要大大低于西欧国家，其劳动力成本也低于邻近的国家例如捷克共和国。

波兰是欧洲最具投资吸引力的国家之一。在过去20年内，波兰稳定地吸引着外国资本，即使在目前的全球经济衰退中，其吸引外资依然保持了相对较好的水平。波兰的许多经济领域结构整合程度不高，正在进行重组。此外，第二波私有化浪潮正在为投资提供充足的机会。

波兰确实对于国际商业交易十分开放，主管当局为吸引外国直接投资，出台了一系列激励政策，包括经济特区的所得税豁免、不动产税豁免以及对购买新技术及研发中心的优惠的税务抵扣。波兰还通过其他机制吸引外国直接投资，即从国家层面及欧盟层面为投资者提供现金补助，以支持新的投资和创造就业岗位，该补助最多可以达到投资总额的50%。

波兰共和国是中东欧地区最大的国家以及欧洲大陆上第九大国，位于欧洲大陆的中心，东邻俄罗斯、立陶宛、白俄罗斯和乌克兰，南邻斯洛伐克和捷克，西邻德国，北濒波罗的海。

国家自然资源包含大量的硬煤和褐煤，以及铜、锌、铅、银、硫、盐、建筑石材、天然气和石油。波兰是在欧洲中部最大的硬煤生产国，能满足欧盟总需求量的10%。在欧洲的褐煤萃取方面，波兰排名第九，但其资源储备仅开发了15%。波兰也拥有烃类燃料的特定资源。世界最长的油管Przyjaźń贯穿波兰。天然气通过数条管道运输，其中最重要的是Yamal管道。为了妥善分散能源来源，波兰政府制定了长期的战略，以扩大其气体供给的选择，并计划在2020年开始运营其首个核反应堆。

波兰的基础设施，尤其是公路和铁路系统，长久以来发展程度较低，抑制了该国成为欧共体心脏地区和苏联国家发展中市场之间的运输走廊的优良机会。1989年经济改革后，波兰快速的经济发展与其基础设施的发展速度并不配套。这一情况自新世纪起，尤其是在波兰参加了欧盟之后开始逐渐得以明显改善。在欧盟 2007—2013 年分配给波兰的 670 亿欧元（930 亿美元）资金中，190 亿欧元（270 亿美元）被分配优先用于与运输等基础设施相关的建设。此外，与地区运营方案有关的资金中（总额 170 亿欧元，或 230 亿美元），很大一部分将用于地区和当地的基础设施投资。

除了欧盟资金之外，波兰和乌克兰在 2012 年共同主办了欧洲足球冠军杯。此赛事激发了投资高涨，大量投资不仅涌入和体育相关的领域，还涌入了交通和酒店设施领域。2007—2013 年欧盟分配给波兰的资金可以支持 410 千米新的铁路线的建造、1 250 千米现行线路的现代化以及 8 个机场的再开发。

波兰的互联网基础设施正在快速地升级，能与欧洲其他国家比肩。比如，从流量看世界第 14 大的互联网交换站点 Polish Internet eXchange 就位于华沙。

波兰的企业所得税率为 19%，为全欧盟最低。波兰的增值税体系与欧盟增值税体系同步。波兰还实施了欧盟有关兼并和重组、股利分配、利息和特许权使用费分配的指令。原则上，所有向欧盟符合条件的公司分红免征所得税。然而，波兰并没有对出售股份所获的资本收益免税。在波兰投资的最常见的国家结构中会涉及包括卢森堡、荷兰和塞浦路斯等国。

波兰的增值税体系与欧盟体系实现了同步。增值税标准税率为 23%（适用于大部分服务和商品）。对于特定商品和服务也适用如 8%、5% 和 0% 的增值税率。在个人所得税方面，标准雇用薪酬适用 18% 和 32% 的累进税率。可以通过不同的框架对个人所得税负担进行优化。社保费用由雇员和雇主各承担一部分。

波兰实施了一系列包括欧盟资金在内的各种对投资者的激励政策，其获得取决于业务的种类和运营实体的量级。

在支持外国直接投资的机制设计中，一个主要的角色是经济特区（SEZ）。经济特区是商业活动能够得到优惠条件的单独的区域。在波兰，经济特区的建立被用来推进特定区域的经济开发，管理后工业时代的房地产和基础设施，产生新的工作岗位和吸引外国投资者。投资在经济特区的基本优势是有可能获得企业或个人所得税的豁免。投资者也能获得被地方政权允许的不动产税豁免。对在经济特区里营业的公司的税务豁免是欧盟核准的公共补助的一种模式。以税务豁免的形式获得的公共补助的价值为合资格的投资支出乘以各具体区域最大的公共补助乘数。公共补助乘数的强度通常在 40% 和 50% 之间（华沙除外，其乘数为 30%），经济特区内还有可以支付新雇员工两年的雇用成本的公共补助。上述公共补助被视作地区性补助，可与其他公共补助（如欧盟或国家补助）同时获得，一起累积。要享受税务豁免，必须由相应区域的管理机构出具在经济特区内经营的许可。

现在波兰有 14 个经济特区，占地面积共 12 633 公顷。经济特区内的主导行业为汽车（投资总支出的 26%）、聚合物（10%）、矿物（9%）、金属（7%）和电子（7%）。波兰经济特区将会至少运营至 2020 年，而且有进一步延长的计划。

对外国直接投资形成支持的另一有效机制是国家层面和欧盟层面的现金补助。对于新投资、新工厂创建的现金补助最高可达投资成本的 50%（对中小型企业为 70%），其获得补贴的多少，也取决于投资所在的区域。

波兰信息及外国投资局

波兰信息及外国投资局（PAIiIZ）帮助投资者进入波兰市场，并帮助其找到利用其所获得的机会的最好途径。PAIiIZ为投资者项目投资所需完成的所有行政和法律流程提供指引，为已经在波兰经营业务的企业提供支持，同时为投资者迅速提供有关投资的法律和税务方面的综合性信息，帮助投资者找到合适的合作伙伴、供应商以及合适的新投资选址。

PAIiIZ的任务还包括在世界范围内为波兰创建积极的形象，并推动波兰的商品和服务。为尽可能地向投资者提供最好的服务，PAIiIZ已经在波兰的各个区域建立了投资者服务中心网络，其目标是改善区域投资者服务质量，并保障投资者能获得最新信息，如最新的投资要约和区域微观经济数据。这些专业机构雇用经过PAIiIZ培训的专家，由当地主管机构提供资金。此外，它们的任务还包括成为投资者和当地主管机构之间的纽带。

（资料来源：http：//www. cccfna. org. cn/read. php？ id＝3811）

思考题

一、名词解释

1. 政治风险
2. 国有化
3. 经济活力
4. 经济技术开发能力

二、简答题

1. 简述国际投资环境中的政治风险对投资的影响。
2. 影响国际直接投资的东道国的市场和产业环境因素包括哪些？
3. 如何评价和预测东道国的经济稳定性？

三、论述题

1. 国际直接投资环境中的政治因素包括哪些？试对目前我国国际投资环境的政治稳定性进行分析和评价。
2. 国际投资环境中的法律因素包括哪些？它们是如何影响国际投资的？

第五章　国际直接投资环境评价

✓本章摘要

本章重点从技术操作层面上具体介绍评价国际直接投资环境的原则、形式、指标体系、评价方法，论述衡量东道国投资环境的标准，并详细介绍一些主要的评价国际投资环境的方法。在对本章的学习中，学生应主要了解各个评价方法的原则、前提和适用条件。

✓本章关键词

评价原则　评价形式　评价指标　两层指标体系

✓学习完本章，你需要掌握

国际直接投资环境的评价原则和形式，国际直接投资环境评价指标体系的建立，国际直接投资环境的两层指标体系，投资者衡量东道国投资环境的标准，国际投资环境的评价方法。

国际投资环境评价是外国投资者对外投资活动中可行性研究的重要组成部分。投资环境评价的结论是外国投资者制定投资战略、选择投资国别、确定投资部门和选择投资方式的重要依据。本章主要对国际直接投资环境的评价原则、形式、指标体系、评价方法进行论述。

第一节　国际直接投资环境评价的原则与形式

国际直接投资环境评价是一项复杂的、涉及面十分广泛的工作。要全面评价东道国的投资环境，不仅要考虑经济因素、经营条件，还要认真研究政治、法律、自然资源等诸方面的因素。为了保证评价结果的科学性和真实性，首先是要确定一个正确的评价原则，然后再采取适当的评价形式和评价方法。

一、国际直接投资环境的评价原则

（一）坚持从投资者要求出发的原则

国际投资活动涉及投资国与东道国（地区）双方的切身利益。作为国际直接投资载体的投资环境，对于投资国与东道国来说显然有不同的侧重点。以投资者的要求为出发点应该作为投资环境评价的首要原则。

第一，投资者对投资东道国的抉择是利润最大化，投资者从事跨国投资都有自己的动机，而且投资者的投资动机多种多样，而基本的和最终的动机却是谋求资本的增值或利润的增加。为便于国际投资活动的顺利开展，东道国（地区）的投资环境对投资者必须有相当的吸引力。因而，在国际投资活动中，投资者是主体，它们凭借占有资本的主动地位，选择具有最佳投资环境的东道国（地区），进而做出投资决策，而东道国（地区）则是客体，它们往往只是依靠自身已有的和逐步改善的投资环境，相对被动地吸引外国直接投资，听任外国投资者的挑选。可见，只有投资者才拥有抉择投资对象国（地区）的权利。

第二，东道国改善投资环境的目标是吸引外资。东道国（尤其是发展中的东道国）是为了解决本国的资金短缺、技术低下、管理落后等问题，促进国民经济的发展，而积极吸引外商前来投资办企业的。在目前国际资金市场处于需求大于供给的严重不平衡情况下，众多国家争相通过改善投资环境来提高对外商投资的吸引力。很多极力谋求经济振兴的发展中国家，除加紧推行政治民主化、经济私有化和市场化之外，还纷纷制定和颁布外国投资法及类似的法律法规，制定投资导向的产业政策，大力加强基础设施建设，简化投资的申请和审批手段，拓展对外开放的广度和深度，乃至积极兴办实行特殊开放政策和灵活措施的各种经济自由区，等等。所以说，东道国致力改善投资环境的目的也是为了富有成效地引进外国的直接投资。

第三，国际直接投资环境评价组织机构的评价结果应有科学性。东道国的投资环境的好坏，既可以由东道国进行介绍，也可以由投资者直接考察，但更多的是由投资者聘请或委托有关人员或专门机构，对东道国的投资环境进行评估。这种评价组织得出的评价结果越是客观、公正、科学和真实，对投资者进行正确的投资决策就越有利。

（二）坚持从实际出发，实事求是的原则

只要坚持从实际出发、实事求是的原则，无论采取怎样的评价形式和评价方法，都可以取得客观、真实和科学的评价结果，并引导投资者做出正确、成功的投资决策；反之，将会得出虚假甚至谬误评价结果，从而导致投资决策的失误，或丧失投资的良机。为此，应避免以下两点。

第一，在对政治环境进行评价时要消除社会制度的偏见。投资国与东道国有可能实行不同的社会制度，但这并不影响国际直接投资活动的顺利进行，因为涉及国际直接投资的关键性政治因素，是一国健全政治体制下的政治稳定性和政策连续性，而不是政治

制度。

第二，在对东道国投资环境进行评价时要消除片面性。一些发达国家的咨询机构和国际性刊物，根据其收集和处理信息的强大能力，定期（一般为一年）公布世界各国风险排名或政局和政策稳定性评分，但这只是对某一因素的评价，必然具有一定的片面性，不能作为最终评价结果。东道国投资环境是一个有机的系统，必须对所有环境因素进行客观、科学的、全面的评价，才能避免评价的片面性。

（三）坚持保证全面、突出重点的原则

在对东道国投资环境评价时，只有对所有因素进行全面而科学的评价，才能避免评价中的顾此失彼及评价结论的偏颇。但是在评价投资环境中还必须突出和明确重要因素，才能适应不同投资者的需要。不同的投资行业和项目，其所侧重的投资环境因素也不同，对种植业的投资者，要突出评价东道国的自然地理因素，尤其是其中的土质、气候等因素；对于采掘业的投资者，也要突出评价东道国的自然地理因素，特别是其中的矿产资源的储量、品位等因素；对于劳动密集型加工工业的投资者，应重点评价东道国的社会文化因素，特别是其中的劳动力数量、工资水平等因素以及原材料、零配件的供应情况；对于知识和技术密集型产业的投资者，则应重点评价东道国的社会文化因素中的高等院校、科研机构数及工程技术人员的素质以及其他生产要素的质量等因素；如此等等。只有突出评价中的重点，才能实现投资环境评估与项目的可行性研究的有机结合，保证投资决策的正确，并达到投资的预期效果。全面评价是重点评价的前提和基础，而重点评价则是全面评价的必不可少的重要补充。

（四）兼顾投资国和东道国双方比较优势的原则

国际直接投资活动涉及投资国（投资者）和东道国（地区）两个方面，因而在评价东道国的投资环境时，不仅要考察东道国的投资环境，还要重视投资国的有关情况，因为投资双方都存在着某些可以互补的优势因素。例如，随着科技革命的迅猛发展，工业发达国家为谋求产业的高级化，加速了产业结构的调整步伐，因而具有向国外转移传统加工产业的投资优势，工业欠发达东道国则往往具有劳动力优势，以及提供原材料、配套零部件的优势；某些投资者具有开采矿产及其加工的优势，而有的东道国（地区）则可能拥有矿产资源的优势；有的投资者拥有商品市场的开拓优势；而某些东道国可能占有人口众多、市场规模大、市场开发度高的优势；等等。这就要求在进行投资环境评价时切实做到兼顾双方的比较优势，以形成有利于实现优势互补的组合的评估结果，为投资的正确决策提供可靠的依据。

二、国际直接投资环境的评价形式

（一）专家实地论证

所谓专家实地论证，是指投资者为了解某国或地区的投资环境，由组成的专家组前

往所在地进行的实地考察和评价。在几天或几周的考察中，专家组不仅进行广泛的调查，而且还直接同当地的政府官员、有关专家学者、企业家、商人等接触和会谈，以尽可能多地收集第一手资料。在结束后，专家组要提出调查报告，对东道国的投资环境进行较为详尽的介绍和评价。

专家实地论证的调查对象应该包括：

（1）东道国有关机构和部门的官员和工作人员；

（2）反对派的政治家；

（3）银行家；

（4）当地企业家；

（5）在该国经营的外国企业家和商人；

（6）投资国驻东道国大使馆内有关人员；

（7）大学教授及有关研究人员；

（8）工会（劳工组织）领导人；

（9）新闻机构和报刊；

（10）现实顾客和潜在顾客。

专家实地论证形式可以增加评价者的感性认识，可获得许多第一手资料，有利于对东道国投资环境做出客观、正确的评价，但也会因考察时间的短暂、选择信息来源的片面等原因，使专家很难对东道国的政治、社会、自然条件等方面的所有因素做出客观、全面的评价。

（二）问卷调查评价

问卷调查评价就是用函询调查方式，把影响投资环境的因素及其重要程度编写成几个意见征询表，寄给有关的投资者、政府官员和专家，并要求用书面回答并寄回，然后用统计方法来归纳、整理调查结果，最后得出对投资环境的评价。

（1）问卷调查评价形式具有以下特点：① 代表性。可将影响投资环境的众多因素列入问卷寄给各类专家和有关人员，信息来源尽可能广泛并具有相当的代表性。② 适应性。问卷调查以书信方式进行，具有一定的匿名性，有利于被调查者意见的充分表达。③ 调查结果的统计特性。对问卷调查所获得的信息资料可以利用统计归纳、整理和分析，利用计算机进行处理，可提高评价的效率和评价结果的科学性。

（2）问卷调查的内容应该包括两个方面：一是对各个投资环境因素的重要性进行评估；二是评估各个投资环境因素的现状。

（3）问卷调查表的制订要注意做到：① 对调查做简要说明，使评价者全面了解调查的目标、任务和作用。② 重点突出。问卷调查的问题要相对集中，并构成一个有机整体，从整体中能突出调查的重点。③ 问题的数量要适当。问题列得太多会使评价者厌烦，不认真回答；问题列得太少，又不能达到全面调查的目的。④ 调查表要简单明了，易于评价者填写。⑤ 用词要准确，易于评价者快速理解并完成填写。

（4）对评价者的选择要力求具有广泛的代表性。至少应包括：① 东道国有关部门的官员和工作人员；② 有代表性的投资者；③ 有关学科的专家学者；④ 有关产品的消费者。

（5）问卷调查评价投资环境中的一项重要工作就是对调查结果进行统计归纳和处理。统计归纳和处理的主要任务是就调查结果的倾向性和一致性做出分析。倾向性是指大多数评价者的意见是什么，或者说评价者的主要倾向是什么，这也就是统计上所说的集中趋势。评价者意见的一致性则是指评价者的意见是否集中，集中到什么程度；如果不集中就是离散，即评价者意见的离散程度，这也就是统计上所说的离散趋势。意见的倾向性和一致性都是评价投资环境的基础，若不清楚评价者意见的倾向性，评价就无所依据；而如果意见太分散，即一致性程度很差，那么据此做出的投资环境评价的价值也就很小了。

（三）咨询机构评估

咨询机构评估形式就是咨询机构接受委托，以专门的知识和经验，通过调查研究取得信息，用现代科学的咨询方法，对某国或某地区的投资环境进行评价，为委托者进行投资决策或制订改善投资环境的措施提供依据。

（1）咨询机构评估的特点：① 采取委托承包方式。咨询机构首先根据委托者的要求，同委托者签订委托合同，然后按合同要求，对投资环境进行分析和评价。这样，咨询机构对投资环境的分析和评价的正确性直接涉及其咨询收益和咨询信誉。所以采用这种形式对投资环境进行评价具有较强的针对性和准确性。② 评估工作具有独立性。咨询机构一般都是具有独立自主权的企业，受政府部门、有关组织或其他企业的影响相对较小，较能从公正的立场出发进行工作。因而，对投资环境的评估有较强的客观性。

（2）咨询机构评估的程序大概分为九个步骤：① 委托者提出要求；② 与委托者谈判；③ 组织研究力量；④ 初步调查；⑤ 提出建议书；⑥ 签订合同；⑦ 开始工作；⑧ 提交中间报告；⑨ 提交最终报告。

（3）咨询机构评估的三个阶段：① 评估前的洽谈阶段。这一阶段从委托者提出要求开始直至签订咨询委托合同。该阶段的实施程序主要有：第一，咨询机构与委托者谈判，明确了解委托者的意图和目标；第二，在咨询机构内组织课题组，选派知识渊博、经验丰富的通才担任课题组长；第三，课题组收集信息并做事前调查，根据掌握的信息，制订评估工作计划书，其包括的内容有明确地划定工作的目标、范围和界限，评估工作的主要内容、选用方法、日程安排、所需费用以及评估报告的完成日期；第四，与委托者确定工作计划书，正式签订咨询委托合同。② 评估阶段。在这一阶段，课题组要根据合同的要求，进行广泛调查，收集投资环境所涉及的各方面信息，必要时还应做实地调查。在占有大量资料的基础上，课题组运用各种分析方法对投资环境做出分析和评价。③ 评估报告阶段。评估报告是咨询机构进行投资环境评估的最终成果。对它的要求，一般来说既要系统全面，又要简明扼要，以便于委托者做出投资与否的决策，或便于委托者进一步完善投资环境。

第二节　国际直接投资环境的评价指标

指标是描述客观事物的工具，是人们认识事物的依据。只有通过设置全面、系统、多层次的投资环境评价指标体系，方可从质和量两个方面描述各因素的性状；从横向和纵向两个方面揭示出各因素之间的相互关系；从系统的角度来反映各因素对投资环境整体的影响。用这样一套“评价指标体系”作为衡量各比较对象的统一尺度，就可以明确地对各比较对象进行对比和评价，系统而不是片面地提出它们各自的优势和不足。因此，首先要建立评价指标体系。

一、国际直接投资环境评价指标体系的建立

建立评价投资环境指标的工作不是一个孤立的过程，它需要从分析各类外国投资者对投资的具体要求和期望着手，充分考虑投资者的投资动机，并同一般投资决策过程相适应。

（一）一般投资决策过程

外国投资者的一般投资决策过程大致如图 5-1 所示。从中可以看出，投资者在做出投资决策之前，需要分两步对投资环境进行评价。第一步是根据投资设想，对有可能进行投资的各个国家的投资环境进行一般性评价。该步评价主要考虑影响投资目标实现的一般因素，如政治、经济的稳定性及国有化的可能性等。其目的在于通过对比选择出一个或几个较为理想的投资对象国，即潜在的东道国。因此，该步评价可称为一国一般投资环境评价，或国别投资环境评价。第二步是在前步评价的基础上，依据投资项目的

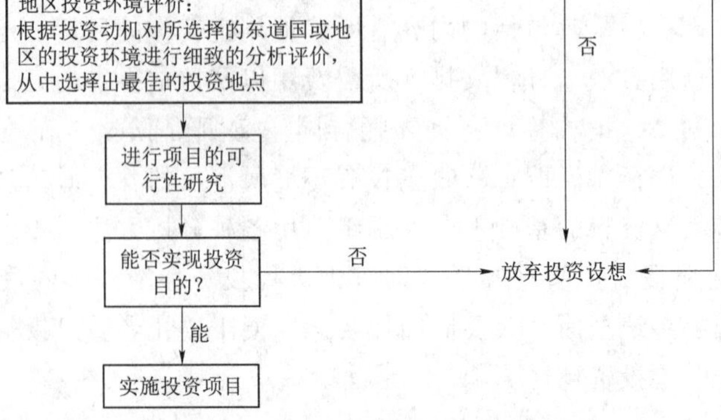

图 5-1　国外投资者的投资决策过程

具体目标，对所选择的投资对象国各个地区的投资环境进行具体、详细、深入的评价。这步评价主要考虑一些影响投资目标实现的具体因素。如项目所需资源的供应、营销渠道以及当地同行业的发展水平、竞争状况和奖限政策等。其目的在于通过对比选择出最佳的投资地点。因此，该步评价也可称为地区投资环境评价，实际上，它也包含了对当地行业投资环境的评价。投资者之所以要分两步对投资环境进行评价，主要出于以下考虑：一国的一般投资环境和地区投资环境，由于所包含因素的性质不同，因而对具体项目投资目标实现的影响有时也是不一致的。对某一具体项目而言，一国的一般投资环境可能较为理想，但地区的投资环境可能并不十分理想，因此需对一国的一般投资环境和地区投资环境分别做出评价。

（二）与投资决策过程相适应的两层评价指标体系的区别和联系

全面评价投资环境也需相应地建立两层指标体系：一层用于评价一国的一般投资环境；另一层用于评价地区投资环境。这两层指标体系既相互区别又相互联系。

1. 两层指标体系的区别

评价一国投资环境指标体系与评价地区投资环境的指标体系，其区别的主要表现是功能不同，即其所反映的因素在外国投资者的投资决策中所起的作用不同。第一层指标体系是把一个国家作为一个整体，从宏观的角度考察影响外国投资者投资、经营的因素。一般来讲，这一层所考察的影响因素对各种动机的外国投资者是共同的，即它们是影响各类外商投资、经营的共性因素，因而也是外国投资者选择投资对象国的依据。第二层指标体系是根据外国投资者的具体投资动机，从微观的角度考察一国各个地区影响某类外商投资、经营的具体因素。各类外资由于投资的具体动机不同，对一国投资环境既有共同的要求，又有特殊的要求。本层指标体系旨在反映这些特殊要求的投资环境，因而它便成为外商选择具体投资地点的依据。

2. 两层指标体系的联系

评价一国投资环境的指标体系与评价地区投资环境的指标体系，其间的联系可从以下几方面考察：（1）这两层指标体系所反映的投资环境彼此间不是独立的。对于外国投资者而言，它们是一个统一体，是构成一国投资环境不可缺少的两个组成部分。外国投资者只有在对一般投资环境和地区投资环境均较满意的条件下，才会做出投资决策。投资者在几个投资地点进行选择时，也是在综合分析、比较各地点的一般投资环境和地区投资环境后，才选出最佳投资地点的。（2）从投资决策程序上看，第一层指标体系是第二层指标体系的基础。外国投资者首先对一国一般投资环境进行评价，在对此基本满意的前提下，才进一步对该国的地区投资环境进行评价。通常情况下，一般投资环境若不理想，外国投资者就会做出不投资的决策，而不再对地区投资环境进行评价了。因此，一般投资环境优越是外国投资者进一步评价地区投资环境的前提，地区投资环境的评价是建立在一般投资环境评价的基础之上。（3）在具体指标体系的设置上，两者也是彼此联系和相互交叉的。虽然有些因素在一般投资环境中考虑，而在地区投资环境中就不必考虑了，如国有化的可能性，但其中许多因素，却既要在一般投资环境上考虑，又要在地区投资环境上考虑。所不同的是，作为一般投资环境，考察的是主要的综合方面；作为地区投资环境，考虑的是具体和特殊方面。例如，地理位置这一因素，在一般投资环境中考察其是否靠近国际金融中心和国际商业渠道；在地区投资环境中则要具体考察其是否靠近原料产地和供应地以及产品市场等。

（三）投资环境评价指标体系的建立原则

影响投资目标实现的因素是纷繁复杂的，因而使投资环境成为一个由多个系统组成的多维、多元、多层的动态综合体。为使建立的评价投资环境的指标体系能够充分具备全面、客观、准确地评价投资环境的功能，并有助于完善东道国的投资环境，有必要坚持如下的各项原则。

1. 系统性原则

投资环境是一个由多个子系统构成的综合系统，各子系统之间以及子系统内部各因素之间相互联系、相互影响。作为评价投资环境的指标体系，应该全面反映投资环境这一综合系统所包含的各个子系统以及构成它们的各个因素。这样，才能从横向和纵向两方面揭示各子系统之间及子系统内部各因素之间的相互关系，使之“分”可说明个别因素，“合”可说明整体内部的联系，既具备综合性，又具有层次性。

2. 定性与定量相结合的原则

由于构成投资环境的各因素中，不仅有可用数量反映的，而且也有不宜以数量而需以性质表明的，例如社会制度、经济体制、市场机制、产业政策、文化传统等，因而评价投资环境的指标体系也需要既有包含定性的指标，又有包含定量的指标，这样才能力求全面反映影响投资环境的各个因素。

3. 针对性和启示性的原则

依据外国投资者对投资环境的要求或期望建立指标体系，力求对改善东道国的投资环境有具体的、针对性的启示和帮助。按照这一原则，投资者自然会从其具体投资动机出发，确定评价各目标东道国投资环境的指标；而对于东道国来说，建立评价投资环境指标体系的工作，实际上就是一个了解外商投资动机、了解其要求和期望的过程。

4. 具备反映、监测、预警功能的原则

运用指标体系评价东道国的投资环境，就需要既能切实反映该国投资环境的现状，又能用其监测和预警投资环境的变化。尤其是当某一因素发生变化时，通过这一指标体系能确切地反映其对投资环境整体的影响。

5. 可比性原则

外国投资者是在比较中选择投资对象和投资地点的。因而，对于所有欲引进外资的国家和地区来说，客观上都面临着激烈的竞争，谁能创造出投资者认为是最佳的投资环境，谁就掌握了竞争的主动权。因而，评价投资环境的指标体系应能为上述比较提供依据，使之既可用于评价不同国家的投资环境，以便进行国与国之间的比较和选择，也能用于评价一国的各个地区的投资环境，以便于地区之间的比较和选择。

二、国际直接投资环境评价的两层指标体系

根据上述建立投资环境评价指标体系的原则，同投资者的投资决策过程相适应，可建立如下评价投资环境的两层指标体系（见图 5-2 和图 5-3）。

（一）对东道国一般投资环境评价的指标体系

- 投资
  - 直接投资
    - 固定资产投资
      - 基本建设投资
      - 更新改造投资
    - 流动资产投资
  - 间接投资
    - 信用投资
      - 信贷投资
      - 信托投资
    - 证券投资
      - 债券投资
      - 股票投资

图 5-2　一般投资环境评价标准体系

（二）对东道国某一地区投资环境评价的指标体系

- 地区投资环境
  - 政治因素
    - 政治稳定性
      - 当地政府与中央政府的权利关系
      - 地方政策与中央政策是否冲突
      - 地方政策的公开程度
    - 对外资的政策
      - 对外资的优惠政策
      - 对外资的限制
      - 外资涉及的行政机构是否简单
    - 法律
      - 地方法规与中央法律是否一致
      - 法律的执行程度
  - 经济因素
    - 经济发展水平
      - 当地的GNP及人均GNP数值及增长率
      - 当地的进出口贸易额
      - 当地的市场规模和潜力及其开放度
      - 当地近五年来的通货膨胀率
      - 当地的消费水平及结构
    - 生产要素供应
      - 原材料供应及价格
      - 劳动力供应及工资水平
      - 土地资源及租金
      - 资金供应及利率
      - 外汇管制方式及外汇制度
    - 当地引进外资状况
  - 物质技术因素
    - 当地工业水平
      - 当地工业发展水平
      - 加工配套能力
    - 基础设计
      - 能源供应数量、品种、质量及满足需要程度
      - 交通能力
      - 给排水设施及能力
      - 通信能力
      - 有无环境保护设施
    - 生活设施是否齐全、方便及收费是否合理
  - 社会因素
    - 当地社会秩序
    - 当地社会观念
    - 当地社会对外的态度
    - 教育水平及普及程度
    - 对外联系
      - 与经济发达国家联系程度
      - 与侨胞联系程度
  - 地理因素
    - 接近原料产地和产品市场情况
    - 资源状况
    - 气候条件
    - 自然灾害发生频率及程度

图 5-3　地区投资环境指标体系

（三）对投资环境评价指标的定量处理

评价指标一经确定，评估者面临的便是一个技术性较强的问题——指标的定量处理。因为定量分析几乎是任何投资环境评价方法所不可缺少的，而所选取的可以反映投资环境状况的指标，又不可能完全是定量指标。因此，一般是按指标的量化程度将其分为三类：第一类，直接定量指标。指标本身是用数字直接表达的，如人均国民生产总值、经济增长率、工资水平、进出口贸易额等。对于这类指标，只要科学地制定标准，就可以评定出优劣。第二类，间接定量指标。指标本身是定性概念，但可以通过相关因素的数量表示，如经济稳定性本身是数量概念，但可以通过一国（地区）一定时期的经济增长率、通货膨胀率、财政赤字占国民生产总值的比率以及偿债率等指标来间接地反映出来。对这类指标，需要根据各国（地区）的具体情况，确定出衡量因素，然后制定评价标准。第三类，定性指标。对于这类纯属定性概念，但对于评价指标体系又是不可缺少的指标，则需要进行分级定量，即：先制定评价的定量依据，再借助模糊理论的概念，运用德尔菲法（即专家评分法），使定性指标量化。

三、投资者衡量东道国投资环境的标准

投资环境由一系列子系统组成，各子系统又包含众多因素，这些因素各有其性能，但它们组成一个整体时，各因素的性能相互作用，形成总体的综合功能。外国投资者如何评价这一总体功能，即它们根据什么标准来衡量一国投资环境的优劣？从外国投资者获取利润这一最终目的出发，一般有以下三类标准。

（一）风险小

外国投资者到一国投资，风险是不可避免的，但它们总是期望风险尽可能地小，以便增大获利的可能性，减少资本、财产的损失。风险小主要体现在以下几个方面：（1）安全性。投资者的生命、财产、资本等安全应有保障。（2）稳定性。政治、经济、生活不可预见因素的影响比较稳定。（3）公平性。平等竞争，仲裁公正，合法权益可以得到保障。（4）公开性。东道国的政策、法规等有透明度。（5）相斥性或差别性小。易获得理解，办事中的阻碍小。（6）可预见性。信息传播灵通，各方面事物发展有规律可循。

（二）机会多

与获利可能性密切相关的另一因素是机会。相对来讲，机会越多，获利的可能性也就越大。外国投资者不仅要求一国投资环境风险小，同时也要求其机会多。风险虽小，但机会不多，同样不是理想的投资场所。一般来讲，机会多更重要，它在一定程度上可以抵消风险因素对投资决策的影响。机会多主要体现在以下几方面：（1）开放度大。各种限制程度相对小。（2）优惠度高。各种优惠条件相对优越。（3）市场广阔。市场及潜在的市场广阔。（4）竞争度低。投资者具有垄断优势。（5）自主权大。东道国政

府对外国投资者干预较少。

（三）经营条件好

风险小、机会多可以说是获利的可能性，但要把这一可能性变为现实性，还需要经营条件好。所谓经营条件，是指直接影响企业生产经营的各种外在条件。它主要包含以下几个方面：（1）市场体系较完善。资金市场、外汇市场、技术市场、劳务市场、物资市场等均较齐全，并且发育完善。（2）生产要素的供应方便。原材料、燃料及零配件的供应充足、方便、价格合理。劳动力的供应充足，且技能素质好，价格合理。（3）完善的营销网络。具备较健全的营销渠道和外贸渠道。（4）基础设施配套、齐全。具备良好的通信、交通、能源等基础设施。（5）东道国政府的各项收费项目及收费水平合理。（6）优越的地理位置。靠近国际市场，与经济发达地区的联系紧密。

第三节 国际直接投资环境评价方法

20世纪60年代以来，随着国际直接投资的迅速发展，对国际投资环境评价方法的研究也取得了不少成果。本节介绍主要的几种评价方法。

一、多因素评分分析法

（一）罗氏多因素评分分析法

罗氏多因素评分分析法是由美国经济学家罗伯特·斯托伯在1969年发表的《如何分析国外投资环境》的论文中提出的。该分析法的特点是从东道国对外国投资者的限制和鼓励政策对投资者造成的影响的角度，把东道国的投资环境划分为八大因素，按照每一因素以及因素对投资者重要性的大小，确定不同的评分标准，再按各种因素对投资者的影响程度，确定具体的评分等级，然后将分数加总，作为对该国投资环境的总体评价。总分的高低反映其投资环境的优劣程度，便于在各国间进行投资环境的综合比较。其评价标准的具体内容见表5-1。

表5-1 投资环境等级评分表

	投资环境因素	评分
一	资本抽回（Capital Repatriation）	0~12分
	1. 无限制	12
	2. 有时间上的限制	8
	3. 对资本有限制	6
	4. 对资本和红利都有限制	4
	5. 限制繁多	2
	6. 禁止资本抽回	0

续表

	投资环境因素	评分
二	外商股权（Foreign Ownership Allowed）	0~12 分
	1. 准许并欢迎全部外资股权	12
	2. 准许全部外资股权但不欢迎	10
	3. 准许外资占大部分股权	8
	4. 外资最多不得超过股权半数	6
	5. 只准外资占小部分股权	4
	6. 外资不得超过股权的三成	2
	7. 不准外商控制任何股权	0
三	对外商的歧视和管理程度（Discrimination and Controls）	0~12 分
	1. 外商与本国企业一视同仁	12
	2. 对外商略有限制但无管制	10
	3. 对外商有少许管制	8
	4. 对外商有限制并有管制	6
	5. 对外商有限制并严加管制	4
	6. 对外商严加限制并严加管制	2
	7. 对外商禁止投资	0
四	货币稳定性（Currency Stability）	4~20 分
	1. 完全自由兑换	20
	2. 黑市与官价差距小于 10%	18
	3. 黑市与官价差距在 10%~40%（不含）	14
	4. 黑市与官价差距在 40%~100%（不含）	8
	5. 黑市与官价差距在 100% 及以上	4
五	政治稳定性（Political Stability）	0~12 分
	1. 长期稳定	12
	2. 稳定但因人而治	10
	3. 内部分裂但政府掌权	8
	4. 国内外有强大的反对力量	4
	5. 有政变和动荡的可能	2
	6. 不稳定，政变和动荡极可能	0
六	给予关税保护的意愿（Willingness to Grant Tariff Protection）	2~8 分
	1. 给予充分保护	8
	2. 给予相当保护但以新工业为主	6
	3. 给予少许保护但以新工业为主	4
	4. 很少或不予保护	2

续表

	投资环境因素	评分
七	当地资金的可供程度（Availability of Local Capital）	0~10 分
	1. 成熟的资本市场，有公开的证券交易所	10
	2. 少许当地资本，有投机性的证券交易所	8
	3. 当地资本有限，外来资本（世界银行贷款等）不多	6
	4. 短期资本极其有限	4
	5. 资本管制很严	2
	6. 高度的资本外流	0
八	近五年的通货膨胀率（Annual Inflation）	2~14 分
	1. 小于 1%	14
	2. 1%~3%（不含）	12
	3. 3%~7%（不含）	10
	4. 7%~10%（不含）	8
	5. 10%~15%（不含）	6
	6. 15%~35%（不含）	4
	7. 35%及以上	2
	总　　计	8~100 分

表中的八大因素中，每个因素又包括若干个子因素，并标有相应的分数。这些因素都是对投资环境有直接影响的，是投资者最为关心的因素。投资者可以根据在东道国投资的实际有利程度进行评分，以确定投资环境的优劣。例如，在对外商的管理程度中，如果东道国将外商与本国企业一视同仁，即对外商不存在歧视，则可得最高分 12 分。多因素评分分析法由于具有定量分析和对作用程度不同因素的逐项分析，所以深受投资者的欢迎，是一种较为普遍使用的投资环境评价方法。但该方法也存在不少不足之处。比如，一国的政治稳定性环境是至关重要的因素，但该项仅被给予了 12 分，而外汇黑市与官价差距小于 10% 的都给予了 18 分的权重。另外，该方法对于所得税率的高低、基础设施的好坏等重要因素，在评分时不予考虑也是欠妥的。

（二）闵氏多因素评分分析法

闵氏多因素评分分析法是由香港中文大学教授闵建蜀教授在 1987 年在“中国投资环境比较研究研讨会”上提出的。他在罗氏法的基础上提出了新的多因素评分分析法。其基本内容见表 5-2。

表 5-2　　闵氏多因素评分分析法

影响因素	子因素
政治环境	政治稳定性，国有化可能性，当地政府外资政策
经济环境	经济增长速度，物价水平
财务环境	资本和利润汇出，汇率，集资和借款的可能性
市场环境	市场规模，分销网点，营销辅助机构，地理位置
基础设施	国际通信设备，交通与运输，外部经济
技术条件	科技水平，合适的劳动力，专业人才的供应
辅助工业	辅助工业的发展水平，辅助工业的配套情况
法律制度	各项法律是否健全，是否得到很好的执行
政府机构	政府机构的设置，办事效率，工作人员的素质
文化环境	当地社会是否接纳外资公司，对其信任和合作程度，外资公司是否适应当地社会风俗
竞争环境	当地竞争对手的强弱，同类产品进口额在当地市场所占的份额

具体评估方法是：首先对影响因素的各子因素做出综合评价；然后，对该类因素提出优、良、中、可、差的评价；最后，计算该东道国投资环境的总分数。

其计算公式为：

$$投资环境总分数 = \sum Wi(5Ai + 4Bi + 3Ci + 2Di + Ei)$$

式中：Wi——第 i 类因素的权数

Ai、Bi、Ci、Di、Ei——第 i 类因素被评分优、良、中、可、差的百分比。

投资环境总分数的取值在 11~55 之间，越接近 55，表明投资环境越佳，越接近 11，则表明投资环境越差。

二、投资障碍法分析法

投资障碍分析法是依据潜在的阻碍国际投资运行因素的多寡与程度来评价投资环境优劣的一种方法。这是一种简单易行以定性分析为主的投资环境评估方法。具体做法是列出外国投资环境中阻碍投资的主要因素，并在所有潜在的东道国中进行对照比较，以投资环境中障碍因素的多与少来断定其坏与好。阻碍国际投资顺利进行的障碍因素主要包括以下十类。

（1）政治障碍：东道国政治制度与母国不同；政治动荡（包括政治选举变动、国内骚乱、内战、民族纠纷等）。

（2）经济障碍：经济停滞或增长缓慢；国际收支赤字增大、外汇短缺；劳动力成本高；通货膨胀和货币贬值；基础设施不良；原材料等基础产业薄弱。

（3）资金融通障碍：资本数量有限；没有完善的资本市场；融通的限制较多。

（4）技术人员和熟练工人短缺。

（5）实施国有化政策与没收政策。

（6）对外国投资者实施歧视性政策：禁止外资进入某些产业；对当地的股权比例要求过高；要求由当地人参与企业管理；要求雇用当地人员，限制外国雇员的数量。

（7）东道国政府对企业干预过多：实行物价管制制度；规定使用本地原材料的比例；国营企业参与竞争。

（8）普遍实行进口限制：限制工业品和生产资料的进口。

（9）法律、行政体制不完善：包括外国投资法规在内的国内法规不健全；缺乏完善的仲裁制度；行政效率低；贪污受贿行为严重。

投资障碍分析法的优点在于能够迅速、便捷地对投资环境做出判断，并减少评估过程中的工作量和费用，但由于该方法仅根据个别关键因素做出判断，有时会使公司对投资环境的评估失之准确，从而丢失一些好的投资机会。

三、冷热比较法

这是由美国经济学家伊·利特法克和彼得通过对美国、加拿大等国投资者在选择投资场所时所考虑因素的调查归纳出东道国投资环境“冷热”（即优劣）的七大因素，并从投资者的角度出发，对10个国家的投资环境进行的评价。

（1）政治稳定性。它是指东道国有一个由社会各阶层代表所组成的为广大群众所拥护的政府。该政府能够鼓励和促进企业发展，创造出良好的适宜企业长期经营的环境。当一国政治稳定性高时为“热”因素，相反为“冷”因素。

（2）市场机会。当对外国投资生产的产品或提供的劳务在东道国市场有效需求尚未满足时，表明东道国市场机会较大，为“热”因素，相反为“冷”因素。

（3）经济发展和成就。东道国经济发展速度快，经济运行良好，经济成就大为“热”因素。

（4）文化一元化。东道国国内各阶层民众的相互关系、处世哲学、人生观和奋斗目标都受到传统文化的影响，他们的文化越接近一致，文化一体化程度就越高，否则就越低。文化一元化程度高为“热”因素，相反为“冷”因素。

（5）法令阻碍。东道国有着独立而繁杂的法律体系，这些法令中有些对外国企业经营起着限制和阻碍的作用。若法令对外国企业经营的阻碍大为“冷”因素，阻碍小为“热”因素。

（6）实质障碍。它是指东道国的自然条件，如地形、地理位置等，对外国企业的有效经营产生的阻碍。如果实质阻碍高为“冷”因素，实质阻碍低为“热”因素。

（7）地理及文化差距。它是指投资国与东道国之间的距离遥远，文化各异、社会观念、风俗习惯和语言上的差别妨碍了两国的思想交流。如果地理文化差距大为“冷”因素，地理文化差距小则为“热”因素。

综合这七种因素，可评价出东道国的投资环境属于“热”还是“冷”，东道国的投资环境越热就越好，外国投资者越倾向于选择到该国投资。热冷对比分析的结论是外国投资者制定投资战略、选择东道国的重要依据。

四、美国道氏化学公司评估法

该评估法是从动态的发展变化的角度来考察、分析和评价东道国的投资环境。该评估法认为，跨国公司在东道国投资所面临的风险主要有两类：一类是正常企业风险，亦称竞争风险，即跨国公司投资和生产经营过程中所遇到的正常风险，比如竞争对手可能生产出性能更优越或价格更低廉的产品。这类风险存在于正常稳定的社会经济环境中，是市场经济运行的必然结果。另一类是环境风险，即某些可以使企业投资和生产经营环境发生变化的政治、经济和社会因素等。

美国道氏化学公司评估法，基于上述的风险划分将影响投资环境的诸多因素也划分为两类：一类是东道国企业从事生产经营的业务条件。比如实际经济增长率、能否获得当地的资产、是否实行价格控制、基础设施是否完备、利润汇出的规定、利润再投资的规定、劳动力的技术水平、劳动力的稳定性、对外国人的态度等共有 40 项。另一类是可能引起东道国企业从事生产经营业务条件变化的主要压力。比如国际收支结构与发展变化趋势、被外界冲击时易受损害的程度、经济实际增长速度与预测速度的比较、舆论及领袖观点的变化趋势、国家最高领导层的稳定性、与邻国的关系、恐怖主义骚乱的程度和可能性、经济和社会进步的平衡、人口结构和人口规模发展趋势、对外国人和外国投资者的态度等共有 40 项。

五、关键因素评估法

香港中文大学教授闵建蜀教授还提出了另一种投资环境评估法，即关键因素评估法。其基本内容如表 5-3 所示。

表 5-3　　关键因素评估法

投资动机	（1）适合当地工资水平的劳动生产率；（2）土地费用；（3）原材料与元件价格；（4）运输成本
发展当地市场	（1）市场规模；（2）营销辅助机构；（3）文化环境；（4）地理位置；（5）运输条件；（6）通信条件
材料和元件供应	（1）资源；（2）当地货币汇率的变化；（3）当地的通货膨胀率；（4）运输条件
风险分散	（1）政治稳定性；（2）国有化可能性；（3）货币汇率；（4）通货膨胀率
追随竞争者	（1）市场规模；（2）地理位置；（3）营销的辅助机构；（4）法律制度等
获得当地生产和管理技术	（1）科技发展水平；（2）劳动生产率

闵建蜀的两种投资环境评估方法各有其特点。多因素评分分析法侧重于对东道国的

投资环境做一般性的评估，很少考虑具体项目的投资动机；关键因素评估法则是从具体投资项目的动机出发，从影响投资环境的众多因素中选出影响实现具体投资项目动机的关键因素，对某国投资环境进行评价。

六、抽样评估法

抽样评估法是指由政府和研究机构对东道国的外资企业进行抽样调查，进而考察东道国投资环境的一种评估方法。东道国政府常常采用这种方法来了解本国投资环境对外资的吸引力，以便及时调整吸引外资的法规和政策。投资国的投资者常常采用这种方法考察东道国的投资环境以及制定灵活的投资策略。

抽样评估法包括以下具体操作程序。

（1）选择或随机抽取不同类型的外资企业。

（2）列出投资环境评估要素。

（3）由所选择的外资企业的高级管理人员对东道国的投资环境要素进行评估。

（4）由投资环境评估活动的组织者进行汇总，并得出投资环境评估结论。

抽样评估法是由已在东道国投资的企业从实际经营中得出的评估，其评估信息具有可信度，对投资者具有重要的参考价值。但是这种评估法只能对评估要素进行概略的评估，并且带有很大的主观性，所以其评估结果只具有一定的参考性，而不能对具体的投资决策起到决定性的作用。

七、相似度法

相似度法是以若干特定的相对指标为统一尺度，运用模糊综合评判原理，确定评价标准值，得出一个地区（城市）在诸指标上与标准值的相似度，据以评判该地区（城市）投资环境优劣的一种方法。

（一）评价指标的确定

（1）投资获利率 H。应亦称投资系数，即投资额与在一定时间内所获得的利润额之比率。若 T 为投资额，利润为 P，则 $H=P/T$。投资系数 H 越大，投资效果就越好。

（2）投资乘数 C。它是投资增量与获利增量的比率。以一个社会为总体来考虑时，C 也可用居民收入与投资的比例来表示。它表明，居民的消费水平倾向越大，则投资乘数越大，投资环境越好。

（3）边际耗费倾向 B。它是消费增加额与收益增加额的比率。

（4）投资饱和度 D。就微观和具体投资项目而言，它是指投资的边际效率与利润之比。投资边际效率是指投资每增加一个单位时，这一增加单位中所预料获得的最大利润。就客观（如一个城市）而言，投资边际效率是指某一投资领域已投入的资金与该领域投资容量的比值。

（5）基础设施适应度 J。假定各项基础设施完全适应投资项目需要时定为 1，则

$$J=\frac{k_1a_1+k_2a_2+\cdots\cdots+k_na_n}{n}$$

式中：n——基础设施项目个数；

k_i——各项基础设施的权重；

a_i——各项基础设施与1对比的适应程度。

（6）投资风险度F。它是对投资风险的估计。它的确定方法是：① 先确定各风险因素；② 依据来自各方面的信息，拟订出若干假设方案和估计值；③ 进行敏感度分析，逐个变换风险因素的假设估计值，看会引起什么样的变化结果；④ 求出各种假设方案的数学期望，最大的数学期望与最小的数学期望之比即为投资风险度，各种假设方案的数学期望之间差别越小，说明投资风险度越小，投资环境越稳定，反之亦然。

（7）有效需求率Y。其计算公式为：

$$Y=\frac{\text{社会平均利润或利息}}{\text{产品销售收入}-\text{成本}}$$

（8）国民消费水平G。即一个区域内国民收入与居民储蓄额之间的比值。

（9）资源增值率Z。其计算公式为：

$$Z=\frac{\text{资源加工产品价值总额}}{\text{资源初级产品价值总额}}$$

（10）优化商品率S。即一个地方的商品总数与创地方、国家、国际名优商品总数之比率。

（二）评价过程

在考虑上述10个因素时，采用模糊（Fuzzy）综合评判原理，对投资环境的优劣做出系统评出，其具体步骤如下。

将上述10个指标表示为一个集合：

$$U=\begin{Bmatrix} U_1 & U_2 & U_3 & U_4 & U_5 & U_6 & U_7 & U_8 & U_9 & U_{10} \\ H & C & B & D & J & F & Y & G & Z & S \end{Bmatrix}$$

对投资环境的评价划分为五级，即很好、好、一般、较差、差，并将它们的集合记为：

$$V=\begin{Bmatrix} V_1 & V_2 & V_3 & V_4 & V_5 \\ \text{很好} & \text{好} & \text{一般} & \text{较差} & \text{差} \end{Bmatrix}$$

选择出各国公认的投资环境较好的一些城市，分别收集上述10个指标并作为评价标准值。依据Fuzzy集的隶属原则，建立隶属函数表达式，用于表示各因素U_i隶属标准值的程度：

$$\mu(X)=\begin{cases}\dfrac{1}{1+[a(x-c)]^{b}} & \text{当 } x<c, a>0, b>0 \\ 1 & \text{当 } x\geqslant c\end{cases}$$

式中：$\mu(X)$——隶属度；

C——标准值；

X——变量；

a，b——经验系数。

求出 10 个因素的隶属度值以后，划分出评判投资环境为坏的等级域。从单因素评价入手建立起从 U 到 V 的 $n\times m$ 阶 Fuzzy 关系单因素组合矩阵 R。

$$V=\{V_1 V_2 \cdots V_m\}$$

$$U=\begin{Bmatrix}U_1\\ \vdots \\ U_n\end{Bmatrix}(n=10 \quad m=5)$$

$$R=\begin{pmatrix}r_{11} & r_{12} & \cdots & r_{1m}\\ \cdots & \cdots & \cdots & \cdots \\ r_{n1} & r_{n2} & \cdots & r_{nm}\end{pmatrix}\begin{matrix}(i=1,2,\cdots,n)\\ (j=1,2,\cdots,m)\end{matrix}$$

r_{ij}表示从第 i 因素着眼，对它得出第 j 项评语的可能程度。

相似度由 R 确定。

这样，就可以求出一系列城市对于投资环境好的城市的相似度，然后再依据相似度大小来判断该城市投资环境的优劣性。

相似度法将数量经济学方法应用于投资环境评价工作之中，并试图以尽量少的相对指标为客观尺度来进行定量评价，是对投资环境评价方法的一种创新。但是它还存在着一些明显的不足。在技术上，最大的缺陷是指标设置不甚合理：一是指标过于笼统，难以反映投资环境这一复杂系统的整体面貌；二是指标存在结构性缺陷，没有包容国际投资者普遍重视的政治、社会文化、外资政策及相关法律因素等指标；三是受评价方法的制约，不能引入一些不可或缺的主观指标。在适应范围上，由于上述指标设置上的缺陷，导致了该评价方法在投资环境的国际化比较中有着一定的局限性，因为它没能反映出各国在政治、文化、法律等环境因素方面的差异。一般来说，相似度法主要适用于一国内的地区（城市）投资环境的评价和比较。

八、国家风险评级法

国家风险评级法是由日本公司债研究所提出的对东道国直接投资环境的风险度的评价方法，是一种由专家评判、打分的评估方法。采用的是 10 分五级制。根据其经验，该所认为，较之复杂的数学模型和记分体系，专家打分法是评定国家风险的最佳方法。

（一）评级程序

一般由银行、商社、工业公司等组成 14 个专家集团，每个专家集团分别以打分方式对各个单项风险和综合风险做出评价。

单项风险和综合风险都分为 A—E 五级。单项风险的各级分数分别为：A 级 10 分、B 级 8 分、C 级 6 分、D 级 4 分、E 级 2 分。以简单算术平均数求得的 14 个集团的评分均值，即为各国单项风险的得分。综合风险的五个级别的标准为：9 分及其以上为 A 级，7~8.9 分为 B 级，5~6.9 分为 C 级，3~4.9 分为 D 级，2.9 分及其以下为 E 级。不论单项风险还是综合风险，都是以分数的高低排列名资，分数越高风险越小，分数越低则风险越大。

各单项风险独立地与综合风险同步打分、同时公布。这样做的好处是：（1）各专家集团是在分析了大量资料之后做出单项风险评价的。在这个基础上评价综合风险，可避免主观随意性，能比较真实地反映被评国的实际情况。（2）使用国家风险评级资料的行业不同、目的不同，侧重点也不同。同步打分，同时公布，既能让使用者对一个国家整体风险程度有所了解，又能了解主要风险之所在，易于满足一些投资、融资者或贸易商的重点需要。

（二）评级内容和尺度

日本公司债研究所每年对 100 个国家和地区进行两次国家风险评级。评级的依据和内容可以概括为政治、社会的稳定性及对外支付能力三个方面。具体又将它们分解为 14 个单项风险，归纳为一个综合风险。

（1）发生内乱和革命的可能性：A. 完全没有；B. 估计没有；C. 有隐约的兆头；D. 可能发生；E. 发生的可能性很大（含已经发生）。

（2）现政权（体制）的稳定性：A. 极其稳定；B. 稳定；C. 差不多；D. 存在不稳定的方面（因素）；E. 极其不稳定。

（3）因政权更迭而影响政策的连续性：A. 根本不会影响；B. 大体上能保持连续性；C. 虽有摩擦，但变动不大；D. 可能改变某些政策；E. 会发生剧烈的政策变动。

（4）工（产）业的成熟程度；A. 高度成熟；B. 比较成熟；C. 差不多；D. 有些不成熟；E. 不成熟。

（5）经济活动的扭曲性（通货膨胀、失业等）：A. 扭曲现象少；B. 扭曲比较少；C. 一般；D. 扭曲性大；E. 扭曲性极大。

（6）财政政策的有效性。

（7）金融政策的有效性。

以上两项的评分尺度均为：A. 可以高度评价；B. 可给予一定评价；C. 差不多；D. 不充分；E. 极不充分。

（8）经济增长的潜力：A. 有极其优越的条件；B. 有优越的条件；C. 差不多；D. 有嫌不足；E. 明显缺乏潜力。

（9）战争的危险：A. 根本不存在；B. 估计没有；C. 有隐约的兆头，但估计不会发生；D. 存在着危险的兆头；E. 处于一触即发状态（含战争已起）。

（10）国际交流中的可信赖程度（遵守国际协调、国际合同的态度）：A. 姿态极高；B. 姿态高；C. 过得去；D. 缺乏可信赖的因素（方面）；E. 完全不可信赖。

（11）国际收支结构。

（12）对外支付能力。

以上两项的评分均为：A. 极好，可心放心；B. 良好，大体上可放心；C. 尚可；D. 有些担心；E. 极其不好，很不放心。

（13）外资政策：A. 极为妥善，可以放心；B. 妥善，大体上放心；C. 有些问题，但还可以；D. 存在一些问题，不放心；E. 排外政策随时、随地可见，很不放心。

（14）汇价政策：A. 一贯是升势；B. 暂时疲软，趋向是升势；C. 币值能保持稳定；D. 存在着小幅度下跌的可能性；E. 存在着大幅度下跌的可能性。

综合风险的尺度为：A. 完全可以放心；B. 可以放心；C. 存在着令人担心的因素，但问题不大；D. 令人担心；E. 令人十分担心。

九、综合评价法

综合评价法的基本思想是：运用现代决策分析中的定量方法，为各类评价者提供科学的评价分析方法；模拟各因素变化对投资环境的确切影响，从中找出影响各类外商投资的各个关键因素；同其他地区投资环境进行对比分析，找出各自的优势和不足；预测投资环境的发展变化趋势，对投资环境进行监测。投资环境综合评价值按下式计算，其数值越大，表明投资环境越好。

$$G = \sum W_j U_j \tag{1}$$

式中：G——投资环境的综合评分值；

W_j——第 j 个指标的权重；

U_j——第 j 个指标的评分值。

（一）各指标权重的确定

由于东道国与外商个体在吸引外资的目的和动机方面存有差异，导致对投资环境的期望和要求各异，这必然使它们对各指标的重要程度产生不同的看法。这样，它们对投资环境的不同期望和要求，就可以通过对同一指标赋予不同的权重在评价模型中反映出来。同样的，通过评价者（投资者）对各指标赋以的权重，我们也能看出它们的投资动机及其对投资环境的要求。可见，权重的确定是相当重要和很有意义的，甚至可以认为，它是投资环境评价中的关键的环节。

为了确定各指标的权重，这里拟采用层次分析法和专家咨询法。具体步骤如下：

1. 计算单一准则下同层各指标的权重

按照投资环境的结构图，自左而右逐层计算。假设上层指标 A_1、A_2……A_m 的总权重为 a_1、a_2……a_m。紧接着下层指标为 B_1、B_2……B_n，先计算相对于上层元素 A_k（$k=$

1，2，…，m）的下层 B_1、B_2……B_n 的单权重 $b_1^{(k)}$、$b_2^{(k)}$……$b_n^{(k)}$（$k=1$，2，…，m）。

设与 A_k 关联的下层指标为前 S 个元素 B_1……B_s。由评估小组（投资者、研究人员组成）确定 B_i 指标相对 B_j 指标的相对重要性：

认为 B_i 与 B_j 同样重要，则取 $b_{ij}=1$，$b_{ji}=1$；

认为 B_i 与 B_j 稍微重要，则取 $b_{ij}=3$，$b_{ji}=1/3$；

认为 B_i 与 B_j 明显重要，则取 $b_{ij}=5$，$b_{ji}=1/5$；

认为 B_i 与 B_j 重要很多，则取 $b_{ij}=7$，$b_{ji}=1/7$；

认为 B_i 与 B_j 绝对重要，则取 $b_{ij}=9$，$b_{ji}=1/9$。

若属于它们之中，可取 2、4、6、8 和 1/2、1/4、1/6、1/8 各值。这样，就可得到一个比较判断矩阵：

$$K_{A-B}=(b_{ij})_{sxs}$$

利用幂法可计算出 K_{A-B} 的最大特征值 $\lambda_{\max}$ 及相应有规范化特征向量：

$$W^{(k)}=(b_1^{(k)},b_2^{(k)},\cdots,b_s^{(k)})$$

且满足 $(K_{A-B})\cdot W^{(k)}=\lambda_{\max}\cdot W^{(k)}$

规定：当 B_j 指标与 A_k 无关时，定义 $b_j^{(k)}=0$。于是就得到单一准则 A_k 下的下层元素 B_1、B_2……B_n 的单权重为：$b_1^{(k)}$、$b_2^{(k)}$……$b_n^{(k)}$。

对判断矩阵进行一致性检验，当判断矩阵满足：

$C\cdot R_k=\dfrac{C\cdot I_k}{R\cdot I_k}<0.1$ 时，认为它的一致性是满意的。其中，

$C\cdot I_k=(\lambda_{\max}-n)/n-1$；而 $R\cdot I_k$ 如下表所示（其中 n 为判断矩阵的阶数）：

n	1	2	3	4	5	6	7	8	9
$R\cdot I_k$	0.00	0.00	0.58	0.90	1.02	1.26	1.36	1.41	1.46

2. 计算各层指标的总权重

Bi 指标的总权重：$b_i=\sum a_k b_i^{(k)}(i=1, 2, \cdots n)$。同样，确定总权重数时也要进行一致性检验，在满足下述条件时，满足一致性：

$$C\cdot R=\frac{C\cdot I}{R\cdot I}<0.1$$

其中，$C\cdot I=\sum a_k\cdot(C\cdot I_k)$，$R\cdot I=\sum a_k\cdot(R\cdot I_k)$。若不能满足一致性条件，则需对判断矩阵进行调整。

由上述步骤从上至下逐层递推，直至算出最下层各指标的总权重。

（二）各指标的评分

每一指标，不论其为定性还是定量指标，评价者对它的表现水平的评价不可能完全

相同。例如，某国的年通货膨胀率为10%，有些人可能会认为它较高，影响了该国经济、社会的稳定发展，对该国的投资环境将产生不良影响；但另外一些人也可能认为，在该国特定的经济环境下，这属于适度通货膨胀，将促进该国的经济发展，对该国的投资环境将产生有益的影响。这就要求我们在对各指标进行评分时，应充分考虑和综合各方面的意见，对其做出较为客观、公正的评价。具体步骤如下。

规定评价者对第 j 指标的评价结果为优、良、中、差。根据评价对 j 指标表现水平的评价，可得到：

$$R_j=(r_{j1},r_{j2},r_{j3},r_{j4})$$

r_{j1}——认为 j 指标为优的评价者占全部评价者的比例；

r_{j2}——认为 j 指标为良的评价者占全部评价者的比例；

r_{j3}——认为 j 指标为中的评价者占全部评价者的比例；

r_{j4}——认为 j 指标为差的评价者占全部评价者的比例。

综合考虑全部评价者对 j 指标的评价，j 指标的评分按下式计算：

$$U_j=4r_{j1}+3r_{j2}+2r_{j3}+r_{j4} \tag{2}$$

用这种方法计算出的 j 指标的评分值在1分至4分之间。因而当某个权重变化时，必须引起其他权重的变化。为了分析简便，假定当一个权重变化时，仅使另一个发生相应的变化，除这两个外的权重仍保持为原评价值。并假定原评价中的参数为 $\overline{w_j}$，$\overline{u_j}$，$\overline{G_i}$，相应变化后的参数为 w_j，u_{ij}，G_I。

设两个变化的权重分别为第 r 指标和第 s 指标，则由公式可得：

$$w_r+w_s=\overline{w_r}+\overline{w_s} \tag{3}$$

上式说明 W_r 和 W_s 的最大变动范围为 $[\bar{0},\ \overline{w_r}+w_s]$。当 w_r 和 w_s 变化时，可能存在某个值，正好使某个地点的投资环境综合评价值变为相等，这时的权重即为所谓的边际权重。可设某两地点为 p 和 q，则边际权重为：

$$w_r^{边}=\frac{\overline{G_p}-\overline{G_q}}{[(\overline{u_{pr}}-\overline{u_{qr}})-(\overline{u_{ps}}-\overline{u_{qs}})]} \tag{4}$$

$$w_r^{边}=(w_r+w_s)-w_r^{边} \tag{5}$$

求出边际权重后，即可进行权重的灵敏度分析：

第一，由于 w_r 和 w_s 的最大变化范围为 $[\bar{0},\ \overline{w_r}+w_s]$ 区间，因此，若求出的 $w_r^{边}$ 和 $w_r^{边}$ 在它之外，则说明 $\overline{w_r}$ 和 $\overline{w_s}$ 是不敏感的。

第二，当 $w_r^{边}$ 和 $w_r^{边}$ 落在 $[\bar{0},\ \overline{w_r}+w_s]$ 之内时，说明 w_r 和 w_s 的变化将影响 p、q 两地的投资环境的排序结果，其影响情况如下（不失一般性，设 $\overline{G_p}>\overline{G_q}$）：

（1）当 $w_r^{边}>w_r$ 时（此时有 $w_r^{边}<w_s$，下面仅讨论 w_r 变化的影响，对 w_s 有相应的结论），则（a）若 $w_r<w_r^{边}$ 排序结果不变，仍有 $G_p>G_q$；（b）若 $w_r=w_r^{边}$，有 $G_p=G_q$；

（c）若 $wr>w_r^{边}$，则排序结果发生变化，有 $G_p=G_q$。上述情况可用图 5-4 表示。

（2）当 $w_r^{边}<\overline{w_r}$时（同时 $w_r^{边}>\overline{w_s}$），则（a）若 $w_r>w_r^{边}$ 排序不变，仍有 $G_p>G_q$；（b）若 $w_r=w_r^{边}$，有 $G_p=G_q$；（c）若 $w_r>w_r^{边}$，排序变化，有 $G_p<G_q$。

（3）当 $\overline{w_r^{边}}=w_r$时（此时 $\overline{w_r^{边}}=w_s$），有 $\overline{G_p}=\overline{G_q}$；当 w_r 在 $w_r^{边}$ 左、右时，将导致不同的排序变化，或是 $G_p>G_q$，或是 $G_p<G_q$，具体视 u_{pr}，u_{qr}，u_{ps}，u_{qs}的大小而定。

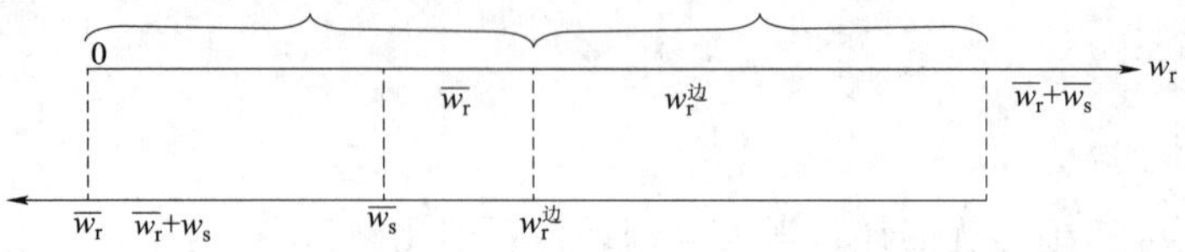

图 5-4

（三）指标评分值的灵敏度分析

当各因素的权重保持不变（w_j不变）时，各指标评分的变化（即各地点 u_j变化），是否会影响各地点投资环境优劣的排序结果，即对某一外商来说，当影响投资环境的因素发生变化时，是否会影响各地点投资环境的优劣排列次序，如果影响，这个排列顺序会发生什么样的变化。应用这一分析方法，我们能找出影响投资环境的关键因素（敏感因素），从而能够在改善投资环境时，把有限的时间和财力，用到改善关键因素之上，以利于使改善投资环境的措施尽快收到实效。

u_{pr}为第 p 地点在第 r 个指标下的评分值的变化值，则当 u_{pr}变到某个正好使 $G_p=G_q$ 的值时，为边际指标评分值 G_{pr}^q，按下式计算：

$$u_{pr}^q=u_{pr}-\frac{\overline{G_p}-\overline{G_q}}{\overline{W_r}} \tag{6}$$

利用 u_{pr}^q可进行指标评分值的灵敏度分析：

当 u_{pr}离 u_{pr}^q很近时，说明原评价的排序结果不稳定，即 u_{pr}为敏感性参数；当 u_{pr}由 u_{pr}所在的区间经 u_{pr}^q变到另一区间时，会使原排序发生变化。

当 u_{pr}^q在指标的评分许可区间［1，4］之外时，无论 u_{pr}在允许值范围内怎样变化都不会使 p、q 两地点的投资环境评价结果排列顺序发生变化，这时 u_{pr}为绝对不敏感。

利用以上提出的灵敏度分析法，还能进行政策模拟和投资环境变化趋势预测。当提出某项方针和政策后，可预先估计它会对投资环境的哪些指标发生影响，这些指标的评分值变化后，各类评价者（投资者）对投资环境的评价又会出现何种变化。这样，我们就能预先充分预测该项方针和政策实施后对投资环境所产生的各种影响，做到心中有数，预先做好各项准备工作。

总之，综合评价法不仅仅是一种投资环境的科学的评价手段，还是一种进行投资环境比较分析的有效工具；同时，它还具备某种对投资环境变化进行监测、预警和预报的功能。基于其方法的科学性和功能的综合性，我们认为，在条件允许的情况下，综合评价法应成为东道国或投资者评价投资环境所优先采用的方法。

第四节 案例分析

坦桑尼亚位于非洲东部，赤道以南，东濒印度洋，全国总面积 94.5 万平方千米，由坦噶尼喀大陆与桑给巴尔岛等 20 多个岛屿组成，人口 5 730 万人，分属 126 个民族，是一个多民族的国家，崇尚宗教信仰自由。坦桑尼亚资源丰富、市场广阔、政治环境趋于稳定，近些年来，为了适应经济全球化发展的需要，坦桑尼亚积极改善投资环境，经济连续多年保持增长势头，已日益显现出巨大的市场潜力和投资机遇。

第一，优越的经济区位。坦桑尼亚经济地理位置优越，与肯尼亚、乌干达、赞比亚、马拉维、莫桑比克，卢旺达、布隆迪、刚果（金）八个国家相邻，是东非的经济中心，辐射功能较强，市场潜力很大，而且沿印度洋有着漫长的海岸线，对外联系方便。坦桑尼亚与周边国家经贸关系密切，是世贸组织和多个区域性经济组织的成员，既是东非共同体成员之一，又加入了南部非洲发展共同体以及环印度洋地区合作联盟，可以享受多种经贸优惠政策。

第二，丰富的自然资源。坦桑尼亚拥有丰富的自然资源，首先表现在其农林资源上，主要农作物有玉米、小麦、稻米、高粱等，主要经济作物有咖啡、棉花、腰果、剑麻、茶叶等，坦桑尼亚全国森林面积约 4 400 万公顷，许多林木产量居世界前列。其次，坦桑尼亚有着丰富的能源和矿产资源，特别是黄金、钻石都占到了世界储量的一半以上，是世界上重要的黄金生产国之一，煤、铁、磷酸盐以及各类宝石等的储量也很丰富，已经成为世界贵金属和有色金属勘查开发的热点地区。另外，坦桑尼亚已探明的天然气储量达 5.7 万亿立方米，大陆、桑给巴尔及近海海域的部分地区储油前景良好，可见，坦桑尼亚的能源及矿产资源潜力非常大。

第三，稳定的政治环境。自独立以来，坦桑尼亚政局长期保持稳定，良好的政治环境已成为坦桑尼亚国家建设的宝贵财富。在政治方面，1992 年，坦桑尼亚通过修改宪法决定实行多党制，这一政治改革为坦桑尼亚营造了良好的民主环境，保证了国家的和平与稳定；在宗教方面，坦桑尼亚政府奉行宗教信仰自由政策，各个宗教之间能够和睦相处，这一举措也有利于全国人民的团结，对稳定政局起到了积极的推动作用；在经济方面，多年来，坦桑尼亚政府致力于经济发展和改善人民生活，努力为国民经济建设与社会发展创造有利的国内环境。所有这些措施，都成为坦桑尼亚政局长期稳定的有力保障。

第四，优惠的投资政策。为了进一步改善投资环境，坦桑尼亚政府大力推行经济体制改革，制定了一系列法律法规来促进和保护投资的发展。从 2001 起，坦桑尼亚政府开始成立国家商业协会和投资指导委员会，减免外资企业税费，扶植中小企业发展。2002 年 4 月，坦桑尼亚通过了出口加工区法案，对入驻出口加工区的企业实行优惠政策，免征印花税和地方政府对所购货物的各项税收，项目投资的前十年，免征股息利息代扣税和所得税，并且外资可拥有 100% 股权。

第五，廉价的劳动力资源。坦桑尼亚劳动力资源与其他非洲国家相比具有一定的优势。坦桑尼亚劳动力资源丰富，坦桑尼亚劳动力工资水平较低。

思考题

一、名词解释

1. 投资饱和度
2. 基础设施适应度
3. 经营条件
4. 实质障碍
5. 抽样评估法

二、简答题

1. 简述国际直接投资环境的评价原则。
2. 投资者衡量东道国投资环境的标准主要包括哪些？
3. 如何利用问卷调查方式对东道国的投资环境进行评价？

三、论述题

1. 试论述与投资决策过程相适应的两层评价指标体系的区别和联系。
2. 试论述说明，为什么在条件允许的情况下，综合评价法应成为东道国或投资者评价投资环境所优先采用的方法？

第三篇　国际投资运作

第六章　国际投资中的公司并购

✓ 本章摘要

本章首先对跨国公司的并购做一般性概述，并介绍西方跨国公司并购理论中的代表性观点；然后具体分析跨国公司并购的策划与运作；最后通过一些典型案例的分析展示跨国公司并购的过程。在对本章的学习中，学生应该对跨国公司并购的战略、运作和评估认真掌握，学会对当前的重大并购案例进行分析。

✓ 本章关键词

M&A　跨国并购　并购动因　并购战略　并购策划　并购评估　并购运作

✓ 学习完本章，你需要掌握

跨国公司并购的一般概念、类型、方式及其发展趋势；西方跨国公司理论的主要观点，包括效率理论、讯息信号理论、代理问题与管理者主义、自由现金流量假说、市场势力理论、税负考虑、跨国公司的并购动因和效益分析；跨国公司的并购战略以及如何策划、评估和运作一项跨国并购。

国际投资中的公司并购又称为企业跨国并购，它已成为跨国直接投资中的主要方式。鉴于跨国并购在国际直接投资中的重要地位，本章对跨国并购原理、策划、运作依次进行论述，并给出一些并购案例分析。

第一节　跨国公司并购原理

企业跨国并购的概念是由企业国内并购概念引申扩展而来的。企业跨国并购涉及两个或两个以上国家的企业及其在国际间的经济活动，因而，它的内涵及其对经济发展的影响也与一般的企业国内并购不完全相同。从经济发展的历史进程上看，企业跨国并购又是在企业国内并购的基础上发展起来的，是企业国内并购在世界经济一体化过程中的跨国延伸。本节我们依次论述跨国公司并购一般概念、西方跨国公司并购理论和跨国公司并购动因与效益分析。

一、跨国公司并购概述

为了完整地理解企业跨国并购的概念，我们将依次论述企业并购的含义、跨国并购的含义、跨国并购的形成发展过程及其特点。

（一）企业并购的一般概念

企业并购包括兼并和收购（或购买）两层含义。

1. 企业兼并（Merger）

根据《不列颠百科全书》的解释，企业兼并是指两家或两家以上的独立的企业、公司合并组成一家企业，通常由一家占优势的公司吸收一家或更多的公司。按照国际惯例，在市场经济中的企业兼并是企业变更和终止的方式之一，是企业竞争优胜劣汰的正常现象，也是商品经济高度发展的产物。在西方公司法中，企业兼并又可分成两类，即吸收兼并和创立兼并。根据《中华人民共和国公司法》的规定，公司兼并可以采取吸收兼并和新设兼并。

所谓吸收兼并（Consolidation Merger），是指在两家或两家以上的公司合并中，其中一家公司因吸收（兼并）了其他公司而成为存续公司的合并形式。在这类合并中，存续公司仍然保持原有的公司名称，而且有权获得其他被吸收公司的资产和债权，同时承担其债务，被吸收公司从此不复存在。

所谓创立兼并（Statutory），又称新设兼并或者联合。它是指两个或两个以上的公司通过合并同时消失（同归于尽），而在新基础上形成一个新的公司，这个公司叫新设公司。新设公司接管原来两个或两个以上公司的全部资产和业务，新组董事机构和管理机构等。

2. 企业收购（Acquisition）

企业收购则强调买方企业向卖方企业的“收购”行为。按照其内容的不同，收购可以分为资产收购和股份收购两类：资产收购指买方企业收购卖方企业的全部或部分资产，使之成为买方的一部分；股份收购则指买方企业直接或间接购买卖方的部分或全部股票的行为。相比之下，资产收购更像一种普通商品交易形式，只不过交易的标的是卖方企业的特定资产罢了；股份收购则是所有权的买卖形式，买方将根据其持股比例承担卖方的权利和义务。《中华人民共和国证券法》规定，上市公司收购可以采取要约收购或者协议收购的方式。所谓要约收购，是指收购人通过向目标公司的管理层和目标公司的股东发出购买其所持该公司股份的书面意思表示，并按照其依法公告的收购要约中所规定的收购条件、收购价格、收购期限以及其他规定事项，收购目标公司股份的收购方式。要约收购不需要事先征得目标公司管理层的同意。所谓协议收购，是指收购人通过与目标公司的管理层或者目标公司的股东反复磋商，达成协议，并按照协议所规定的收购条件、收购价格、收购期限以及其他规定事项，收购目标公司股份的收购方式。协议收购必须事先与目标公司或者目标公司的管理层按照规定达成书面的转让股份的协议。

从法律形式上分析，兼并和收购的主要区别在于：兼并的最终结果是两个或两个以上的法人合并成为一个法人，而收购的最终结果不是改变法人的数量，而是改变被收购企业的产权归属和/或经营管理权归属。如果一家企业通过购买资产或股份的方式将被购买的企业并入自己的企业，从而使其法人地位消失，那么这种情况从严格意义上说属于兼并行为，因为最终结果是原来的两个或两个以上的法人组合而成一个法人了。

就国内市场而言，企业兼并和收购的经济意义是一致的，即都使市场力量、市场份额和市场竞争结构发生了变化，对经济发展也产生相同的效应，因为企业产权和经营管理权最终都控制在一个法人手中。正是在这个意义上，西方国家通常把 Mergers 和 Acquisitions 连在一起，统称 M&A 活动，企业产权作为一种商品被买卖、处置，其最终目的是通过产权重组，实现经营资源和盈利能力的重组，从而使企业并购的参与者获得经营性收益和资本性收益。具体来说，成功的并购可为其参与者带来如下利益：首先，企业的经营管理资源得以重新配置，增强这些资源的使用效果；其次，缩短资源配置的时间，减少浪费，提高资源配置的工作效率，改善财力状况；最后，跨越法规或合约性壁垒，使某个企业的生产和销售直接进入当地市场，同时获取被并购企业原有的经营资源，使企业的经营以更大规模快速发展。

企业并购可以分为许多种类。从并购双方的行业相互关系划分，公司并购可以分为横向并购、纵向并购和混合并购三种，这是关于企业并购最主要的划分方法。横向并购（Horizontal Merger）是指竞争对手之间的相互合并，例如生产同类产品或者生产技术、工艺等相近的企业之间的并购。纵向并购（Vertical Merger）是指供给商（Supplier）和客户（Customer）之间的合并，即生产经营过程中相关的企业之间的并购。混合并购（Conglomerate Merger）则指既非竞争对手，又在纵向上不具现实或潜在横向关系的企业之间的并购。

（二）跨国并购的一般概念

跨国并购的基本含义为，一国企业为了某种目的，通过一定的渠道和支付手段，把另一国企业的整个资产或足以行使经营控制权的股份收买下来。可见，跨国并购涉及两个或两个以上国家的企业，“一国企业”是并购发出企业或并购企业，“另一国企业”是被并购企业，也叫目标企业。并购所用的渠道，包括并购企业直接向目标企业投资或通过目标国所在地的子公司进行并购两种形式。并购所用的支付手段，包括支付现金、从金融机构贷款、以股换股（Stock for Stock）和发行债券等方式。

跨国并购是国内企业并购的延伸，即跨越国界，涉及两个以上国家的企业、两个以上国家的市场和两个以上政府控制下的法律制度的并购。跨国并购除了具有上面所述的国内并购的基本含义外，还具有一些与国内并购所不同的特点。

（1）尽管跨国并购（Cross-border M&A）是国际上的习惯提法，从字面上看包括跨国兼并和跨国收购两层含义，但从法律形式上看，主要是指跨国收购而不是跨国兼并。因为跨国收购的目的和最终结果并不是改变公司（即法人）的数量，而是改变目标企业的产权关系和经营管理权关系。跨国兼并则意味着两个以上的法人最终变成一个法人，不是母国企业的消失，就是目标国企业的消失，这种情况在跨国并购中是十分罕见的，也是与跨国公司的全球发展战略不相吻合的。但有两种情况需要进行鉴别：第一种情况是跨国公司在目标公司所在国并没有子公司，但为了获得目标国对并购活动的税务优惠或减免对目标企业承担的债务责任等目的，就先设立一个“空壳子公司”，然后用这个“空壳子公司”去兼并目标公司，“空壳子公司”随之成为存续公司，目标公司就此消失。这种情况从形式上看是国内兼并，但实质上是跨国收购，因为就目标国的公司数量、市场结构和市场份额来说并没有发生实质性的变化。第二种情况是跨国公司以其自己原来就拥有的在目标国的子公司来兼并目标国的目标企业。这种情况从广义上说，也可以认为属于跨国兼并，但从狭义上看，又可被认作是一种国内并购，因为两个企业都是注册在同一个国家内，都属于同一个国家的法人，那么从法律上说，就属于在同一个国家内的企业并购。

（2）基于跨国并购的跨国性，其发生的原因与国际因素具有更大的相关性。这些国际因素包括但不限于世界市场的竞争格局、全球范围的私有化进程、贸易和投资自由化进程、世界经济一体化进程、区域集团化趋势、跨国投资的国际协调等。因此，对跨国并购的分析和研究必须将其放在世界经济范围内进行。

（3）跨国并购在对市场影响的方式和范围方面也具有显著的特点。国内并购非常直观地表现为市场份额的改变和市场力集中程度的提高；而跨国并购分别就并购母国和并购目标国市场而言，并未直接表现为市场份额和市场力的改变，而是表现为并购者对市场份额的占有程度和市场竞争能力的扩展，表现为世界市场份额和市场力集中程度的改变。对国内市场的影响则是潜在的，即通过两国或两国以上比较优势的组合和各类资源的配置，对国别市场的份额和市场力的未来变化起作用。

（4）跨国并购的主体更多的是跨国公司，而跨国公司实施并购计划更多的是从全球发展战略的角度来考虑经济利益的得失问题。这就使跨国并购理论与一般并购理论有了显著的不同。

（5）跨国并购比国内并购的进入障碍更多，使得跨国并购的实施更为复杂。这些障碍包括但不限于并购母国和并购目标国之间在经济利益及竞争格局、公司产权及管理模式、外资政策及法律制度、历史传统及文化语言等方面的差异。

（三）跨国并购的类型

跨国公司采取并购方式进行直接投资，其动机包括：开拓国际同类市场，取得产品商标、名牌和已形成的行销网络；保障原材料的供应和产品的销售市场；经营领域、区域和资产的多元化等。

作为一种极为复杂的跨国经营行为，跨国并购可以按不同划分标准进行分类。

1. 从跨国并购双方的行业相互关系划分，跨国并购可以分为横向并购（水平式并购，Horizontal M&A）、纵向并购（垂直式并购，Vertical M&A）和混合并购（复合并购，Conglomerate M&A）

（1）横向跨国并购。横向跨国并购是指两个以上国家生产或销售相同或相似产品的企业之间的并购。这种跨国并购的目的通常是扩大世界市场的份额或增加企业的国际竞争和垄断或寡占实力，且风险较小，并购双方比较容易整合，进而形成规模经济、内部化交易而使得利润增长。横向并购是跨国并购中经常采用的形式。例如，德国戴姆勒—奔驰公司，通过与美国克莱斯勒公司合并成为年营业收入1 500亿美元的大公司，1998年度排名全球500大公司第二名。但由于这种并购（尤其是大型跨国公司的并购）容易限制竞争，形成垄断局面，许多国家都密切关注并限制这类并购的进行。

（2）纵向跨国并购。纵向跨国并购亦称领域加强型并购，是指两个以上国家处于生产同一或相似产品但又处于不同生产阶段的企业之间的并购。并购双方一般是原材料供应者或产成品购买者，所以对彼此的生产状况比较熟悉，并购后容易融合在一起。并购的目的通常是低价扩大原材料供应来源或扩大产品的销路或使用。例如，雀巢公司对英国Rowntree公司的并购，这一购并使其不久便在欧洲糖果点心市场取得了领先地位，实现了其在国内经营数十年都未能实现的梦想。

（3）混合跨国并购。混合跨国并购是指两个以上国家不同行业的企业之间的并购。这种并购方式是同跨国公司的全球发展战略和多元化经营战略密切联系在一起的，能够减少单一行业经营的风险，降低生产成本，增强企业在世界市场上的整体竞争实力。例如，英国的Bass公司在并购国际假日饭店之后，变成了世界上最主要的饭店连锁公司之一；而Grand Metropolitan公司在花费50多亿美元并购Pilsbury公司之后，自己转变成了全球范围内的快餐零售业务经营者。这种并购方式与前两种并购方式的不同之处是，前两种并购的目的往往表现得十分明显，因而容易受到限制，而混合式并购的目的往往是隐蔽的，所以不易为他人发现和利用。

2. 根据并购手段的差异，可分为直接并购和间接并购

（1）直接并购。直接并购也称协议收购或友好接管。在直接并购中，并购公司可以直接向目标公司提出拥有所有权的要求，双方通过一定的程序进行磋商，共同商定条件，根据双方的协议完成所有权的转移。此外，目标公司如果由于经营不善或遇到债务危机，也可以主动提出所有权转让。由并购公司直接向目标公司提出并购要求，又可分为前向（Forward）与反向（Reverse）两类，区别在于前者的存续公司是买方，后者是卖方。

（2）间接并购。通常是通过投资银行或其他中介机构进行的并购交易，又可分为三角前向（Forward Triangular）和三角反向（Reverse Triangular），区别在于前者指并购公司投资目标公司的控股公司，存续的是控股公司；后者存续的是卖方。间接收购往往是通过在证券市场上收购目标公司已发行和流通的具有表决权的普通股票，从而掌握目标公司控制权的行为。此种收购如果是善意的，比较容易取得成功。然而在大多数情况下，由于间接收购不是建立在共同意愿的基础上，极有可能引起公司之间的激烈对抗。在间接收购中，收购公司并非只满足于取得部分所有权，而是要取得目标公司董事会的多数股权，强行完成对整个目标公司的收购。与直接购并相比，间接购并受法律规定的制约较大，成功的概率也相对小一些。

不论是直接并购还是间接并购，它们都可以在银行贷款或金融市场借贷的支持下进行。在这种方式下，并购者（可以是一家，也可以是几家）设立一家收购公司，再以该公司的名义向银行借款或在资本市场发行债券募集资金，以完成对目标企业的并购。待收购完成之后，收购方再将被购方部分资产变卖或利用其流动资金偿还所借贷款或债券。由于这种并购只需要较少资本就可以完成，所以它也被称作杠杆并购。

3. 按照目标公司是否是上市公司，可分为私人公司并购和上市公司并购

（1）私人公司并购。即并购公司是在非证券交易所对非上市公司的收购。对私人公司（Private Company）的并购一般是通过公司股东之间直接的、非公开的协商方式进行的，只要目标公司的大部分股东同意出售其持有的股份，私人公司的控制权便由并购公司所掌握，并购行为即告完成。私人公司并购由各公司的章程制约，并受民事法律规范，各国一般不以专门立法的形式对之进行规范。所以对私人公司的并购一般有较大的自由度，但这类并购的规模都比较小，风险都较大。

（2）上市公司并购。即并购公司是在证券交易所通过对上市公司股票的收购实现并购，大部分的并购采取私募股权的方式实现。由于现代经济中占据举足轻重地位的大企业几乎全是上市公司，因而具有重大影响的跨国并购都是通过证券市场实施的。如果借用制度经济学的语言，可以认为企业并购行为的高涨主要依赖于现代公司制和证券市场两大制度安排的发展和健全。正如诺贝尔经济学奖获得者乔治·施蒂格勒（George J. Stigler）所言："早在并购运动发生之前，许多产业就都已经具备了能使之在垄断的并购中有利可图的条件。为什么并购运动姗姗来迟？我所发现的唯一有说服力的理由是现代公司和现代资本市场的发展"。

（四）跨国并购的方式

跨国并购的融资方式主要有股票替换、债券互换、现金收购以及这三种方式的综合使用。

（1）股票替换是并购公司重新发行本公司股票，以新的股票替换目标公司的原有股票，以此完成股票收购。股票收购的特点是目标公司的股东并不因此而失去其所有权，而是被转移到并购公司，并随之成为并购公司的新股东。

（2）债券互换是增加发行并购公司的债券，用以代替目标公司的债券，使目标公司的债务转换到并购公司。债券的类型包括担保债券、契约债券和债券式股票等。

（3）现金收购。凡不涉及发行新股票或新债券的公司并购都可以被认为是现金收购，包括以票据形式进行的收购。现金收购的性质很单纯，购买方支付了议定的现金后即取得目标公司的所有权，而目标公司的股东一旦得到其所有股份的现金，即失去所有权。

（五）跨国并购的形成与发展趋势

企业之间的并购现象最初是从国内市场展开的。国内企业并购是商品经济发展到市场经济的产物，并伴随着现代企业的发展而发展。

从逻辑上讲，现代企业的出现是两个或两个以上古典企业包含于一个企业的结果。经济学家钱德勒指出，这种企业组织的产生和持续发展是靠设立或购进一些在理论上可以独立运转的经营单位而来的。按照钱德勒的描述，现代企业替代古典企业有两个主要标志：一是大规模分配和大规模生产的发展；二是两者的结合。

西方国家从自由竞争进入垄断阶段，实际上是资本逐步积聚、逐步集中的过程，其中企业并购是最重要的方式。跨国并购作为跨国直接投资的一种方式，是伴随着跨国直

接投资一起形成和发展的，但其真正作为一种世界经济现象而受到关注，则远晚于跨国直接投资的传统方式——绿地创建（Green Field）。

企业并购在20世纪经历了五次浪潮。我们以在西方国家并购活动中具有代表性的美国的企业并购活动为例来说明企业并购的发展历程。

在“二战”以前的两次并购浪潮中，美国的企业并购主要在国内市场上展开，即资本或资产存量的流动还仅局限于本国。虽然当时西方国家占领了众多殖民地，并有资本的输出，但主要是投资办厂的跨国投资方式。“二战”以后，旧的国际政治经济秩序被打破为各国的经济发展和竞争创造了相对平等与和平的国际环境。科技革命的兴起和发展，推动了国际分工的深化，引发了大规模的资本跨国流动，跨国公司在这一阶段得到了迅猛的发展。跨国并购也开始作为一种传统跨国投资的替代方式，为跨国公司所运用。哈佛大学跨国企业研究中心对180家美国跨国公司的抽样调查表明：跨国并购在跨国直接投资方式中所占的比重在“二战”后迅速增长，在1951—1955年期间达到30%，1961—1965年期间达到40.8%，1971—1975年期间达到46.3%。结合美国和欧洲主要国家的政府对跨国直接投资的统计分析，可以认为，跨国并购作为一种直接投资的普遍方式起始于“二战”以后，其在直接投资方式中所占比例的快速增长则是在20世纪六七十年代。进入20世纪80年代后，即在第四次企业并购浪潮中，西方发达国家的资本输出发生了重大变化，除了在海外以创建方式从事直接投资外，并开始大规模并购海外他国企业。1980年，全世界的跨国并购总额为500亿美元，1985年上升到1 500亿美元，1988年达到创纪录的2 500亿美元。1970年，外国公司对美国公司的并购额仅为54亿美元，1988年则高达608亿美元，超过同期美国国内公司并购的资产价值。在日本，仅1989年1—9月，对外跨国并购高达294起，国内公司被外国公司并购11起，两者总和远远高于178起国内公司并购。自1990年以来，随着西方发达国家跨国企业并购的不断发展，这一趋势也越演越烈。

从1994年开始掀起的第五次企业并购浪潮中，跨国并购已经成为令人瞩目的主要角色。

根据《1996年世界投资报告》，1995年跨国投资总额达到3 150亿美元，其中跨国并购投资总额达到2 290亿美元，占72.7%。美国一个国家的对外投资达380亿美元，其中有90%是通过跨国并购进行的，日本通过跨国并购的对外投资1995年是1994年的3倍，达到45亿美元。欧盟成员国之间的跨国并购也创历史纪录，总额达到500亿美元。

21世纪初的这一次企业并购新浪潮具有真正的世界性质。它遍布世界各地，囊括了几乎所有处于世界经济统一体系之中的不同国家，在国别规模和国际规模上同时展开。1996年全世界并购交易总额达到10 632亿美元。1997年再创新高，达到13 560亿美元，增幅为27.5%。第五次全球并购浪潮在2000年达到高峰，创下全球并购交易总额3.4万亿美元的历史纪录，较1999年的3.3万亿美元的交易金额增长3.5%。

就跨国并购的地区分布情况来看，北美洲、欧洲和大洋洲是跨国并购活动最活跃的地区，这三个地区以跨国并购方式吸收的外国直接投资平均达到总量的80%以上，在世界跨国并购交易总额中所占的比重也超过了80%。

值得一提的是，发达国家对发展中国家以及发展中国家之间的跨国投资方式在近几年来也发生了重大变化。20 世纪 70 年代的有关研究表明，美国跨国公司在发展中国家的 2 124 家子公司中，通过创建方式建立的占 57. 6%，通过并购建立的占 35. 6%；欧洲跨国公司在发展中国家的 1 454 家子公司中通过创建方式建立的占 49. 2%，而通过并购方式建立的只占 32%。

到了 20 世纪 90 年代，发达国家对发展中国家以及发展中国家之间的以创建方式为主的跨国投资方式发生了实质性的变化。据联合国贸易与发展会议新闻公报，1996 年跨国投资总量为 3 500 亿美元，其中 2 750 亿美元为跨国并购的投资量。1996 年流入发展中国家的外资量达到 1 290 亿美元。据此推算，流入发展中国家的资金至少有 60% 是以并购方式流入的。也就是说，跨国并购已经成为国际直接投资的主要方式。这是世界经济一体化进程中的一个引人注目的重要趋势。从而跨国并购理论与实际的研究已经成为国际直接投资理论的重要组成部分。

然而，在进入 21 世纪以后，全球并购量锐减。2001 年全球并购交易总额仅为 1. 7 万亿美元，与 2000 年相比，降幅高达 50%。2002 年全球并购更是进一步降温，交易规模锐减。据统计，2002 年全球并购案总计 1. 7 万宗，减少 24%；并购金额为 1 万亿美元左右，下降 47%。这是由于随着新经济泡沫的破灭，经济进入一个相对平稳的发展阶段，企业在支出方面更加理性也更加谨慎，对技术的投资也大大减少，新技术的发展随之放慢，企业的并购活动也更趋理性和务实，电信业最高峰时出现过的高达千亿美元的并购案已销声匿迹，数年前高科技行业风行的技术获得型并购已由市场获得型并购所取代。

此外，并购的热点行业也随之发生了转移。新经济兴起初期，电信、传媒、科技业一度成为全球并购的热点。1999 年电信业的并购金额居于各行业并购金额之首，最高峰时出现过高达千亿美元的并购案。随着新经济泡沫的破灭，2000 年电信业遭到沉重打击，虽然仍有行业并购冠军的头衔，但交易金额占全球并购总金额的比例大幅下降，2001 年则进一步下降。媒体业与科技业的兼并交易额也只为原来的 1/4 到 1/3。与此同时，自 2000 年以来，金融、商业等行业取而代之，成为全球并购市场的热点行业。从 2002 年的数据来看，按照收购交易额排名，前十大交易中有四起在金融行业，金融业和医疗保健业取代了高科技行业成为全球并购活动的热点领域。

2007 年全球并购总额达 10 227 亿美元，较 2006 年增长 64%。此后受金融危机的影响这一数额不断下降，在 2009 年最低点时仅为 2 497 亿美元，还不到 2007 年的 1/4。虽然 2011 年全球并购总额恢复至 5 552 亿美元，但 2012 年这一数额又降至 3 081 亿美元。发达国家的跨国并购总量占绝大部分，主要由欧洲和美国组成。欧盟的跨国并购资本输出量和流入量占比逐渐下降，尤其是 2012 年欧盟跨国资本输出量为负数。2006 年以来，美国的资本输出量占比先下将后上升，而资本流入量占比则先上升后下降，这表明美国重新活跃在跨国并购市场上。全球金融数据提供商迪罗基的数据显示，截至 2018 年 3 月 19 日，美国公布的并购交易金额已经达到 3 945 亿美元，较 2017 年同期增长了 56%。这也是 1995 年以来的最快增长。

2009 年以来，发展中和转型经济体的资本输出量上升较快。在资本输出比例方面，由2007年的16.3%上升到了2012年的39.5%，这其中亚洲和拉丁美洲地区占了大部分。2006—2012年亚洲和拉丁美洲地区跨国并购资本输出量占发展中和转型经济体总跨国并购输出量的比例平均为81%；跨国并购资本流入量占比平均为60%。2013年由发展中国家及新兴市场国家的企业实施的跨国并购，在金额方面占到全球的56.5%，首次超过发达国家的份额（43.5%）。

亚洲地区跨国并购持续增加。与以往来自欧美发达经济体的企业并购占全球并购规模绝大部分比重相比，近年来，由于内部经济高速增长和企业国际竞争力的迅速提高，以亚洲、拉丁美洲为代表的新兴经济体企业正日益成为全球并购市场的重要力量。亚洲尤其是东亚、南亚、东南亚地区跨国并购的增长是一个亮点，跨国并购总额在2012年达720亿美元，占到了全球并购总额的23%。这其中最具代表性的中国，资本输出量占全球并购总额的比例由2006年的1.9%上升到了2012年的12.1%。2016年中国企业的海外投资并购投资交易达到438笔，累计交易金额为2 158亿美元，比2015年大幅增长了148%。2017年中国并购市场共完成5 480起并购交易，交易总金额约为3 680亿美元。

从跨国并购的行业分布来看，服务业跨国并购比重最大，其次是制造业，而基础产业所占的比重是最小的。2006—2012年服务业、制造业及基础产业的跨国并购资本流入平均占比分别为49%、37%和12%。在服务业跨国并购中，交通、仓储、物流，金融及商业服务贡献最大，2012年这三个领域的资本流入合计占服务业资本流入的62%。在制造业跨国并购中，食品、饮料、烟草领域的资本流入近年来占比有很大提高，已取代金属及金属产品，成为资本流入最多的三大领域之一，另外两大领域分别为化学和化学制品、电气和电气设备。在初级产品方面，近年来出现的一个趋势是：以中国、印度为代表的发展中国家加大对石油、采矿等资源类的对外并购力度，而黎巴嫩、叙利亚、科威特、沙特阿拉伯、阿联酋等西亚国家间的跨国并购力度也在加大。发达国家加大对高速增长的发展中国家的金融业、房地产业和主要制造业的跨国并购力度。2013年，在跨国并购金额上发生逆转的背景是发达国家企业进行的大型并购主要集中在信息通信领域，新兴市场国家和发展中国家企业的收购对象则涉及食品、建材、酒店、金融等多个领域。2016年全球对发达经济体的投资流入量持续增加，超过1万亿美元，比2015年上升5%，占全球对外直接投资流入量的59%。与此同时，对发展中经济体的投资自2012年以来持续上升，而在2015年明显上扬后，2016年出现严重受挫，下降了14%，回跌至2012年以来的最低点，为6 460亿美元。转型经济体的外资流入量则在2016年增长了近两倍，达680亿美元。

二、西方跨国公司并购理论

并购理论产生于并购实践，反过来又推动着并购实践的发展。在西方悠久的公司并购史中，西方学者从各种角度对并购活动进行了不同层面的分析和探讨，提出了许多假说。其研究的基点在于并购发生的原因和并购所能带来的利益价值（管理上的和效益上的）的大小。可以说，西方公司并购理论面临着两个基本问题：（1）什么力量在推动着公司的收购与兼并；（2）公司并购对整个经济以及交易双方而言是利还是弊。

以下将简要介绍西方跨国公司并购理论中有代表性的六种观点。

（一）效率理论（Efficiency Theory）

效率理论认为公司并购活动能够给社会收益带来一个潜在的增量，而且对交易的参与者来说无疑能提高各自的效率。这一理论包含两个基本的要点：第一，公司并购活动的发生有利于改进管理层的经营业绩；第二，公司并购将形成某种形式的协同（Synergy）效应。该理论暗含的政策取向是鼓励公司并购活动的。

效率理论可细分为六个子理论。

1. 效率差异化理论（Differential Efficiency）

效率差异化理论认为并购活动产生的原因在于交易双方的管理效率是不一致的。通俗讲就是，如果A公司的管理效率优于B公司，那么在A公司兼并B公司后，B公司的管理效率将被提高到A公司的标准，从而效率由于两公司的合二为一得到了促进。

该理论可以形象地被称作“管理协同”理论。亦即具有较高效率的公司将会兼并有着较低效率的目标公司，并通过提高目标公司的效率而获得收益，这暗含着收购方具有剩余的管理资源。该理论有两个基本假设：第一，如果收购方有剩余的管理资源且能轻易释出，并购活动将是没有必要的；但如果作为一个团队其管理是有效率和不可分割的，或者具有规模经济，那么通过并购交易使其剩余的管理资源得到充分利用将是可行的。第二，对于目标公司而言，其管理的非效率可经由外部经理人的介入和增加管理资源的投入而得到改善。

2. 非效率管理理论（Inefficient Management）

该理论一般很难和前面提及的效率差异化理论及后面将得到的代理理论区分开来。一方面，非效率管理可能仅是指由于既有管理层未能充分利用既有资源以达到潜在绩效，相对而言，另一控制集团的介入能使目标公司的管理更有效率；另一方面，非效率管理亦可能意味着目标公司的管理是绝对无效率的，几乎任一外部经理层都能比既有管理层做得更好。该理论为混合兼并提供了一个理论基础。在效率差异化理论中，收购方具有目标公司所处行业所需的特殊经验并致力于改进目标公司的管理。因此，效率差异理论更适用于解释横向兼并，与此相对，非效率管理理论更适用于分析混合兼并，即处于不相关的行业的公司间的并购活动。

非效率管理理论具有三个理论假设：第一，目标公司无法替换有效率的管理，而诉诸需要成本的收购；第二，如果只是因为经理人的无效率管理，目标公司将成为收购公司的子公司而不是合二为一；第三，当收购完成后，目标公司的管理者需被替换。

3. 经营协同效应理论（Operating Synergy）

该理论认为，由于在机器设备、人力或经费支出等方面具有不可分割性，因此产业存在规模经济的潜能。横向、纵向甚至混合兼并都能实现经营协同效应。例如，A公司擅长营销但不精于研究开发，而B公司正好相反时，如果A公司兼并了B公司，那么通过两者的优势互补产生经营上的协同效应。

4. 多角化理论（Pure Diversification）

作为一种并购理论，多角化区别于股份持有者证券组合的多样化理论。由于股东可以在资本市场上将其投资分散于各类产业，从而分散其风险，因此，公司进行多角化经营和扩张并不是出于为股东利益着想，在所有权与经营权相分离的情况下，公司管理层甚至其他员工将面临较大风险：如果公司的单一经营有可能陷于困境的话，由于它们不能像公司股东一样可在资本市场上分散其风险，只有靠多角化经营才能分散其投资回报的来源和降低来自单一经营的风险。公司内部的长期员工由于具有特殊的专业知识，其潜在生产力必优于新进的员工，为了将这种人力资本保留在组织内部，公司可以通过多角化经营来增加职员的升迁机会和工作的安全感。此外，如果公司原本具有商誉、客户群体或是供应商等无形资产时，多角化经营可以使此资源得到充分的利用。虽然多角化经营未必一定通过收购来实现，而可通过内部的成长来达成，但时间往往是重要因素，通过收购其他公司可迅速达到多角化扩展的目的。

5. 策略性结盟理论（Strategic Realignment）

该理论认为，公司的并购活动有时是为了适应环境的变化而进行多角化收购以分散风险的，而不是为了实现规模经济或是有效运用剩余资源。多角化互保的形成，可使公司有更强的应变能力以面对改变着的经营环境。

6. 价值低估理论（Under Valuation）

该理论认为，当目标公司的市场价值由于某种原因而未能反映出其真实价值或潜在价值时，并购活动将会发生。公司市值被低估的原因一般有以下几种。

（1）公司的经营管理未能充分发挥应有之潜能。

（2）收购公司拥有外部市场所没有的、有关目标公司真实价值的内部信息。

（3）由于通货膨胀造成资产的市场价值与重置成本的差异，而出现公司价值被低估的现象。

（二）信息信号理论（Information and Signaling）

该理论认为当目标公司被收购时，资本市场将重新对该公司的价值做出评估。

（1）股票收购传递了目标公司被低估的信息，就目标公司而言并不需要采取任何行动就会有市值重估的产生，称为“待价而沽”。

（2）收购要约的公布或关于收购的谈判将传达某种信息，告知目标公司的管理层应从事更有效率的管理活动。

（三）代理问题与管理者主义（Agency Problem and Managerialism）

代理问题的产生是由于公司管理层与公司股东两者的利益是不一致的。由于管理层只有公司的小部分所有权，使得管理层会偏向于非现金的额外支出，如豪华办公室、专用汽车等，而这些支出则由公司其他所有者共同负担。这种情形在大公司更为严重，由于所有权更为分散，对于个人股东更缺乏动力花费成本以监控管理者，即使监控管理者，所费资源仍属于代理成本。所以代理成本可以扩大为以下范围：（1）所有人与代理人的签约成本；（2）监督与控制代理人的成本；（3）限定代理执行最佳决策成本或执行次佳决策所需的额外成本；（4）剩余利润的损失。

这一理论对公司并购的解释可归纳为以下三点。

（1）并购可以降低代理成本。公司的代理问题可经由适当的组织设计解决，当公司的经营权与所有权分离时，决策的拟定和执行与决策的评估和控制应加以分离，前者是代理人的职权，后者归所有者管理，这是通过内部机制设计来控制代理问题。并购事实上可以提供一种控制代理问题的外部机制，当目标公司代理人有代理问题产生时，收购或代理权的竞争可以降低代理成本。

（2）管理者主义。穆勒于 1969 年提出假说，认为代理人的报酬决定于公司的规模，因此代理人有动机通过收购使公司规模扩大，而忽视公司的实际投资收益率。但李魏仑、汉斯在 1970 年的实证分析表明，代理人的报酬与公司的投资收益率有关而与公司规模无关，此结果与上述假设相反。持反对意见者则认为收购本身实际就是代理问题的产生。

（3）骄傲假说。罗尔在 1986 年认为收购者在评估目标公司时，往往过于乐观，尽管该项交易并无投资价值。如将所有的收购都归因于骄傲理论，必须具备强式效率市场的前提，但在实际的经济体系中，强式效率市场是很难存在的，因此骄傲假说只能部分解释收购活动的产生。

（四）自由现金流量假说（Free Cash Flow Hypothesis）

自由现流量假说源于代理成本问题。在公司并购活动中，自由现金流量的减少有助于化解经理人与股东间的冲突。所谓自由现金流量指的是公司的现金在支付了所有净现值（NPV）为正的投资计划后所剩余的现金量。琼森在 1986 年认为，自由现金流量应完全交付股东，此举降低经理人的权力，避免代理问题的产生，同时再度进行投资所需的资金由于将在资本市场上重新筹集而再度受到监控。

除了减少自由现金流量外，琼森认为适度的债权由于在未来必须支付现金，比管理者采用现金股利发放来得有效，更容易降低代理成本。他强调，尤其是在已面临低度成长而规模逐渐缩小，但仍有大量现金流量产生的组织中，控制财务上的债权是重要的。也就是说，公司可通过并购活动，适当地提高负债比例，可减少代理成本，增加公司的价值。

（五）市场势力理论（Market Power）

对于收购经常被认为的好处是可以提高公司的市场占有率。由于市场竞争对手的减少，可以增加公司对市场的控制力。但有的学者认为，市场占有率的提高并不代表规模经济或协同效应的实现，只有通过水平或垂直式收购整合，使市场份额上升的同时又能实现规模经济或协同效应，这一假说才能成立。反之，若市场占有率的提高建立于不经济的规模之上，则该项收购可能会带来负效应。

（六）税负考虑（Tax Consideration）

税收上的好处能够部分解释收购的产生，尤其是在公司合并上，当公司有过多账面盈余时，合并另一公司可以降低赋税支出，如果政府主动以税负减免的方式鼓励公司的合并，这一好处将更加明显。

三、跨国公司并购动因与效益分析

（一）并购动因

1. 追求利润的动机

在市场经济中，一个企业的经济活动，必须是一个追逐利润的过程，也是其生产的目的。追求利润最大化是西方企业家从事生产经营活动的根本宗旨，企业并购作为一种商品经济活动也不例外，它最初产生的动力就源于资本家追求利润最大化的动机。由于通过企业并购可以提高经济规模，增加产品产量，获得更多的利润，因此企业家总是想方设法地利用企业并购的途径获得更大的利益。投资银行家受高额佣金的诱使，也在极力促使企业并购的成功。因此，利润最大化的生产动机刺激了企业并购的不断产生和发展。

2. 竞争压力的动机

企业并购的另一动力来源于竞争的巨大压力。有市场就会存在竞争，这几乎是市场经济中一条铁的法则。尽管竞争的形式多种多样，但从最根本上讲，竞争还是单位成本的竞争。哪一厂商产品的单位成本低，就会获得比其他企业更多的利润，从而在市场上站住脚，占有更多的市场份额，打败对手。当然，竞争的前提是其产品适销对路。

以上两点仅仅是西方跨国公司企业并购的原始动力。在现实的经济生活中，并购的原始动力又是以各种不同的具体形态表现出来的。也就是说，企业并购不仅仅由于某一种原因进行并购，实际的并购过程是一个多因素的综合平衡过程。西方学者认为，主要有五个方面的因素影响西方企业并购活动：（1）经营协同效应；（2）财务协同效应；（3）企业发展动机；（4）市场份额；（5）企业发展的战略动机。

（二）跨国公司并购效益分析

1. 经营协同效应

所谓协同效应即“2+2>4”的效应。兼并后，企业的总体效益要大于两个独立企业效益的算术和。经营协同效应主要指的是兼并给企业生产经营活动在效率方面带来的变化及效率的提高所产生的效益。

企业兼并对企业效率的最明显作用，表现为规模经济效益的取得。企业规模经济由工厂规模经济和企业规模经济两个层面组成。

兼并对工厂规模经济带来的好处是：（1）企业可以通过兼并对工厂的资产进行补充和调整，达到最佳经济规模的要求，使工厂保持尽可能低的生产成本。（2）兼并还能够使企业在保持整体产品结构的情况下，在各个工厂中实现产品的单一化生产，避免由于产品品种的转换带来的生产时间的浪费，集中在一个工厂中大量进行单一品种生产，从而达到专业化生产的要求。（3）在某些场合中，企业兼并又能够解决由于专业化带来的一系列问题。现代化大生产由于科学技术的发展，在很多生产领域中要求实行连续化生产，在这些部门，各生产流程之间的密切配合有着极其重要的意义。企业通过兼并，特别是纵向兼并，可以有效地解决由于专业化引起的各生产流程的分离，将它们纳入同一工厂中，可以减少生产过程中的环节间隔，降低操作成本、运输成本，充分利用生产能力。

规模经济的另一个层次是企业规模经济。通过兼并将许多工厂置于同一企业领导之下，可以带来一定程度的规模经济。这主要表现在：（1）节省管理费用。由于中、高层管理费用将在更多数量的产品中分摊，单位产品的管理费用可以大大减少。（2）多厂企业可以对不同顾客或市场面进行专门化生产的服务，更好地满足他们各自的不同需求。这些不同的产品和服务可以利用同一销售渠道来推销，利用相同技术扩散来生产，达到节约营销费用的效果。（3）可以集中足够的经费用于研究、发展、设计和生产工艺改进等方面，迅速推出新产品，采用新技术。（4）企业规模的相对扩大，使得企业的直接筹资和借贷都比较容易，有充足的财务能力采用各种新发明、新设备、新技术，适应环境和宏观经济的变化。

2. 财务协同效应

财务协同效应主要是指兼并给企业在财务方面带来的种种效益，这种效益的取得不是由于效率的提高而引起的，而是由于税法、会计处理惯例以及证券交易等内在规定的作用而产生的一种纯金钱上的效益。主要表现在以下两个方面。

（1）通过兼并实现合理避税的目的。税法对个人和企业的财务决策有着重大的影响。不同类型的资产收益的税率有很大区别。由于这种区别，企业能够采取某些财务处理方法达到合理避税的目的。例如，当企业 B 兼并企业 S 时，如果企业 B 不是用现金购买企业 S 的股票，而是把企业 S 的股票按一定比率换为企业 B 的股票，由于在整个过程中，企业 S 的股东既未收到现金，也未实现资本收益，这一过程是免税的。通过这种兼并方式，在不纳税情况下，企业实现了资产的流动和转移。资产所有者实现了追加投资和资产多样化的目的。在美国 1963—1968 年的兼并浪潮中，大约有 85% 的大型兼并活动采用了这种兼并方式。

（2）通过兼并产生巨大的预期效应。财务协同效应的另一重要部分是预期效应。预期效应指的是由于兼并使股票市场对企业股票评价发生改变而对股票价格的影响。预期效应对企业兼并有重大影响，是股票投机的一大基础，而股票投机又刺激了兼并的发生。在西方市场经济中，企业进行一切活动的根本目的是增加股东的收益，而股东收益的大小，很大程度上决定于股票价格的高低。证券市场往往把市盈率（价格—收益比率，PE 比率）作为一个对企业未来状况的估计指标。

一个企业，特别是那些处于兼并浪潮中的企业，可以通过不断兼并那些有着较低的 PE 比率但有较高每股收益的企业，使企业的每股收益不断上升，让股份保持一个持续上升的趋势，直到由于合适的兼并对象越来越少，或者为了兼并必须同另外的企业进行激烈竞争，造成兼并成本不断上升而最终无利可图为止。预期效应的刺激作用在美国 1963—1968 年的兼并热潮中表现得非常显著，在绝大部分的兼并活动中，兼并方的 PE 比率一般都大大超过被兼并方。

3. 企业发展动机

在竞争性经济条件下，企业只有不断发展才能保持和增强在市场中的相对地位，才能够生存下去。因此，企业有很强的发展欲望，但同时又不能盲目地扩张，要注意保持一定的发展速度。在这种情况下，企业可以运用两种基本方式进行发展：通过内部投资新建方式扩大生产能力；通过兼并获得行业内原有生产能力。比较而言，兼并往往是效率比较高的方法。这是因为兼并有效地降低了进入新行业的壁垒。第一，企业在进入一个新的领域时，面临着现有企业的激烈反应，若以小规模方式进入，即面临着成本劣势。第二，产品差异使用户从一种产品转向购买新进入者的产品时，必须支付高额转置成本，使新企业难以占领市场。第三，某些资本密集型行业要求巨额投资，企业进入新领域时，存在较大风险，使企业在筹资方面有一定困难。第四，由于原有企业与销售渠道之间长期密切的关系，企业要进入新市场时必须打破原有企业对销售渠道的控制，才能获得有效可靠的销售渠道。在运用兼并方法时，进入壁垒可以大幅度降低。

4. 市场份额

市场份额指的是企业的产品在市场上所占份额，也就是企业对市场的控制能力。企业市场份额的不断扩大，可以使企业获得某种形式的垄断，这种垄断既能带来垄断利润又能保持一定的竞争优势。因此这方面的原因对兼并活动有很强的吸引力。企业兼并的三种基本形式——横向兼并、纵向兼并和混合兼并，都能提高企业的市场势力，但它们的影响方式有所不同。

（1）横向兼并。横向兼并有两个明显的效果：实现规模经济和提高行业集中程度。横向兼并对市场势力的影响主要是通过行业集中度进行的，通过行业集中，减少竞争者数量，改善行业的结构，企业市场势力得到扩大。

横向兼并通过改善行业结构，使兼并后的企业增强了对市场的控制力，并在很多情况下形成垄断，从而降低了整个社会经济的运行效率。因此，对横向兼并的管制一直是各种反托拉斯法的重点。

（2）纵向兼并。纵向兼并是企业将关键性的投入—产出关系纳入企业控制范围，以行政手段而不是市场手段处理一些业务，以达到提高企业对市场的控制能力的一种方法。它主要是通过对原料和销售渠道及用户的控制来实现这一目的。纵向兼并使企业明显地提高了同供应商和买主的讨价还价能力。

纵向兼并往往导致“连锁”效应。一个控制了大量关键原料或销售渠道的企业，可以通过对原料和销售渠道的控制，有力地控制竞争对手的活动。因此，即使纵向一体化不存在明显的经济效益，为防止被竞争对手所控制，当一家企业率先实行纵向兼并时，其余企业出于防卫的目的，也必须考虑实行纵向一体化。

（3）混合兼并。从表面上看，很难看出混合兼并对市场势力有何明显影响，混合兼并对市场势力的影响多数是以隐蔽的方式来实现的。在多数情况下，企业通过混合兼并进入的，往往是与它们原有产品相关的经营领域。这方面的规模扩大，使企业对原有供应商和销售渠道的控制加强了，从而提高了对主要产品市场的控制。另外，企业通过混合兼并增加了企业的绝对规模，有充足的财力对付竞争者，达到独占式垄断的目的。

虽然以上三种形式的兼并都可以增加企业对市场的控制能力，但比较而言，横向兼并的效果最为明显，纵向兼并次之，而混合兼并的作用则主要是间接的。企业市场势力的扩大有可能引起垄断，因此，各国反托拉斯法对出于垄断目的的兼并活动都加以严格的管制。

5. 企业发展的战略动机

根据企业生命周期理论，每一个企业的产品都有一个开发、试制、成型、衰退的过程。对于生产某一主导产品的企业，一方面可以不断地开发新品种以适应企业的产品生命周期；另一方面则可以制定较长远的发展战略，有意识地通过企业兼并的方式进行产品的转移。

这种动机进行的兼并效益明显地表现在以下三个方面。

（1）企业通过兼并有效地占领市场。企业进入新的行业要克服行业壁垒，企业进入新市场时同样也存在着各种壁垒。通过兼并进入一个新市场，企业就可以有效地降低进入壁垒。日本自行车企业就成功地利用了这种战略，在 20 世纪 70 年代中期打入美国自行车市场，并在 70 年代末完全占领了这一市场。随着国际贸易的发展，国与国之间的竞争日益加剧，各种国家、地区壁垒相应地不断加强，在这种情况下，兼并就成了占领和反占领某一地区市场的有力武器。德国的西门子公司为了阻止日本进入西欧的计算机市场，不惜花费巨资兼并了一系列的西欧计算机软件和硬件公司。日本企业为了能在欧共体中进行自由贸易，也在英、法、德等国进行了大规模的兼并活动，试图解决关税壁垒和贸易摩擦带来的一系列问题。2003 年 TCL 与法国汤姆逊合并重组而形成的 TCL 汤姆逊公司资产净值超过 4.5 亿欧元，彩电年产量达 1 800 万台，成为全球最大的电视机生产基地。TCL 利用汤姆逊的技术和产品资源，又可以通过它绕开贸易壁垒的限制；而汤姆逊公司与 TCL 合作有望使其中国业务实现突破。

（2）企业通过兼并能够实现经验共享和互补，这里的经验不仅包括经验—成本曲线效应，还包括企业在技术、市场、专利、产品、管理等方面的特长及优秀的企业文化。企业通过兼并可以在以上各方面、各部分之间实现共享或取长补短，实现互补效应。

（3）企业通过兼并能获得科学技术上的竞争优势。科学技术在经济发展中起着越来越重要的作用。企业在成本、质量上的竞争往往转化为科学技术上的竞争。企业常常为了取得生产技术或产品技术上的优势而进行兼并活动。日本汽车业战胜美国汽车业的一个重要原因是：日本的汽车制造企业广泛采用机器人进行生产，这样不但降低了成本，而且提高了质量。面对日本的有力攻击，1982 年美国通用汽车公司（GM）新任总裁罗杰斯上任后，明确提出了高科技的赶超战略，对通用公司进行了一系列的调整和重组，使通用公司从一些领域中退出，同时兼并了一系列高科技企业。这样通用公司成功地实现了全面计算机化和机器人生产自动化。现在，通用公司已成为美国最大的电子器件和国防产品生产商，成为美国最重要的计算机软件设计和计算机服务企业。

第二节　跨国公司并购的策划与运作

一、跨国公司并购战略分析

跨国公司并购是一项有风险的业务，数百万美元的损失往往产生于战略决策上的失误。因此，每个从事跨国并购的公司，为了达到并购的目标，都必须为自己制定一个切实可行的战略，以适应不断变化的各种条件。一个适用于所有公司的最好战略是不存在的，每个公司都必须根据自己在市场上的地位及其目标、机会和资源，确定一个有意义的战略。

并购的成败不在于是否完成并购交易，而在于交易完成后的经营业绩是否达到预期目标。因此在并购过程中，制定科学而又可行的并购战略与一般的投资决策一样，是投资成败的关键所在。从企业并购动机来考察，跨国公司并购战略可分为多角化经营并购战略和公司并购整合战略。

（一）多角化经营并购战略

多角化经营是指公司的经营已超出了一个行业的范围，向几个行业的多种产品方向发展。它是公司的一种向外扩张战略。一般地说，由于多角化经营可以把公司的经营风险分散于多个行业或多种产品，在一方面的损失可以在其他方面得到弥补，做到“东边不亮西边亮”，从而降低单一经营所面临的风险，增加公司经营的安全性。

一家进行多角化经营的公司，有两种可以选择的途径：（1）公司内部在原有基础上，增加设备和技术力量，逐步向其他行业扩展；（2）从公司外部并购其他行业的公司，这是实现多角化经营的一条快捷途径。策略性投资组合管理促使企业为追求经营效益，不时地评估所处环境的优劣，再结合本身实力的强弱，通过资本或股权的收购或出售，将资金重新分配。在考虑长期利润的情况下，企业应出售所属的未来的前景看淡的事业，将出售所得的资金用来收购未来前景看好的事业。

在企业并购过程中企业决策者经常会面临这样的抉择：是原有产品（事业）继续扩张，还是把力量放在新产品（事业）或者新、旧产品两者兼而有之。这样，在企业多角化经营并购战略里，就有所谓中心式经营策略和复合式经营策略之分。“中心式”表明新事业与原有事业相关度高，而“复合式”则新事业与原事业完全无关。

1. 中心式多角化经营并购战略

采用中心式多角化经营并购战略，就是在企业原有产品或事业的基础上，以扩张原有事业为中心进行企业并购。这种并购可使企业规模快速成长。例如，美国宝洁公司（Procter & Gamble）就接收过很多相关性很高的公司，经由技术支援及营销通路共同作用而使其取得市场领先地位。目前宝洁公司除在欧美许多国家收购很多公司外，还在亚洲，特别是在我国北京和广州成立了合资公司，大力开拓我国的洗涤用品市场。对宝洁公司而言，每收购一家公司，就可能为其带来更广的产品线。这就是中心式多角化并购战略。然而这些并购是否真正在技术上产生效益，还要考虑到研究开发技术的协调性工作所产生的额外成本，有时这些额外成本可能抵消相当大的技术互补利益。1991 年，日本索尼公司以 20 亿美元收购美国最大唱片公司——哥伦比亚唱片公司（CBS），就是一个较成功的中心式多角化收购战略的例子。中国电信在 2003 年收购六省市电信资产使中国电信的经营地域扩大至 10 个省（区、市），本地电话用户超过 1 亿户。此前中国电信先后与美国、日本、欧洲等多家公司通过多轮谈判，最终以低廉价格收购了多条国际海缆，从而控制海底光缆总数达到 20 条。中国电信利用垄断权力和独特的资本市场资源加速并购的步伐，构筑了一道抵御全球公司争夺中国市场的防线。

总之，中心式多角化并购是企业寻求新的收益与利润的最好途径，比内部发展和复合式收购经营风险相对较小。但是要考虑到，在选择中心式多角化并购时新的目标事业的竞争环境是否有利于收购者顺利进入。在一个竞争激烈的市场环境中，提供给收购者本身的行销、制造技艺、研究开发成果等新的目标事业能否取得相当大的竞争优势，是企业收购前要考虑的相当重要的评估项目。

2. 复合式多角化经营并购战略

复合式多角化经营并购战略，其并购对象的经营领域或范围不需要与公司原有经营领域有关。复合式多角化经营并购的基本动机是为促进企业经济效益的大幅度提高，并使企业有稳定的利润，同时通过这种并购使企业实现跨行业、跨部门经营，避免资金过于集中于某个产业，以达到分散企业投资风险的目的。

我国深圳最早实行股份制的企业之一的万科集团公司，利用股权投资的形式，先后投资海南新能源公司、西安黄河机电股份有限公司、天津海运等股份有限公司，特别是 1993 年 8 月投资北京王府井百货大楼、北京城乡贸易中心等 22 家企业 7 500 万元人民币，通过这些股权投资，开展跨行业、跨地区多角化经营，使万科集团成为国内最有实力的股份制企业之一。

应该看到，那些高科技公司在是否通过多角化经营并购战略扩大公司事业规模时面临两难处境：由于高科技产品生命周期短，一旦产品过时，存货价值几乎为零，而且研究开发速度跟不上市场的要求，很快会被淘汰。若实行多角化经营并购战略，会使企业力量分散，不易集中力量跟上市场步伐；若不实行多角化经营并购战略，会使风险过于集中，影响企业的长远发展。

事实上，从另一个角度来看，实行复合式多角化经营并购战略是企业成长的必然要求。很多企业发展多角化经营，把力量界定在几个主要产业内发展，经过长期发展即可形成几个核心事业。

由于复合式多角化并购战略的收购风险高，因此应注意下列问题：（1）跨入的产业应是成长快、前景看好的产业；（2）避免到对当地税法、会计原则不熟悉的国家或地区投资；（3）新事业的财务控制及管理与公司原有事业相似，或者不会复杂到不易了解产业状况的地步。

20 世纪 70 年代中期以来，西方国家的许多公司开始通过收购和兼并与自己不同行业公司的方式来使自己的资产和经营分散化，试图以此来降低风险，保证收益的稳定。

2003 年全球十大并购之一的美国通用电气收购维旺迪在美娱乐资产就是很好的案

例。10月8日，通用电气公司（GE）同法国威旺迪环球公司（Vivendi Universal）签署协议，斥资140亿美元收购威旺迪环球在美国的娱乐资产。随后GE旗下的美国国家广播公司（NBC）与该娱乐资产合并，组建一个新的NBC环球新公司，涉及金额达420亿美元，其中GE拥有80%的股份，威旺迪环球持有余下20%的股份。通过这次并购，GE进一步稳固了该公司在文化娱乐界的地位和市场份额，有利于进一步开展多样化的发展战略。

从理论上讲，两个公司的现金流之间的相关性越小，并购的结果就越能产生较强的稳定性。但在实践经济中，既存在着在多角化经营并购分散风险上取得成功的例子，也存在着一些与此相反的事实。有些公司由于多角化经营并购带来了经营上的困难，甚至因此而产生重大的损失。例如，美国国际电话电报公司多年来一直经营得很成功，但当它买进大陆面包公司和希尔顿饭店后，对新的业务感到束手无策，结果不但没能经营好新业务，反而影响了公司本身电话业务的发展。

（二）跨国公司并购的整合型战略

跨国公司并购的整合型战略是指以收购其他企业后与本企业资源“整合”，取得综合效益和规模经济，获得必要的技术和产品线，扩大市场规模为目标的一种并购战略。这种并购战略在实践中是大多数公司所采用的。这种整合可分为垂直整合、上游整合、下游整合、水平式整合。

1. 垂直整合型并购

垂直整合型并购是为整合从初级原料到最终产品的整个生产过程而产生的并购。

德国BASF化学公司多年来一直致力于长期的垂直整合战略。在纤维、油墨、塑胶等产品方面，该公司本着唯有控制生产的每一个过程，方可获长远利益的信念，投入大量资金在垂直性的投资上，从初级原料到最终产品均自行生产。在这种战略下，并购接收了不少工厂。例如，1985年BASF公司花费1亿美元接收美国Monsanto的一座生产纤维用的中间化学品工厂。BASF公司认为虽然化学业的垂直性投资金额庞大，但是就长期性而言，整合产生的经济利益必然超过资本的机会成本。

垂直整合有分散风险的效用，但是常因需要大量增加固定成本及资本支出深入某一特定行业，这就降低了未来转换为其他产业的弹性。这样一来垂直整合反而会把投资风险集中在某一产业，这是其不利的一面。

2. 上游整合型并购

上游整合型并购是指企业为控制货源而并购上游产品或原料的制造公司。并购之后，目标公司在经营管理上因为客户稳定，销路畅通，自然营业成本降低，经济效益提高。但是在这种情况下往往会因没有竞争压力，而造成效率降低，使生产成本比市场竞争者还要高，从而会连带影响母公司产品竞争力。此外，上游整合也可能发生竞争上的冲突，上游整合后若与上游产品或原料的主要供应商构成竞争局面，就有可能造成供应上的危机。在市场竞争的情况下，在工业性产品方面，也可能出于技术泄密的考虑，而会终止原有商业关系。上游整合最常发生的风险是与被并购企业的原客户冲突，客户对供应商来说成为竞争者，会造成互相竞争，使本企业销量下降。2008年12月，中国大型炼油企业中石化集团以20亿加元的价格收购加拿大石油开采商Tanganyika Oil的全部股份，这是中石化上游整合发展战略的一个重要步骤。Tanganyika Oil是一家以石油勘探及开采为主的能源公司，在叙利亚及埃及等地都拥有相关资产。

3. 下游整合型并购

下游整合型并购是指企业并购下游产品的制造商。一般有两种形态：（1）原来的零配件制造商通过并购生产制成品；（2）原来的成品供应商通过并购由被动的生产走向主动的行销。前者主要考虑成品生产技术问题，产成品的品质好坏常决定销售成败，因而影响工业性产品行销领域；后者是市场销售渠道问题，这种消费品营销渠道的建立需大量资金及时间的投入，市场竞争更为激烈。因此当企业确定垂直整合战略时，须慎重考虑是由其内部自行创设还是收购现成企业来达到此目的。

美国英特尔公司（Intel）是全球计算机386中央处理器（CPU）芯片的主要供应商。英特尔公司曾对客户限量供应，同时实行下游整合委托韩国金星公司生产个人电脑，因而引起全球个人电脑业的恐慌，因此美国个人电脑大厂康柏公司（Compaq）不惜冒险和美国Nexgem公司合作，自行开发386相容CPU产品，这样一来英特尔公司的下游整合就可能会失去不少客户，造成一定销售上的损失。

4. 水平式整合型并购

水平式整合型并购是企业通过并购取得目标公司现成的产品生产线、现成生产技术、现有产品品牌及营销渠道，从而扩大产品和市场规模的并购行为。

二、跨国公司并购的策划

（一）并购目标策划

并购的策划实质上是对并购目标公司的选定。并购目标的选定是一个理智的、科学的、严密的分析过程，如何在市场经济大海中找到合适的并购对象，是企业并购决策中的首要问题；同时，在寻找目标公司时，良好的策略规划仍具有很重要的作用，它将直接影响并购公司去寻找何种目标公司作为并购对象。

策略规划是一种思考与想象的过程，在进行必要的调查与审核后，根据企业的现有状况与今后发展的规划，形成公司的并购策略。在策略的形成上，企业常常估计自己所处的环境，存在哪些发展机会与潜在的威胁，并根据本身在市场上的优势和弱点，明确制定出企业的成长目标，进而拟定出未来应采取的发展策略。

通常人们把企业成长目标分为内部成长目标和外部成长目标。内部成长目标靠企业通过扩大自身的资本积累，吸收外来资金加盟经营而实现；外部成长目标则靠寻求更广阔的市场空间，争取政府的政策优惠和特别许可而实现。企业决定收购公司是企业内外成长目标相互作用的结果。

公司在进行整体性策略规划时，往往因本行业前景发展有限而积极主动追求跨入其他产业，寻求另一个成长空间，因此主动地进行并购策略规划。例如，我国北京中关村电子一条街上的许多原来专营电脑的公司，面对竞争日益激烈而市场空间却日益狭窄的局面，开始向房地产、金融证券、机电、信息咨询服务等产业发展。公司也可能在短期内面临某项内部问题或外在威胁，想积极地通过并购来解决这些问题或威胁。例如市场前景突然变好，而自己生产能力却显严重不足，因而寻求并购邻近市场的现成厂房设备；或者竞争者已发展出新技术，自己虽有能力但自行发展已来不及，这样也须立即设法收购拥有此种技术的公司。此外，不管是长期或短期的发展需要，企业往往追求“综合效益”，主动寻求营运上的整合，通过公司并购达到其成长的目标。但是公司也可能纯粹基于财务上的考虑而欲进行并购。如有些企业收购百货公司、旅馆或银行，往往是为了资金调度上更具有弹性，或是寻找一个行业，其现金流量正好与本行业互补。

并购目标公司有关信息的来源一般有银行、投资银行家、会计师事务所、律师、商务经纪人、供应商、销售代表、子公司、破产处理专家、冒险投资家、经营顾问、政府相关部门及商界朋友等。借助报纸、杂志、广播等大众传播媒介搜集信息也是行之有效的方法。

例如，在英国，如果收购方想要了解的目标公司是一家上市公司，可以从数据流（Datastream）和 Excel 信息服务机构及金融出版物中得到有关信息。一个在英国注册的企业，其信息资料的来源应包括以下内容。

（1）企业本身（上市公司）：年度报表、中期财务报告书、详细情况列表、通告、声明、成员花名册（包括 3% 的伙伴名单）。

（2）股票交易所：公司新闻服务（为散发声明内容提供计算机服务）、公司 Fiche 服务（为公司提供缩微拷贝公共文献和声明的服务）。

（3）Excel 统计服务：Excel 卡片。

（4）排列数据库：内容排列（新闻）、数据流（金融数据）、信息控制中心（金融数据）、AM 数据。

（5）金融出版物：《金融时报》《欧洲货币》《经济学家》《投资者年鉴》。

（6）出版物剪辑服务：麦卡锡卡片、内容排列。

（7）公司商号：记录文件、备忘录和文章、年度收益报表。

（8）公司调查机构：乔丹（Jordans）、自信检验、信息管理中心。

（9）资信评估机构：邓恩和布拉斯翠特（Dun & Bradstreet）。

（10）市场研究机构。

（11）商贸来源：同业公会、销售小册子、贸易目录、展览目录。

（12）公司图书馆、上市公司图书馆。

（13）参考书：《凯利公司目录》《康帕斯指南》《股票交易所年鉴》《市场领袖的 Excel》《格劳福兹目录》《诸侯争雄》《格雷厄姆和特洛威曼公司指南》等。

（14）个人接触：供应商、顾客、雇用人员和前雇用人员、顾问、股票经纪人、新闻记者。

（15）其他来源：补充文献、特殊行业调查、垄断委员会报告、其他政府报告等。

（二）并购形式策划

公司并购形式的策划可以采取“积极式”和“机会式”两种不同方式。在企业的整体性策划里，若确定要采取“外部成长”的发展战略，即会采取“积极式”的并购形态，否则一般常采取“机会式”的并购形式。

1. 积极式并购

在积极式并购下，企业可根据并购的目标，制定明确的并购标准。在此标准下，企业可主动寻找、筛选出几家目标公司，并开始进行个别并购洽谈。这些标准与条件一般包括产业类别、企业规模、财务状况、地理位置、技术水平、市场地位等。另外，还有一些其他标准，如不从事用人过多的行业、不从事与现有客户竞争的行业。2009 年 3 月 18 日，可口可乐以 24 亿美元收购汇源果汁的方案最终未能通过商务部审查。但可口可乐表示其仍将积极寻找各种业务发展机会，包括并购。根据其全球的并购策略，公司会不断寻求合适的战略并购，以互补公司现有业务。可口可乐一直专注于利用自身的资源和专业优势发展现有品牌，研发新的饮料品牌。

积极式并购的并购标准没有一套固定的形式，一般每个决策者针对自己企业的状况与发展目标制定与自己关系较密切的标准，而且标准的制定必须能切实反映出策略目标的方向。例如，某家生产西服的服装公司属于中档西服生产者，现欲扩大规模收购其他服装企业，在其收购标准的制定上，究竟应定位在并购中档西服生产企业上还是高档西服企业上呢？这就需要进行细致的考虑。若追求短期效益，则应把目标公司定在中档生产企业，以利用现成营销关系使收购公司的销售量大增。若从长远发展战略考虑，则应定在高档服装生产企业，通过逐步消化吸收，提高企业的产品档次，但在短期内，对方的营销关系可能对中档品的销售产生不了帮助，且不易提高目前的产量。因此在制定标准时，应考虑到并购策划上究竟以短期目标还是以长期目标为重的问题。

一般而言，假如企业将并购标准定得明确，则不需要外界咨询机构的协助，即可很容易确定出哪几家公司是最好的并购对象，并可主动去找并购对象商谈双方交易的可能性。在主动寻找目标公司时，可能根本无一家公司欲出售，或者不愿花高价钱去收购，这样就可能一直无法成交，因此只好等待合适的被动并购机会。事实上，在某些标准下即使主动寻找目标公司，亦可能不易成交。例如，所制定的并购标准是百分之百的全额收购，不愿合资，则价格常不易谈拢。又如，若只想投资目标公司少数股份，而又想取得对方某项资源的配合补充，则业务合作的方式往往确定不下来，此项交易可能一直无法成交。

寻找一家合适的并购对象，不论是完全的股权并购，还是仅并购部分股权而形成合资企业，开始时都应设定许多标准，并且按重要性进行排列，依此标准去寻找，往往交易的成功率比较大。

2. 机会式并购

机会式并购是指企业在其整体性策略规划里，没有进行具体的并购策划，而只是在被动地得知同业间有哪家公司欲出售，或从专业并购中介机构中得到有出售公司的消息后，企业才依目标公司的状况，结合本企业的策略来进行评估，以决定是否进行公司收购。

因此，当企业得到收购机会时，应先评估与其既定的整体性策略的配合程度，若与其既定策略不符，则根本不必去考虑收购。

一般地说，具有强烈成长意识的企业对于被动并购机会的评估，即使策略上配合程度较差，也应重新评估整体性策略是否可因此而改变，以掌握一个来之不易的成长机会。不过在这种机会式的规划方式下，可能会因并购活动需调整策略性成长方向，而不会很快进行。在机会式并购中，除了对机会的掌握外，还会基于市场竞争威胁的考虑，而必须收购与己争夺目标市场的公司，达到统一市场的目的。2008 年 11 月在澳元大幅度贬值之下，中国神华抓住机会，首先抄底挺进澳大利亚煤炭市场，公司以 13 亿元人民币购得澳大利亚沃特马克勘探区的探矿探矿权，这一区域面积总共约 190 平方千米，预计含有高质量的内销和出口动力煤的浅煤层资源，资源量预计超过 10 亿吨。沃特马克勘探区域位于距离纽卡斯尔（Newcastle）港约 270 千米处，一条铁路支线从该勘探区域东北边穿过，并连接到一条铁路主线，一直延伸到纽卡斯尔港。这也是其第一个境外项目。

一般而言，在公司并购里，在主动规划去寻求并购对象的方式下，必然花费不少时间、人力去进行筛选与评估，而所选定的对象可能均不愿出售，因而往往开价过高。被动机会下的并购，只要卖方开的价钱不太高，交易谈成的可能性就较大。

因此，大致比较起来，主动规划下经筛选、评估所并购的公司，短期上可能价格较高，但就长期而言，由于是经公司长期性策略规划下所选出的收购对象，故策略上的配合度较高，容易产生长久性的综合效益。

（三）并购策划影响因素

在进行公司并购策划时，主要应考虑以下四个方面的因素：（1）公司的自我评估；（2）备选目标基本情况分析；（3）公司并购依据分析；（4）公司并购可能性分析。

1. 公司自我评估

其内容包括公司的经济实力、所在行业发展前景、公司发展战略、所在行业科技发展趋势及对本公司影响。公司的经济实力主要是指公司目前的资金实力、业务水平、市场产品份额占有率及利润率、公众形象与资信级别等。公司经济实力在股票市场上表现为股价高低，如果在上市公司中，某公司市盈率一直很高，公众对其股价长期看好，该公司就有实力充当并购者，否则极有可能被并购。公司所在行业的发展前景是指所属行业的现状、前景的评估，它将影响决策者是继续在本行业谋求发展，还是放弃本行业发展而进入其他行业发展的决定。公司发展战略也是一项重要内容。发展战略不同，确定的收购、兼并对象亦不同。公司并购有横向并购、纵向并购、混合并购之分，是出于发展战略不同之故。还要考虑科技的发展趋势及本公司在发展中会面临哪些机遇与挑战。对科技力量的考虑，也是选择并购目标的一个考虑因素，例如，一个急需获得技术力量优势的公司可能会并购一些高科技产业及一些研究所。

2. 备选目标基本情况分析

它包括目标公司面临的行业环境、国内外竞争状况，目标公司拥有市场份额与实力的大小，目标公司利润水平及前景，企业所有制性质、财政隶属关系，政府对该企业或该企业所代表的行业的现状与前景所持的态度，是否会出现政府干预并购或支持并购的行动，企业净资产规模、资产、负债等情况，企业经营管理水平，管理者素质的高低等。

此外，还要注重对目标企业产品市场需求的调查研究。这种调查主要是要搞清楚以下几方面问题：（1）产品的用途及发展趋势；（2）客户的现状及将来的分布情况；（3）市场的需求量和产品的销售量及其发展潜力；（4）企业产品市场占有率及有无开发新产品的能力；（5）企业的产品是否有替代品的威胁，其竞争情况及发展趋势；（6）产品的现行价格及今后趋势。

3. 公司并购依据分析

第一，分析公司并购双方的优势与不足，包括财务经济、市场销售能力、市场分布状况、生产能力、产品质量、产品销售量、技术潜力等。要做到优势互补，扬长避短。

第二，确定公司并购的类型，通过双方工艺技术相关性判定采取何种并购方式。

第三，分析协同作用，通过分析并购后协同作用的大小来决定是否进行收购。例如，一家推销能力很强的企业收购一家生产能力很强但缺乏推销技能的企业，就会产生巨大功能性协同作用。功能性协同作用还可以表现于技术领域、制造工艺领域、研究和开发领域和财务方面。例如，一家资金雄厚的公司收购一家具有发展潜力但资金有限的公司，也可产生很好的协同作用。再如一家经营得法、收入丰厚的公司收购一家有一定潜力但处于亏损状态的公司，可以减少盈利额，达到减税目的。

第四，分析财力、物力设备状况，即收购者资金实力及筹措资金能力大小、原材料、设备等。

4. 公司并购可能性分析

公司并购可能性包括两方面含义：一是目标企业自身具有被收购或兼并的可能性；二是目标价格高低及要约人（买方）承受能力大小。如果目标价格是在要约人可承受能力范围内，就有并购可能性。

对于目标公司本身的因素，主要应考虑公司股本结构。以我国为例，股权设置分国家股、法人股、个人股、外资股。如果股权结构不合理，则可能遭到收购。此外，如果一家公司由于股票价格低于资产而被低估了价值的话，它极有可能成为并购的首选目标。因为对方通过购买股权可以用很便宜的价格取得目标公司资产。股票价格低下，公司股票市场值也必然很低，估价率降低就会遭人接管，高估价率会使收购者望而却步。例如，英国莱德房地产公司购买多萝西帕金斯妇女服装连锁商店的股票，就是因为后者的市场值低于其资产，转卖出去就能从中赚到丰厚利润，剩下部分于 1982 年卖给了伯顿集团。由此可见，估价率与被吞并的可能性是高度相关的。库恩研究了 1969—1975 年英国 35 000 多家公司后，得出估价率与被并购可能性之间呈负相关关系的结论，是对此最有力的证明。

要约人的承受能力因素主要应考虑有没有能力吞下猎物，这取决于其自身实力。主要衡量标准是目标价格。如果目标价格高于公司所能承受的最高收购价格，则对买方而言，收购可能性不太大，因为他没有必要用高昂的代价为此冒险；反之，收购可能性就大。

三、跨国公司并购的评估

在公司并购的实际操作中，目标公司并购价格的确定是双方关注的焦点所在。公司价格确定的基础是并购前买卖双方对公司价值的估算。这种资产评估是并购工作的核心内容。它不仅为公司的收购决策提供可靠依据，而且是并购后公司健康发展的基础。我们从目标公司为上市公司和非上市公司两方面介绍公司并购时对目标公司价值评估的方法。

（一）上市公司价值评估

价值评估的一个主要方面是资产评估。资产评估是运用经济、财会、法律、税务等方面的知识与技能在进行大量的调查、评审和分析的基础上，对公司的有形资产和无形资产进行详细的科学分析与评估。通常，资产评估定义为：由专门的机构和人员，依据有关规定和数据资料，按照特定的评估目的，遵循适用的评估原则、程序、计价标准，运用科学的评估方法对资产价格进行评定估算的过程及其管理活动。上市公司的资产及价值评估一般有以下方法。

1. 账面价值调整

通常，买方公司会在收购前聘请注册会计师审查目标公司提供的资产负债表的真实性。此种审查过的报表，可反映当时真实的财务状况，但是若要估算目标公司的真正价值，仍须对资产负债表的各项目做必要调整。

如对公司的外贸业务，应注意因汇兑产生的损失；对于有价证券，则应注意市价是否低于账面价值；对应收账款应比较账龄长短及标准销售信用期，再计算可能发生的坏账损失，如有可能，最好能与客户联络，确定债权的存在性；即使为应收票据，亦应查明到期无法兑现的可能性有多大。当然买方也可要求在契约上约定，日后若收不到若干比例的应收款，卖方应负责赔偿。通过契约上的保证，可减少审查成本。至于存货，买方应由本身或找到有足够能力的人员进行实地盘点，并估算其目前的市场价值。

机器设备、厂房、土地的估算，也需要由有专业能力的人员进行评估，一般以公证鉴证机构（如资产评估机构、会计师事务所）的报告为准。除了真实市价的考虑外，也可因为选用与以前不同的折旧方法而做调整，以反映真实价值。此外，还可利用资产评估的重置成本法来估算建筑物及机器设备的价值，即以现行市场上重新购置这些资产的市价为基准，再扣除已使用年数之折旧，所得的差额，就是这些资产的真实价值。

2. 收益分析

收益（Earnings）是由当期损益表中收入减去费用后的余额表示的。在收入减去费用支出时，按其扣去的费用性质不同分为几种不同的收益。例如，在净销售收入中减去生产成本和销售费用以后的剩余称为付息纳税前收益（EBIT）；付息纳税前收益减去利息之后称为税前收益（EBT）；税前收益减去所得税后称为税后收益；税后收益减去优先股股利才是属于普通股所有的净收益。

根据英国的《标准会计实务公报》第3号（SSAP 3）的规定，每股收益（Earnings Per Share，EPS）是指每张普通股股票应分得的公司利润额。它按支付了税收、利息和优先股股利之后的净收益额计算，每股收益是估价股票前景的重要统计数据。

公司的价值是由市场对其收益资本化后所得到的资本化价值来反映的。它可以用PE比率来表示，即用公司现在的每股收益去除股票当前的市场价格得到，通常以倍数表示，因此，PE比率有时也被称作价格—收益乘数（Minitipler）。PE比率反映的是投资者将为公司的盈利能力支付多少资金。一个高PE比率说明市场认为股票的收益很可能是迅速增长的，投资者对股票的前景抱乐观态度，愿意为每股收益投入的资金多；一个低PE比率，说明股票未来的预期收益是不景气的，投资者怀悲观观望心理。一般来说，一个具有增长前景的公司，其股票的PE比率一定较高；反之，一个前途暗淡的公司，其股票的PE比率必定较低。PE比率被认为是衡量公司绩效的一个重要股票市场指标，因而对公司的收购有着重要的影响。在用收购方公司的股票交换目标公司股票来进行收购的交易中，一个公司能够通过另一家PE比率比自己低的公司来提高它自己的资本化率。（这里假定以高于目标公司目前资本化率的资本化率来对其收益进行资本化）

3. 市场比较

市场比较是将股票市场上与目标公司经营业绩相似的公司最近平均实际交易价格作为估算公司价值的参照物的一种方法。它是根据证券市场真实反映公司价值的程度（市场效率性）来评定公司价值的方法。

在实际使用市场比较法来评估目标公司的资本时，一般先是找出产品、市场、目前获利能力、未来业绩成长趋势等方面与目标公司类似的公司，将这些公司的净利润等各种经营绩效与股价的比率做比较，计算目标公司大约的市场价值。例如，可选定5家与目标公司类似的公司，先将其股价分别与“每股税后净利”及“不计利息、折旧摊销、所得税的每股净利”即可得出两个股价，作为估算目标公司价值的上、下限范围。

市场比较法的前提假设为证券市场基本上能真实反映公司价值状况，即所谓次强式效率市场。由于证券市场处于均衡状态，因此股价反映投资人对目标公司未来的现金流量与风险的预期，于是市场价格会等于市场价值。市场比较法依公司股价或目前市场上有成交公司的价值来作为公司比价标准，不但容易计算且资料可信度有所提高。

（二）非上市公司价值评估

非上市公司区别于上市公司的首要特征，是非上市公司的股票不存在一个像证券交易所那样高度组织化的市场。从证券市场的角度来看，并不是所有股份公司的股票都可以自由地进入证券交易所公开挂牌交易。许多国家和地区的证券法和证券交易所规则对上市公司都有相当严格的要求和管制。因此，事实上能够在证券交易所公开挂牌交易的股票仅仅是少数，绝大多数公司的股票都不具备这样一个市场条件。这些非上市公司由于不会受到有关当局对信息披露的强行要求，因此往往在获得信息上比上市公司困难。由于非上市公司的股票缺少一个正式的市场，而且持有公司股票的股东人数相对较少，从而影响了对它们价值的评估，因而对其价值评估的主要内容是进行公司和产业分析。

公司分析的一个重要内容是公司的财务状况和盈利能力。需要收集有关公司过去、现在和将来绩效的信息。既要与公司过去的绩效进行比较，又要与同一产业中的其他公司进行比较。市场占有率、公司的主要客户、主要的供应商和主要竞争对手等信息直接关系到公司的生存和发展。

一旦了解了有关目标公司的有关事实以后，接着就需要收集目标公司所在产业的信息。首先需要知道的是目标公司所在产业是高速增长的、有发展前景的产业，还是正面临着发展困难的“夕阳产业”。政府和证券经纪商的统计报告通常是获取产业发展信息的有效来源。此外，还要对产业的性质，特别是它的季节性或周期性进行认真的评估。对同一产业中的主要竞争对手做出评价也是必要的。

对非上市公司进行价值评估的包括以下几种方法。

1. 资产价值基础法

资产价值基础法是指通过对公司所有资产进行估价的方式来评估公司价值的方法。要确定公司资产的价值，关键是要确定合适的资产估价标准。目前国际上通行的资产估价标准有账面价值、市场价值、清算价值、续营价值和公平价值。

（1）账面价值。这是指在会计核算中账面所记载的资产价值。这种估价方法不考虑现时资产市价的波动，也不考虑资产的收益状况，因而是一种静态的估价标准。这种估价标准只适用于该资产的市场价格变动不大或不必考虑其市场价格变动的情况。

（2）市场价值。与账面价值不同，它是指把资产作为一种商品在市场上公开竞争，在供求关系平衡状态下确立的价值。它已将价格波动因素考虑在内，适用于单项资产的评估计价。

（3）清算价值。这是指在公司出现财务危机而导致破产或歇业清算时，把公司中的实物资产逐个分离而单独出售的资产价值。清算价值是在公司作为一个整体已丧失增值能力情况下的一种资产估价方法。当公司的预期收益不令人满意，其清算价值可能超过了以收益资本化为基础的价值时，公司的市场价值已不依赖于它的盈利能力，这时以清算价值为基础来评估公司的价值可能是更有意义的。

（4）续营价值。与清算价值相反，这是指公司资产作为一个整体仍然有增值能力，在保持其继续经营的条件下，以未来的收益能力为基础来评估公司资产的价值。由于收益能力是众多资产组合运用的情况下产生的，因此续营价值标准更适用于公司整体资产的估价。

（5）公平价值。公平价值反映了续营价值和市场价值的基本要求，是指将公司所有的资产在未来继续经营情况下所产生的预期收益，按照设定的折扣率折算成现值，并以此来确定其价值的一种估价标准。它把市场环境和公司未来的经营状况同公司资产的当前价值联系起来，因此非常适合于在收购时评估目标公司的价值。

以上五种资产估价标准是目前国际上通行的用来估价资产价值的方法，它们各有其不同的侧重点，因而也就各有其适用范围。就公司收购而言，如果收购目标公司的目的在于其未来收益的潜能，那么公平价值就是一个重要的标准；如果收购目标公司的目的在于获得其某项特殊的资产，那么以清算价值作为标准可能是一种恰当的选择。

2. 收益评估法

使用收益法对非上市公司进行评估，有些方面有别于对上市公司的评估，但就评估程序而言，是相当接近的。首先，需要确定目标公司的可保持收益，一般可以通过预测得到。其次是要为目标公司选择一个合适的 PE 比率。由于非上市公司缺少一个由市场确定的 PE 比率，因此需要找到一个与目标公司相近的上市公司作为参照物，以它的 PE 比率作为目标公司的 PE 比率。由于非上市公司的股票缺少市场能力，从而提高了要求达到的收益水平，降低了它的 PE 比率，因此对这一比率还要进行必要的调整，才能应用于对非上市公司的评估。尽管这种方法在实际操作中会遇到种种困难，但是由于这种方法相对于其他评估方法而言既易于理解又便于应用，而且它是以可比公司财务前景的市场一致性为基础的，不仅仅依赖于对公司未来的预期，因此仍不失为一种有益的评估方法。

3. 股利评估法

可以用来代替收益法的另一种方法是：通过折算将来股利的方法确定公司目前的价值。我们知道，对某个投资者而言，他的收益是由股利和出售股票时的资本利得两部分构成的。但是这个投资者所获得的资本利得仅仅是其他投资者为了取得将来的股利而愿意支付的股票价格的一部分。因此，从长期来看，投资者关心的只有股利，包括在清算的情况下投资者所得到的任何现金，由于如果某一股东持有较大比例的有投票权股票，就可以确保他对股利政策的控制，因此用股利代替收益没有任何优点。这种方法一般更适用于对少数持股（即股东都持有较小比例股票）的公司评估。

4. 折现现金流量分析评估法

在论述公司收购评估的专业文献中，绝大部分都认为，折现现金流量（DCF）分析是最科学、最成熟的公司评估方法。这种方法同时适用于对上市公司和非上市公司的评估。在这里公司的经济生命被描述成现金流入或流出，即现金流。在考虑时间和风险因素的基础上将预期的现金流折成现值，并与投入公司的原始资金做比较，来进行收购决策。DCF 分析最初是用来评估资本预算的，而后被引入到兼并与收购的评估中。

为了理解 DCF 分析在公司收购评估中的应用，现将有关概念介绍如下。

（1）净现金流。它表示目标公司各年产生的净现金（正现金流）或各年必须投入到目标公司的净现金（负现金流）。除了初始现金流表示收购方的初始投资外，各年的 DCF 由净收入、非现金提成（如折旧、无形资产和递延税收的分期摊销等）、财产剥离而产生的净收入、除现金以外的营运资本的净变化这四项之和减去资本费用支出而得到。

（2）初始的现金流（CF_0）表示收购的净成本。净收购成本 CF_0 由收买目标公司普通股和由可转换证券及购股权证产生的普通股所实际支付的现金、目标公司任何未支付的或要由收购方支付的债务和优先股的公平价、交易费用这三项之和减去目标公司资产负债表中的任何超额现金而得到。

要准确地确定未来各年的现金流，即 CF_1 到 CF_n 是比较困难的，因为这些现金流代表的是一些预测值。这些预测应该反映出一旦目标公司并入收购方或由收购方来管理所产生的预期结果。由于目标公司将不再继续独立经营，因此预测不应该仅仅以目标公司的预期绩效为基础。这些预测必须考虑到：任何预测的管理费用的减少；遣散和关闭费用；规模经济或协同效应；动态竞争力的变化和从财产剥离中获利的净收入。

DCF 分析是以投资的整个生命期中的现金流为基础的，从继续经营看，投资的生命期可能是永远的，但实际上是不可能的，因此有必要计算终值，它表示未来某一时点对目标公司的估价。这一价值和这一时点以前各年的预测的净现金流一样，也要折算成现值。终值与初始现金流之差即可用来评估并购效果。这一差别越大，说明并购效果越好，若差别为零或负值，说明并购效果不好。

四、跨国公司并购的运作

任何实施并购的企业都必须在决策时充分考虑采取何种方式完成并购，即并购的实际运作方式是什么。虽然可以从支付的角度来划分出资方式，但是不同的出资方式又不仅仅是支付方式上的差别。所以兼并公司必须充分认识不同出资方式的差别，依据具体的情况做出正确的决策。在选择出资方式时，首先取决于兼并公司希望以何种出资方式来完成收购，然后在此基础上选择最有利的方式。如果单纯采用一种方式会受到某种条件的限制，则可以考虑采用变通或混合的方式。

（一）现金收购运作方式

现金收购是公司并购活动中最清楚而又最迅速的一种运作方式，在各种运作方式中占很高的比例。这主要是因为：现金收购的估价简单易懂；对卖方比较有利，常常是卖方最愿意接受的一种出资方式。因为以这种方式出资所得到的现金额是确定的，不必承担证券风险，亦不会受到兼并后公司的发展前景、利息率以及通货膨胀率变动的影响，便于收购交易尽快完成等。

一般而言，凡不涉及发行新股票的收购都可以被视作现金收购，即使是由兼并公司直接发行某种形式的票据完成收购，也是现金收购。在这种情况下，目标公司的股东可以取得某种形式的票据，但其中丝毫不含有股东权益，只表明是对某种固定的现金支付所做的特殊安排，是以某种形式推迟了的现金支付。若从兼并公司的资本使用角度看，可以认为这是一种卖方融资，即直接由目标公司的股东提供融资，而不是由银行等第三方提供。

在公司并购交易的实际操作中，有两个重要因素会影响到现金收购方式出价：（1）目标公司所在地管理股票的销售收益的所得税法；（2）目标公司股份的平均股权成本，因为只有超出的部分才应支付资本收益税。例如，一宗以现金支付的收购活动发生在荷属安德烈岛，目标公司是在当地注册的，那么目标公司的股东就不会面临课征资本收益税的问题，兼并公司的现金出价就是他们实际得到的数额。但如果目标公司的注册地是英国伦敦，则目标公司的股东所得到的资本收益将可能被课以 30% 的所得税。因而，兼并公司在以现金收购方式收购目标公司时，必须考虑到该项收购活动是否免税，因为这将对自己的出价产生重要的影响。此外，由于某种原因，目标公司的股东得到的价格可能不会高于它所拥有的股份的平均股权成本（每股净资产值），在这种情况下，接受现金支付亦不会产生任何税收负担。如果兼并公司确认现金出价会导致目标公司承担资本收益税，则必须考虑可能减轻这种税收负担的特殊安排。否则，目标公司也只能以自己可能得到的净收益为标准，做出是否接受出价的决定，而不是以兼并公司所支付的现金数额为依据。通常情况下，一个不会引起税收负担的中等水平的出价，要比一个可能导致有惩罚性税收的高出价更具有吸引力。

兼并公司在决定是否采用现金收购方式时，应围绕兼并公司的资产流动性、资本结构、货币问题和融资能力等几个方面来考虑。

（1）短期的流动性。现金收购要求兼并公司在确定的日期支付一定数量的货币，立即付现必然会在资产负债表上产生现金亏空，因此有无足够的即时付现能力是买方首先要考虑的因素。

（2）中期或长期的流动性。主要是以较长期的观点看待支付的可能性，有些公司有可能在很长时间内难以从大量的现金流出中恢复过来，因此兼并公司必须认真考虑现金回收率以及回收年限。

（3）货币的流动性。以上两点并没有涉及货币本身的问题。在跨国并购中，兼并公司还须考虑自己拥有的现金是否为可以直接支付的货币或可自由兑换的货币以及从目标公司回收的是否为可自由兑换的货币等问题。

（二）股票并购运作方式

股票并购是指收购方通过增加发行本公司的股票，以新发行的股票替换目标公司的股票，从而达到收购目的的一种出资方式。

股票并购区别于现金收购的主要特点是：（1）兼并公司不需要支付大量现金，因而不会影响兼并公司的现金状况。（2）并购完成后，目标公司的股东不会因此失去他们的所有权益。只是这种所有权由目标公司转移到了兼并公司，使他们成为该扩大了的公司的新股东。也就是说，当并购交易完成之后，目标公司被纳入了兼并公司，兼并公司扩大了规模。扩大后的公司的股东由原有股东和目标公司的股东共同组成，但是兼并公司的原有股东应在经营控制权方面占主导地位。

由于在股票并购中，目标公司的股东仍保留自己的所有者地位，因此，对兼并公司而言，这种出资方式的一个不利影响是股本结构会发生变动。例如，一家上市公司采用股票并购方式来兼并另外一家股权集中的非上市公司，则可能会导致并购公司控制权发生转移的情况，即被并购的目标公司的股东通过上市公司所发行的新股票取得了对上市公司的主导性控制权。这种情况一般称为逆向收购。对于兼并公司而言，收购是为了取得对目标公司的控制权，因而一般不允许公司的主导控制权地位为他人所得。所以逆向并购只是公司并购中的极端现象，但在买壳上市中常常运用。尽管如此，逆向并购亦可以说明股票并购方式会给买方带来的影响：新增发的股票改变了原有的股权结构，导致了股东权益的“淡化”，股权淡化的结果甚至可能使原有的股东丧失对公司的控制权。

在决定是否采用股票并购方式时，一般应从以下几个方面进行考虑。

（1）兼并方的股权结构。由于股票并购方式的一个突出特点是它对原有股权比例会有重大影响，因而兼并公司必须首先确定主要大股东在多大程度上可以接受股权的淡化。

（2）每股收益率的变化。增发新股可能会对每股收益产生不利的影响，如目标公司的盈利状况较差，或者是支付的价格较高，则会导致每股收益的减少。虽然在许多情况下，每股收益的减少只是短期的，长期来看还是有利的；但不论如何，每股收益的减少仍可能给股价带来不利的影响，导致股价下跌。所以，兼并公司在采用股票并购方式之前，要确定是否会产生这种不利情况，如果发生这种情况，在多大程度上是可以被接受的。

（3）每股净资产值的变动。每股净资产值是衡量股东权益的一项重要标准。在某种情况下，新股的发行可能会减少每股所拥有的净资产值，这也会对股价造成不利影响。如果采用股票并购方式会导致每股净资产值的下降，兼并公司需要确定这种下降是否会被原有股东接受。

（4）财务杠杆比率。发行新股可能会影响公司的财务杠杆比率。所以，兼并公司应考虑到是否会出现财务杠杆比率升高的情况以及具体的资产负债的合理水平。

（5）当前股价水平。当前股价水平是兼并公司决定采用现金收购或是股票并购的一个主要影响因素。一般来说，在股票市场处于上升过程中，股票的相对价格较高，这时以股票作为出资方式可能更有利于兼并公司，增发的新股对目标公司也会具有较强的吸引力。不然的话，目标公司可能不愿持有，即刻抛空套现，于是情况进一步恶化，导致股价进一步下跌。因此，兼并公司应事先考虑本公司股价所处的水平，同时还应预测增发新股会对股价波动带来多大影响。

（6）当前股息收益率。新股发行往往与兼并公司原有的股息政策有着一定的联系。一般而言，股东都希望得到较高的股息收益率。在股息收益率较高的情况下，发行固定利率较低的债权证券可能更为有利；反之，如果股息收益率较低，增发新股就比各种形式的借贷更为有利。因此，兼并公司在收购活动的实际操作中，要比较股息收益率和借贷利率的高低，以决定采取何种出资方式。

（7）股息或货币的限制。在跨国并购中，如果兼并公司要向其他国家的居民发行本公司的股票，就必须确认本国在现在和将来都不会限制股息的支付或外汇的支付。外国居民在决定接受股票并购方式之前也需要得到这种确认。

（8）外国股权的限制。有些国家对于本国居民持有外国公司或以外币标值的股权证券实行限制，也有的国家不允许外国公司直接向本国居民发行新股。也就是说，在跨国并购中采用股票并购方式有时会遇到某些法律上的障碍，这是兼并公司必须予以注意的。

（9）上市规则的限制。对于上市公司而言，不论是并购非上市公司还是并购上市公司，都会受到其所在证券交易所上市规则的限制。有时候，在并购交易完成以后，由于兼并公司（上市公司）自身发生了一些变化，很可能要作为新上市公司重新申请上市。这样一来，兼并公司就可能会由于某种原因自此失去上市资格。所以，作为兼并公司（上市公司）在决定采用股票收购方式完成并购交易时，要事先确认是否与其所在证券交易所上市规则的有关条文发生冲突。若有冲突，可考虑请求证券监管部门予以豁免。

（三）混合证券并购运作方式

在公司并购活动中，买方不仅可以采用现金收购、股票并购等出资方式，而且还可以采用混合证券并购方式来完成并购交易。所谓混合证券并购，指的是兼并公司对目标公司提出收购要约时，其出价为现金、股票、认股权证、可转换债券等多种形式证券的组合。

公司债券作为一种出资方式，必须满足许多条件，一般要求它可以在证券交易所或场外交易市场上流通。与普通股相比，公司债券通常是一种更便宜的资金来源，而且向它的持有者支付的利息一般是可以免税的。对买方而言，它的一个好处是，可以把它与认股权证或可转换债券结合起来。

认股权证（Warranty）是一种由上市公司发出的证明文件（或股权证券），赋予它的持有者一种权利，即持有人有权在指定的时间内即有效期内，用指定的价格认购由该公司发行的一定数量（按换股比率）的新股。值得注意的是，认股权证本身并不是股票，其持有人不能视为公司股东，因此不能享受正常的股东权益（如分享股息派发、投票权等），对公司现行经营政策，亦无从左右。购入认股权证后，持有人所获得的是一个换股权利而不是责任，行使与否在于他本身的决定，不受任何约束。

对收购公司而言，发行认股权证的优点是可以延期支付股利，从而为公司提供了额外的股本基础。但按认股权证上的认购权行使，会涉及公司未来控股权的改变，因此，为保证现行公司股东的利益，公司在发行认股权证时，一般要按控股比例派送给股东。股东可用这种证券行使优先低价认购公司新股的权利，也可以在市场上随意将认股权证出售，购入者则成为认股权证的持有人，获得相同的认购权利。

可转换债券（Convertible Bonds）是向其持有者提供一种选择权，在某一给定时间内可以某一特定价格将债券换为股票。可转换债券发行时应事前确定转换为股票的期限，确定所转换股票属于何种类型股票和该股票每股的发行价格（兑换价格）等。

从收购公司的角度来看，采用可转换债券这种支付方式的优点：（1）具有债券的安全性和作为股票可使本金增值的有利性相结合的双重性质；（2）在股票价格较低的时期，可以将它的转换期延迟到预期股票价格上升的时期。

收购公司还可以发行无表决权的优先股来支付价款。优先股虽在股利方面享有优先权，但不会影响原股东对公司的控制权，这是这种支付方式的一个突出特点。

广域网络应用传输与安全网络网关设备领导厂商 Blue Coat 系统公司 2008 年 4 月发行总额 8 000 万美元的无息可转换本票，与 Francisco Partners、L. P. 以及下属公司 Elliott Associates L. P.（买方）进行私下配售。Blue Coat 将利用销售债券所得的资金收购 Packeteer 公司部分股权。此次债券的发行意味着对 Packeteer 的收购交易行将结束。

此次发售的债券在 2013 年后可转换为 Blue Coat 的普通股股票，债券持有人可决定在其到期前的任何时间进行转换；初始转换价定为 20.76 美元，基于 2008 年 4 月 18 日 Blue Coat 股票 19.77 美元的收盘价，该定价有 5% 的溢价。此债券不含利息。发行债券时，Blue Coat 还同意授权买方以债券的初始转换价购买 385 000 股 Blue Coat 的股票。

Elliott Associates 将终止其先前宣布的收购 Packeteer 所有股份的投标报价，并同意以 Blue Coat 将提供给 Packeteer 股东相同的价格将其拥有的 Packeteer 公司 9.9% 的股权出售给 Blue Coat。

综合起来看，兼并公司在收购目标公司时采用混合证券收购方式，既可以避免支付更多的现金，造成本企业的财务状况恶化，又可以防止控股权的转移。由于这两大优点，混合证券收购在各种出资方式中的比例近年来呈现出逐年上升的趋势。

第三节 外国跨国公司并购中国企业

一、外国跨国公司对中国企业实行并购

随着大型跨国公司对华投资的全面展开，以并购中国企业方式进行的投资变得越来越重要。外资直接或间接进入上市公司乃至控股上市公司或成为第一大股东已经成为跨国公司对我国上市公司实施并购的新动向。实际上有些上市公司的控股股东已经是境外机构，如加拿大格林科尔公司（世界第三大制冷剂企业）用 5.6 亿元和 4.2 亿元的价格分两次收购了科隆电器 34.06% 的股权；皮尔金顿国际控股公司以收购 B 股方式参与上海耀皮玻璃重组，持股 16.70%。

再如，2004 年 8 月 13 日，TOM 在线宣布收购中国移动娱乐公司 Treasure Base Investments Limited（以下简称 Treasure Base），双方已就此签订最终协议。双方协议的交易总额为 Treasure Base2004 年收入的 3.5~4.5 倍和 2005 年收入的 1.0~1.75 倍的总和，但最高收购价不超过 5.5 亿元人民币。交易为现金形式，分三次支付。通过此次收购，TOM 在线将获得 60 多家电视频道分销推广渠道，覆盖约 1 亿中国家庭，同时还将为 TOM 在线带来约 150 万的付费用户。

2005 年 1 月 14 日，米塔尔集团与中国第八大钢铁集团——湖南华菱钢铁集团签订了《股份转让合同》，以 3.14 亿美元现金收购华菱集团下属的上市公司华菱管线 37.17% 的股份（656 250 000 股国有法人股股份）。收购完成后，将与华菱集团并列为该公司第一大股东。

鉴于跨国并购方式已经成为跨国公司参与世界经济一体化进程、保持有利竞争地位而更乐于采用的一种跨国直接投资方式，一旦我国建立健全迎接跨国并购的法律法规，完善市场经济体制和拓宽利用外资领域，那么，跨国公司对我国企业并购的势头将十分汹涌。

首先，跨国公司的全球发展战略将导致跨国公司在中国市场的相互竞争日趋激烈。西方跨国公司逐鹿中国市场，既是中国扩大和加深对外开放的必然结果，也是跨国公司企业自身发展的必然趋势。中国是世界上最大的潜在市场，跨国公司到中国投资的主要目的是开拓和占领较多的中国市场份额。这就不可避免地形成相互之间的激烈竞争。而迅速占领市场、占据市场份额、赢得竞争主动权的最快捷的方式就是实施并购。

其次，国有企业改革提供了众多的并购目标企业。有关类似国有企业改革的问题，一般国家大多需要5~10年的时间才能真正解决。我国现有国有企业近15万家，其中90%以上都是中小型企业。

这么多企业需要改制或重组，必然涉及巨量的资金。这笔巨额资金不仅国家难以负担，国有企业的现实状况也使之难以在国内筹集到。在未来若干年内，通过吸引跨国公司并购国有企业，是一个很好的途径。同20世纪八九十年代利用外资组建合资企业方式相比，吸引外资并购国有企业，重点盘活国有资产存量，并通过重组国企，进而实现产业结构的调整和优化升级。重组国企包括调整国企的产品结构、技术结构、资本结构和组织结构。在明晰产权关系后，外资并购国企会主动注入优质资本、先进技术、设备、资金等，改善国企管理，优化资本结构和企业组织，以快速实现提高效率和资本增值的目的。在引入外资并购重组国有企业的同时，中国的国有企业自身还应深入了解资本运作的基本知识和法律常识，使国有企业的价值得以最优化的评估，防止国有资产流失的现象发生。

二、外资并购中国企业的效应分析及对策

（一）外资对我国企业跨国并购的效应分析

尽管有关跨国并购的效应问题至今还有很大的争议，但各主要并购国的实际统计数据表明，跨国并购对被并购企业的国家经济发展有着积极的推动作用，对促进国内市场的有效竞争具有积极作用。联系中国的实际，跨国并购具有如下积极作用。

（1）跨国并购会给中国带来面对面的国际竞争，导入了国际经济通行的规则惯例，树立了市场经济中企业营运的样板，从外部促进了中国市场的发育和市场机制的生成。

（2）跨国并购有助于我国产业经济结构的调整、升级和优化，促使我国新的资金技术密集性支柱产业的形成。

（3）跨国并购可以有效补充我国资金不足，迅速形成规模经济的生产能力，增加社会的有效供给。企业跨国并购为资金的周转和流动创造了有利条件。我国是发展中国家，要发展本国经济，既要支持和鼓励本国有能力的企业集团打出去，到国外去并购企业，扩大销售，扩大规模；也要欢迎和帮助国外公司来我国投资建厂、购买企业，促进国内经济的发展。进行企业跨国并购会使直接投资的机会大大增加，并且易于获取中长期贷款。

（4）跨国并购可以用先进方法培训我国管理人员、技术人员和熟练工人，开发我国高素质的人力资源。社会对企业跨国并购多数还是持欢迎态度的，原因在于：这种并购可以为并购所在国带来投资，增加就业机会，解决危困企业的问题，或者引进一定的管理和科技新方法、新手段，为一国生产力的发展带来动力。

（5）跨国并购有助于保留原来濒于破产企业的就业机会，并通过“波浪效应”增加再就业机会。

(6) 跨国并购有利于我国企业学习、应用和推广跨国公司科学经营管理现代化大企业的经验，提高我国企业的管理水平。

跨国并购负面影响的核心问题是垄断倾向。跨国公司的“天性”是追求垄断地位，谋取垄断特权，它一旦控制市场就可能压抑竞争、降低市场效率、扭曲市场结构，有可能妨碍社会主义市场的建立，造成一种垄断代替另一种垄断（原来的国有企业的垄断）的局面。垄断会带来社会资源的浪费、社会福利的损失和社会效率的降低。

总的来说，跨国并购对世界范围和并购当事国经济的正面效应是显而易见的。实证分析证实了跨国并购在资源配置、有效竞争、社会经济福利、股东财富等方面的正面效应。跨国并购审查制度比较完善的一些国家允许绝大多数外国公司并购本国公司的现象也充分说明，跨国并购对其国内经济具有积极的意义。在充分肯定跨国并购积极作用的同时，我们也不能忽视其负面效应，这种负面效应可以通过市场的自我调节、政府的干预、国际组织的协调以及这三种力量的有机结合来加以克服。

（二）我国对外资企业并购的对策

1. 跨国并购的市场调节

同资本的流动呈相同方向，跨国公司的整体要素也总是向利润高的地区或部门流动，一旦有跨国公司通过跨国并购在我国某一产业内获得高于平均利润的利润，那么，在市场规律的支配下，就会有其他的跨国公司去追求这种超额利润，从而形成一种新的竞争局面。所以，市场这只“看不见的手”，至少具有一部分遏制垄断、促进竞争的调节功能。

2. 跨国并购的政府干预

政府为了保证本国的国家利益和社会经济福利的最大化，趋利避害，应当对跨国并购所可能导致的垄断倾向进行干预，以引导跨国并购的正面效应，控制跨国并购的负面效应。

首先，面向世界经济一体化，已加入世界贸易组织的中国应该以最大的魄力和胆识，对我国的竞争政策、外资政策和产业政策做出通盘考虑，互相衔接。针对某一产业或行业中跨国公司的经济实力、技术优势和本国的企业进行比较分析，找出跨国并购“排挤”本国企业、形成市场集中和垄断的可能性的大小，再采取相应的国家政策。如果这一产业中因传统垄断缺少有效供给不能满足消费者的需要，或因垄断价格损害消费者的利益，那么，让跨国公司介入并注入适当的竞争是必要的，但同时要对跨国公司的业务范围和经营方式加以符合国际惯例的限制，使之与本国公司的竞争保持在一定水平上，既能促进本国企业迎头赶上，又能避免被竞争挤垮，达到适度保护民族工业的目的。如果对跨国并购限制过严，会导致本国企业无法参与国际竞争，尽管国内幼稚产业得到了保护，但代价太高，本末之别、利弊之分是不言而喻的。此外，在市场分割的特定情形下，减少限制，注入竞争，还能加强跨国公司与本国企业之间的分工协作。此时，跨国公司和本国企业之间虽然还存在着竞争，但这种竞争的作用力几乎是单向的，它将迫使本国企业厉行改革，向跨国公司的高水平靠拢，故这种竞争不会产生“替代”效应。

其次，在外资政策方面，应从国家长远利益考虑有选择地运用战略性投资政策。战略性投资政策是指一国政府对来自国外的直接投资采取战略性的鼓励或限制措施以获得长期经济利益。具体做法有二：一是综合运用鼓励措施和业绩要求。我国的市场广阔且前景看好，对外资有吸引力，由此可对外资并购提出有利于本国的业绩要求，如国产化比例、出口比例、就业人数等，作为外资并购鼓励措施的附加条件。二是实行某种行业进入限制。例如，在国家安全方面的关键产业和国民经济方面的关键产业排斥外资通过并购方式进入。在具有很强的学习经济效益的工业部门对外国投资者关闭国内市场或对本国企业给予生产补贴，让本国企业通过边干边学、积累经验而增强国际竞争力，进而挤占国际市场的份额，转移他人垄断利润。这样，我国政府在一定的条件下采用战略性投资政策是可以得到一定的好处的。但这一政策至少在短期内是有代价的，最主要的问题是，排斥外资并购会丧失外国直接投资带来的外部经济效益（如技术转移效应），有悖于投资自由化的世界潮流等。

最后，要将较为成熟的政策用法律的形式固定下来，即通过立法确立我国政府对跨国并购的立场、政策、审查原则、标准和程序等。这种法制化、透明度高的政府干预制度，既有利于我国政府将跨国并购纳入我国经济发展的正常转道，达到吸引外资和保护国内有效竞争的双重目的，又有利于跨国公司的投资决策，降低跨国公司对我国企业实施并购的政治风险和法律风险。

3. 跨国并购的国际协调

鉴于跨国并购已经成为世界经济的一个显著特点，其所可能产生的负面效应正越来越受到国际规则的制约。在拥有众多跨国公司并实施大规模跨国并购的西方发达国家，已在对跨国并购交易进行审查和管理方面开展了双边和多边的国际协调。面对跨国公司对我国企业实施并购活动的日益增多，我国也有必要以积极的态度对待，参与双边和多边的国际协调活动，加强对西方发达国家跨国并购审查制度及法律的研究，并注意吸收其先进经验，借助国际力量对跨国并购给我国可能带来的负面影响进行有效干预。

第四节　案例分析

在全球化并购浪潮中，已不仅仅限于大企业吞并小企业，更多地出现了大企业之间的并购。这种大企业的并购常常对一国或几国的相关产业产生重大影响，因而对一些国际上著名的大企业并购典型案例的分析，能使我们获得一些重要的启示，具有十分现实的意义。以下我们来对一些典型案例进行剖析。

一、雀巢收购辉瑞营养品公司

2012 年 4 月 23 日，瑞典食品巨头雀巢公司宣布，公司将斥资 118.5 亿美元，以现金形式收购美国知名制药商辉瑞公司旗下的辉瑞营养品公司，扩大公司在全球婴幼儿食品市场特别是新兴市场的份额。同日，辉瑞发布公告称，已与雀巢就出售营养品公司达成协议。

与雀巢一同参与竞购的包括法国达能等。辉瑞此次出售营养业务的原因是，它决心把重点放回其核心的医药业务。雀巢以少有的积极姿态参与此次竞购，显示该集团渴望在新兴市场大举扩张，并扩充它的婴儿营养品产品线。雀巢首席执行官保罗表示："自1866年雀巢成立以来，婴儿营养品一直是本公司的核心业务。辉瑞营养品业务提供了绝好的战略性补充，此次收购突显了我们成为世界领先营养品和保健品公司的决心。"

2009年，辉瑞以680亿美元收购惠氏，从而有了营养品业务。该项业务2011年实现营收21亿美元，比2010年增长了15%。该业务的产品有特殊婴幼儿配方食品、后续阶段配方食品、孕妇及成人营养品。

这是辉瑞自2006年以来最大的资产剥离动作。2006年，辉瑞将Sudafed感冒药和止痛膏等消费保健品牌以166亿美元的价格出售给了强生。接下来，辉瑞可能还计划出售或剥离其动物保健部门，分析师曾表示，这笔交易将带来150亿美元的收入，竞购者包括拜耳和诺华制药。

辉瑞董事长兼首席执行官伊恩·里德2010年底上任后做出了出售营养品业务的决定。他说："我们依然专注于提升股东价值，这笔剥离交易完成后，我们将把税后收益用来回购更多的股份，或是投资于其他业务发展机会，股票回购带来的回报依然是我们胜过其他企业的地方。"

雀巢营养品部门的负责人库尔特·施密特指出，从地理角度看，此次收购对该公司具有补充作用，因为被收购业务85%的销售额来自新兴市场，还有一些业务来自英国，而雀巢在英国尚未开展这些业务。

二、三一重工收购德国普茨迈斯特

2012年1月，三一重工与中信产业基金携手，联合出资3.6亿欧元共同收购德国普茨迈斯特控股有限公司，其中三一重工持有其90%股权。2013年7月2日，三一重工再次发布公告，公司收购中信基金普茨迈斯特10%股权，交易完成后持有德国普茨迈斯特100%股权。

公司简介

三一重工股份有限公司由三一集团投资创建于1994年，是三一集团的核心企业。公司主要从事工程机械的研发、制造、销售，是目前中国最大、全球第五的工程机械制造商，也是世界最大的混凝土机械制造商。三一重工产品包括混凝土机械、挖掘机、汽车起重机、履带起重机、桩工机械、筑路机械等，其中三一混凝土机械、挖掘机、履带起重机、旋挖钻机已成为国内第一品牌，混凝土输送泵车、混凝土输送泵和全液压压路机市场占有率居国内首位，泵车产量居世界首位。自公司成立以来，三一重工每年以50%以上的速度增长。2011年，公司实现营业收入507.76亿元，同比增长49.54%；净利润86.49亿元，较上年同期增长54.02%；每股收益1.14元，同比增长54.02%。2011年7月，三一重工以215.84亿美元的市值，首次入围财富全球500强，成为唯一上榜的中国机械企业。

成立于1958年的德国普茨迈斯特有限公司是一家拥有全球销售网络的集团公司，

总部设在德国斯图加特。该集团公司已在世界上十多个国家设立了子公司。普茨迈斯特集团从事开发、生产和销售各类混凝土输送泵、工业泵及其辅助设备。有着“大象”之称的德国企业普茨迈斯特是中国以外的全球混凝土机械制造行业第一品牌，在除中国以外的全球市场中处于绝对领先地位，全球市场占有率长期高达40%左右，而且90%以上的销售收入来自海外。因为专注于细分市场，在大约半个世纪的时间里，普茨迈斯特一直保持着稳健但并不算迅猛的成长速度。该公司2003年随着全球经济增长进入高成长期，2007年销售收入达到历史峰值，为10亿欧元。此后受到全球金融危机和中国竞争对手的夹击，普茨迈斯特的销售和盈利开始下滑，2010年全年实现销售收入5.5亿欧元，净利润150万欧元。

并购过程

对“大象”的整个并购期，应从2011年12月20日诺伯特·肖毅到长沙拜访梁稳根算起，至1月21日双方在德国签约为止，历时仅33天。2012年1月30日，与三一重工“预计2011年度实现归属母公司所有者的净利润与上年同期相比大幅增长”的捷报一并发布的“三一重工第四届董事会第十六次会议决议公告”显示，公司董事会审议通过了《关于收购德国普茨迈斯特公司的议案》。三一重工发布公告，公司控股子公司三一德国有限公司联合中信产业投资基金（香港）顾问有限公司（以下简称“中信产业基金”），于2012年1月20日与德国普茨迈斯特公司签署了《转让及购买协议》。

根据协议，三一重工将联合中信产业基金，以现金对价3.6亿欧元（折合人民币26.54亿元）共同收购普茨迈斯特100%股权，其中，三一重工出资90%，中信产业基金出资10%。这一并购震动了全球工程机械行业。

值得一提的是，三一重工在短暂的并购过程中并非一帆风顺。在普茨迈斯特访问三一重工表达了竞购邀约的第二天，三一重工的同城竞争对手中联重科同样收到了竞购邀约，此后普茨迈斯特表示将召开竞标会以决定最后的合作方。2011年12月30日，中联重科先于三一重工得到了国家发改委关于收购普茨迈斯特的“路条”，这让整个收购格局变得扑朔迷离。拥有国资背景的中联重科成为三一收购德国“大象”之路的拦路虎。之后德国普茨迈斯特被三一重工的不断诚意打动，取消了原本定下的竞标会，宣布与三一重工进行合作。但是此后中联重工指责三一先斩后奏，未得到批复便抢先开展并购措施。同时获悉企业即将被中国企业并购的消息，普茨迈斯特的员工由于担心裁员和企业变动带来的影响，大力反对本企业被三一并购，并开展了游行示威，这些插曲都为三一重工并购德国普茨迈斯特蒙上了一层阴影。

三、跨国公司加速并购中国食品企业，国人“一日三餐”堪忧

2011年12月7日，糖果生产商徐福记国际集团在新交所发布公告表示，中国商务部已于12月6日批准了雀巢公司以17亿美元收购其60%股权的交易。这是年初以来雀巢在中国发起的第三次并购行为。

肯德基母公司——美国百胜餐饮集团于2011年11月8日宣布，已通过中国商务部反垄断审查批复，获准收购并私有化小肥羊公司。百胜集团将以每股6.5港元的价格现

金收购小肥羊股东所持股份，总价约为 45 亿港元，股权由约 27% 增加至 93%，其余 6.8% 的权益则由小肥羊的参与和创始人持有。

资料显示，自 2010 年开始，包括可口可乐、百事可乐、法国达能集团、美国百胜餐饮、瑞士雀巢集团等均纷纷加大在华并购，多个食品知名企业落入外资之手。与此同时，不少在华外资企业还加快独资脚步，不断从原来与中方的合资企业中回购股份。

有业内人士指出，目前国人“一日三餐”的食品不断被外资操控，从上游种子种植、小麦收购、面粉加工，到中游食品制造，再到终端流通，都出现外资势力扩大的趋势。随着外资加速渗透，中国食品领域会被外资完全掌控？

现状：跨国公司发起一宗宗收购，全方位渗透中国食品业

据统计，从 2010 年以来，外资在国内发起的食品领域内的并购案比以往增多，而且收购频率密集、收购所涉及的范围也更加深广。

雀巢集团是最典型的“收购狂人”：继金融危机前收购广州五羊雪糕、四川豪吉、上海太太乐之后，2010 年以来又三度出手收购国内食品企业，其中包括在 2010 年 2 月以上亿元价格收购云南大山饮用水公司，后者为中国饮用水行业十强之一；2011 年 4 月，雀巢宣布收购国内八宝粥和蛋白饮料市场的领头羊——厦门银鹭集团，该公司 2010 年销售额达 54 亿元；2011 年 7 月，雀巢再度出手，拟收购国内最大的糖果公司徐福记，截至目前徐福记市值高达 26 亿美元。

与此同时，全球最大的烈酒集团帝亚吉欧并购全兴集团 4% 的股权，这意味着帝亚吉欧对全兴集团股权的控股比例增至 53%。这也是我国首例外资控股白酒企业。

拥有肯德基、必胜客等品牌的美国餐饮集团百胜公司 2011 年 5 月也宣布以总价约 45 亿港元收购中式连锁火锅第一品牌小肥羊 93% 股权。

2010 年，美国食品巨头亨氏集团以 1.65 亿美元收购价，从新加坡福达公司手中收购了广东名牌产品名味事达酱油和广合腐乳。

外资企业还加快独资步伐，不断从合资公司中回收股权。2011 年 6 月初星巴克中国公司宣布，已与其在华南地区的合资伙伴香港美心集团签订协议，收购美心集团所持有的 30% 合资公司股权，获得其在广东、海南、四川、陕西、湖北和重庆业务 100% 所有权。此次收购完成后，由星巴克 100% 控股的中国内地门店将达 200 余家，占其内地门店总数的 50% 以上。2010 年底起，百事可乐的中方合作伙伴深圳深宝实业股份有限公司和北京一轻控股有限责任公司，分别挂牌抛售它们所持合资公司的 5%、15% 股权，而接盘方均是百事可乐。

据中投顾问食品行业研究员向健军介绍，从 2009 年到 2011 年第一季度，中国食品和饮料行业披露具体金额的并购案例共有 6 起，并购总额近 42 亿元（不包括雀巢收购徐福记）。“相对于以往的并购方式，近年来外资并购行为不仅资本运作量加大、并购意愿更加迫切。”

焦点：外资通过并购会否控制中国食品市场

部分人士担心，目前外资之手已延伸到中国食品领域的方方面面，而且外资在国人“一日三餐”中所占比重越来越大，若任由外资并购潮蔓延，最终外资可能会垄断我国食品市场。著名经济学家郎咸平撰写的《谁收购了我们的粮仓?》中，就明确表示了这种担忧。他指出，邦吉、嘉吉等四大国际粮商收购了中国70%以上的停工企业，“从此中国的大豆市场受制于四大粮商”。郎咸平还说：“四大粮商控股或参股金龙鱼、福临门、鲁花等主要品牌的局面……我们中国粮油85%都是外资。”

中投顾问食品行业研究员向健军认为，从积极方面来看，外资并购中国行业带来的影响存在一定的积极意义，例如在食品、餐饮方面，具有促进行业自律的作用，将有利于整个行业的健康发展。但他也指出，外资并购会致使民营企业发展压力增加，“在特定的行业，还有可能造成市场的定价权、设定标准权完全被外国掌握。”海荣正投资咨询有限公司董事长郑培敏称，外资并购国内企业，会为国内企业带来先进技术、大量资金和科学化管理，但因为质量的提高，产品终端价格也会随之上升。

（资料来源：中国经济网．跨国公司加速并购中国食品企业外资渗透国人“一日三餐”令人忧．http：//www.ce.cn/macro/more/201107/09/t20110709_22531641.shtml）

思考题

一、名词解释

1. 跨国并购
2. 吸收兼并
3. 创立兼并
4. 多角化经营并购
5. 混合证券并购

二、简答题

1. 简述跨国并购和国内并购的异同。
2. 跨国公司并购效益主要表现在哪些方面？
3. 简述跨国并购时对目标公司价值评估的主要方法。

三、论述题

1. 效率理论是如何解释跨国公司并购活动的？试举例说明。
2. 近几年来，跨国公司的并购更多地采用混合证券并购运作方式而不是现金并购和股票并购运作的方式，为什么？

第七章 国际投资项目融资

✓ 本章摘要

本章首先分类介绍国际投资的融资来源，然后介绍国际融资中介机构和国际融资运作机制；最后介绍两类国际投资融资渠道。在对本章的学习中，学生应该注意把握各类融资来源、各种融资运作机制和渠道间的异同。

✓ 本章关键词

短期资金　中期资金　长期资金　融资中介机构　商业渠道融资　开发银行渠道融资

✓ 学习完本章，你需要掌握

国际投资的融资来源，包括短期资金、中期资金和长期资金；以投资银行、投资公司、金融公司和跨国银行为主要组成部分的国际融资中介机构和国际融资运作机制，国际投资的商业融资渠道和开发银行融资渠道。

随着国际投资的发展，资金的流动和使用规模越来越大，因而国际项目融资成了国际投资者关注的重要问题。在许多情况下融资的成功与否关系到整个投资项目的成功与否，尤其是股份公司出现后，企业融资的规模、手段、方法发展到前所未有的程度。国际金融机构和金融工具也为投资者融资提供了大量的便利和技巧。本章主要论述国际投资项目融资的理论和运作。

第一节 国际投资融资来源

大多数企业在创建初期，其原始资金来源通常是个人资本和利润的再投资。当企业不断发展壮大起来后，原始资本不足以应付大型资本投资的需要，从外部获得资金来源成为重要问题。企业可利用很多不同方式获得外部资金融资。可利用的资金分为三类：短期资金、中期资金和长期资金。一年期以下的资金称作短期资金；一年期以上、五年期以下的资金称作中期资金；五年期以上的资金称作长期资金。

一、短期资金

（一）流动资金

一公司在某一时刻的流动资金是指当时公司流动资产大于流动负债的那部分。公司的流动资产反映在资产负债表中，就是拥有的股票、银行中的现金、债权及短期投资。公司的流动负债也反映在资产负债表中，指的是公司在一年中必须支付的款项，包括债务、纳税、对股东支付的股息、短期贷款及银行透支。由此，流动资金是反映公司能够立即进行处置的货币金额，也被称作经营企业日常业务所需的“润滑剂”。

如果公司想获得最大利润，必须确保流动负债和流动资产之比能得到很好的平衡。当流动负债超过流动资产时，公司就是“缺乏润滑剂”而接近破产。为满足日常支付的需要，公司将不得不请求延长付款日期、对外举债或者出售部分固定资产。但是这三种方法均非良策，因为第一种方法损害公司的信誉，第二种方法增加公司的成本，而第三种方法则削弱公司全面经营的能力。当流动资产超出流动负债时，公司流动资金过多，意味着公司未能充分利用其资产，因而有理由将剩余的流动资金用于投资。当然必须注意确保适度的流动性。

延迟支付贸易货款是增加公司短期流动资金的一种方法。很多企业也采用这种方法，但要冒被其供应商列入资信不佳黑名单的风险。

（二）银行透支

银行是公司使用最为广泛的一种融资来源，通过透支或者贷款提供资金。商业银行一般贷款金额较大，因而在项目融资方面起着重要作用，而清算银行相对来说提供的透支和贷款金额较少。

透支主要由清算银行提供，其优点是灵活，可以根据需要在事先同意的额度内提取款项。利息依据所欠款项按日计算，一般为基础利率加上2%～3%的利差。信贷额度的大小取决于借款企业的资信情况、项目的性质、项目建设期间及建成后预期的收入、项目管理人员的经验、项目的风险以及其他因素，不同的银行考虑的因素有所不同。透支是一种短期融资，通常借款企业必须在一年内平衡账户。

然而，由于透支是“无条件偿还的融资”，即透支银行可随时提出偿还要求，借款人则必须立即偿还。如果借款人不能偿还债务，透支银行可采取下列措施。

如果透支经过抵押担保，则可以出售抵押在银行的抵押担保品以收回透支款项。抵押品可以是建设项目使用的土地。

如果透支未经过抵押担保，可以对企业起诉宣告其破产。但对银行来说，这并非上策，因为借款人可能没有足够资金偿还债务，而银行可能会因此失去其唯一真正的担保，即该项目成功的建成。

同借款人协商找出一个新办法，改善公司状况，最终使项目成功完成，这时银行可以收回全部本息。

（三）贸易信贷

贸易信贷是指企业从供应商那里获得商品或服务而不需立即付款的一种短期融资方式。这是一种十分特殊的融资来源，因为它提供的信贷不是现金而是商品或服务。提供给一公司的贸易信贷金额取决于该公司的资信以及该公司对供应商的重要性如何。贸易信贷由三部分构成：根据发票价格给予的折扣；自发票收到之日起计算的折扣期；发票所载全部金额必须支付的日期。

要使贸易信贷正常进行，供应商必须对呆账予以保险。保险公司愿意承担一些风险，但会对预支给顾客的商品或服务金额规定一些自己的条件。由此产生了对公司评级这个概念，即供应商依据某公司的过去信贷记录、信誉以及该公司对供应商的重要性等条件对公司进行评级。

享受贸易信贷的公司应确保在规定的时间里及时还款，因为任何还款的延迟都会降低公司的信誉等级。一旦某公司成为供应商的定期顾客后，可以指望供应商会增加对它提供的贸易信贷额度。

贸易信贷主要为中小型企业广泛使用，它们较深地依赖这种资金来源。很多公司认为是一种无息短期贷款，但严格地说并非如此。因为如果立即支付款项，大多数供应商都会给予折扣。贸易信贷具有以下优点。

（1）容易获得且不影响该公司在银行的信用额度。

（2）可以用来解决很多中小型公司经常遇到的短期资金困难。

（3）相对比较便宜。

（四）汇票

汇票实际上是一公司或商人向另一公司或商人出具的要求它对货物进口、出口或销售支付货款的定期支票。绝大多数汇票的票面价值在几千美元到100万美元之间。汇票是一种短期债务凭证，期限一般为1~6个月，以3个月的汇票最为常见。

一张汇票的利率由该汇票的票面价值和出售时的价值之差，即该汇票的收益所决定。例如，一张6个月后到期的汇票，票面价值为5.5万美元，现在出售时售价为5万美元，则汇票收益为5 000美元，由此计算出年利率为20%。

汇票主要有两种，即商业汇票和银行汇票。任何公司都可以出具商业汇票。汇票交付给买方或汇票的付款人，后者签名承兑，交还给卖方或出票人。商业汇票的受款人是汇票的持有人。出票人可以保留汇票至汇票付款到期日或以略低于汇票面值的价格予以出售，即将汇票贴现出去。对于银行汇票，一家“承兑票据所”会参与其间。商业银行可以作为承兑票据所批准商业汇票，从而创造出短期的可销售资产。如果作为承兑票据所的金融机构对买方资信满意，则会为买方开立一份信用证。

（五）商业票据

商业票据是一种短期借款工具，其到期日为7~364天。公司因此可以避开银行债务市场直接从投资者那里获得无担保融资。当然，银行常常作为代理人而出具（发行）

商业票据。这种融资方式在美国已有较长的历史。在英国政府财政部和英格兰银行颁布新规定允许发行英镑商业票据后不久，即 1986 年 5 月，英镑商业票据市场才正式启动。此后，它成为英国广大借款人和投资者使用的具有竞争力的一种货币市场凭证。此外，在许多国家也有商业票据市场。

发行商业票据的方法有若干种，最常用的是一种叫非承诺式的发行方法。根据这种发行方法，交易商购买大部分商业票据，并将它分销给投资者。还有一种方法是公司直接向投资者发行商业票据或者通过一组银行以竞争性投标的形式发行商业票据。商业票据通过银行发行，由该银行负责对商业票据进行鉴定并代为妥善保管。该银行也对发行日与到期日发行人和持有人之间的资金流动进行管理。

二、中期资金

（一）财务公司

财务公司一般以分期付款购买协议、租赁协议或贷款协议的形式向工业界、商业界及消费者提供资金。财务公司和商业银行一样，通过吸收顾客的存款包括工商企业的存款来获得资金。它们也从银行及其他金融机构借款。财务公司必须遵守政府实施的各种信贷及最高限额管制。

在 20 世纪 50 年代，财务公司的主要业务是给消费者提供融资以推动商品的赊销。在 20 世纪 60 年代，财务公司开始提供租赁服务，并很快成为工业界和社会大众的一条重要融资来源。在工业分期付款购买协议项下，购买设备的承包商通常对供应商支付一笔现金作为定金，由财务公司对贷款余额提供融资。在工业分期付款购买协议项下，购买设备的承包商通常对供应商支付一笔现金作为定金，由财务公司对贷款余额提供融资。承包商在规定的时间里以分期付款的形式偿还财务公司。分期付款的金额和次数反映了财务公司收取的利率。尽管财务公司似乎在分期付款购买市场上占垄断地位，但众多的供应商都拥有必要的法律和财务方面的专长，能以自己的资金对顾客提供分期付款资金。

分期付款购买协议的优点是公司即使在得不到银行透支或透支限额已经用完的情况下，仍能获得资金。然而，有些分期付款购买交易却是非常昂贵的融资方式。另一个优点是分期付款购买的设备所有权属于承包商。当然，如果承包商不履行自己的分期付款义务，财务公司仍有权请示获得该设备的所有权。

加入世界贸易组织后，中国金融领域的开放将导致竞争更加激烈，从行业内部情况看，伴随着财务公司第二次创业的展开和推进，财务公司的未来发展可能有多种模式：规模较大的财务公司凭借自己的资本实力，可能发展成为以财务公司为主体，拥有多种金融子公司的金融控股公司，有的甚至可能朝着产业银行方向发展；规模中等或偏小的财务公司则可能发展成为业务综合型或专业型的财务公司；观念落后、不思进取的财务公司将被淘汰。

（二）出售回租

当公司遇到财务方面的困难或者需要额外资本为未来增长提供资金，有时有必要出售公司的部分资产。如果公司拥有可以完全自由处置的财产或者拥有一项长期租得的财产，公司可以通过抵押或以市场价格出售该项财产来获得资本。但是抵押得到的通常只是财产市价的一部分，而如果是出售，则又意味着该财产有新的所有人或占有人。一项出售再回租的安排是解决上述问题的办法，并能凭借所占财产，筹集到尽可能多的资金。

出售再回租业务中的出售和回租是同时进行的，以确保现有的财产所有人继续占有某项财产。新的所有人通过收取租金获得投资回报。租金根据出售的价格收取，因此只要占有人（原财产所有人）愿支付相对较高的租金，他就有可能筹集到超过财产出售时市价金额的资金。公司可以使用出售再回租的方式将自己的财产变为现金，由此增加流动资金，减少现金流量方面的问题。

投资者必须考虑长期情况，同时做好资本可能会被长期占用的准备。虽然出售再回租协议一般是和保险公司签订，但一些金融信托机构、房地产投资公司以及某些基金等也愿意提供此类融资。

（三）银行贷款

银行贷款被认为是中期资金。那些需要 1~5 年期资金的项目使用银行贷款。其利率为固定利率，并通常高于银行透支利息。原因是银行贷款不是一经要求须立即偿付，因而银行承担的风险较高。如果项目遇到延误或困难，银行贷款的期限及限额可以重新协商和延长。尽管贷款余额在不断减少，利息通常以贷款总额为基数计算，每月支付一次。除利息外，银行还常收取相当于贷款总额 0.5% 的贷款准备费。

尽管银行贷款比银行透支昂贵，但它给客户提供了一段时间内稳定的资金，从而使客户有信心对未来进行策划。有时客户可能需要一笔 5 年期的贷款，但银行由于自己贷款限制只能提供 1 年期贷款，在这种情况下，该银行可提供一笔循环贷款，即该笔贷款每年续展一次，利率在每年年初确定；由此客户承担着利率变动的风险。如果客户对银行提供的交易不满意或者该银行拒绝了客户的申请，这并不一定意味着那个项目不值得融资，也许该银行可能对某个行业的贷款已经贷完。所以对客户来说要获得最好的信贷条件，重要的是要“货比三家”。良好的信誉和强实的资产负债表总是有助于客户从银行获得较好的融资条件。

三、长期资金

（一）企业留利

企业一个最重要的资本来源是该企业的再投资利润或留成利润。这种资金来源的诱人之处在于对筹集的资金不需支付任何利息。在每个财政年度末，一部分利润以公司税的形式上缴政府，一部分利润以股息的形式支付给股东。剩余利润可用于企业再投资以扩大生产或为项目提供资金。企业留利在资产负债表上反映的是储备，可以增加公司的流动资金。

公司董事会的一项棘手任务是决定利润中多少用于支付股东的股息，另有多少用于将来投资。一方面要让股东对投资回报感到满意，另一方面需确保有足够的资金投入以维持并改善公司的财务状况，保持两者的平衡确实很微妙。如果股息太低，股东仍很可能会出售手中的持股，使公司股票价格下跌。如果用于再投资的利润不足，公司可能会因此丧失自己的竞争优势。大多数公司都有自己的公司政策或战略，规定股息和留利各占利润的多少。

（二）发行股票

所有公司都使用若干种资金渠道来购买资产和满足企业日常经营需要。这些资金渠道包括股本、长期贷款和短期资金。如果要鼓励外部资金渠道提供更多资金，则需要大量金额的股本。股票分为普通股和优先股两类。优先股是指能让股东有权获得固定收益的有限责任公司财务资本总额中的一份。普通股的股息不定，由董事会决定，故也被称为无固定股息的股票。

普通股持有者是公司的所有人，享有充分的投票权和股息分配权。但是普通股股东只有在公司支付完债券、贷款和优先股后，才能分得股息。优先股的股东没有投票权，但在分配股息方面享有优先权，且其股息通常为固定股息。在分配股息方面，优先股仅优先于普通股，而在债券之后。很显然，这些优先股的风险较普通股要小，收益率因而也相对较低。优先股分为三类。

（1）累积优先股。如果公司由于财务困难，未能支付上年度的优先股股息，公司应保证对股东支付上年度和本年度累积的股息。

（2）参与优先股。其股东除有权获得事先确定的固定股息外，还有权获得一笔固定利息或股息或额外收益。

（3）可赎优先股。它是指固定股息股票，可在公司或股东确定的、各方均同意的日期以商定的价格赎回。

公司可以通过向大众或其股东发行新股筹集额外资金。由于发行新股成本昂贵，因此只有公司需要筹集大量资金、开发新项目时才这样做。通过发行股票筹资的好处是公司不需要对筹集的资金支付固定的利息，但是必须从所获利润中支付股息。

（三）公司债券

债券是一种偿还期在15年以上的长期债务的书面承诺。如果需要期限较短的资金，则可发行短期债券。公司债券是一项贷款的书面正式确认书。当某公司做出这项书面确认时，公司债券就是一种盖有公司印章的合同，规定有对公司贷款总额须支付固定利率以及期末偿还本金的条件。因此，公司债券是一种长期融资。

公司债券持有人并非公司成员，而是公司的债权人。这意味着不论公司是否赢利，都要对这笔债务支付固定利息，这一点不同于股票。由于债券筹资享有税务方面的优惠，因此公司债券筹资比发行股票筹资相对便宜。公司对债券支付的利息免税，而股息是从税后利润中支付的。然而，即使在光景不佳的时期，债券的利息也须支付，而股息则不必。

对投资者来说，由于债券是固定的利息，因而其风险要小于普通股票和优先股票。在公司发生清产时，债券持有人对公司所有资产也享有优先请求权。此外，债券可以在市场上出售，其价格波动反映当时的利率水平。从公司的观点看，债券融资较为吸引人是因为债券持有人不享受投票权，因此在发行新债券时，不会削弱公司的控制权。

以上所述短期、中期、长期资金的融资来源，需依公司情况、国别情况灵活掌握。

在具体寻找资金来源时，可根据情况依下列各项进行调查：项目发起人及合作伙伴，开发银行，出口信贷，国内银行，欧洲货币货款银行，固定利率资本市场，制成品融资等。

第二节 国际投资融资方式

随着世界经济一体化进程的加快以及现代金融手段、工具的加强，国际融资可通过多种渠道进行。本节将对国际融资中介机构和国际融资运作机制做简略介绍。

一、国际融资中介机构

国际融资中介机构主要有投资银行、投资公司、金融公司和跨国银行以及银行财团。

（一）投资银行

投资银行的主要业务是发行和推销证券，是长期资本融资的中介。它不同于从事存贷款业务的商业银行。投资银行一方面作为证券发行公司帮助融资者发行证券，另一方面作为证券推销公司承销证券。投资银行往往组织很大的承销集团从事证券销售活动。投资银行另一项大的业务是帮助强的企业吞并、接管以及收买弱的或效率差的企业。在国际融资中扮演越来越重要的角色。

（二）投资公司

投资公司与投资银行不同，是专门为个别投资者从事投资活动的机构。投资公司出面组织和汇集资金并把这些资金用于股票、债券以及商品等方面的投资，取得盈利后再分给具体的投资者。因此，投资公司的筹资活动是为自己取得盈利并帮助不内行的投资者取得盈利的专门机构。

（三）金融公司

金融公司是专门为筹资者提供贷款而不接受存款的公司。这一点与商业银行有很大区别。金融公司的资金来源主要为保险公司、退休基金会等社会纯营利性机构。由于金融公司资金来源十分稳定且数量巨大，金融公司在美国获得了“货币仓库”的美誉。金融公司的贷款范围大部分是根据投资项目分类的，如消费金融公司、工商业信用金融公司和批发金融公司等。

（四）跨国银行

跨国银行是一国国内银行活动向境外各国扩展的产物，是银行资本国际化的组织形式。19世纪以来，现代资本主义银行即股份银行出现以后，适应资本主义商品输出和海外投资的需要，逐步建成了遍布全球的银行网络。其中，英国银行的海外扩散活动最为兴盛，伦敦成为全世界的金融中心。依靠银行的巨大势力，英国的海外投资带来了巨额利润，使其财富之多居世界首位。同时跨国银行在国际融资过程中起的作用也越来越大。

跨国银行的主要组织形式有设立分行、附属机构、联营机构、代表办事处和国际联合银行等。在海外设立分行是跨国银行对外业务扩展的主要形式。分行在所有权和业务上都受总行控制，受委托代表总行在国外经营各种国际银行业务，其资产负债表列入总行的资产负债表，而且其信贷政策和经营战略同总行也保持一致。海外分行在受总行控制的同时，又要受到所在国的监督。

设立附属机构的形式不同于分行，其业务不受总行直接控制，是独立的金融类公司。它除了经办长期贷款外，还从事总行在海外不便于办理的租赁、证券投资等业务，这种形式的机构要受到东道国全部法律的约束，并享有当地法人权。

设立联营机构的形式是由于有些国家或地区的政府限制外国银行直接进入本国，于是，跨国银行便利用跨国公司或企业通过参股控制当地原有银行或金融机构。一般参股在5%~50%，便可使之成为总行的一个联营机构；参股在50%以上者，则成为总行的附属机构；参股不到5%者，不能成为跨国银行的联营机构。利用参股方式建立海外分支，比在海外设立分行投资少，手续简便。

设立代表办事处的方式是在跨国银行不具备设立分行或附属机构条件的地方设立办事机构。这种机构用人较少，一般由2~3人组成。代表办事处实际上是跨国银行为在当地扩展业务而设的非银行机构，其主要职责是向总行提供当地政府或企业的经济信息和其他有关情况，它可以为总行承揽业务，介绍客户，但不能从事存款业务。

国际联合银行的方式是在20世纪60年代中新兴的跨国银行组织。它是由一些银行组织而成的集团。每家银行以持股的形式各掌握低于50%的所有权和控股权。其主要业务是在欧洲货币市场上从事大额贷款。组建这种银行的目的主要是为加强银行在国际金融市场的竞争能力，集中巨额资金进行大规模投资并分散风险。它是一个独立完整的经济实体，而不是银行集团。

跨国银行的国际网络主要分布于三种区域，即国际金融中心、发达国家和发展中国家，大体上各占1/3。跨国银行已经成为国际经济的重要支配力量，国际融资的主要渠道之一。全球著名的跨国银行有汇丰银行（HSBC）、花旗集团（Citygroup）、渣打银行（Standard Chartered）等。跨国银行也包括当今主要的国际金融机构，如1944年组成的国际货币基金组织和国际复兴开发银行（即世界银行）集团，1930 年建立的国际清算银行，以及第二次世界大战之后出现的泛美开发银行、欧洲投资银行，国际投资银行等。跨国银行在国际投资资金供给的运用、投资收益的转移及投资风险的防范等一系列活动中，都扮演了极为重要的角色。跨国银行的活动对整个国际金融的发展、国际货币体系的状况以及各国的国际收支产生巨大影响，由此影响国际投资的规模、方向。跨国银行运用自身资本所进行的投资，也是不可忽视的国际投资力量。然而，随着各国本地银行的快速发展，本地银行与跨国银行在服务质量上的差距日益缩小，跨国银行正面临巨大的压力。很多企业在开展业务的时候，更倾向于选择本地银行。为了弱化日益激烈的竞争，不少跨国银行在亚洲等竞争激烈的地区，采取了收购竞争对手的行动。

（五）国际银团

国际银团贷款也称国际辛迪加贷款，就是由一家或多家银行牵头，多家分属于不同国家或地区的银行联合组成的一个银行集团，各自按一定的比例，共同向借款人提供一笔中长期贷款。它是商业银行贷款中一种比较典型、普遍的贷款方式，具有以下基本特点。

（1）贷款金额较大。国际银团贷款的每笔交易额可在 2 000 万美元～150 亿美元之间。

（2）贷款期限较长。国际银团贷款一般是中长期贷款，贷款期限可在 1～15 年，多数为 3～10 年。

（3）贷款风险较小。由于银团是由多家银行按一定的贷款金额组成的，各贷款人承担的风险也是按贷款金额分摊的，同时，由于各家银行在风险分析及风险规避方面各有千秋，从而可以有效减少贷款人承担的风险。

（4）有利于借款人扩大知名度。由于借款人同时向多家银行建立信贷关系，从而有效地提高了自己在金融界的知名度，为今后继续对外融资提供了可靠的基础。

国际银团贷款根据各参与行在银团中享有和承担权利和义务的不同，可分为直接型银团贷款和间接型银团贷款。直接型银团贷款是在牵头银行的统一组织下，由借款人与各个贷款银行直接签订同一个贷款协议，根据贷款协议规定的条件，按照各自事先承诺的参加份额，通过委托代理行向借款人发放、收回和统一管理的银团贷款。间接型银团贷款是指由牵头银行直接与借款人签订贷款协议，向借款人单独发放贷款，然而再由牵头银行将参与的贷款权分别转售给其他愿意提供贷款的银行，事先不必经借款人的同意，全部贷款的管理工作均由牵头行承担。

二、国际融资的运作机制

现代国际金融业务一般是由几家主要的跨国银行进行。这里讨论国际金融和国际债券之间的区别，解释各种金融业务运作和资本市场上所使用的各种债券并介绍跨国银行的主要业务情况，贷款期限、国际放款风险、交易以及买卖期货、外汇融资的费用问题等。

大部分国家均采用从国际市场借款的做法来为其工业化计划和开发计划进行融资，或是因国际经济波动，国家的国际贸易地位受到影响而用这种做法来进行调节。为实现这些计划而进行融资主要有两种办法，即通过金融市场和资本市场进行融资。

金融市场的主要特点是银行将自身置于放款人和借款人之间。银行从其投资者手中获得资金，然后再以较高的利率放款给借款人。然而，在资本市场发行债券则可使资金从盈余地区流向超支区域而无须银行作为中介人介入。有关金融市场和资本市场的业务情况可以按照所使用的货币及其地点来做如下区分：资本市场，包括国内债券、国际债券；金融市场，包括国内金融、国际金融、跨国金融。

（一）国内、国际与跨国金融

国内金融是指设在 A 国的银行与 A 国当地客户之间以 A 国货币进行的交易。住在 A 国的非当地客户的交易可能不属于国际业务部分，但是当外国银行以 A 国货币进行交易时也可视为是国内金融。

国际金融意指跨货币跨国界的金融业务。它包括十分传统的吸收非当地客户（外国人）的存款业务，或是以银行驻在国的货币放款借贷给非当地客户的业务。国际金融经营业务可分为传统的对外经营业务和欧洲货币金融业务。

欧洲货币金融是以银行所在国货币以外的货币进行借款或放款。在一般情况下，这种借贷的金额均很大。交易的主要货币为美元，因此称为欧洲美元。

传统的对外金融经营业务主要是由本地银行非当地客户（或是银行，也可不是银行）的国内货币交易。除此之外，掌握外币的银行和企业与外国银行平衡货币业务也是传统的对外金融业务。

跨国金融是指在许多不同的国家和许多不同的国家体制中经办银行，并从事由此而产生的金融经营业务。这一广泛的定义囊括所有的金融经营业务，包括传统的对外金融、欧洲货币金融、国内大额资金金融以及国内小额资金金融经营业务。

除了按金融经营业务来划分国内、国际和跨国金融业务之外，还有一种按金融业务的规模划分为小额资金金融和大额资金金融。

小额资金金融是提供给大众的传统性金融服务（即提供给消费者、小企业以及商业企业的金融服务）。小额资金金融不包括任何欧洲货币经营业务。

大额资金金融通常是大银行进行的资金很大的借款与贷款。它可以采取为大型的法人组织提供银行服务、提供贷款和贷款担保的形式。大额资金金融中的大部业务是银行之间的业务或是与其他融资机构进行交易。大额资金金融是以从事欧洲货币金融业务为特征的。

（二）国内、国际及对外债券

债券是在资本市场上发行的，采用带息的形式，表明对持有人存在债务以及所欠数量的证券。该证券必须得到偿付从而获得对债款的偿还。资本市场大都是不做规定的市场，资本可以不通过诸如银行和其他金融机构这类融资中介人而自由流动。但是，银行经常组织并承保这种流动的交流程序。债券由借款人发行，放款人对银行没有索款要求，可划分为国内、国际债券、对外债券和欧洲债券。国内债券由借款人在他们所在的国家发行，国际债券由贷款人在他们所在国以外的国家发行，可采用对外债券或欧洲债券的形式。对外债券由某国居民之借款人在某单独国家市场以那一国的货币进行。然而，欧洲债券则是同时在几个国家发售。大部分对外债券和欧洲债券的发行均由国际银行辛迪加集团和证券发行公司承包并销售。

（三）跨国银行主要业务

跨国银行的国际放款不包括对小额或个人的放款，但同业银行拆借除外，只要满足下列任一标准条件，那么国际放款就可实行，包括各种承兑（即由某银行签发的被接受的汇票）、信用证（即由某一银行代表另一银行的某一买方或者是代表另一银行签发的文件）、投标保证金、履约保证金和其他类型的贷款融资。

（1）所用的货币对借款人或者对放款人说来是外国货币，或者于两者都是外国货币。

（2）使用它来资助跨国界的投资或是国际投资。

（3）由一个国家以上的银行辛迪加提供。

（4）担保人住在达成贷款的国家之外。

跨国银行还从事其他业务，如吸收存款，并以其国内或外国货币向外国政府、企业和个人提供贷款；掌管联合贷款或是作为联合贷款的代理；从事黄金、贵重金属、国际金融调拨和其他外汇方面的交易业务；提供信用证、备用信用证（即那种在需要时能随时提供的信用证）、多种货币信用限额银行承兑以及欧洲票据保险业务；从事货币期货和期权、金融期货和期权、利息以及资产调剂的交易；欧洲商业票据的发行（即某一欧洲货币的商业票据），对发行欧洲债券的承保与投保。

跨国银行的短期贷款文件一般不要求是全套的，但文件在法律上却必须是有效的。中期贷款协议的文件是谈判过程的综合部分，是对达成协议的贷款条款和条件所构成的一项重要记录，在法律上是有效的。

20世纪60年代以前，中长期国际贷款的主要提供者不是银行而是国际机构。由于这些机构大部分都设在纽约，所以贷款文件一般都根据纽约的法律来制定。最近出现了一些标准条款的欧洲市场贷款协议办法，这些标准条款制定出一个普遍使用的格式，这些标准条款中的部分条款可以为新型的贷款交易所使用，其他条款则可能不尽合适，必须做出调整。因此，当制定十分新式的贷款协议时就可以有标准做法的既定基础。最普遍的做法是在制定协议时考虑运用英国或者纽约的法律，偶尔也可以考虑运用其他国家的法律，但是如果这些法律离开了银行所熟悉的法律，那么就必须向银行说明使用这些法律的充分理由。

跨国银行对贷款风险的处理方法大致有两种：清算法与营业情况法。清算法是对公司资产进行清算核算。用这种方法进行分析，银行假定该公司被卖掉，以此来估算公司资产和债务的价值。如果公司资产明显超过其债务，银行感到满意，那么贷款就可能做成。营业情况法是对公司营业状况进行估计。具体地说，就是银行主要关注公司的资产负债表，从而看是否满意于对所建议的经营水平予以支持。关于将来的运营水平，银行要做出切合实际的估计，只要所产生的现金流量能足以偿还债务，银行就将贷款。

与国内贷款相联系的风险还有许多不同的种类，这些风险包括清偿力风险、利息风险、信用或资产风险、或然债务风险。跨国银行不仅面临这些风险，而且还必须处理一些其他风险，跨国界跨货币的贷款交易尤其如此。虽然对国家和对公司的情况进行分析的基本原则差不多，但是国家的规模及其复杂性使得这种分析相当复杂。

第三节 国际投资融资渠道

本节主要介绍两类国际投资融资渠道，即商业渠道融资和开发银行（世界银行）渠道融资，并给出一些融资案例分析。

一、商业渠道融资

一个投资项目有三类主要的资本形式：股本、准股本与优先债务。股本投资是借款人或投资者为某项目提供的资本基础，是一种风险资本和最低级债务。准股本是为项目提供的贷款或预付款，优先于股本资本，但低于优先债务以及担保债务。优先债务可以是担保贷款或者是无担保贷款。商业性贷款人为项目融资提供的贷款大多数是优先债务。如果贷款人财务上发生困难，优先债务在偿还时享有优先权。商业贷款是项目融资中优先债务的最重要来源，可以涉及一个或数个贷款人或者贷款辛迪加。

商业融资分为无担保贷款、担保贷款、辛迪加贷款、商业金融公司贷款等。

无担保贷款是仅凭借款人的一般信誉所获得的贷款，不需要以任何财产的担保权益进行担保。无担保贷款常被称作“信誉贷款”。如果项目的发起人、业主以及经理人员在金融界建立了良好信誉，而且该项目股本风险资本所需要的资本或从属贷款已充足到位，该项目可以获得无担保贷款。

对大多数项目来说，只要其用来担保债务的资产具有担保价值，即这种资产可以销售并很容易转换成现金，就可以获得担保贷款。不动产、动产和无论取得货物与否均须付款合同项下应付的款项，以及转让的合同权利均可作为项目融资的担保。

商业银行是项目贷款的最大来源，但商业银行贷款期限一般限于6~10年，利率以伦敦银行同业拆放利率或美国优惠利率为基础进行浮动。然而，有时通过谈判也可获得期限更长的贷款，以及对5~10年的贷款采取固定利率的形式。

有些项目规模较大，需要有大量的贷款，因而不得不通过国际商业银行辛迪加贷款来融资。辛迪加贷款市场一般具有以下优点：能够筹集大金额的贷款；贷款可采用几种货币中的任何一种；可以共担风险；参与辛迪加贷款的银行经验丰富，能够理解项目融资中产生的风险并分担；贷款的偿还日期灵活；习惯上允许提前偿还。

大型商业金融公司是项目融资的另一个潜在的融资渠道。同银行或保险公司相比，金融公司没有储户及保险客户来提供资金来源。它们必须从债务市场上购买资金，加上利差后进行转贷。因此，商业金融公司提供的资金价格较高，金额有限。筹集资金的其他渠道还有租赁公司等。

在商业融资中，一个重要的问题是贷款担保。商业性的担保有以下几种类型。

（1）项目担保。银行必须确信借款人的总体财务结构是以支付贷款利息并偿还本金为基础后，才会提供贷款。在一笔一般资产负债表融资业务中，一公司从一银行借款，这笔债务就会出现在公司的资产负债表（平衡表）上，在大多数情况下，公司平衡表上显示的资产将作为银行的担保。这种融资称为纯项目融资。

虽然如此，通常贷款人都要求提供某种形式的其他担保。只有当贷款的担保完全以该项目的现金流量为基础时，纯项目融资才会产生。由于大多数项目性质复杂，纯项目融资的可能性很小。因此，提供项目融资的贷款人必须确保该项目将会产生足够的现金流量在支付其他各项费用之后（如经营费用、税赋）还能支付利息、偿还本金。在项目融资中，贷款人将对具体项目而不是发起人的活动进行详尽评估。有时项目融资被称作资产负债表外融资或无追索权融资。

（2）第三方直接担保。一般来说，第三方担保人在某种程度上是项目发起人，他们的担保是有益的、合算的。这种担保可使项目的财务风险转让给第三方，这是与项目担保不同之处。第三方担保人一般有供应商、卖方、用户、承包商、政府机构等。他们是不想拥有或控制该项目公司的第三方。以此担保为基础，项目公司可以和贷款人签署贷款协议。

（3）第三方间接担保。第三方间接担保是指第三方以某种形式保证项目竣工后有稳定的资金流入，这种第三方一般是项目受益人，可从项目竣工得到利益，而他就以这种利益作为担保。例如，“货物是否收取均须付款合同”或“最低付款合同”就是这类担保的例子。通常这种担保的形式有供应商在事先确定的时期里以固定价格提供原材料，或者用户以固定价格购买事先确定数量的货物。一般来说，担保的第三方对项目的可行性表示放心，信托人作为中介管理资金移动，从而为贷款人提供保障。

二、开发银行融资

较大的国际投资项目可通过开发银行渠道融资，尤其是开发项目。开发项目指专门为增加生产力而进行的投资，有些国家也称为基础设施投资。对于发达国家，这类项目可通过政府预算这种内部渠道融资，而对大多数发展中国家，却需要从外部渠道进行融资。开发银行是一个主要的融资渠道。

（一）开发银行

国际开发银行可分为地区性银行及全球性银行。大多数地区性开发银行的目标是经济发展和经济一体化。下面对它们予以扼要介绍。

1. 非洲开发银行集团

非洲开发银行集团包括：（1）非洲开发银行（AfDB）；（2）非洲开发基金（ADF），即为人均国民生产总值低于510美元的成员国提供软贷款的部门；（3）SIFIDA投资公司；（4）尼日利亚信托基金（NTF）。

AfDB 集团为 54 个非洲国家经济和社会发展提供所需要的人力资源和资本。除了从事项目与规划贷款外，AfDB 也同世界银行集团、欧洲联盟及众多其他主要机构合作共同为项目提供融资。

AfDB 的项目周期和世界银行项目周期十分相似（后面将对世行项目周期予以介绍）。通常完成批准手续需要 8 个月到 3 年的时间。如果该银行审批的项目涉及金额较大且复杂，则该行一般都要求对所有主要供应商进行资格预审。资格预审的内容一般包括财务稳定性状况、从事的类似项目的经验和业绩、对当地情况的了解程度、人员与设备及成套装置的能力；等等。

通过资格预审的承包商会被邀请进行投标，投出最低标价的投标人将赢得合同。所谓最低标价是指在对投标人进行资格预审后，对所做投标各项条件评估得出的最经济的投标价格。

非洲开发银行还提供诸多咨询服务，包括投资前研究的准备、项目的详细设计、项目的监督与控制、技术服务等等。

2. 亚洲开发银行

亚洲开发银行（简称亚行）创建于 1966 年，是一个区域性国际金融机构，总部设在菲律宾首都马尼拉，现有成员 67 个，包括本地区 48 个成员和非本地区 19 个成员。亚行的组织机构由理事会、董事会和亚行管理当局组成。亚行建立的宗旨是促进亚洲和太平洋地区的经济发展和合作，特别是协助本地区发展中成员以共同的或个别的方式加速经济发展。亚行自身开展业务的资金分三部分：一是普通资金，用于亚行的硬贷款业务；二是亚洲开发基金，用于亚行的软贷款业务；三是技术援助特别基金，用于进行技术援助业务。此外，亚行于 1988 年建立了日本特别基金，用于赠款性质的技术援助业务。亚行除了用自己筹集到的资金从事贷款和技术援助以外，还通过联合融资这一形式为本地区的经济发展筹集更多的开发资金。亚行的联合融资是指一个或一个以上的外部经济实体与亚行共同为某一开发项目融资。

亚行对发展中成员的援助主要采取四种形式：贷款、股本投资、技术援助、联合融资和担保。

（1）贷款业务。向发展中成员提供贷款是亚行援助中最具实质性的内容。亚行的贷款一般直接贷给发展中成员政府或由发展中成员政府担保借给发展中成员的机构。该类贷款又分为普通资金贷款（即硬贷款）和特别基金贷款（即软贷款）。有时亚行贷款是向发展中成员的私营部门提供的。这种贷款的风险大，因此不具有政府担保的优惠条件，近似于商业贷款。

（2）股本投资。股本投资是对私营部门开展的一项业务，也不要政府担保。除亚行直接经营的股本投资外，还通过发展中成员的金融机构进行小额的股本投资。

（3）技术援助。技术援助是亚行工作的重要组成部分。亚行通过技术援助帮助其发展中成员经济而有效地设计、拟定、执行和经营发展项目，以此来促进资源和技术向亚行发展中成员的转移。亚行以赠款、贷款或赠贷结合的方式为技术援助提供资金。

（4）联合融资和担保。亚行不仅为其发展中成员的发展提供资金，而且还吸引多边、双边机构以及商业金融机构的资金投向共同的项目。这是亚行所起的催化作用。这种做法对各方都有利。对受款国来说，增加了筹资渠道，而且条件优惠于纯商业性贷款；对亚行来说，克服了资金不足的困难；对联合融资者来说，可以节省对贷款的审查费用。

3. 美洲开发银行

美洲开发银行于 1959 年 12 月 30 日在华盛顿特区成立，其宗旨是为推动本地区的发展而促进公有及私有资本投资。该行现有成员 48 个，由以下几部分构成：（1）银行本身；（2）美国社会进步信托基金；（3）特别业务基金（即软贷款部）。

该行贷款战略的主要重点一直是农业、农村发展、城区改善及能源开发。其贷款总额的 35% 用于有形的基础设施包括建筑工程。1987 年前，贷款一直投向基础设施项目，例如道路、桥、水坝和港口。自 1987 年起，该行有意识地将贷款由基础设施开发项目转向“人类基本需要”的项目如住房项目。

4. 世界银行集团

世界银行（简称世行）主要是指国际复兴与开发银行（IBRD）及其附属机构国际开发协会（IDA）。此外，世行集团还有另外两个附属机构，即国际金融公司（IFC）和多边投资担保机构（MIGA）。这四个机构统称世行集团。

国际复兴与开发银行的业务经营受其章程制约，该章程规定了基本的规则。

该行宗旨是通过下列方式为成员国服务。

（1）向那些无法从别处以合理条件获得融资的政府优先性生产项目提供优惠贷款，促进经济发展。

（2）提供技术援助支持经济发展。

（3）与提供财政、技术援助的其他捐赠人进行合作，提高国际开发办公室的有效性。

国际开发协会旨在通过向世界上 79 个最贫困的国家提供无息贷款或赠款，促进其经济发展，减少不平等现象，提高人民生活水平。

国际金融公司的职能是鼓励欠发达国家的经济发展，促进私有部门的成长，并为此目的帮助调动国内和国外资本。

多边投资与担保机构的主要目的是通过减少非商业性投资障碍鼓励资本向发展中国家生产性项目流动。减少投资障碍是通过承保非商业性风险，加强对投资机会的宣传，增进东道国与外国投资者之间的关系，为外国投资就条款进行磋商或谈判。

世行支持的项目包括建设水坝、道路、桥梁、港口以及众多其他大型基础设施项目。但最近出现一个重要趋势，就是农业及社会性的小项目增多。

（二）世界银行贷款程序

每个融资机构包括开发银行均有自己的程序和政策需要遵循。虽然大多数开发银行都有一个约束自己行为的授权或章程，其政策在此基础上形成，但那些程序及政策却随着时间推移而发生变化。起支配作用的因素是银行的政策，但银行程序也确实存在着灵活性。这些灵活性之所以必要是因为遇到的项目性质各异。这里对世界银行贷款项目程序的各阶段进行简要介绍。

1. 项目周期

每个投资项目可分为若干阶段，这常被称作“项目周期”。这个术语强调项目的各个阶段应存在密切联系，项目的最后阶段应为以后的项目提供基础。项目周期的每个阶段都有自己的专门术语。世行的项目周期有以下几个阶段。

（1）项目的选定。项目周期的第一阶段是找出那些能体现重点使用一国资源以取得重要发展目标的设想。这些项目设想应能经得起初步可行性研究的考验，即应有把握对于与预期收益相符合的费用，找到技术及体制方面的办法，采取合适的政策。

（2）项目准备。一旦项目的设想过了选定“测试”后，就必须进行下一步，即对项目是否应进行下去做出确定的决定。这需要对项目的设计从各个方面，包括技术、经济、财务、社会、体制等进行初步改进。

（3）项目审查。在批准贷款前，外部机构通常需要进行一个正式审查程序，以对项目的合理性及项目是否可以实施进行评估。就内部出资进行的投资项目，正式审查的程度随政府惯例不同而迥异。然而，在正式承诺资金之前，进行一些明确的审查是决策过程中必要的或者至少是值得去做的一项工作。

（4）项目实施。实施阶段包括项目的实际开发或建设，直到该项目可以交付运营为止。它也包含对项目各阶段工程或业务的各方面进行监督，由驻在项目国的“现场”机构或外部贷款人进行的监督。

（5）项目总评估。对已竣工项目进行事后的总评估可以确定项目的目标是否已经实现，并总结经验教训供未来类似项目借鉴。一些贷款机构如世界银行一直要求对它们融资的所有项目进行事后总评估，但很少有发展中国家建立一个完整的体系对它们的项目投资组合进行总评估。

2. 项目选定

大型资本项目一般是为满足有效需求，但在选择过程中，必须考虑经济、技术、管理和财务方面的因素。项目选定就是将国家发展计划转化为具体执行方案和投资的过程。在制定国家发展计划时，一般要列明一些潜在项目，并对它们按优先顺序进行排列。对每个具体项目的目标做出明确规定。为此，需要征询各有关方面包括政府、项目受益单位和贷款机构的意见。其中的一方也许更感兴趣的是增加出口创汇，另一方也许更愿意通过项目降低失业率，改善财富分配。因此，至关重要的是项目的各参与方就项目的目标达成全面一致。以往由于达不成一致意见往往导致有关方面发生摩擦，从而影响项目的执行效果。所以项目所在国政府一般都在外部机构的支持下采取一个系统的项目选定方法，内容如下。

（1）对借款人所在国进行全面审查，突出列明那些具有投资潜力的欠发达行业。

（2）形成国家开发总体计划，选定潜在项目。

（3）将开发潜力与别国进行比较。

（4）在下列方面寻找开发潜力：国内自然资源的开采，国内自然资源的加工，减少进口，扩大出口，扩展现有工业。

（5）选择供进一步考虑的具体项目。

（6）在市场、技术资源及财务方面对被选项目进行评估。

(7) 形成具体国家开发计划、列明具体项目、项目目标及适当的时间表。

一旦项目目标确定下来，就要以一个项目概要的形式对项目进行描述。关于项目概要的编写，世行总结了一套程序。这就使得世行同潜在借款人能在以下问题上早日达成协议。

(1) 项目开发的目标；

(2) 项目的基本特征；

(3) 仍需考虑的替代办法；

(4) 在项目准备、审查或实施阶段需考虑的体制、政策及其他事项；

(5) 采取什么行动对项目进行准备，包括对项目将使用的主要资源进行准备。

在项目的选定阶段，世行及其他多国参加的机构可以提供很有价值的帮助。在某些情况下，这些机构设有地区性代表处，主要职能就是进行项目的选定和准备工作。另外一种做法是从总部派遣代表团来进行项目的选定。一些联合国机构包括联合国教科文组织（UNESCO）、联合国工发组织（UNIDO）、国际劳工局（ILO）以及粮农组织（GAO）为项目的选定和准备提供专业服务。联合开发计划署（UNDP）也是一个资金和技术援助的重要来源，为那些希望获得财政及技术援助的单位提供资金，以从事选定合适项目所需要的资源勘测或预可行性研究。

3. 项目准备

一旦项目选定以后，下一步便是项目的准备和项目的审查。在决定给项目拨付资金之前，这些事情必须先行完成。项目的目标及实现目标的手段必须精心完善，同时要考虑若干种选择，而且还须进行成本—收益分析。

项目的准备或项目的完善并不只是为了评估项目是否是一个好项目，经济上是否值得，而且是寻找在预想的条件下所能获得的最优方案。项目准备或完善的主要步骤如下。

(1) 指出项目各阶段估计会增加的产量，根据产出类型进行量化。

(2) 找出项目受益单位（或人）所处的地点、收入阶层或者社会特性。

(3) 指出项目将提供服务的质量及范围。

(4) 详细审查项目的技术方面（如地面条件）。

(5) 对任何需要进行的体制改革，制定出行动方案。

(6) 对其他替代方案进行成本—收益分析。

世行一直趋向采取的政策是在项目准备阶段的后期提供贷款，即经常是在细节性的工程方面的工作完成之后及其他步骤也已开始的情况下提供贷款。在项目进行详细经济、财务分析之后，分配项目资金之前，可以对项目的可行性做出有价值的判断。

世行融资的项目通常要聘请一些咨询机构，比如专门负责工程可行性研究及设计服务或建设监督的机构。这些机构的聘用应符合世行出版物《世界银行借款人及世界银行聘用咨询机构作为实施机构指南》中规定的程序。该指南认定选聘咨询机构应注重服务质量而非最低价格。联合国开发计划署是可行性研究或类似准备工作的一项重要资金来源。世行为这类工作提供资金的渠道有若干条，例如为现行项目提供的资金一部分可用于支付为将来项目进行的可行性研究。其他机构，如联合国粮农组织及联合国教科文组织也是专门为项目准备工作提供资金的重要渠道。

4. 项目审查

世行主要依靠其正式职员或审查代表团来对每个项目进行审查。项目审查报告必须通过复杂的审议程序，然后世行才和借款人进行谈判，贷款申请才会呈交执行董事会考虑。目前世行资金供不应求，所以必须从其他渠道获得额外资金，例如地区性开发银行、商业银行或官方政府机构。这种做法不仅获得了额外资金，而且使每个具体项目的风险得以分担。这种做法称作共同融资。在共同融资单位采用不同的采购方法的情况下，主要区别一般是有资格提供商品或服务的国家不同，每个共同融资者均是依据自己的程序为合同提供资金，这一做法称为平行融资。当各融资机构有相同的程序时，它们会采用一个共有的融资协议，这称为“联合融资”。

5. 项目实施

前面已说明项目周期前几个阶段的重要性。然而，项目实施是项目的最关键部分。正是在这一阶段，早期的计划、设计和分析在严酷的事实环境里接受检验。虽然借款人全权负责项目的设计和实施，但世行还是会深入地参与整个过程。项目的实施始于将资源调配给项目投资之日。某些项目，如道路或建筑物的实施阶段何时开始，很容易确定，但那些涉及大量业务活动的项目开始之日则比较模糊。

在获得世行融资之后，项目建议书将根据世行出版物《世界银行贷款及国际开发协会信贷采购指南》规定的程序制定具体的采购程序。这些程序构成贷款协议的一部分。借款人对采购进行计划和安排，准备招标文件，评标并把合同授予中标者。只有在贷款协议各项条款包括采购程序得到遵守时，世行才会拨付资金。

对项目实施阶段进行规划只是到最近几年才得到人们应有的重视。以前，项目周期早期阶段的工作集中在寻找备用方案，评估各方案的可行性，同时准备执行方案。

详细而明确地对项目实施阶段进行规划是完全必要的，可以确保对项目的实施经营机构的情况予以充分考虑。一个项目要能得到成功的实施，必须考虑到实施阶段的各个方面：选择实施单位，监督项目的实施，建立协调机制，项目实施的监测与评估。

6. 项目总评估

项目完成后的总评估是项目周期的最后一部分，是在项目结束之后开始运行之时进行的工作。项目总评估的目的是在项目结束后广泛地了解项目的潜在利益，并将之与最初的目标对比。如果允许项目持续一段时间再进行评估，项目总评估可依据项目的实际成本、经营成本以及早期的利益进行。总评估应确定项目是否合算，并且指出：最初确定的目标是否得当、是否可以达到；做出的技术选择是否合适；采用的采购程序是否合理；项目的目标是否正确；当地条件是否得到正确识别；是否存在费用过渡超支的情况；项目体制机制是否得到加强；等等。

世行是第一个开发出全面事后总评估法，并将评估结果对外提供的多边援助机构。虽然世行融资的所有项目都必须提供竣工报告，但只有大约一半的项目受到了经营评估部的详细审计（实际上随机抽样的只有10%）。经营评估部对所有被评估的项目编写年度总结，并将其发表在《项目经营审计结果年度审议》上，发表时省略国家和项目名称以确保业主的机密。有些类别的项目也可能会被专门选择进行经营业绩审计。这类项目包括：迹象表明经营业绩差或有特定问题的项目；在某一国家属于此类项目中第一个的项目；相互类似且可以进行比较研究的项目。这些程序的设计主要是为满足世行自己的要求，但也供其他机构采用。

经营评估部职员和主管经营职员提交的报告和审计难免有不一致之处。通过讨论大部分不一致之处可以得到澄清。然后，经营评估部的职员负责编纂最终的审计备忘录，当然所有未解决的分歧之处均应注明。这一评估过程也包括借款人。根据贷款协议，除承担其他报告义务之外，借款人也必须提交项目竣工报告。

第四节 案例分析

一、万达香港“买壳”，搭建海外融资平台

2013年6月25日，恒力商业地产发布公告称，公司买卖协议已完成交割。至此，万达成功登陆香港资本市场。这是近期又一家建立海外融资平台的国内房企。

同一天，中国人民银行发布公告，向部分金融机构提供流动性支持，中国“钱荒”问题似乎看到缓解的曙光。但在高层的定调下，“调结构”成为银行2013年下半年的工作重点，流向房地产行业的银行资金预计将受到进一步控制。因而，对于房企而言，尽快建立一个功能健全的海外融资平台，已关乎生死。

早在6月17日，恒力已经举行了特别股东大会，以100%支持率投票通过更名为“万达商业地产”的议案。6月25日，恒力和万达的买卖协议完成交割，万达成为恒力地产18.56亿股股份的持有者，占恒力全部股份的65%。这意味着，国内最大的商业地产公司有了另一条融资通道，这对万达未来的发展至关重要。

从2012年5月下旬起的一年多的时间里，万达仅仅在国外扩张的投资额已接近72亿美元，包括26亿美元收购全球第二大院线AMC、30亿美元投资俄罗斯旅游业、3.2亿英镑并购英国圣汐游艇公司、7亿英镑在伦敦建设超五星级万达酒店等。在国外一掷千金的同时，万达不忘在国内各城市跑马圈地，截止到2012年，万达广场已开业67座，持有的物业面积达1 290万平方米，规模居全球第二。

根据该公司早前宣布的计划，预计到2014年全国将共计有110座万达广场开业，届时万达持有的物业面积将达到2 300万平方米，全球第一。再加上万达在大连、南昌、哈尔滨等地的旅游项目，简单统计万达国内2013年的投资额也超过千亿元人民币。

与四处出击的扩张相比，万达的融资渠道甚为单一。王健林自称，万达资金来源有三个渠道：自有资金、银行贷款以及部分物业预售。

由于万达并非上市公司，它究竟卖了多少房、收回多少钱，难有第三方数据。据其公布的数字显示，2012年万达集团收入1 416.8亿元，同比增长34.8%。但这肯定不足以支撑万达近1 500亿元的投资额。

万达模式简单概括就是“以售养租，以现金流滚资产”。也就是通过住宅、公寓的销售来获得现金流滚动开发，最后持有高档酒店和购物中心运营。

由于万达有着院线、零售百货、酒店等产业以及良好的商家脉络，通常万达广场在起步阶段就能迅速填满商场。良好的商业配套加速了万达住宅、公寓的销售，回笼的资金又反哺商场租金以及下一个投资项目，万达看似拥有良好的商业循环模式。

这一切的前提是，万达需从政府手中获得低价土地，再抵押给银行获得贷款，快速将项目建成。这一切都依赖于万达高周转率的基础之上，一旦万达商业项目出租下降，又或者银行贷款受限，万达将面临资金链断裂的危险。2012 年下半年万达在武汉以及一些二线城市的项目，就出现了出租率下降的情况。

同时，银行贷款能否一如既往地落实也存在变数。2013 年 6 月 19 日，李克强总理主持国务院常务会议，明确提出要优化金融资源配置，用好增量，盘活存量，更有力地支持经济转型升级。在业内人士看来，这将是货币政策调控的新思路，实际是要解决资金分布的问题，未来流向房地产的银行资金将进一步受限。这种情况下，再搭建一个融资平台，更利于缓和绷紧的万达资金链。

与万达计划相仿的房企不在少数，6 月 17 日，朗诗集团花费 8.63 亿港元收购了香港上市公司深圳科技 63.4% 的股份。据克尔瑞的统计显示，2013 年以来已先后有 7 家国内开发商在香港买壳。

2013 年 6 月 14 日，世茂房地产签订融资协议，将获得合计约 35.02 亿元的巨额海外融资，这也是公司继 1 月举债 8 亿美元后，再一次启动海外融资。

2013 年 3 月 27 日，万科地产（香港）有限公司通过其全资子公司 Bestgain Real Estate Limited 发行 8 亿美元 5 年期定息债券，这也是万科历史上的首次海外发债。

2012 年 5 月，万科海外子公司万科置业（香港）宣布了与永泰地产达成协议，以约 10.79 亿港元的价格收购永泰地产持有重组后的南联地产已发行股份的 73.91%。

2012 年 5 月 14 日，招商地产收购东力实业控股 70.18% 股份，总交易金额为 1.99 亿港元。2013 年 4 月，招商地产公告，拟将全资子公司香港瑞嘉投资旗下四家控股公司的股权及相关债权注入于东力实业。

2011 年 9 月，金地集团宣布斥资 16.54 亿港元购买星狮地产 56.05% 的股权，实现了买壳的夙愿。

（参考资料：新浪地产网．万达香港“买壳”房企“避灾”海外融资平台．http://news.dichan.sina.com.cn/2013/06/30/777611.html）

二、澳大利亚恰那铁矿项目融资

恰那铁矿与中国冶金进出口公司的合资项目的融资方式是很多融资方式的一个组合，涉及合资、银团贷款、国际债券、租赁等多种融资模式。

（一）项目背景

恰那铁矿位于澳大利亚西部的著名铁矿产区，是中国冶金进出口公司与澳大利亚哈默斯铁矿公司的合资项目。恰那铁矿 1988 年初开始动工建设，1990 年初正式投产，是当时中国在海外最大的矿业投资项目，也是自 20 世纪 70 年代初期以来澳大利亚最重要的铁矿项目开发，曾被誉为“开创了澳大利亚铁矿发展史上的新时代”。恰那铁矿第一期投资 2.80 亿澳元，年产 300 万吨铁矿砂，并在随后的 8 年中逐步追加投资 1.20 亿澳元（主要从项目现金流量中提取），最终形成了年产 1 000 万吨铁矿砂的生产能力。

恰那铁矿项目的融资是由合资双方联合谈判安排的。在设计和选择融资模式时，合资双方希望实现的主要目标包括：（1）有限追索；（2）股本资金投入限制在项目初始资本投入（2.8 亿澳元）的 30% 以内；（3）融资模式的选择不改变合资双方已商定的合资结构原则。

（二）项目融资结构

1. 恰那铁矿项目的投资结构

恰那铁矿项目采用的是非公司型合资形式的投资结构。中国冶金进出口公司通过在澳大利亚的全资子公司在项目合资结构中持有 40% 的权益，哈默斯铁矿公司持有 60% 的权益。合资双方按投资比例承担项目风险，支付项目建设资金、生产成本，最后分享项目产品。

（1）项目的管理结构。恰那铁矿设立由合资双方组成的合资政策委员会（Joint Venture Policy Committee）作为项目管理的最高决策机构，负责项目重大生产经营、市场战略的决策，监督项目管理公司的日常生产、经营管理。

（2）项目的基础设施。使用哈默斯铁矿公司的现有设备，由合资项目支付其服务费。

（3）项目的产品市场。由中国冶金进出口公司与合资双方分别签署了长期的铁矿购买协议。

2. 恰那铁矿项目的融资模式

作为恰那铁矿项目的融资顾问，美国信孚银行澳大利亚分行设计了有限追索杠杆租赁融资模式，利用资源性项目通常具备的前期投资高，因而项目折旧、摊销以及税务抵免高的特点安排项目融资，实现了在项目前期相当一部分的债务资源不需要使用项目的现金流量，而是通过项目的税务亏损来偿还的目的。

在恰那铁矿项目融资结构中，以税务利益为目的而组成的特殊合伙制结构在融资期间不仅拥有并且还“经营”其矿山设备和设施进行生产，这一点与一般的杠杆租赁融资结构有所不同。特殊合伙制通过矿山生产，使得股本参与者可以获得正常的税务好处。

杠杆租赁中的债务资金由两个部分组成。

（1）中国冶金进出口公司与哈默斯铁矿公司按投资比例，向特殊合伙制结构提供无担保贷款。

（2）由 13 家银行组成的国际银团提供银团贷款。银团贷款包括了 1.7 亿美元 12 年的项目建设贷款和 6 000 万美元的备用贷款（用于项目后期扩建资金）。

在债务资金安排上使用了欧洲债券市场，是恰那铁矿项目融资值得注意的一个特点。根据澳大利亚税法规定，所有的境外融资都需要向政府支付 10% 的利息预提税，但是，如果境外融资是通过类似欧洲债券市场、美国商业票据市场等融资的公募资金，则可以获得利息预提税豁免。

3. 融资模式中的信用保证结构

（1）长期市场销售协议。中国冶金进出口（恰那）公司为恰那铁矿项目提供了限期为20年的长期铁矿购买协议。这个协议构成了项目融资结构的一个重要基石。

（2）哈默斯铁矿公司的服务协议。哈默斯铁矿公司担保合资机构可以使用其铁路、港口等一系列恰那铁矿正常生产必需的基础设施。

（3）资金缺额的有限担保。这里包括两部分内容。

① 如果在项目经营期间出现现金流量不足的问题，贷款银团有权要求项目合资双方将已从项目中支付的利润返回到项目中。

② 如果项目现金流量偿还债务仍然出现问题，哈默斯铁矿公司同意将其根据项目服务协议收取的一部分服务费作为无息贷款注入项目，解决这一问题。

（4）项目资产以及合资结构资产的抵押。

（5）交叉担保。

思考题

一、名词解释

1. 贸易信贷
2. 国际银行贷款
3. 欧洲货币金融
4. 无担保贷款
5. 平行融资

二、简答题

1. 简述国际投资中短期资金的来源。
2. 国际银行贷款方式与一般贷款方式相比具有哪些特点？
3. 简述跨国银行的主要业务。

三、论述题

1. 试比较分析股票和债券在国际投资、融资中的异同。
2. 较大的国际投资项目一般通过开发银行渠道融资，目前国际开发银行主要包括哪些？它们各自的业务重点内容是什么？

第八章　国际风险投资

✓本章摘要

本章从风险投资的概念引入，介绍其运作和发展以及风险投资的特点、作用和功能；接下来从风险投资的构成要素、运作机制以及激励、约束机制等方面分析国际风险投资理论；立足于风险投资的实际操作介绍投资实务，并结合案例进行分析。在对本章的学习中，学生要注意把握风险投资的理论和实务。

✓本章关键词

风险投资　风险投资类型　风险投资运作　国际风险投资理论　风险投资实务

✓学习完本章，你需要掌握

风险投资的概念、运行过程以及发展状况，风险投资的特点、作用和功能，风险投资的构成要素、运作机制，理解风险投资筹资机制、风险投资的项目选择机制、风险资金的注入与管理机制、把握风险投资激励和约束机制，通过风险投资的实务操作理解风险投资的支持系统、决策过程和评估准则。

伴随着高技术产业的成长和知识经济的来临，一种不同于传统投资方式的全新的投资形式——风险投资应运而生，并迅速地风靡全球。风险投资在西方国家的高科技发展进程中充当了最主要的促进因素。本章对这一新型的投资方式进行扼要的阐述。首先论述风险投资的概念、特点、功能和运作模式，然后阐述风险投资的理论与实务，最后对国际风险投资中的一些成功案例进行分析。

第一节　国际风险投资概述

国际风险投资是伴随着高科技产业的发展而形成的一种投资机制。高科技产业的发展对传统产业的优化升级，对整个社会经济结构的改善，人民生活质量的提高，国家经济和国防实力的增强，都具有极其重要的意义。然而，高科技产业具有高投入、高风险、高回报的特征，这使得银行等传统的投资主体望而却步，仅靠国家财政投入远远不能满足高技术产业化的巨大需求，因此发展高科技产业必须有新的投资、融资机制，风险投资就应运而生了。

一、风险投资及其发展

（一）风险投资概念的界定

广义的风险投资是指一切具有高风险和高潜在收益的资本投资。例如，一个石油钻探项目，由几家投资者共同购买石油探测设备进行钻探，由于存在着相当大的风险，同时也有相当高的潜在收益，这一类投资属于广义的风险投资。狭义的风险投资就是专门用于高技术、新技术企业创建的投资。由于高技术的开发具有很大的风险，同时也具有相当高的潜在收益，所以称之为风险投资。人们通常所说的风险投资，一般是指狭义的，即高技术风险投资。详细地说，风险投资就是对具有技术上、市场上的高风险，但增长潜力大的高技术企业的投资。这种投资并不仅是资金，而且这种资金还以股权形式投入到高技术企业的创业过程之中，参与企业的管理，帮助企业成长，通过组合及分散投资来化解风险，最终以成功的高技术企业的高额回报来弥补失败企业的风险损失。风险投资是一种科研、企业和金融有机组合的投资机制，实质上是高技术产业化中促使资金有效使用的支持系统。这个支持系统由风险投资公司、风险企业、风险资本和风险技术四个部分组成。风险投资公司是专门筹集和投放风险资本的金融企业。

因此，我们可以把风险投资简要概括为：为了获取高技术成果的巨大收益，而愿冒一定风险将资本以股权形式投入到成长中的高技术风险企业，并参与风险企业的创建与管理，待风险企业成熟后出售股权，收回投资的一种新型投资机制。

（二）风险投资的运行过程

风险投资的全过程可以简述为：一个高技术创业者在完成了实验室研制任务并取得成果后，需要资金以使高技术成果转变为实用产品，于是多方筹措资金；风险投资公司在评估了该项目的市场价值、成功可能性和所需资金及竞争后决定投资。这样，高技术创业者以技术入股，风险投资公司以资金入股，共同组成一个高技术风险企业，双方共同经营，风险投资公司往往在财务、经营、市场开拓方面给风险企业以支持。失败了，双方都损失；一旦成功，效益往往很高，几倍甚至几十倍于初始投资。这时风险投资公司便以分红或高价出让股权的形式收回投资。当然它也可以继续投资扩大其生产规模，直到企业股票上市后高价出售其股票。此时，企业已经相当稳定，其资金问题可通过银行解决。可见，风险投资公司在资金上填补了个人集资到银行贷款中间的空当；从技术创新过程看，则正好解决了高技术成果从实验室向正规生产转移可能发生的断层。这也就是风险投资的特殊功能所在。

高技术产业是一种高投入、高风险和高收益的产业，在其成长的不同阶段，投资的风险程度各异。通常高技术的发展要经过成果转化、商品化、产业化和国际化四个阶段，投资的风险随着各阶段的递进呈不同程度的减弱趋势。由于存在种种风险，风险投资失败率常在60%左右。然而，风险投资一旦成功，成功企业在一定时期具有技术和价格的垄断优势，将会带来数倍于投资额的经济收益，使得风险投资的平均收益在30%左右，大大高于一般的投资利润率，这是投资者青睐风险投资的直接动机。

风险投资家进行风险投资时，一般都要求高投资回报，投资的时期越早，所要求的回报率越高，不仅要求能弥补他们的风险缺失，而且要求能够达到其预期的投资目标。一般说来，投资于早期的企业，投资者要求50%左右的年回报率；对于成长中期的，年回报率要求在30%～40%；对于即将上市的企业，年回报率要求在25%～30%。

（三）风险投资的发展

风险投资起源于19世纪末的美国，当时主要是私人或银行家提供资金，投资到钢铁、石油、铁路等新兴产业而获得巨额利润。直到1946年美国的研究与开发基金（American Reserch Development，ARD）的建立，才标志着风险投资正式登上历史舞台。之后风险投资活动席卷了整个西方发达国家，并且由最初的原材料投资过渡到以高技术风险投资为主的方式，加快了西方国家的高技术发展进程。以美国为例，20世纪70年代以前风险投资额不足1亿美元，到80年代中期已增长到近200亿美元。仅1995年，就有1 586家企业得到风险投资的支持，其中投向高技术企业的资金约占其风险投资总额的60%～70%。美国有许多高技术成果在转化为商品的过程中都得到了风险投资的支持，特别是在信息技术及生物技术领域。可以说，美国能够保持高技术落后成果转化的高比率和高技术企业发展的高速度，风险投资是最主要的促进因素。近年来，工业发达国家基于风险投资在促进高技术成果转化为现实生产力过程中的关键作用，纷纷采取各种政策和措施，大力发展和鼓励风险投资，使风险投资活动在体制完备、机制灵活、政策宽松的社会经济环境下日趋活跃，为高技术成果的商品化、产业化活动提供了充足的资金保证。到90年代初期，欧盟布鲁塞尔风险投资协会成员已发展到120多个。风险投资的发展一般来说经历了下列四个阶段。

（1）1946年第一家风险投资公司ARD的成立是风险投资业发展史上的第一块里程碑，因为ARD不同于全盘由私人投资，而是由公司出面筹集并向新兴的以机械和技术为主的公司提供风险投资。

（2）1958年美国小企业管理局（Small Business Administration，SBA）的成立是风险投资发展史上的第二块里程碑，因为美国联邦政府为它提供了低息资本，并对风险资本和税收做出了特殊规定。

（3）20世纪80年代初，风险投资业进入一个全新的发展阶段，即高技术风险投资阶段。此时风险投资有了两个重大变化：一是投资取向转向高技术产业化环节；二是风险投资不仅在发达国家继续发展，而且在发展中国家也迅速形成。

（4）20世纪80年代中期，风险投资业进入一个高速发展的时期，此时风险投资业有两个重大变化：一是各国政府制定一系列优惠政策，风险投资业的发展得到了强大的外界推动力；二是各类风险投资基金纷纷设立，使风险投资基金成为风险资本的主要形式。风险投资业呈现一个跨国的态势，即风险投资国际化，发达国家的风险投资机构纷纷在国际上设立分支机构，进行国际化投资。

（5）2000年以来，各国政府积极制定各项政策，如削减风险投资利润税、降低风险投资贷款利率等，使风险投资成为一种主要而又灵活多样的投资方式。这一时期风险投资飞速发展，涌现出了大量的风险投资公司，风险投资资金也有大幅增长。风投资金90%集中于生物、通信、计算机及其外围设备、电子、环保、医疗器械、半导体、软件和信息等高新技术产业，成为这些高科技产业发展的主要推动因素之一。

风险投资已遍及所有先进国家、新兴工业国以及部分发展中国家，并与各国高技术产业发展策略密切结合，形成了一股推动高技术产业发展的全球风潮。

二、风险投资的特点、作用与功能

（一）风险投资的主要特点

风险投资是一种全新的投资机制，是金融业的一种变革。它有三个主要特点。

1. 投入资金与投入管理并重

风险投资不仅投入资金，而且投入管理。这与传统金融投资只提供资金求得投资收益而不过问经营管理的方式截然不同。风险投资者完全把“宝”押在风险企业的成功上，没有任何保险或抵押。风险投资者在高技术风险企业的创建过程中，从产品（服务）的设想到商业化生产，从经理的人选到机构的组成，从产品的开发到占领和开拓市场，从企业初创到企业“商标形象”的确定，自始至终与风险创业者一起共担风险，参与着经营管理。

2. 高风险和高潜在收益

风险投资固然要冒高风险，似乎颇有些“赌博”色彩，然而风险投资者和风险创业者绝非“赌徒”，他们具有从事风险创业活动所需的各种丰富的专业知识和经验，并且有一整套科学的项目评选和管理方法，项目（或企业）的调研极为周密，筛选非常严格，淘汰率高达90%以上。风险投资追求高潜在收益，但不是单个项目的高收益，而是所有项目投资组合的整体高收益。也就是说，虽然只有为数很少的项目能获得成功，但是由于项目具有的收益率，其收益往往数十倍于初始投资，因此，足以弥补失败项目所蒙受的风险损失。然而，风险投资的这种“高风险、高收益”的原则与传统银行通行的实际原则——“贷富不贷贫”是不相容的。

3. “投入—回收—再投入”的循环机制

风险投资者具有一种“创业钱狂热”，追求超常的创新垄断利润。他们的着眼点和兴趣集中在风险企业（或项目）的开拓阶段，而不是成熟阶段。一旦获得成功，他们便在风险资本市场上抛售股票，收回资金，追求新的高潜在收益。正是由于风险投资的这种特殊机制促进了高技术创新企业的不断涌现。

（二）风险投资的作用

风险投资自诞生以来，对世界高技术产业的发展起到了巨大的推动作用。风险投资主要资助从事新技术开发和新市场开拓的高技术风险企业，具有为高技术企业创业发展分担风险和提供资金的双重功能，是有效地支持高技术产业化的理想融资机制。

1. 风险投资能够拓展融资渠道，克服高技术产业化的资金障碍

资金是推动高技术产业化的重要力量，资金的缺乏对高技术企业的起步创业和成长发展都构成致命的约束。高技术产业化具有“高投入、高风险、高收益”特征。一项高技术成果从发明创新到产业化，面临着能否转化为产品的技术风险和是否满足消费需求的市场风险，以及自身发展更新快、不确定性因素多的风险，存在较高的失败率。然而，高技术成果一旦产业化成功，又往往能够带来高的附加价值和可观的收益回报，有时甚至可回收数十倍于投资的利益，获得高收益。这与传统的投资原则相违背，却正好给予了风险投资发展的契机。风险投资作为一种新型的投资机制，能够为那些传统信贷缺乏兴趣又确有发展潜力的发明创新提供资助，支持高技术企业的创业和发展。在美国，70% 以上的风险投资投入到电子、信息、生物技术等高技术领域；在英国，50% 的风险投资投入到与高技术有关的领域。风险投资通过灵活特殊的投资方式，在资本和高技术之间起到桥梁作用，为成千上万高技术企业的诞生和成长提供了资金保证。

2. 风险投资能够加快高技术成果的转化，促进高技术产业发展

高技术转化为商品、形成产业，依赖于大量的风险投资。20 世纪高技术领域的许多重要科技成果，从 70 年代的微型计算机，80 年代的生物基因技术，90 年代的电子设备、信息软件，到 2000 年以来的互联网开发，以及 2007—2008 年的网络游戏项目等，无一不是在风险投资的作用下，从实验室的大胆构想变成商品，并创造出巨大的经济效益的。如果没有风险投资，这些高技术成果的转化是难以实现的。因此，利用风险投资有助于缩短科学研究到工业生产的周期，加快科技成果商品化，促进高新技术产业化。在美国，风险投资已形成有巨大吸引力的潮流，风险资金大量增加，造就了无数高技术企业，这些企业以惊人的速度迅速发展。曾经微不足道的小企业已发展成为今日举世瞩目的跨国公司，如惠普（HP）、英特尔公司（Intel）、苹果公司（Apple）等，都是从风险企业起步而发展成为国际著名的高技术企业的。这种成功揭示了高技术企业与风险投资休戚与共的依存关系。风险投资为高技术产业化注入了活力，高技术也为风险投资创造出广阔的施展空间，风险投资与高新技术的紧密结合，能够促成高技术产业的繁荣发展。

3. 风险投资能够加速建立高技术产业群，推动科学园区的发展

高技术产业的形成具有一定的区域性，兴建科学园区已成为世界各国发展高技术、开拓新产业、建立高新技术工业而广泛采取的方式。科学园区开创了大学、研究机构与产业化紧密结合的先河，其成功不仅取决于园区的科技、教育水平，更关键的是风险投资的发展水平。世界许多著名的科学园区都是在风险投资的支持下发展起来的，其中，“硅谷”的形成是最有力的例证，美国斯坦福科学园区的形成和发展绝非偶然，风险投资起到了重要的作用。该园区集中了全美 1/3 的风险投资公司，每年风险投资额高达数十亿美元，大量风险资金的集中投入，繁衍出众多的高技术企业，建立起先进的高技术产业群，仅电子企业就多达 2 800 多家，成为当今世界上最大的微电子产业基地，年销售额高达数百亿美元。由此可见，科学园区的发展在很大程度上需要依靠风险投资，只有创造良好的投资环境，广泛地吸收风险资金，使科学园区成为风险投资活动中心，才能为建立高技术产业群提供充裕的资金支持，从而加速科学园区的发展。

（三）风险投资的功能

风险投资的功能，集中到一点就是对高技术产业的发展具有强大的支撑作用。具体有如下几个功能。

1. 聚资功能

风险投资公司可以采取各种各样的融资方式，大量吸纳社会余资。在西方发达国家，私人资本、抚恤基金、学院基金、养老基金等被风险资本大量吸收。

2. 效益功能

投资行为的最基本的动力是经济效益，与以高效益为主的高技术产业结合在一起的风险投资必然具有较高的效益功能，目前世界上风险投资的平均收益率为20%～30%，有的高达50%。

3. 促进高技术成果的转化功能

高技术产业化过程风险性过高，所需资金较大，常规的投资渠道难以解决其资金需求问题。风险投资填补了高新技术产业化环节中巨大的资金缺口，对高技术成果转化有着较强的催化作用，是高技术化最佳的投融资方式。

4. 激励风险企业家和高技术研究人员创业的功能

风险企业家和高技术研究人员一般只拥有管理才能和高技术成果，他们无法依靠自身的财力使风险企业迅速成长，如果风险投资家及时介入，进行风险投资，将有力地激发他们的创业热情，促使更多的创业者兴办风险企业。

5. 风险管理功能

风险投资公司之所以敢于承担风险，是因为它具有卓越的风险管理能力。风险投资公司的人员组成包括金融专家、技术专家、财务专家、企业管理专家和法律专家等，可以适应项目评估、企业咨询和参与企业管理的需要，以减少和分散风险为经营的主要方针，通过严格的项目选择和项目执行过程管理，辅之以强大的技术和市场预测，这些都有助于减少企业的技术风险、市场风险和经营管理风险，从而降低高技术产业化过程的风险损失。国际经验表明，通过风险投资公司的严格管理，风险投资总体的失败率会大大降低。

6. 推进风险企业规模发展的功能

风险投资一般是待风险企业成为规模企业之后，才撤出投资和获取收益。在此之前一般不取红利，这对于处于发展阶段且需求资金的风险企业来说十分重要，有利于企业将自身有限的资金投入到扩大再生产中去，促进风险企业早上规模。

三、风险投资的类型和运作方式

（一）风险投资类型

风险投资实质上是对高技术产业的创业投资。高技术产业是由大大小小的高技术企业构成的，而产业化过程实际上是企业不断创立和重组的过程。高技术企业中数量最多、最需要风险投资资金扶持的是由科技人员、大专院校或科研机构发起创办的企业。这类企业在创建初期，一般都是规模小、人员少、资金短缺，但发展迅速。它们经营开发的技术产品通常为电子仪器仪表、通信器材、计算机和计算机软件、自动控制装置等。这类企业大多有自己的创造发明、新技术或新产品。这类企业由于创建时风险最大，而规模最小，因此被称作风险企业或高技术小企业。这类企业在成长不同阶段，在其风险的大小、所需资金量和风险资金的来源上有很大差异，一般来说，在创办初期，风险最大，所需资金量最少。随着企业的成长，风险减少，所需资金量则逐渐增大。所谓小企业，也仅仅是对创建初期的规模而言，如苹果电脑公司、英特尔公司和微软公司等，开始规模都很小，经过若干年的发展之后，最终成了大型或特大型高技术企业。这类企业的成长过程，一般可以划分为孕育期、创建期、发展期和成熟期。

根据风险企业的成长阶段，风险投资亦有四种不同的投资类型。

1. 高技术企业的孕育期风险投资

从创业者产生一种新设想、新思路，然后经过研究开发，企业筹建，直到注册登记，正式取得营业执照前的这段时间，称为企业的孕育期。这时高技术创业者的风险主要是技术风险。为了进行技术开发，需要数量不多而又必不可少的资金。没有这笔资金，整个企业就无法启动和诞生。因此，这笔资金又称为“种子资金”或“启动资金”。资金来源大多是创业者个人的积蓄，也有来源于创业者典当或变卖家产，或向亲友借贷的资金，另外还有少量风险投资公司对看好的项目会投入部分风险资本。

这一阶段的特点：除了风险创业者和他的“新思想”之外，几乎一无所有。由于这个“新思想”还有待于进一步变成现实商业前景的技术、商品或服务，因此对风险投资者来说是风险最大、困难最多的阶段。一般仅有少量的风险投资者涉足此阶段投资，风险资本的数量也很有限。此时决定投资的风险创业者提供一定的风险资本，并参与制定新产品（或劳务）的开发和经营计划。据统计，在美国这个阶段大约需要一年的时间和大约 30 万美元以下的投资。

2. 高技术企业的创建期风险投资

企业从取得营业执照，购置设置建设厂房，到研制和生产出自己的产品的这一阶段，称为创建期。这时决定企业命运的关键，是企业能否开发和生产出一定的产品，并为这种产品在市场上找到销路。因此，这时候企业风险主要是技术风险和市场风险。所需资金称为“创业资金”或“建设资金”。资金的用途主要是建设厂房、置备和安装生产设施、购买原材料和进行广告宣传等。这一时期是风险投资发挥作用的关键时刻。如果有新产品问世，其资金来源大多为风险投资公司或风险投资家提供。

创建风险投资是一般风险投资都要经历的阶段，它与孕育投资有明显的区别。在这一阶段，风险企业已经建立，能制造设想好的商品（或提供服务），并实施经营计划。虽然企业的经营风险仍然很大，前途未卜，但是已经能从企业的技术和商品化的计划中做出较准确的评价。一旦投资者认为这些计划切实可行，他们就会全力以赴地帮助企业经营成功。据统计，在美国这个阶段约需一年时间和 100 万美元以下的投资。

3. 高技术企业的发展期风险投资

高技术企业从新产品在市场上试销、进行批量生产，到建立规范化的管理体制，直至企业的主导产品在市场上占有一定份额，能保持稳定发展，并具有一定的规模销售量和利润，即进入成熟前的这一时期，称为发展期。在发展期内，多数企业管理体制都是作坊式或家长式的。各管理部门的负责人大多由创业者自己分担，或由创业者与其亲友共同分担。在这种体制下，企业很难实现规模生产和规模经营。这时企业的风险主要是管理风险，这一阶段是企业从小企业转变为大企业或中型企业的过渡阶段，也是企业成败攸关的转折点时期，企业要完成这一转折，所需的资金量相对增加，风险相对减少。因此，资金来源的渠道比以前宽广，除个人投资外，风险投资公司、银行、研究机构、企业和事业单位、大公司等都可能参加。但就投资的资金量来说，风险投资公司所占的比重最大。除了参与投资外，风险投资公司还会帮助风险企业从常规资金渠道筹集资金，疏通企业与银行的联系。

这一阶段的特点是风险企业的商品（或劳务）已经进入市场，并取得了一定的收入，因此风险降低，但是企业仍然缺乏"商标形象"、完善的生产系统和有力的销售网络。这一阶段企业的主要任务，就是建立和健全上述具有竞争特性的功能和系统。另一方面，由于企业还没有积累起足够的为企业发展所需的自有资本，又缺乏扩大再生产的其他资金来源和成为一个成熟企业所需的管理技巧，所以，风险投资者的资金和管理支持仍然是必不可少的。这个阶段的最大困难是资金需求量大。据统计，在美国这个阶段一般需要几年时间和几百万美元的投资。

4. 高技术企业的成熟期风险投资

高技术企业的发展后期称为成熟期。这时企业产品的销售量和利润都已经达到一定的规模，现代管理体制已经基本建立，企业进入了一个相对稳定的发展时期。为了扩大规模，向多品种化的经营方向发展，企业可能已经向市场发行股票。这时候风险大小已经接近传统产业，风险企业已过渡到常规企业，发展所需的资金量增大。单单由个人投资者和风险投资公司提供的资金已经不能满足企业的需求了。

对于风险投资者来说，这已经到了风险投资的最后阶段。在西方发达国家，这个阶段通常以企业在市场上开价抛售股票结束。这是风险资本运动的终点，也是关键点。此时风险投资者完成了他们的投资活动，资本获得了大量增值，他们又会带着新的投资能力四处寻找新的风险投资机会了。

在这个时候，风险投资者和风险创业者在"发展期"即把企业卖给大财团，这样资金能更快地回收。由于风险投资的每一个阶段都不同程度地存在着风险，因此，风险投资者通常采取"分担风险"和"风险分散"的办法来避免或减少风险。

在20世纪80年代中期的美国，一个新的风险企业的整个形成周期一般需要5~10年时间，风险投资总额平均为50万~70万美元。据估计，约20%的风险投资可以获得巨大的成功，约30%的投资完全失败，约50%的投资成绩平平。尽管风险投资的收益差别很大，但平均收益率竟高达20%~35%。

（二）风险投资的运作方式

风险投资的运作主要包括四个步骤：选择投资项目，选择最佳投资及转股时机，培育风险企业，选择适当买主并获利退出。此外，还有几种基本运作方法。

1. 风险投资的运作步骤

（1）运作步骤之一：选择投资项目。选择什么样的项目或企业进行投资是风险投资家最为关心的一件事，同时也是衡量投资家眼光和素质的重要指标。风险投资家在分析某个投资建议是否可行时往往依次分析的是人、市场、技术和管理。

首先分析的是人，即创业者的素质。从各个角度去考察该创业者是否在他所从事的领域里具有敏锐的洞察力，是否掌握市场全貌并懂得如何去开拓市场，是否懂得利用各种手段去筹措资金，是否有将自己的技术设想变为现实的能力，是否有较强的综合管理能力，等等。这种考察往往与风险投资家本身的素质有很大关系。

其次分析的是市场。因为任何一项技术或产品如果没有广阔的市场作为基础，其潜在的增值能力就是有限的，就不能达到风险投资家追求的将新生企业由小到大、由弱到强培育成长的目标，风险投资通过转让股份而获得的能力也就大打折扣，获益空间受到限制，甚至会造成失败。风险投资家根据自己的经验和对市场的认识，分析判断待投资产品是否具有广阔的市场前景，其市场渗透率或占有率多大，同时还要判断自己的产品出来之前或同时，是否有其他的同类产品出现而抢占市场缝隙，自己产品的市场竞争能力如何等。

再次要判断产品技术。即该技术设想是否具有超前意识，是否可以实现，是否需要克服很多难关才能使其变为实用的技术，是否需要经过大量研究才能变为产品，产品生产是否依赖其他厂家，是否过早地泄露了技术产品信息，技术处于哪一个阶段，等等。

最后是企业的管理。管理也是一项很重要的判断指标。创业者初期往往身兼多职，既要搞研究开发，又要搞市场开拓，还要搞企业管理。创业者的特长往往是技术开发，这时风险投资家的任务是说服创业者放弃某些职务而专营其最擅长的工作，同时为其特色所缺的人才，填补职务空缺，通过分工协作，使企业健康地成长。此时要处理好利益关系，使创业者劲往一处使，共同开创自己的事业。

特别需要指出的是，受到风险投资家经验及各种求知因素的影响，风险投资项目不可能个个成功。这是一条客观规律，也是风险投资真正具有挑战性的一面。因此风险投资家在可以运作的资金范围内必须选择尽可能多的项目进行投资，经过运作有失败的，有成功的，东方不亮西方亮，使最终成功的收益大大超过失败的损失，从而使风险资本在整体上得到高额的回报。

（2）运作步骤之二：选择最佳投资及转股时机。前面已经论及对于一个高技术风险企业，其发展要经历的四个阶段，孕育期的未知因素最多，风险最大，除风险投资家十分看好并有把握将其培育成长外，一般不在此阶段投资。待到产品及技术有了比较明确的轮廓和发展路线，市场相对明朗、可以预测后，也即在企业的创建期和发展期，风险投资就可选择介入了。这一阶段中风险投资家与创业者一道，共同构造新的企业，对企业加以扶持，使其不断升值，并在企业的成熟期到来之前，将其在企业中的股份增值转让，即“撤出”。

风险投资选择起步阶段介入，占有股份，在企业利润不断上升或产品市场占有率不断扩大之时，也即企业有形资产、无形资产不断增大的阶段将所占股份增值转让，从而使风险投资获得最大限度的回报。因为此时企业强大的获利能力驱使一些有实力雄厚的大型同行业公司乐于按企业原始股的几倍甚至几十倍的价钱收购这类企业的股份。风险投资公司把自己所占股份的增值转让而变现后，可以将这些资金继续用于别的风险项目投资，周而复始，经过一定周期的运作，获得极其丰厚的回报。

为了稳妥起见，在市场、技术、管理不明的情况下，风险投资家一般将预计投资于某企业的资金切块，按实际需要分阶段投入。这样既可以在实践中不断考察受资企业的技术、产品、市场和管理，又可以随时发现严重的问题而及时刹车，避免更大的损失。

（3）运作步骤之三：培育风险企业。风险投资者一旦将资金投给创业者，就要与之建立密切的联系，在尽可能的范围内向其提供帮助，包括选择企业短缺的人才、融资策划、市场宣传、企业管理机制和利益机制的设计等。为了达到此目的，风险投资家要有广泛的专家网络，包括金融、法律、财务等方面的专家。在企业的发展过程中一定会碰到这样那样的问题，但只要不是不可抗力，任何艰难险阻都要去面对，去克服。

企业一经成立就要有明确的市场定位。风险投资者和风险创业者要不断地审时度势，根据不断变化的市场和企业的实际情况调整自己的工作，使之更切合自己的实际。

风险投资者和风险创业者在运作企业的过程中一定要注重培育企业的无形资产，包括技术方面的和市场方面的无形资产。只有这样，企业的价值才能被未来的买主所认同，风险投资也才有运作成功的前提和基础。

（4）运作步骤之四：选择适当买主，获利退出。风险投资者最终是要将其在企业中的股份转让的。这里的转让包括卖给大公司集团或将企业的股票上市（卖给公众）。这些潜在的买主主要有专营公司收购的金融性公司、大型同行业企业集团等。有些企业从一成立其目标就是卖给同行业的某个大型公司，而这些大型买主关心的是小企业的技术对其业务是否有互补作用或其市场渠道是否有利用的价值。因此小企业一开始就拼命地做技术开发、掌握最尖端、最先进的技术或不惜一切地开拓市场渠道，做到有货即能出，与此同时包装自己，向潜在的买主推销自己，最终按比较理想的价值转让出大部分股份。这种买卖企业股份的行为构成了公司之间股权交易的产权市场和第二股票市场。只有这种产权市场和第二股票市场的交易，风险投资才能真正地存在下去，具有获利的场所。

2. 风险投资运作基本方法

由于风险投资具有很大的冒险性，因此，投资者通常采取多种方法避免或减少风险损失。其中最为常见并行之有效的投资运作方法如下。

（1）组合投资方法。风险投资公司在进行风险投资时一般不把资金全部投向一个项目或企业，而是分散投向多个项目或企业，每一个项目的投资额限制在一定的范围内，占投资者的总投资本的比重不能过高（例如，不超过总投资的10%）。这样不仅可以避免使投资者的安危成败系于少数几个项目上，一个、几个项目或企业的损失就可能从另外的项目或企业的成功中得到补偿，从而就可以避免风险投资公司“全军覆灭”

的危险，可以收到“东方不亮西方亮”“堤内损失堤外补”的功效。因为一般说来，几个项目同时失败的可能性要较之一个项目失败的可能性小得多。组合投资策略是“不要把所有鸡蛋放在一个篮子中”的投资准则在风险投资领域中的应用。

（2）联合投资方法。一项风险如果让一个投资者承担，他可能承受不了，而同时让多个投资者共同承担，每个投资者平均承受的风险就要小得多，整体的风险承受能力也就大为增强了。这就是联合投资的基本出发点。对于风险较大、投资额较高的项目或企业，风险投资公司往往不是“孤军奋战”，而是联合其他风险投资机构或个人共同投资。牵头的风险投资公司一般持有控制股份，而个人则以股份制形式进行合作投资。

（3）分段决策方法。根据风险企业的四个发展阶段及其可能产生的潜在投资收益和可能蒙受的风险损失，来决定投资或不投资、投多少、何时投及怎样投等。“摸着石头过河”“走一步看一步”，根据实际情况灵活掌握，分段决策，分期投资，这是减少投资风险、及时止损的有效措施。

（4）匹配投资方法。匹配投资策略与联合投资策略有点类似但有区别。它是指风险投资公司在对项目或企业进行风险投资时，要求经营管理者或风险企业要投入相应的资金。这种投资策略的意义在于，匹配投资将风险投资者与风险企业管理者捆在了一起，促使风险企业或项目经营管理者加强管理，从而降低投资风险。

匹配投资策略是政府参与风险投资经常采用的一种策略，政府采用这种策略的目的在于以少量的国家风险资金带动和激发大量民间风险资金的加入，从而对民间风险投资的发展起到一种示范和导向作用。

第二节 国际风险投资理论

一、风险投资构成要素分析

风险投资的基本要素是风险投资技术、风险企业、风险资本和风险投资主体。

（一）风险投资技术

这里的风险投资技术是指可以进行产业化的高技术，具有良好的市场潜力和技术独特性，并随时间的变化而有着不同的内涵。采用高技术开发出的产品具有高附加值。

（二）风险企业

风险企业是指技术密集、人才密集、资金密集、经营管理高效化的从事高技术产品开发的风险性科研型企业。风险企业具有以下特征：创新强，风险大，成功率低；一旦成功，社会经济效益惊人；知识技术密集，高级技术人才荟萃；情报信息灵敏，应变能力特强；需要较多的资金扶持；要有良好的生产环境条件，既包括硬件设施，又包括软件性质的环境。风险企业的灵魂是具有创新精神、锐意进取的风险企业家。

（三）风险资本

风险资本亦称风险投资资金，是指用于高技术创业及产品或项目开发的那部分风险的资金，任何一个国家或企业，创建高技术企业、开发高技术产品，客观上都需要风险资本支持。

（四）风险投资主体

风险投资主体是指对高技术企业创业及其新产品开发进行投资入股，筹集多渠道资金，并参与企业决策咨询、强化生产经营管理，集科研、金融、企业于一体的经济实体。这是一种新型的、高效的投资机构。可以是风险投资基金、风险投资公司或风险投资家。其主要任务是为高技术化、产业化和国际化的企业服务，从开发成功的高技术产品所获取巨额商业利润中按协议分享收益。风险投资公司是高技术产业项目强有力的投资主体并能承担风险。国内外实践证明，建立风险投资公司是高技术产业化的重要支持条件之一。

作为风险投资的主体，风险投资公司主要是通过积累专业化技能、组合投资和联合投资、过程管理和权益安排这几种方式来解决风险和信息不对称的障碍。需要强调的是，企业发展早期的一般优势在于技术能力，除缺少资本外还缺乏市场研究、生产规划、经营战略制定等方面的经营管理能力，而风险投资公司有此优势。所以风险投资公司和风险企业的联合有助于提高创业成功率。风险投资公司不仅是资本的供给者，而且是为风险企业的创立、市场战略制定、组织管理协调等活动提供技能的高附加值创造者。风险投资是国家技术创新、高新技术产业化的主要推动力。

二、风险投资的运行机制分析

运行机制是指为了使一个系统能够保持正常存在、运转和发展的一系列前后相承的规则、秩序和过程，反映了系统的存在方式和运作规律。

高技术风险投资的运行机制是指风险投资系统运行的一般规律及确保投资活动正常进行的机理和条件。它具有复杂性、连续性和动态性的特征，覆盖了从资金投入到资金回收的全过程。

（一）风险投资筹资机制

筹资机制是风险资本的形成机制。资金是风险投资的首要元素。对于风险投资来说，需要大规模的资金才能保证组合投资的需要，而组合投资是化解投资风险的有效方式。

1. 筹资主体

风险投资的筹资主体是各种风险投资机构，包括专业的风险投资公司、风险投资基金、政策性金融机构附属的风险投资部门、大公司所属的风险投资部和政府设立的风险投资机构等。

2. 筹资方式

筹集风险资本的方式有：通过股本、债券等方式向银行、保险、企业等机构筹资；面向公众公开发行股票、证券；设立开放式共同基金，使共同基金成为投资公司的直接股东，共同基金的收益人则是投资公司的间接股东。

3. 资金来源

风险投资的资金是通过广开资金渠道，动员全社会的资金投入到风险投资系统中而得到的。这些资金可能来自私人积蓄、政府投资、银行贷款、保险基金、养老基金、企业投资、科研院所和大学科研经费等。要使筹资机制发挥作用，需要大批的风险投资家参与其中；需要开辟资金市场，主要是证券、债券发行和股票交易市场；需要拓宽集资渠道，主要是财政拨款、银行贷款、国内风险资本和吸引外资等渠道。

（二）风险投资的项目选择机制

项目选择机制是指风险投资公司选择、确定投资方案的一系列规则和程序。这需要运用科学的方法，较准确地从待选项目中择优选出有投资价值的项目，还要考虑投资比例和风险企业发展所处的阶段。

项目选择机制的制约因素如下。

1. 技术质量

技术质量包括技术成熟度、先进性、市场容量等，与投资风险直接相关，也与投资收益直接相关。高技术产业化的风险和收益的主要部分来自高技术成果本身的质量。

2. 企业家素质

投资公司与风险企业的组合，实质上是风险投资家与风险企业家之间的合作关系。投资公司在进行投资决策时，不仅要考察高技术本身，更重要的是要考察风险企业家的素质，因为风险企业发展的成功与否很大程度上取决于风险企业的经营管理水平。

3. 产业性质

主要考虑项目所属的产业性质，是否具有市场潜力，是否为风险投资公司所熟悉或符合设定的投资政策。

4. 地理区域

由于风险投资公司需要和风险企业保持密切接触，为了便于参与经营、管理与监督，投资公司会考虑项目所在的地理位置。

5. 成长阶段

基于对风险的考虑和投资组合的运用，投资公司对于不同成长阶段的项目有不同的偏好。有些投资公司完全投资种子阶段的项目，但也有投资公司特别偏好种子与创建期的项目。大部分投资公司看好处在发展期和成熟前期的风险企业。

6. 投资规模

为了分散投资风险，一般投资公司会设定每个项目可以接受的金额上下限，超出此范围的项目将不予考虑。

7. 投资风险与预期报酬

一般投资公司不太欢迎风险过高或回收期过长的项目，对预期报酬也有一定的要求。由于科技成果转化风险较大（其成功率通常为20%~30%），故风险投资公司一定要采用投资于项目群的办法来分散风险，依靠成功项目的高收益来弥补项目的损失。

（三）风险资金的注入与管理机制

1. 风险投资的注入

风险资金的注入与管理是依据高技术产业化、资金密集、投入集中的特征而进行的。它要求在风险投资过程中，把握时机，使资金和所需要的管理准确及时投入到风险企业中，以满足风险企业成长的需要，为获取高收益创造机会。风险投资公司以资金作为投入，而风险企业家则以其技术及一定的资金作为投入，共同培育风险企业，双方共担风险。

2. 风险资金的管理

风险资金的管理包括微观和宏观两个层面的含义。其要点为：（1）高技术项目从立项起就必须强化资金管理；（2）避免宏观重复投资、盲目投资以及行业垄断的行业管理；（3）由风险投资各方组成精干机构进行集团管理；（4）实施投资方和企业法人协调监督法人管理；（5）注意风险防范，强化风险管理；（6）实现各方责权利分明的责任管理。此外，风险企业通常由风险企业家负责经营管理，但风险投资公司一定要参与管理，派出人员参加董事会及高层管理会议，帮助总经理进行决策。当风险企业出现经营危机时，投资公司有权更换其总经理或决定申请破产。

3. 风险资金的保障机制

风险资金注入之后还必须有相应的保障机制。宏观上要有法律保障，包括税制保障和知识产权保障。微观上的保障机制通过五种形式来抵御风险：（1）联合方式分担风险；（2）组成联合体使风险分散；（3）形成利益制约分散风险；（4）由保障机构提供社会保障；（5）组合投资共担风险。

4. 风险资金的回收

风险资金还必须建立有效的回收资金机制。风险投资在运行中通常通过分红、转让股权和出售股票三种方式回收增值资本。风险投资企业通常不采用分红的办法，而是公司在风险企业成功、其资产增值后，通过出售所有者权益来取得回报。这时可将其股票上市，也可将其出售给想进入此技术领域的大公司或其他投资者，或由风险企业家购回投资公司所持有股份。

三、风险投资的激励机制与约束机制分析

（一）激励机制

激励机制是激发风险投资高效动作的动力机制，可推动风险投资的创立和发展。高技术风险投资的高回报是高技术风险投资的内部动力，扶植风险投资的优惠政策和法规

体系是高技术风险投资的外部动力。

风险投资的激励因素包括以下几个方面。

1. 效益激励

风险投资一旦成功就会收益巨大，从而产生强烈的吸引力，激励投资者将资金投向高技术领域。

2. 需求激励

随着社会经济的发展，市场需求结构的层次日益深化，需求领域不断扩展，需求水平不断提高，需求方向呈多极化且不规则状态，此时，以“小”而“活”见长的风险企业便寻找市场“缝隙”，不仅可以满足现实需求，还可创造和诱发更多的潜在需求。有需求，就有市场，有市场，就会有经济效益，这种需求激励是高技术创业的重要动力。风险企业的蓬勃发展会对风险投资提出更高的要求。

3. 竞争激励

高技术领域是竞争激烈的战场。有国内同行之间的竞争，还有跨国公司之间的竞争。企业要生存、要发展，必须参与竞争，在竞争中取胜。竞争激发人的潜能是一种内在的动力。

4. 风险激励

由于高技术创新具有极大的风险，给风险企业和与之同舟共济的风险投资公司以巨大的威胁和压力，这种外在的威胁和压力会使企业和投资公司团结协作，积极进取。

（二）约束机制

为保证风险投资有效地运行，还需要建立一套制约机制，包括风险约束机制和风险承担机制，对投资者和企业经营者双方的行为进行制约。约束机制的目的在于加强风险的识别与防范，即对各种可能发展的风险类型防患于未然。

1. 投资约束机制包括的具体内容

首先，要建立科学的评估指标体系和规范权威的评估机构。高风险是高技术产业项目的重要特征之一，对投资项目进行科学的评估论证是降低风险的有效办法。通过科学的评估，对项目的技术、市场、生产、人事、环境和财务等进行全面的评价，并对可能产生的风险进行分析，提出防范对策，把风险降至最低程度。

其次，要建立项目负责人制。高技术产业项目的风险与投入过程和经营过程都是相关的，造成项目失败、投资难以回收的原因往往不是没有风险意识，而是缺少约束机制。高技术产业项目应建立项目负责人制，从谈判、筹备乃至经营，始终都由项目负责人对投资效益负责到底，避免投资过程与经营过程的分离，从而提高项目的成功率。

2. 风险承担机制

由于高技术产业化的风险是客观存在的，约束机制的功能只能把风险减少到最低程度，不可能杜绝其发展，因此还需要风险承担机制，这是风险约束机制的核心，其功能在于确立和完善承担风险损失的主体。

首先，风险承担机制要求风险企业自筹一部分资金，风险企业家尽其所能出资，而风险投资公司的出资应占其总资本的一定比例。三者结成“生死对”，共同抵御风险。

其次，建立风险基金。风险基金直接用于承担高技术产业项目的风险损失。对经评估并在实施过程中被确认为不可预见因素造成的损失由风险基金承担50%以上的经济损失。

最后，向保险公司投保。将可能发生的风险转移给保险公司，增强企业的抗风险能力。

此外，有条件的风险企业可以进行直接融资，向社会发行股票，这样既可以筹集资金，又可以使风险分散化、平均化，有效地转移风险。

第三节　国际风险投资运作实务

一、风险投资的支持系统

（一）技术创新体系

高技术产业化的核心是高技术，风险投资要获得发展必须有大量的可供选择的高技术成果，这需要有技术创新体系的支持，为风险投资提供源源不断的高技术成果。

在现实中，技术相对于资金是过剩的，资金不足是矛盾的焦点。但高水准、成熟的技术成果仍然是风险投资成败的决定性因素。完善的风险投资需要技术创新体系的匹配。

（二）社会中介服务体系

风险投资在运作过程中，一刻也离不了社会中介服务。选择项目需要方便、迅捷的信息网络，规范的评价指标体系，权威公正的专业评估机构；在其他各个环节也同样需要中介组织的参与。

（三）规范的市场体系

风险投资离不开规范的市场体系，人才、技术、资本都需要通过市场来获得。

风险投资所需要的综合素质很高的人才，不是学校教育能直接培养出来的，只有在人才流动的环节中、在多个领域的实践锻炼中方能成才；风险企业家的价值只有在人才市场上方能得到准确、客观的评价。技术市场、资本市场的作用也同样重要。

（四）开放的经济环境

降低投资风险是吸引资金流向高技术产业的必要条件，因此首先需要建立健全完备的投资环境，风险投资事业才可能有发展的空间。发展风险投资需要具备的环境条件包括：建立和健全风险投资事业的管理法规；提供税赋上的优惠政策；提供投资基金筹集的渠道；培养高技术投资评估与管理的专业人才；建立完整配套的高技术开发区；鼓励外资投入风险投资；提供高技术企业股票上市交易的渠道。

二、风险投资的决策程序

风险投资的原则是选择正确的投资项目远比经营管理项目更重要。风险投资的对象往往是没有任何业绩记录的新创企业，而且因投资而取得的股权缺乏流通性，必须长期持有，甚至在投资回收前，还需要持续不断地进行融资，因此属于一种在有限的人力、时间以及信息不对称的情况下所进行的多阶段评估筛选过程。一般而言，拥有6名专业评估人士的投资公司，平均一年至少需要评估150件以上的投资方案。因此，风险投资评估活动必须在健全的组织结构与充分的信息网络支持下，凭借评估人员丰富的专业经验与科学化的决策程序，才能做出有效且正确的投资抉择。

（一）寻找投资项目

风险投资公司项目的三大主要来源为投资公司主动寻找、创业家主动申请以及投资公司股东或关系人介绍。投资公司需要进行充分的产业研究分析，了解科技发展的趋势，确定投资目标的市场价值以及可能产生的风险概率。

整体而言，风险投资公司寻找项目，相当程度上依赖于人际与产业网络关系的运用。网络关系愈广，寻找投资项目的途径就愈丰富，因此也比较有机会获得较优的投资方案。

（二）筛选投资方案

投资公司在接获申请项目后，随即进入方案的筛选阶段，快速过滤不适合的投资方案。投资公司会依据投资策略与产业偏好，建立适用的筛选准则。常见的筛选原则包括以下几种。

1. 项目的产业性质

它主要考虑产业、市场、技术是否为投资公司所熟悉或符合设定的投资政策。

2. 项目地理区域

为了便于经营、支援管理和就近监督，投资公司会希望项目具备地理上的便利性。

3. 风险企业的成长阶段

基于投资组合的运用，投资公司对于不同成长阶段的投资项目有不同的偏好，有些投资公司完全排斥种子阶段的投资项目，但也有些投资公司特别偏好种子与创建期的投资项目。

4. 投资项目的金额规模

为了分散投资风险、提高投资收益，一般投资公司会设定每一投资项目金额可以接受的上下限，超出此范围的投资项目将不被评估考虑。

5. 投资风险与预期回报

投资公司一般不太欢迎风险过高或回收期过长的投资项目，对于预期回报也有一定的要求，而在筛选阶段对于投资项目风险与预期回报的判断，主要是依据评估人员的主观经验。

（三）评估投资方案

投资方案通过初步筛选，即进入投资评估阶段。评估包括初步评估和深入评估。

1. 初步评估

初步评估阶段主要针对创业家或投资对象所提出的经营计划书进行审查与评估。评估考虑的重点包括以下几个方面。

（1）经营计划书的可行性。它主要是评估该经营计划书是否合理、具体可行，是否显现出吸引投资的诱因，是否完整地说明了经营现状、营运规划以及未来的发展策略。通常投资公司会根据一份经营计划书撰写的品质与翔实程度，来判断创业家对企业经营的认真态度，这对于投资项目的可信程度将有密切的影响。

（2）经营团体背景与能力。风险投资家一向认为经营团体的好坏决定事业的未来命运。因此常说："投资二流技术、一流经营人才的公司，要胜于投资一流技术、二流经营人才的公司。"投资公司对于创业家的诚信、人格特质和背景等会有高标准的要求，同时对于经营团体的合作与共识程度也会相当关注。

（3）市场规模与潜力。市场分析是产品、技术和财力评估的基础，任何一个投资项目都必须有足够的市场规模与顾客需求潜力，才可能维持企业的生存与发展。投资公司虽然不会对项目做正式的市场研究，但会利用书面材料、其他资料以及访谈专业人士来判断市场规模、潜力与竞争状况。

（4）产品与技术实力。由于产品与技术能力是项目竞争力与获利的主要依据，投资公司会全面了解有关技术来源与核心技术、研究风险、产品功能特性、生产制造计划、周边产业配套以及知识产权等问题。为此投资公司经常会咨询相关专家与研究机构。

（5）财务计划与投资回报。投资公司主要评估受资企业过去的财务记录、目前的股东结构、未来财务计划的合理性、申请投资的合理性、回收年限与投资回报的实现可能性等。投资公司根据所提供的财务资料，来判断可能实现的投资回报、项目的市场价值以及可能产生的风险概率。

一般投资项目的预期风险与预期投资报酬都必须达到满意的程度，才可能通过初步评估。因此连同上一阶段的筛选，只有20%～30%的投资项目可以通过初步评估。

2. 深入评估

通过初步评估，投资公司如对某项目具有投资的意愿，则再进行深入评估，以确保投资决策无误。在深入评估阶段，投资公司需要投入较多的人力、物力与时间，对项目进行多方面的论证。一般投资公司是以集体分工的方式从事深入评估，所花的时间至少需要一两个月，最后只有很少的方案可以通过。也就是说，全部申请中只有约10%可以通过深入评估。在深入评估阶段，主要的评估工作有两类：一方面是针对计划书的内容继续分析评估；另一方面是针对受资的内外部经营环境进行信息收集、访谈与查证。其目的是为了确定项目未来可能面临的经营障碍与风险大小，并且研究是否可能辅导协助，来克服这些障碍与经营风险。同时投资公司也会探讨项目的价值，将其作为在投资协议阶段进行项目定价的参考。

（四）签订投资协议

当项目顺利地通过投资评估，双方达成共识后，即可进入签订投资协议阶段。这个阶段讨论的重点是以下几个方面。

1. 股权形式、价格、数量

股权形式影响投资公司日后的投资风险，而价格、数量与日后的风险收益相关。股权形式通常有普通股、优先股、可转让特别股、可转换公司债券等。在计价方面，投资公司较偏好票面价值、票面扣除技术折价以及公司净值加商誉等方式。投资公司为降低投资风险，有时会要求创业家提供抵押品保证或回收保证等。

2. 股权保障方式

投资公司为降低风险、保障股权，通常会在协议书上明确股权保障方式，主要内容包括董监事席位分配、董事会的权利义务与财务责任、重大资本预算的核准与确认方式。投资公司对于技术股的价值认定、技术股所具有的权力限制与应承担的责任也会有所要求。另外，为了防止股权稀释或资本结构变动，投资公司有时还会要求对于新增投资方式的认可或否决的权力。

3. 资金撤回时机与方式

对于投资回收年限、出售持股的时机与规范、受资股票上市的时机与方式或受资企业无法达到预期财务目标应承担的责任等事宜进行讨论协议。

4. 参与经营管理的方式

对于投资公司参与决策以及协助经营管理的范围与程度加以确认，主要经理人的指派权也是协议的重要事项。

经投资协议确定的条件都会明文表达在投资协议书上，作为未来正式投资文件签署的依据。

三、风险投资评估准则

投资公司在投资项目评估阶段所考虑的评估准则，主要可归纳为经营计划书、经营机构、市场营销、产品与技术、财务计划与投资回报五个方面的22项重要准则。这些准则是投资公司评估经营计划书与论证投资方案的重点。

（一）经营计划书

在经营计划书方面主要考虑两项评估准则。

1. 经营计划书是否勾画出竞争优势与投资利益

经营计划书不仅要求写明完整的营运方案、市场导向，还要呈现出能创造大量利润的竞争优势。投资者关心的重点是这个计划是否具备成功的条件以及成功后能够带来投资利益。

2. 经营计划书整体逻辑的合理程度

一份能吸引投资者注意的经营计划书，内容构架必须完整，前后假设与逻辑必须合理，预测必须有实际的事实依据，过分夸大或含混不清将会降低经营计划书的可信度。

实际情况、明确、完整和一致是投资公司评估经营计划书品质的原则。

（二）经营机构

对经营机构的评估主要针对经营机构中的人，包括考察风险创业家和风险企业的主要经营者组成的经营管理团体。在经营机构方面主要考虑五项评估准则。

1. 风险创业者的经历和背景

创业者的经历会影响其决策判断以及处理事物的态度与能力。检视创业者过去的成功与失败的经历，可以作为经营能力的重要参考依据。另外企业家的背景、财务状况、品德名声也是重点考虑因素。人际关系评价不佳者，也将不利于评估的结果。

2. 风险创业者的人格特质

投资公司认为理想风险创业者的人格特质应是智慧、创新、勤奋、诚实，对企业有高度的献身精神与强烈的使命感，有追求成功的强烈愿望，并能承受压力，具有协调事务组织团体的领导能力。

3. 经营团体的专长与管理能力

投资公司会十分重视风险创业者和经营者的专长。希望经营团体能由具有包括市场、营销、财务、研发等不同经验专长且具备丰富的经验与辉煌的成功纪录的人士组成，经营团体的组织管理与人力资源发展运用的能力，也是一项评估的重点。

4. 经营团体的经营理念

由经营理念可看出经营团体对于企业经营的态度以及未来企业发展的方向与组织运作方式。投资公司会注意受资企业的经营理念与本身的经营理念是否相契合，因为这会影响未来双方在合作与辅导经营管理方面的效果。

5. 经营团体对营运计划的掌握程度

投资公司与经营团体就营运计划成本的内容与措施进行深入讨论，目的是为了解经营组织成员对于营运计划成本的认知程度与认同程度。对于无法清楚说明或不认同自己企业营运计划的经营团体，不会被列为考虑投资的对象。

（三）市场营销

市场是风险投资关注的中心，对风险企业的市场营销进行评估，是风险投资评估的重要组成部分。在市场营销方面主要考虑四项评估准则。

1. 市场规模

所谓市场规模是针对现有的市场需求大小进行评估。风险创业者必须能够明确定义目标市场的范围与顾客对象，经营计划书如果没有提出具体的市场分析与明确的数据佐证，投资公司将无法确认市场需求的估计是否能够真正支持企业的成长与创造足够的利润，因此投资回收将存在很大的不确定性风险。

2. 市场潜力

市场增长潜力与规模和企业生存发展的机会均密切相关。市场潜力大的投资项目，采取长期投资比较有可能获得高额的回报利润。投资公司将从技术、产品、产业、消费趋势等角度来评估项目产品未来的市场潜力。

3. 市场竞争优势

市场竞争优势包括分析市场主要对手的产品、竞争对手的资源优劣势、市场进入障碍以及替代性产品的竞争威胁等。投资公司将评估投资项目的核心资源能力与市场竞争力，并判断经营团体提出的竞争策略是否能有效地创造市场竞争优势。

4. 营销策略规划

营销策略规划主要评估经营计划中有关营销管理与策略规划方案的可行性与有效性。评估的范围包括销售与促销计划、定价策略、营销网络规划以及有关预期的销售量与市场占有率的可能性。

（四）产品与技术

在产品与技术方面主要考虑五项评估准则。

1. 技术来源

投资公司将需要深入评估受资企业是否具备开发与制造产品所必要的技术能力以及这些技术能力的来源与水平。风险创业家必须能够明确显示掌握开发与制造产品的技术来源，才能赢得投资者的信心。

2. 技术人才与研发能力

企业技术团体的素质直接影响产品的开发能力与核心技术的品质。对高技术产业而言，技术人才与科研开发是企业具有竞争力的关键，如无法以创新技术持续推出新产品恐怕很快就会为市场所淘汰。

3. 知识产权问题

高技术产业的知识产权纠纷问题日益频繁，许多公司开发新产品之初，未曾留意侵权问题，以至日后蒙受巨大的损失。因此，投资公司对于专利与引进技术的项目都会特别注意知识产权的问题。

4. 产品附加价值或独特性

它主要评估产品所具备的技术功能优势，并且依据其对顾客所创造附加价值的显著性，来判断产品的市场竞争力。具有独特功能的产品一般容易在特定市场领域创造很高的占有率，同时也比较可能在短时间内打开市场。因此，投资公司对于具有高附加价值与独特功能的产品的投资项目更具有投资兴趣，但是同时也会深入评估市场对于这种产品附加价值与独特功能的需求以及可能带来的经济效益。

5. 制造可行性与周边产业的配套情况

它包括产品制造系统、制造设备、人力规划、材料需求、生产计划、品质管理的掌握与控制以及各项制造成本、自制率、优良品率等假设是否合理，均是评估的重点。另外对于制造策略与周边产业的配套情况也会加以评估。

（五）财务计划和投资回报

风险投资公司对风险企业的财务计划与投资回报方面主要考虑六项评估准则。

1. 受资企业的财务状况

投资公司可以通过分析受资企业过去与现在的财务状况，并与同业相比较，来评估其营运业绩与经营体制，预测企业未来可能遭遇的财务问题。

2. 受资企业的股东结构

通过受资企业目前与未来可能的股东结构与股东背景，可以判断企业资金结构与资金来源的稳定性，同时股东的素质与能力也会影响企业的经营方向以及对经营者的支持程度。因此股东结构会对投资公司是否参与投资产生关键性的影响。

3. 受资企业财务计划的合理程度

它包括受奖企业财务计划上的现金流量、销售收入、各项成本估计、资产负债表、损益表等的预计合理程度以及未来融资规划的可行性。

4. 投资项目资金需求规划的合理性

风险创业家会提出过高的资金需求，以使未来的营运资金充裕，但这会影响每股红利的数量。投资公司可以根据经营团体提出盈余数额与自己期望的投资回报率，来折算投资方案的价值、适合投入的资金比例以及项目所提出资金需求的合理程度。

5. 项目的预期投资回报率

风险企业家为需求投资资金，经常会高估投资回报，因此投资公司一般都十分慎重地分析、评估各项财务资料，并以较保守的态度估计可能实现的投资回报率。

6. 资金回收年限、方式与风险

资金回收年限、回收方式、预期回报与预期风险是投资公司最关心的问题之一。投资公司原则上以上市作为回收投资成本的主要方法，但也可能出售股权。由于不同的回收年限与回收方式，对于预期的投资回报产生不同程度的风险，因此投资公司将会慎重地评估这些因素的相互关系，作为未来投资决策的重要参考信息。

第四节 案例分析

风险企业家和风险投资家是风险投资中最基本的主体，其数量的多少和素质的高低关系到风险投资业的兴衰成败，是风险资金能否形成良性循环的关键所在。可以说，风险投资家对风险项目的选择决定了风险资金的注入和高科技产业发展的方向，而风险投资家和风险企业家只有同舟共济才能最终实现风险企业“惊险的一跳”，完成风险资本的迅速增值。因此，对风险投资家和风险企业家的要求比传统的投资家和企业家要高得多。

阿里巴巴获得风险投资融资案例

阿里巴巴公司1999年3月成立于中国杭州市。创始人：马云。当时他的原始投资为50万元。它包括集中服务全球进出口商的国际交易市场（www.alibaba.com），集中国内贸易的中国交易市场（www.1688.com）、在国际交易市场上的全球批发交易平台（www.aliexpress.com）。1998年12月，阿里巴巴在开曼群岛注册成立。1999年3月，阿里巴巴中国作为阿里巴巴的子公司在杭州成立。1999年6月，阿里巴巴集团在开曼群岛成立。阿里巴巴的业务发展极为惊人，是全球最大的网上交易市场和商务交流社区；曾经2次被哈佛大学商学院选为MBA经典案例，连续5次被《福布斯》选为全球最佳 B2B 站点之一；多次被评为中国商务优秀网站、中国最佳贸易网等。1999—2000 年从软银，高盛，美国富达投资等机构融资 2 500 万美金。2004 年 2 月，软银、美国 Fidelity、Granite Global Venture（GGV）、新加坡科技发展基金共 4 只基金向阿里巴巴投资 8 200 万美元。其中软银投资 6 000 万美元。2007 年阿里巴巴在香港联交所上市，融资金额突破 131 亿港元。2007 年阿里巴巴的营业收入为 20. 6 亿元，2010 年就翻了一番达 55. 6 亿元，2013 年的营业收入达 494 亿元。阿里巴巴集团 2017 财年收入 1 582. 73 亿元。

阿里巴巴业务的扩展速度也是极为惊人的，2003 年淘宝网成立，这是个人电子商务网站，是中国领先的 C2C 购物网站。是全球最大的互联网用户群首选的购物网站，也是全球浏览量最高的 20 个网站之一。据高盛报告，淘宝网 2013 年时的销售收入可达 29 亿美元，公司价值高达 143 亿美元。2004 年，支付宝（www. alipay. com）成立，这是中国领先的第三方网上支付平台，为用户提供安全可靠、方便快捷的网上支付和收款服务。支付宝与超过 100 个金融机构包括全国性银行、各大地区性银行以及 Visa 和 MasterCard 合作，为国内外商家提供支付方案。2005 年，阿里巴巴收购中国雅虎（www. yahoo. com. cn），软银一手导演阿里巴巴收购雅虎中国，作为与美国雅虎战略合作的一部分。中国雅虎为领先的中文门户网站之一，专注提供互联网门户资讯、邮箱、搜索等基础应用服务。2007 年，成立了阿里软件（上海）有限公司（简称阿里软件）（www. alisoft. com），致力于为中国 4 000 多万中小企业提供买得起、用得上、用得爽的在线软件服务。2008 年 4 月，天猫网（www. tmall. com）成立，这是中国领先的 B2C 购物网站。占全国 B2C 网上零售市场超过 50% 的份额 。2009 年，阿里云计算（www. alipay. com）创立 ，目标是打造以数据为中心的先进云计算服务平台。阿里云计算致力于提供完整的互联网计算服务，包括电子商务数据采集、海量电子商务数据快速处理，和定制化的电子商务数据服务，以助阿里巴巴集团及整个电子商务生态链成长。2010 年 10 月，一淘网（www. etao. com）成立。这是中国商品、商家信息最全面的网上购物搜索引擎。

阿里巴巴的成功离不开它在资金链要断裂的关键时刻得到了国际投行的融资。

第一轮投资：创业伊始，第一笔风险投资救急。

1999 年年初，马云决定回到杭州创办一家能为全世界中小企业服务的电子商务站点。回到杭州后，马云和最初的创业团队开始谋划一次轰轰烈烈的创业。大家集资了 50 万元，在马云位于杭州湖畔花园的 100 多平方米的家里，阿里巴巴诞生了。

这个创业团队里除了马云之外，还有他的妻子、他当老师时的同事、学生以及被他吸引来的精英，比如阿里巴巴首席财务官（CFO）蔡崇信，当初抛下一家投资公司的中国区副总裁的头衔和 75 万美元的年薪，来领马云几百元的薪水。

他们都记得，马云当时对他们所有人说：“我们要办的是一家电子商务公司，我们的目标有 3 个：第一，我们要建立一家生存 102 年的公司；第二，我们要建立一家为中国中小企业服务的电子商务公司；第三，我们要建成世界上最大的电子商务公司，要进入全球网站排名前十位。”狂言狂语在某种意义上来说，只是当时阿里巴巴的生存技巧而已。

阿里巴巴成立初期，公司是小到不能再小，18 个创业者往往是身兼数职。好在网站的建立让阿里巴巴开始逐渐被很多人知道。来自美国的《商业周刊》还有英文版的《南华早报》最早主动报道了阿里巴巴，并且令这个名不见经传的小网站开始在海外有了一定的名气。

有了一定名气的阿里巴巴很快也面临资金的瓶颈：公司账上没钱了。当时马云开始去见一些投资者，但是他并不是有钱就要，而是精挑细选。即使囊中羞涩，他还是拒绝了 38 家投资商。马云后来表示，他希望阿里巴巴的第一笔风险投资除了带来钱以外，还能带来更多的非资金要素，例如进一步的风险投资和其他的海外资源。而被拒绝的这些投资者并不能给他带来这些。就在这个时候，蔡崇信的一个在投行高盛的旧关系为阿里巴巴解了燃眉之急。以高盛为主的一批投资银行向阿里巴巴投资了 500 万美元。这一笔“天使基金”让马云喘了口气。

第二轮投资：帮助阿里巴巴挺过互联网寒冬。

更让他意料不到的是，更大的投资者也注意到了他和阿里巴巴。1999 年秋，日本软银总裁孙正义约见了马云。孙正义当时是亚洲首富。孙正义直截了当地问马云想要多少钱，而马云的回答却是他不需要钱。孙正义反问道：“不缺钱，你来找我干什么?”马云的回答却是：“又不是我要找你，是人家叫我来见你的。”

这个经典的回答并没有触怒孙正义。第一次见面之后，马云和蔡崇信很快就在东京又见到了孙正义。孙正义表示将给阿里巴巴投资 3 000 万美元，占 30% 的股份。但是马云认为，钱还是太多了，经过 6 分钟的思考，马云最终确定了 2 000 万美元的软银投资，阿里巴巴管理团队仍绝对控股。

从 2000 年 4 月起，纳斯达克指数开始暴跌，长达两年的熊市寒冬开始了，很多互联网公司陷入困境，甚至关门大吉，但是阿里巴巴却安然无恙，很重要的一个原因是阿里巴巴获得了 2 500 万美元的融资。

那时，全社会对互联网产生了一种不信任，阿里巴巴尽管不缺钱，业务开展却十分艰难。马云提出关门把产品做好，等到春天再出去。冬天很快就过去了，互联网的春天在 2003 年开始慢慢到来。

第三轮融资，帮助阿里巴巴完成上市目标。

2004 年 2 月 17 日，马云在北京宣布，阿里巴巴再获 8 200 万美元的巨额战略投资。这笔投资是当时国内互联网金额最大的一笔私募投资。2005 年 8 月，雅虎、软银再向阿里巴巴投资数亿美元。

2007 年 11 月 6 日，全球最大的企业对企业（B2B）公司阿里巴巴在香港联交所正式挂牌上市，正式登上全球资本市场舞台。随着这家“B2B 航母”登陆香港资本市场，此前一直受外界争论的“B2B 能不能成为一种商务模式”也有了结果。11 月 6 日 10 时，港交所开盘，阿里巴巴以 30 港元、较发行价 13.5 港元涨 122% 的高价拉开上市序幕。小幅震荡企稳后，一路单边上冲，最后以 39.5 港元收盘，较发行价涨了 192.59%，成为香港上市公司上市首日涨幅最高的“新股王”，创下香港 7 年以来科技网络股神话。当日，阿里巴巴交易笔数达到 14.4 万多宗。输入交易系统的买卖盘为 24.7 万宗，两项数据都打破了工商银行 2006 年 10 月创造的纪录。按收盘价估算，阿里巴巴市值约

280 亿美元，超过百度、腾讯，成为中国市值最大的互联网公司。

在此次全球发售过程中，阿里巴巴共发行了 8.59 亿股，占已发行 50.5 亿总股数的 17%。按每股 13.5 港元计算，共计融资 116 亿港元（约 15 亿美元）。加上当天 1.13 亿股超额配股权获全部行使，融资额将达 131 亿港元（约 16.95 亿美元），接近谷歌纪录（2003 年 8 月，谷歌上市融资 19 亿美元）。

阿里巴巴的上市成为全球互联网业第二大规模的融资。在此次路演过程中，许多投资者表示，错过了谷歌不想再错过阿里巴巴。

作为阿里巴巴集团的两个大股东，雅虎和软银在阿里巴巴上市当天账面上获得了巨额的回报。阿里巴巴招股说明书显示，软银持有阿里巴巴集团 29.3% 股份，而在行使完超额配售权之后，阿里巴巴集团还拥有阿里巴巴公司 72.8% 的控股权。由此推算，软银间接持有阿里巴巴 21.33% 的股份。到收盘时，阿里巴巴股价达到 39.5 港元，市值飙升至 1 980 亿港元（约 260 亿美元），软银间接持有的阿里巴巴股权价值 55.45 亿美元。若再加上 2005 年雅虎入股时曾套现 1.8 亿美元，软银当初投资阿里巴巴集团的 8 000 万美元，如今回报率已高达 71 倍。

案例评鉴

软银不是阿里巴巴最初的风险投资商，却是坚持到最后的一个投资商。

软银投资阿里巴巴 8 000 万美元，回报率达 71 倍。软银中国控股公司总裁及首席执行官薛村禾称："我预测，3~5 年内阿里巴巴的市值将至少是现在的 5 倍。"

软银不是阿里巴巴的第一个风险投资商，却是坚持到最后的那个投资商。1999 年 10 月，马云私募到手第一笔天使投资 500 万美元，由高盛公司牵头，联合美国、亚洲、欧洲一流的基金公司的参与。在阿里巴巴的第二轮融资中，软银开始出现。从此，孙正义不断支持马云，推动阿里巴巴能够发展到今天的规模。

2000 年，马云为阿里巴巴引进第二笔融资，2 500 万美元的投资来自软银、富达、汇亚资金、华盈基金、瑞典投资 5 家风险投资商，其中软银为 2 000 万美元，阿里巴巴管理团队仍绝对控股。

2004 年 2 月，阿里巴巴第三次融资，再从软银等风险投资商手中募集到 8 200 万美元，其中软银出资 6 000 万美元。马云及其创业团队仍然是阿里巴巴的第一大股东，占 47% 股份；第二大股东为软银，约占 20%；富达约占 18%；其他几家股东合计约 15%。

软银不仅给阿里巴巴投入了资金，在后来的发展中还给了阿里巴巴足够的支持。尤其是 2001—2003 年的互联网低谷时期，投资人伴随阿里巴巴整个团队一路挺了过来。

雅虎介入阿里巴巴不过两年，同样获益甚厚。作为阿里巴巴集团的大股东，雅虎间接持有阿里巴巴 28.4% 的股权，其市值高达 73 亿美元；此外，雅虎还以基础投资者身份，投资 7.76 亿港元购买了阿里巴巴新股，购入价格为每股 13.5 港元，占 7.1% 的股份，IPO 当天升值到 22.7 亿港元。

而一些风险投资商显然错过了最好的收获期。从阿里巴巴集团的第三轮融资开始，早期的一些风险投资商已经开始陆续套现。1999 年阿里巴巴创办之初的天使投资高盛集团因战略调整，退出了中国风险投资市场。其所持股份被新加坡的寰慧投资（GGV）接手。事实上，寰慧投资的创始人托马斯早在 1999 年就以个人身份投资了阿里巴巴。

此后，包括富达等在内的风险投资商又陆续套现。到阿里巴巴上市之前，只有软银一家风险投资商还一直在阿里巴巴的股份中牢牢占据主要地位，其他风险投资商已经全部退出。

美国 IDG 集团亚洲区总裁熊晓鸽在与软银亚洲投资基金首席合伙人阎焱、赛伯乐（中国）投资有限公司董事长朱敏进行《对话投资人：资本力量》时表示，IDG 没有投资阿里巴巴，让他觉得很失败。

关于软银选择阿里巴巴的原因，薛村禾在接受国外媒体采访时回忆，当时中国 B2B 领域共有四大公司，除阿里巴巴，还有 8848、美商网（MeetChina）和实华开（Sparkice），而选择阿里巴巴的重要原因是马云及其团队的坚定信念，尤其是 18 个创业合伙人的精神。薛村禾说："当年我们放弃别的机会，集中精力投资马云这个团队。我们并不是神仙，一眼就能看到阿里巴巴的未来，也只能看到电子商务这个大方向，但为什么最后选择马云这个团队呢？了解他多一点的人就知道，他能把很多人聚在周围，团队非常厉害。风险投资很重要的是判断团队。"软银认为，马云有一种独特的分享意识以及不平凡的领导才能。薛村禾评价称，马云是性格非常饱满的人，非常有远见，如果今天还不是一个世界级的领袖人物的话，他也一定可以成为一个英雄。另外，马云这个人是战略家也是战术家。而且他执行力也很强。

马云说："跟风险投资谈判，腰挺起来，但眼睛里面是尊重。你从第一天就要理直气壮，腰板挺硬。当然，别空说。你用你自己的行动证明，你比资本家更会赚钱。我跟 VC 讲过很多遍，你觉得你比我有道理，那你来干，对不对？"

马云认为："创业者和风险投资商是平等的，VC 问你 100 个问题的时候你也要问他 99 个。在你面对 VC 的时候，你要问他投资你的理念是什么？作为一个创业者，在企业最倒霉的时候，会怎么办？如果你是好公司，当七八个 VC 追着你转、追着你转的时候，你让他们把你的计划和方法写下来，同时你的承诺每年是什么都要写下来，这是互相的约束，是婚姻合同。跟 VC 之间的合作是点点滴滴的，你告诉他我这个月会亏、下个月会亏，但是只要局势可控 VC 都不怕，最可怕的是局面不可控。所以跟 VC 之间的沟通交流非常重要，不一定要找大牌。跟 VC 沟通过程当中，不要觉得 VC 是爷，VC 永远是舅舅。你是这个创业孩子的爸爸妈妈，你知道把这个孩子带到哪去。舅舅可以给你建议、给你钱，但是肩负着把孩子养大职责的是你，VC 不是来替你救命的，只是把你的公司养得更大。"

私募股权投资人通常采取的投资策略有联合投资、分段投资、匹配投资和组合投资。

（1）联合投资。对于风险较大、投资额较高的项目或企业。投资人往往联合其他投资机构或个人共同投资。牵头的投资人持有的股份最多。这样对于创业企业来讲，也可以享有更多的投资者的资源。但也不是投资者越多越好，因为投资者太多，难免发生冲突和内耗。

（2）分段投资。在创业企业发展的早期，各方面的风险大。资金需求则相对较小。而随着时间的推移，风险逐步减少，资金需求却逐步增加，对于发展情况不是逐步趋好而是趋坏的项目，投资人可以在下一轮投资时慎重考虑是否进一步追加投资。对于那些已经没有挽救希望的企业，则通过清算等手段尽可能收回前期投资。这种分阶段多次投资的策略，使投资人可以根据风险的变化进退自如，以尽可能避免投资的损失。

（3）匹配投资。匹配投资是指投资人在对项目或企业进行投资时，要求项目的经营管理者或创业企业要投入相应的资金。匹配投资将风险投资者与创业企业捆在了一起，促使创业企业或项目经营管理者加强管理，从而降低了投资风险。

（4）组合投资。不要把鸡蛋放在一个篮子里。投资人在进行投资时一般不把资金全部投向一个项目或企业，而是分散投向多个项目或企业。这样一来，一个或几个项目或企业的损失就可能从另外的项目或企业的成功中得到补偿，从而就可以避免风险投资公司全军覆没的危险。因为一般说来，几个项目同时失败的可能性较一个项目失败的可能性要小得多。

在投资人投资阿里巴巴的案例中，显然是运用了联合投资、分段投资的策略。分段投资体现在阿里巴巴在上市前共进行了三轮融资：联合投资体现在阿里巴巴在上市前的第一轮和第三轮融资，都是投资者一起投资的，如第一轮是高盛、富达投资、新加坡政府科技发展基金等四家投资者一起投资，第三轮是软银、富达投资、IDF、雅虎一起联合进行投资的（第二轮是软银单独进行投资的）。

（资料来源：摘自邢会强、孙红伟编著的《私募案例评鉴》，有修改）

思考题

一、名词解释

1. 风险投资
2. 风险企业
3. 风险资本
4. 风险投资技术
5. 风险投资主体

二、简答题

1. 简述风险投资的特点、作用与功能。
2. 制约风险投资项目的主要因素包括哪些？
3. 简述风险投资的决策程序。

三、论述题

1. 目前，国际风险投资呈现出哪几方面的特征？试举例说明。
2. 近几年来，我国利用国际风险投资的状况如何？存在的主要问题是什么？

第九章　国际投资风险管理

√ 本章摘要

本章首先分别讨论政治风险、外汇风险和经营管理风险这三大类风险管理问题，然后介绍国际投资风险的几种常用评估指数体系。在对本章的学习中，学生应注意针对不同的风险把握不同的防范方法。

√ 本章关键词

政治风险　外汇风险　经营管理风险　国际投资风险指数

√ 学习完本章，你需要掌握

政治风险的评估方法，政治风险的管理措施，对交易汇率的风险管理，对折算汇率的风险管理，对经济汇率的风险管理。理解经营风险并能识别经营风险、经营风险的管理措施；掌握国际投资风险的分类，主要的国际投资风险指数；把握国家风险等级的评估方法。

跨国公司的国际投资活动在任何时候、任何地点都存在客观的风险性。国际投资的内容和形式比国内投资远为复杂和丰富，承受的风险及其管理内容也更为广泛多样。国际投资本身就是一个风险识别、估计和控制的过程。当今国际政治、经济和技术环境复杂多变，市场竞争日趋激烈，国际投资风险管理问题日益成为一个引起高度重视的问题。国际投资风险是指特定环境和时期内客观存在的可能导致国际投资经济损失的状况。从内容上看，它主要包括政治风险、外汇风险和经营管理风险这三大类。本章分别讨论这几类风险管理问题及国际投资风险的常用的评估指数体系。

第一节　政治风险管理

国际投资活动必然要涉及的一类主要风险就是政治风险，并且投资期限越长，政治风险也越大，这是跨国经营的共同结论。与其他风险相比，政治风险可以说是跨国公司所面临的最具威胁的风险。政治风险的共同特征是风险难以识别，政府对经济活动的任何干预都会在不同程度上影响企业的价值。因此，跨国公司在进行投资决策时必须重视对政治风险的预测、评估和管理。

一、政治风险评估方法

（一）政治风险的含义

政治风险是指在国际经济往来中，由于未能预期到的政治因素变化而给国际投资活动可能带来经济损失的风险。如国有化风险、战争风险、政策变动风险、资金移动风险等。

（1）国有化风险是指东道国对外国资本实行国有化、征用或没收政策而给外国投资者造成的经济损失。国有化是东道国政府接管某个行业中的所有私有企业，征用是东道国政府对某个行业中的个别外国企业实行接管，没收是在没有任何补偿条件下东道国政府占有外国企业的全部资产。这种风险主要是发生在政治不稳定和政策易变的国家和地区。

（2）战争风险是指东道国国内由于政府领导层变动、社会各阶层利益冲突、民族纠纷、宗教矛盾等情况，使东道国境内发生战争而给外国投资者造成的经济损失。在一些发展中国家，政府领导层的变动、国内各派尖锐争斗、各阶层集团不同利益要求、不同民族间矛盾纠纷、复杂的宗教派别冲突等都可能引起局势动荡，甚而造成动乱和内战，从而严重影响国际投资者的经济利益。

（3）政策变动风险是指由于东道国有意或无意变更政策而可能给外国投资者造成的经济损失。投资者进行对外投资活动必须遵循东道国的各项经济政策。东道国的土地、税收、市场、产业规划等方面具体政策的变化将影响投资者的决策。如土地政策中涉及土地的购买、拥有使用权时间的长短、土地税的内容均会影响投资者的利益。税收政策中计税基数、税率和征税方法关系到投资者的收益。东道国市场的开放程度以及在投资区域和行业等方面实行的限制或鼓励政策也会影响投资者的收益。

（4）资金移动风险是指在跨国经济往来中所获得的经济收益，由于受东道国政府的外汇管制政策或歧视性行为而无法汇回投资国而可能给外国投资者造成的经济损失。如外国投资者在进行投资活动中所得的经营收入，包括正常营业收入、出售专利和商标收入、股权转让收入等，一般应转移回投资国，但这与东道国引进外资的目的有一定的矛盾，这样有的东道国对跨国企业的收入在政策上规定一个在东道国再投资的比例。这个比例的变化则被看作对外投资的一种风险。

（二）政治评估方法

政治风险评估是投资者对东道国的各种政治状况进行调查、分析、预测，得出对该国投资可能面临的政治风险的总体评价，从而为国际投资活动提供决策依据。

一般而言，政治风险评估应分两个阶段：第一阶段是预测相关时期总体政治环境；第二阶段是评估总体政治环境对特定项目的影响。具体评估方法有国别评估报告、评分定级法和预先警报系统等。

1. 国别评估报告

国别评估报告是投资者对特定对象国的政治、社会、经济状况进行综合性评估的文件。它往往用于大型海外建设项目的投资或贷款之前，其性质与可行性研究报告相仿，但侧重于防止国家政治风险的发生。例如，全球著名的美国摩根保证信托公司的国别评估报告主要评估对象国以下四方面的内容：第一，政治评估。它主要是对对象国政府的经济营运能力和应变能力进行估价。经济营运能力包括政府官员的政策设计能力、经济官员对政府决策人的影响能力、政府首脑的决策能力。环境变化的应变能力包括政府对油价变化、世界经济周期变化等国际经济环境变动时，迅速调整国际收支的能力。第二，经济评估。它主要是对对象国生产要素和发展意图进行分析。在自然资源方面，评估指标包括已有的自然资源状态、开发的可能性以及开发程度。在人力资源方面，评估指标包括劳动者的教育及训练情况、企业家的素质。在发展战略方面，评估指标包括过去和当前的长期经济发展战略与该国自然资源、人力资源的满足程度。在国内资金来源方面，评估指标包括国内资金在开发投资中的比重、国内促进储蓄增长的政策性措施。在外贸出口方面，评估指标包括出口商品种类和数量及出口市场多样化程度。第三，对外金融评估。它主要是对对象国国际金融状况进行评价。在国际收支状况上，评估指标包括国际收支现状、预测及未来的趋向。在外债状况上，评估指标包括外债增长率、债务结构及未来发生的债务负担。在外汇储备上，评估指标包括外汇储蓄水平、按进口规模和出口规模推算的合理水平。在借款的可能性上，评估指标包括从国际金融组织筹措用于国际收支调整的贷款数额。第四，政局稳定性评估。它主要对对象国和全球政治状态进行考察。在国内政局方面，评估指标包括政府领导班子能否顺利交接、各项政策的持续性；在国际政局方面，评估指标包括区域的、全球的政治局势的稳定。

2. 评分定级法

评分定级法是用一组固定的评分标准将考察对象国的各个风险因素加以衡量，从而确定风险分数的方法。由于这种方法简便易行，而且可以在不同国家间进行风险的比较，因而在国际上得到广泛的应用。评分定级法的整个评分定级过程通常分以下四个阶段。

第一阶段：确定考察风险因素，如负债率、战争次数、人均收入等。

第二阶段：确定风险评分标准。分数越高，风险越大。例如，负债率 10% 及以下为1~2 分，11% ~ 15% 为 3 分，16% ~ 25% 为 4 分，26% ~ 50% 为 5 分，51% ~ 80% 为 6 分。

第三阶段：将所有项目的分数汇总，确定该国的风险等级。风险等级越高，说明风险越小。

第四阶段：进行国家间的风险比较，确定投资的方向。

3. 预先警报系统

预先警报系统是 1975 年联邦德国经济研究所制定的一系列重要的国家经济指标。通过这种指标系统可以观测国家风险状态，以期在国家风险出现之前预先警报，提醒投资者注意。这个系统主要由以下指标组成：偿债比率、本金偿还比率、负债比率、负债对出口比率、负债对外汇储备比率、流动比率、偿息额对国民生产总值比率、经常项目收支逆差对出口额比率、物价上涨率、货币供给增长率、财政赤字对国内生产总值比率、国际货币基金借款对本国在该组织份额的比率、年固定资产形成额对国内生产总值比率、国际银团对该国货款的加息率。通常在进行政治风险评估时要有选择地运用其中一部分指标，以下较为常用的指标。

（1）偿债比率。该比率表示一国偿付外债的能力。一般认为该比率在 10% 以下，表明该国拥有较强的偿还能力；当该比率高于 25% 时，则意味着可能面临债务困难，存在着不能归还到期债务的可能。这一指标的计量公式：

$$偿债比率=\frac{外债当年还本付息额}{当年出口商品与服务额}\times 100\%$$

（2）负债比率。该比率表示一国的经济规模和外债的关系。一般认为该比率低于 15% 较好；当高于 30% 时，则容易发生债务危机。这一指标的计量公式：

$$负债比率=\frac{本国全部公私外债余额}{当年国民生产总值}\times 100\%$$

（3）负债对出口比率。该比率用以衡量一国短期内偿还全部外债的能力。在当前发展中国家短期债务所占比重日益增加的情况下，该比率越低，说明该国越不易发生债务危机。一般认为，该比率的危险界限为 100% 左右。这一指标的计量公式：

$$负债对出口比率=\frac{本国全部公私债务余额}{当年出口商品与服务额}\times 100\%$$

（4）流动比率。该比率表明一国外汇储备相当于进口额的月数。一般认为相当于 5 个月进口额的外汇储备是比较充足的，低于 1 个月进口额的外汇储备则是危险的。这一指标的计量公式：

$$流动比率=\frac{外汇储备余额}{月平均进口的外汇支出额}$$

二、政治风险管理措施

政治风险管理的目的是使风险损失最小化。一旦完成对一国政治环境分析及其对经营项目的影响的评估，就必须对投资做出决策。如果决定投资，就要对投资活动适当安排或采取保护性措施，使投资的政治风险最小化。政治风险管理措施可分为三个方面：投资前规划，投资后的经营，资产被征用后的谈判对策。

（一）投资前的规划管理措施

跨国投资者在投资前，通常可采取四种管理措施来进行政治风险防范。这四种管理措施分别为回避、保险、谈判特许、组织投资。

1. 回避

这是一种被许多跨国企业采用的简便易行方法。回避的原则是，除非投资前该国或地区已发生战争、暴乱、征用财产、国有化等极端状况（称为禁止投资风险），不应轻易停止投资计划的实施，对于其他的政治风险，则采取有限度的回避和容忍态度，设法从其他方面获得相应的补偿，以抵消部分政治风险带来的损失。因为一般来说，政治风险较大的地区往往存在潜在的高收益和高回报，认识到这一点是重要的。

2. 保险

这是一种目前较为有效地避免政治风险的方法。通过对处于有政治风险地区的资产保险，企业可以集中精力从事海外经营活动。在许多工业化国家，如美国、英国、日本、德国、法国等，都设有专门的官方机构对私人的海外投资提供政治风险的保险，如美国海外私人投资公司（OPIC）、英国的出口信贷保证部（ECGD）、日本通商产业省的海外投资保险班等。海外投资保险承保的政治风险包括国有化风险、战争风险和转移风险三类。一般做法是：投资者向保险机构提出保险申请，保险机构经调查认可后接受申请并与之签订保险单。投资者有义务不断报告其投资的变更状况、损失发生状况，且每年定期支付费用。当风险发生并给投资者造成经济损失后，保险机构按合同支付保险赔偿金。

3. 谈判特许

投资者在投资前可以设法与东道国政府谈判，并达成特许协议，获得某种法律保障，尽量减少政治风险发生的可能。这类协议要明确：第一，子公司可以自由地将股息、红利、专利权费、管理费用和贷款本金利息汇回母公司；第二，划拨价格的定价方法，以免日后双方在划拨价格问题上产生争议；第三，公司缴纳所得税和财产税参照的法律和法规；第四，发生争议时采用的仲裁法和仲裁地点。

4. 组织投资

通过对投资战略的组织增加东道国政府干预公司经营活动的成本，使自身的政治风险暴露最小化。具体做法是通过调整企业生产、后勤、出口和技术转让等领域的经营策略，将国外经营项目与本公司的持续控制结合起来，保持该海外项目对本公司总体市场和产品的依赖，提高东道国政府征用资产选择的成本，由此减轻可能的政治风险。例如，美国克莱斯勒汽车公司在秘鲁的汽车组装厂就是由此避免了国有化风险。该公司控制了关键零部件的供应，只有50%的汽车零部件在秘鲁制造，其余部分必须从该公司的其他分厂获得，致使秘鲁政府不得不放弃征用。跨国公司还可利用集中研究开发设施和技术，控制专利、商标与专有技术、货运销售市场与原材料供应等方法，来提高东道国国有化的成本。此外，还可发展拥有一定控制权的股东和其他投资主体。例如，从东道国政府、其他国政府、国际金融机构等方面融资，而不单独使用母公司的资金，这样一旦发生政治风险，可借助国际的各方面力量来分散风险。

（二）投资后的经营管理措施

经过投资前的规划，进行实际投资后，仍可采取一些措施防范政治风险。常用的管理措施包括以下几个方面。

1. 有计划地安排投资

有计划地安排投资是指跨国投资者为防止东道国可能采取的征用或国有化行动，应在一定时期内出售全部或大多数股权利益给当地投资者，分阶段逐步退出其对外投资的所有权。但这种有计划的投资难以使所有有关方面都获得满足。如果事先制定的出售价格和投资没有盈利目标，则可能招致东道国政府的拒绝。

2. 短期利润最大化

短期利润最大化是跨国投资者需要用自身的力量进行全部或部分投资时防范政治风险所常用的方法。

短期利润最大化的第一个含义是跨国公司常常试图在尽可能短的时间内，从当地经营中提取最大数量的现金。这些方法包括递延投资维持费用、将投资削减至仅够维持生产所需的最低水平、缩减营销开支、生产低质量商品、制订高价和取消培训计划等，从而使短期的现金产出达到最大。这些短期行为显然不利于长期生产经营的发展。这一策略是一种消极的反应，几乎表明该公司在当地的投资经营将不会长久。但由此也会加大被征用的可能。因此，跨国公司必须选择适当的时间长度来增加现金流入量，考虑采取影响政府关系和行动的合适措施，以减少风险。

短期利润最大化策略的第二个含义是在东道国政府采取敌对行动的情况下，用进攻性战术从受到威胁的附属公司提取尽可能多的资金，使跨国公司与该国的未来交易失败。运用这种策略时，需注意公司行为所产生的国际影响。为避免公司的此类行为在其他国家遭到怀疑，跨国公司可选择一种消极的间接投资形式来替代，以引起东道国政府的重视。所以，这一消极的策略方法成功与否取决于该东道国政府计划利用外国投资发展本国经济的意愿程度。

3. 改变征用资产的成本收益率

改变征用资产的成本收益率是指在政府征用目标合理可行，即获得的经济利益超过成本补偿时，跨国投资者采取一系列计划来减少当地所有者预期的优势，从而减少和消除当地政府排斥外国投资者的积极性。这些步骤主要有：建立当地研究、开发设施，开发生产产品的出口市场，培训工人和管理人员，扩大生产能力，生产大范围的产品以替代进口产品。这些行动在很多情况下往往能达到降低征用成本、减少政府惩罚的目的。事实上，大多数国家在采取征用行动前都会设法评估、权衡行动的成本与收益。尽管一个子公司的价值对当地经济发展可能十分重要，但也许还并不值得对其政治风险进行保护。因此，保护性策略的一个方面，就是要通过增加征用涉及的负面影响，增加征用的行为成本，这些可采取的行动包括控制出口市场、运输、技术、商标和其他国家生产的零部件等。

4. 发展当地股权投资者

发展当地股权投资者，培养和发展当地个人和集团参与投资或控制跨国公司在当地投资企业，是一个更为主动的策略，其所采取的形式通常是合资企业。由于当地合伙者包括广泛的领域，如顾客、供应商、子公司的当地雇员、当地银行及其他机构组织，在发生征用的情况下，会因牵涉众多投资者个人和集团的既得利益而遭到反对或抵制。同时，如在当地举债还有助于加强当地银行与跨国公司健康经营的关系，一旦政府采取任何危及跨国公司子公司现金流量的行动，势必会影响贷款的偿还，从而招致当地银行的反对，间接地对跨国公司投资提供了保护。有关研究结果表明，有当地投资者参与的合资企业在历史上遭到国有化的比率为 0.2%。但同时必须看到，当地投资者提供的保护作用是有限的。

5. 增加应变能力

利用某些策略提高跨国企业的应变能力是一种很有潜力的防范政治风险的措施。它的基本思想是间接控制策略。在当今变幻莫测的现实世界，越来越多的跨国公司都倾向于采用这种更为激进的政治风险管理方法。这一策略就是提高适应潜在征用的能力，运用特许转让和管理协定等方法增加企业的盈利。这一策略的代表是 20 世纪 70 年代以来跨国公司目标投资中所普遍采用的参与股权经营投资方法，它一方面减少直接参与实际生产经营可能产生的风险；另一方面又通过一系列投资管理安排，间接控制或拥有企业的资产及生产经营活动。这种策略在未来会更加普遍地被使用，因为随着管理能力和生产能力的不断提高，各国只需要向外国企业购买本国仍然短缺的生产和管理技术。

（三）资产被征用后的谈判对策

防患于未然是国际投资者防范政治风险的最佳策略。但如果征用的危险已不可避免，则迅速采取和运用灵活的谈判策略将是必不可少的。

通常，在政府采取征用和国有化行动前，企业能事先得到一些政府的意图或提示。只有极少的情况，未予警告便发生政府征用。在获知消息后，企业应立即同政府进行联络，展开公开谈判，以劝说政府对企业提供进一步保护。在谈判的最初阶段，公司应尽可能地做出各种友好的姿态，向东道国政府陈述其对当地经济带来的实际利益，并许诺做出一些新的让步，以表明合作的诚意。但这种征用前的讨论常常会演变为征用后的谈判。政府与企业间在征用后的这种对抗，可分为合理谈判、施加压力、法律解决、放弃管理权四个阶段。

一般而言，在征用已经发生的情况下，虽然进一步谈判的意义已不是很大，但仍要积极地与东道国政府进行谈判。这一阶段的目标是保持与东道国政府的接触，努力劝说其取消征用。企业可为之做出一定的承诺，政府也会对这一行动的利弊得失进行估价。因此，征用仅是一种讨价还价的手法，以取得企业的特许。

在合理谈判没有结果时，企业应直接运用各种战术手段，对东道国政府施加经济压力，如切断关键部件的供应、出口市场、技术和管理技能的提供。对此，东道国政府也会事先做好估价和准备。所以，企业除依靠自身力量外，还可通过争取反对党的支持，寻找友好邻邦与母国的调解、干预等方法来施加压力。当然，运用这些外部力量需谨慎小心，否则会产生适得其反的结果。

在前两个阶段之中或之后，企业应开始寻找法律途径解决争端。诉诸法律的基本原则是首先向东道国法院起诉，在使用这一方法之后再向母国或国际仲裁机构起诉。东道国法院通常是相对独立的，其判决在东道国具有很大的法律效力，而且比其他选择途径更为廉价、时间更快。但是，在法律解决不适当或有利于东道国政府时，企业应改为直接向母国法院起诉，并搜集各种有利的证据。寻求母国法院的法律援助一般存在两大障碍：主权豁免和主权行为的限制。因此，向国际仲裁法院起诉是另一种可选择途径。目前，受理国际投资纠纷的仲裁机构主要有设在华盛顿的解决国际投资争端中心、设在巴黎的国际商会仲裁院和瑞典斯德哥尔摩商会仲裁院等。

如果在前三个阶段缺乏成功的可能性，企业就可考虑最后放弃投资所有权及管理权，并以此来换取其他好处。因为放弃资产管理权和所有权后，尽管跨国公司在法律上不再拥有其在该国的资产，但仍可保留相当的经营权和管理权，仍可开展许多相当的业务，从而仍有可能继续获得某种利润。一般来说，企业可与东道国达成管理合同安排，通过这种管理合同至少可继续处理以下业务：安排处理出口，提供配套技术和管理技能，向国外出售原材料和零部件等。

总之，不管一国的政治风险状况如何，跨国投资者的对外投资都应按不同的政治风险情况采取相应的风险管理措施，才可能使各个投资阶段的收益最大化。

第二节　外汇风险管理

自 20 世纪 70 年代以来，各国相继以浮动汇率制取代固定汇率制，影响一种国际储备货币币值的因素急剧增多，汇率波动大大增加。随着国际投资规模的大幅度上升，跨国投资者外汇收益或损失的能见度也越来越大。这给跨国投资者的资金管理带来了重大影响，使外汇风险管理成为国际投资经营中的一个重大问题。

外汇风险是指一个经营实体或个人以外币计价的资产或负债，在国际经营中因外汇汇率波动而遭受损失或获得收益的可能性。企业在跨国经营活动中遇到的外汇风险主要有三种，即交易汇率风险、折算汇率风险和经济汇率风险。

一、交易汇率风险管理

交易汇率风险是指已经达成而尚未完成的用外币表示的经济业务，因汇率变动而可能发生的风险。交易汇率风险涉及两类项目：一是已经列入资产负债表中的应收和应付账款项目，如进出口贸易应收应付款、外汇借贷款等；二是资产负债表外的会引起未来的应收和应付账款的项目，如远期购售合同、应付租赁费用、尚未履行的客户订单等。

例如，某英国公司销售一批货物给美国进口商，30 天后美国进口商付货款 160 000 美元。签订合约时，即期汇率为 1 英镑兑 1.6 美元。英国公司期望 30 天后可按目前汇率 1 英镑兑 1.6 美元收取 100 000 英镑。但 30 天后，若汇率上扬至 1 英镑兑 1.8 美元，则英国公司收到的货款仅为 88 889 英镑，比期望收入减少 11 111 英镑。反之，若 30 天后，汇率下调到 1 英镑兑 1.4 美元，则英国公司收到 114 286 英镑的销售收入，比预期收入增加 14 285 英镑。可见，交易汇率风险既可能发生汇兑损失，也可能发生汇兑收益。

可见，交易汇率风险产生于一个企业在以外币计价的国际交易活动中。伴随着这些交易活动产生未来外币现金的流入与流出，只要在达成交易与现金结算的时间间隔内出现任何汇率变动，都会导致以本币支付的现金流出流入数量的变化。所以，防范交易汇率风险必须采取可以全部或部分抵消这一变化的外币交易技术。具体地说，它包括三项内容：一是风险识别和预测；二是决策是否对已暴露的风险进行保值；三是在决定保值的情况下，选择合适的保值技术。

准确、及时地对汇率变动风险进行识别和预测，是交易汇率风险管理的第一步。影响汇率变动的因素有国际收支、相对通货膨胀率、相对利率、国际储备、宏观经济政策等。它们对汇率的影响分述如下。

（1）国际收支。国际收支是指一国在一定时期内全部对外经济往来中所发生的收入和支出。当一国国际收支出现顺差时，外汇的供给大于需求，对该国货币的需求上升，因而该国货币汇率上升，外国货币汇率下降。反之，当一国国际收支出现逆差时，外汇的供给小于需求，则出现本国货币汇率下降，外国货币汇率上升。

（2）相对通货膨胀率。货币对外价值的基础是其内在价值。如货币的内在价值降低，则对外价值的表现形式汇率也将随之下降。自从纸币在全世界范围内取代金属铸币流通后，通货膨胀几乎在各国都有不同程度的发生。因此，考察通货膨胀率对汇率的影响时，要考察相对通货膨胀率。一般来说，相对通货膨胀率持续较高的国家，由于其货币的内在价值下降得较快，则其汇率也将随之下降。

（3）相对利率。利率作为使用资金的代价或放弃使用资金的收益，也会影响汇率水平。当利率相对较高时，使用本国货币资金成本上升，外汇市场对本国货币的供应相对减少；同时，相对较高的利率吸引外资流入，使外汇市场上外国货币的供应相对增加，对本国货币的需求上升，这样，相对较高的利率推动着本国货币汇率的上扬。

（4）国际储备。较多的国际储备表明政府干预外汇市场、稳定货币汇率的能力较强。因此，储备增加能加强外汇市场投资者对本国货币的信心，因而有助于本国货币汇率的上扬；反之，储备减少，则会诱导本国货币汇率的下调。

（5）宏观经济政策。一国政府为协调宏观经济而采取松紧不一的货币政策和财政政策，将会对该国货币汇率产生影响。实行扩张性货币政策，导致货币供应量增加，利率下调，大量资本外流，外汇市场对本国货币的需求下降，导致本国货币汇率下降。实行扩张性财政政策将直接导致需求膨胀，进口增加，外汇市场对外国货币的需求增加，导致本国货币汇率下降。

汇率预测的内容包括汇率变动的方向、幅度和时间。汇率变动的方向即货币内在价值的提高或降低。汇率上浮或下调决定跨国企业是由此得到收益还是受损。汇率变动的幅度则决定跨国公司收益或受损的程度大小。汇率变动的时间决定跨国公司收益或受损的时机控制。

汇率预测的方法，除了通过上述影响汇率的因素来判断汇率变动的大致方向外，还可以通过技术分析法来预测汇率走势，即利用时间序列、趋势外推法机械地预测今后汇率变动趋势。这类具体方法很多，我们仅举一例，即市场动向指数预测法。其计算方法很简单：用当天的汇率值除以几天前的汇率值，得到市场动向指数，指数大于 1 表示汇率今后要上升，指数小于 1 表示汇率今后可能要下跌。指数偏离的程度表示上升或下跌的幅度。偏离越远，上升或下跌的幅度就越大。这种方法假定汇率变动方向不变，若当天的汇率值已处于最近汇率的最高点或最低点，则这种方法预测汇率变动趋势将无效。

在识别和预测交易汇率风险的基础上，就要采取措施来对这种风险进行管理。常用的管理措施是对货币进行保值。一般来说，跨国公司采取的任何可以完全或部分消除外汇风险的技术都称为保值措施。外汇市场上各种形式的风险管理工具为跨国公司的交易汇率风险管理提供了现成的技术。可供选择的保值措施主要包括以下几种。

（1）利用远期外汇期货市场套期保值。跨国企业在国际购销业务活动中，从签约到清算债权债务，通常要间隔 30~90 天，大型设备的支付期将会更长。企业可以利用远期外汇市场套期保值，针对每一笔以外币计价的应收和应付账款，根据收（付）的时间和金额，卖出（买入）相同币种、相同交割、相同金额的一笔远期外汇，从而将汇率变动造成的损失以套期交易成本的方式固定下来。

（2）利用货币市场套期保值。外国投资者在货币市场上，针对每一笔外币计价的应收和应付账款，根据收（付）的时间和金额，通过借贷款创造出相同币种、相同期限、相同金额的应付和应收账款。

（3）提前或推迟支付保值。在对汇率变动进行正确预测的基础上，采取提前或推迟支付手段，以规避外汇风险。具体来说，当预测本币汇率要上升时，尽快收回外币债权和其他应收款，推迟支付外币债务和其他应付款；反之则相反操作。这种做法一般多用于跨国公司内部，即母公司与子公司、子公司与子公司之间，因为采取提前或推迟支付手段来规避风险等于将外汇风险转嫁给交易对方，必受到对方的抵制，目的不易达到。

（4）平行贷款保值。它是指两个不同母国的跨国企业之间，分别向对方的子公司提供当地货币贷款。双方贷款按约定的期限用当地货币偿还，并按预先达成的贷款利率分别向对方支付利息。

例如，一家美国跨国公司 A 在英国设有子公司，而一家英国跨国公司 B 在美国设有子公司。美国 A 公司在英国的子公司需要英镑，英国 B 公司在美国的子公司需要美元。在此情况下，可运用平行贷款，即美国 A 公司将美元贷给在美国的英国子公司，而英国 B 公司将等值的英镑贷给在英国的美国子公司。这种做法既满足了各自子公司对货币的需求，同时又避免了母公司直接投资可能带来的汇率风险。

（5）选择计价货币保值。在对汇率进行预测的基础上，合理选择软、硬币。所谓硬币是指汇率坚挺且有升值趋势的货币。所谓软币是指汇率疲软且有贬值趋势的货币。一般地说，在国际经济活动中，当对方国家货币是软币时，从对方国家进口商品应尽量争取使用对方货币结算，向对方国家出口商品应尽量争取使用本国货币或硬币结算。当对方国家货币是硬币时，从对方国家进口商品应争取使用本国货币或软币结算，向对方国家出口商品应尽量使用对方货币结算。

二、折算汇率风险管理

折算汇率风险是指由于汇率变动使分公司和母公司的资产价值在进行会计结算时可能发生的损益。在国际投资活动中，跨国公司在每一个会计年度期末，需要将各分支公司的财务报表合并成汇总报表。在将分支公司以东道国货币计价的会计科目折算成母国货币的过程中，由于汇率变动而可能给跨国企业带来损失。折算汇率风险带来的收益和损失，只是一种会计概念，并不表示该跨国公司实际的或已经发生的收益和损失。折算汇率风险反映在会计报表的资产、负债和权益等各个科目。

例如，美国某跨国公司在英国一家子公司其账面上资产价值为50万英镑，按当时汇率1英镑兑2.2美元，反映在美国母公司汇总会计报表中，该子公司资产价值为110万美元。一年后，英镑贬值，汇率变成1英镑兑1.85美元，此时美国母公司会计账簿上该英国子公司的资产价值降为92.5万美元，发生了17.5万美元的折算损益。

一般来说，折算汇率风险取决于三个因素，即跨国公司海外子公司所从事的对外经营活动的程度、子公司的地理位置和所采用的会计方法。通常，跨国公司海外子公司的经营占整个公司的比例越大，则特定的财务报表项目遭受折算汇率风险的比例越大。由于每一个子公司的财务报表项目都是以其所在东道国的货币测定的，子公司的地理位置会影响折算风险的程度。对跨国公司折算汇率风险影响最大的常常是其所采用的会计制度和方法。这些制度和方法各国都有所差异。目前，国际上较通用的会计折算方法有以下四种。

（1）流动/非流动项目法。这种方法是以到期日为理论基础建立的一种汇率换算法，目前，已为几乎所有的美国跨国公司所采用。其内容是将所有国外子公司的流动资产和负债按现行汇率换算成本币，将每项非流动资产和负债按历史汇率，即那些资产和负债获得或发生时的汇率换算成本币。运用流动/非流动项目法，以当地货币计价的营运资本为正值的国外子公司，会因当地货币贬值（升值）而产生换算损失（收益）；如果其营运资本为负值，则相反。同时，收益报表上的项目按报告期的平均汇率换算时，需将与非流动资产和负债有关的收入和支出项目除外。这些非流动资产和负债相关的项目（如折旧支出）按相应的资产平衡表的相同汇率换算。由于是按不同汇率换算，因此，具有类似到期日的项目可能有不同的收益和支出。

（2）货币/非货币项目法。这一方法区分货币资产与负债及非货币—实物资产和负债。货币资产与负债是指收取或支付规定数量外币单位的权利和义务。如现金、应收应付账款、长期负债等，这些项目均按现期汇率换算。存货、固定资产和长期投资等非货币项目则按历史汇率换算。同样的，收益报表上的项目以报告期的平均汇率换算，但与非货币资产和负债有关的收入和支出项目除外。折旧支出、产品销售成本等与非货币资产和负债相关的项目，要按相应资产平衡表的相同汇率换算。

（3）时态法。这一方法在某种程度上是对货币/非货币项目法的一种修正。其区别：使用货币/非货币项目法，存货总是按历史汇率换算；使用时态法，存货虽通常也按历史汇率换算，但如果在资产平衡表中存货是按市场价值计入，则可按现期汇率换算。尽管有这些类似之处，两种方法的理论基础并不相同。在货币/非货币项目法中，换算的汇率选择建立在资产或负债的类型之上；而时态法中，是建立在所使用的成本估价方法上的。在使用历史成本会计制度情况下，如现在的美国，大多数会计学家认为时态法是一种合适的换算法。此外，收益报表上的项目通常也按报告期的平均汇率换算。产品销售成本、折旧及分期付款支出等与资产平衡表有关的项目，由于是按过去价格计算的，需按历史汇率换算。

（4）现时汇率法。现时汇率法是最简单的一种换算法，即将资产平衡表和收益报表的所有项目按现行汇率换算。这一方法已为英国的跨国公司广泛使用。按照此方法，如果企业用外币计价的资产超过其外币标价的负债，那么，这种外币贬值必然产生损失，而升值必然会产生收益。其中一个变化就是按现时汇率对除固定资产净额以外的所有资产和负债进行换算。

目前，欧洲大陆各主要国家、远东各国、非洲和拉丁美洲部分国家都采用现时汇率法。日本、南美主要国家、北欧各国和一些非洲国家则采用时态法和货币/非货币项目法。一般来说，流动/非流动项目法正在被淘汰。

在企业管理中，折算汇率风险管理的方法通常有三种：调整现金流量、进行远期外汇交易和风险对冲。减少折算汇率风险的基本保值策略是增加坚挺货币（可能升值）资产，减少坚挺货币负债，或者减少疲软货币（可能贬值）资产，增加疲软货币负债。例如当货币将要贬值时，可执行如下保值策略：降低现金水平，紧缩信贷条件以减少应收账款，增加当地货币借款，推迟支付应付账款，出售疲软货币远期合同等。

资金调整包括改变母公司或子公司预期现金流量的数量或币种，以减少企业当地货币换算风险。在预期当地货币贬值时，直接的资金调整方法有出口用坚挺货币定价、进口用当地货币定价、投资坚挺货币证券、用当地货币贷款替代坚挺货币借款。间接的方法则包括调整子公司间货物销售的转移价格，加速股利、服务费、使用费等支付，调整子公司间账款的提前与推迟支付、收取。对于货币升值采取的资金调整程序正好与贬值情况相反。

此外，风险对冲（包括配对与搭配法）是跨国公司另一种折算汇率风险管理技术，主要用于有一种以上外币资金账目或需用同种货币冲销原先账目的情况，一般要求跨国公司进行多种货币风险的对冲。通常，货币风险对冲有三种方法：一是用一种货币的空头抵消同种货币的多头；二是对两种有高的正相关性的货币，用一种货币的空头抵消另一种货币的多头；三是对两种负相关的货币，以它们的空头或多头进行相互抵消。

但对折算汇率风险的保值存在若干局限性。第一，跨国公司年初预期的盈利在年末得不到充分保证，实际盈利高出预期利润会出现换算损失，并可能超过采取远期合同策略产生的收益。第二，对折算风险本身采取的保值措施，也可能会增加跨国公司的交易风险。例如，一子公司货币在报告期内升值，并产生折算收益。假如跨国公司母公司期初制订的保值策略产生交易风险损失，且将部分抵消这一折算收益，那么跨国公司不会对这种抵消作用感到满意，因为这种抵消是用作为纸上收益的折算收益来抵消实际现金损失，其结果是减少了母公司的现金流量。

三、经济汇率风险管理

经济汇率风险是指由于汇率变动引起跨国公司的经营环境发生变化，导致业务现金流可能发生变更而产生经济损益的风险。经济汇率风险存在于跨国经营的各个方面，因为汇率变动意味着各国同种商品之间的比价和一国不同商品之间的比价都要发生变化，这种价格体系的变化，会改变国内及国际市场上的生产条件和需求结构，从而影响跨国公司的经营活动。

例如，某子公司所在地货币对母国货币贬值，则这种贬值对母公司业务现金流的影响有两个方面。

第一，销售收入的变化。贬值后子公司的销售收入取决于贬值后销售量的变化、定价策略以及贬值前的竞争激烈程度。如果贬值前子公司的产品内销于东道国市场且没有进口替代品与之竞争，则贬值后子公司的产品在东道国市场的售价没有改变，以东道国货币计价的销售收入保持不变，但折算成母公司货币计价的销售收入下降，使母公司的业务现金流减少，其减少的幅度等于货币贬值的幅度。如果贬值前子公司的产品内销于东道国市场，且该市场还存在激烈的进口替代品的竞争，则贬值后其进口替代品价格上涨，削弱了进口替代品的竞争实力。相比子公司，产品价格相对下降，其在国内市场上销售额上升。销售收入的增长幅度还取决于国内市场对该产品的需求弹性。但销售收入的增长可以部分抵消由于货币贬值而使母公司业务现金流减少的影响。如果贬值前子公司产品全部出口，则贬值后该产品在国际市场上价格相对下降，销售量增加。但销售收入的增长幅度还取决于国际市场上对该产品的需求弹性和国际市场上该产品竞争的激烈程度。

第二，生产成本的变化。子公司所在地货币贬值，则子公司生产产品的成本变动状况为：其一，子公司在东道国境内购入的投入品成本可能会因为东道国货币贬值而上升，但上升的幅度不会超过货币贬值幅度，因而对母公司的业务现金流的影响不大。其二，由于东道国货币贬值，使得子公司进口投入品成本上升，其上升幅度等于货币贬值的幅度。如果进口投入品比例较高且替代性较差，会引起生产成本的大幅上升，对母公司的业务现金流影响较大。其三，随着生产成本的上升，则子公司的行政管理费用和对流动资金的需求也有所增加，使母公司的业务现金流轻微下降。

经济汇率风险是一种与未来现金流量有关的风险状况，其时限超过交易汇率风险和折算汇率风险。这种风险的经济性质意味着不可能用一般的保值技术简单地处理，必须由跨国公司资金部、采购部和生产部等部门联合行动，采取适当的长期战略决策，共同保护公司不受汇率变动的不利影响。

经济风险防范的目的是为了减少由于汇率的意外变动而给企业的业务现金流造成的损失。防范经济风险的最佳管理模式是通过调整销售收入和投入品的币种组合，使得未来销售收入的变化与投入品成本变化两者可以相互抵消。防范经济风险的对策有以下几种。

（1）分散化经营战略。在这种战略指导下，跨国公司将经营业务深入到各个不同国家和不关联的各个行业中，通过分散化经营降低汇率变动所带来的经济损失，使整个公司业务现金流的波动较小。因为汇率变动会使母公司下的部分子公司在生产和销售上的不利影响部分地抵消其他子公司在生产和销售上的有利影响，从而降低对整个公司经营活动的影响。这种战略的理论依据是，一种货币升值带来的收益可以部分弥补另一种货币贬值所带来的损失。

（2）营销管理战略。在这种战略指导下，跨国公司的做法是：当子公司所在国货币贬值时，母公司指令子公司通过扩大销售额或提高产品定价来增加销售收入，部分抵消由于子公司所在国货币贬值而使母公司业务现金流减少的损失。

在国际市场上，子公司所在地货币贬值，会使子公司产品在国际市场上的价格相对下降，使子公司在定价策略上有了较大的灵活性和在出口市场上有了较强的竞争实力。例如，某种产品在出口市场上的需求缺乏弹性，则子公司可以提高出口产品的价格（以子公司所在地货币计），直到与贬值幅度相等，销售收入的增长（以子公司所在地货币计）可以弥补母公司业务现金流减少。反之，若该产品在出口市场上需求富有弹性，则可维持原有定价，扩大出口市场的占有额，增加销售收入。

在东道国市场上，如果贬值前不存在强有力的进口品与之相竞争，则最佳策略是维持产品价格不变，使损失降至最低。若存在强有力的进口产品与之相竞争，则子公司所在地货币贬值，对进口产品不利，子公司可以根据东道国市场对产品需求弹性的大小，决定其是提高产品价格还是维持产品价格不变，扩大销售额，来增加子公司的销售收入。

(3) 生产管理战略。在这种战略指导下，当子公司所在地货币贬值时，母公司应安排子公司用国内投入品替代成本上涨的进口投入品，从而维持其生产成本的原有水平。例如，20 世纪 70 年代初，随着美元的大幅度贬值，美国福特汽车公司增加国内投资生产引擎等投入品，减少从英国和德国的引擎进口。当子公司所在地货币升值时，子公司产品在国际出口市场上价格相对上升，引起销售额的下降，导致销售收入的减少。母公司应安排子公司增加具有高附加值的新产品的生产，促进产品的升级换代及提高制造差别产品的能力，维持子公司产品在国际市场上的份额，从而抵消因货币升值而使出口收入下降的损失；或通过增加进口投入品的比例或转向生产成本更低的国家或地区进行投资，以降低生产成本，获得较高收入。

总之，在实施积极的外汇风险管理战略时，需要把实际的对策与相应的金融措施结合起来综合运用，才能最有效地处理企业面临的主要外汇风险问题。在现实中，企业应从自身条件出发，选择适合自身风险管理特定需要的战略，并将它与外汇风险管理的内部金融管理技术与外部金融管理工具有机结合起来，真正实现既定的外汇风险管理目标。

第三节 经营风险管理

一、经营风险及其识别

经营风险指在商品（包括物质产品和非物质产品）的生产和销售过程中，由于市场条件和生产技术的变化而给企业可能带来损失的风险。例如，20 世纪 70 年代末期一些美国投资者看准巴西原材料价格较低，到巴西创办独资企业，生产的产品向其他国家出口。然而由于巴西赤字财政政策和债务危机的影响，该国发生严重的通货膨胀，使经济环境日益恶化，导致产品成本急剧上升，产品在国际市场上丧失了竞争能力。

经营风险一般由价格风险、销售风险、财务风险、人事风险、技术风险组成。

价格风险是指由于国际市场上行情变动引起的价格波动，而使企业蒙受损失的可能性。因为引起价格变动的因素很多，所以价格风险是经常性和普遍性的。

销售风险是指由于产品销售发生困难而给企业带来的风险。销售风险产生的原因主要有：市场预测失误，预测量与实际需求量差距过大；生产的产品品种、式样、质量不适应消费者需要；产品价格不合理或竞争对手低价倾销；广告宣传不好，影响购销双方的信息沟通；销售渠道不适应或不畅通，从而影响产品销售。

财务风险是指整个企业经营中遇到入不敷出、现金周转不灵、债台高筑而不能按期偿还的风险。

人事风险是指企业在人员招聘、经理任命过程中存在的风险。它产生的原因有：任人唯亲、排挤贤良；提拔过头，难以胜任；环境变化，原有工作人员不能胜任。

技术风险是指开发新技术的高昂费用、新技术与企业原有技术的相容性及新技术的实用性如何都可能给企业带来一定的风险。

风险的识别是风险管理的前提。风险识别的内容是：第一，有哪些风险应当考虑；第二，引起这些风险的主要因素是什么以及这些风险造成的后果程度如何。风险识别的方法主要有三种，且同样适用于政治风险和汇率风险的识别。

（一）头脑风暴法

头脑风暴法又称智暴法，是一种刺激创造性、产生新思想的方法。这种方法由美国的奥斯本于 1939 年提出，首先用于设计广告的新花样，随后逐渐推广运用到其他领域。这种方法可以在一个小组内进行，也可以由多名个人完成，然后将他们的意见汇集起来。头脑风暴法用于国际投资风险识别时，一般要提出这样一些关键性问题：进行国际投资活动会遇到哪些风险？这些风险的危害程度如何？组织者为避免重复，提高效率，应当首先将已取得的分析结果做会议说明，使与会者不必在重复性问题上再花时间，从而促使他们打开思路再去寻找新的风险形态及其危害。头脑风暴法在实施中要遵循如下规则。

第一，禁止对他人所发表的意见提出任何非难，避免言词上的武断或上纲上线。

第二，尽可能要求提出新思路，新思路数量越多，出现有价值设想的概率就越大。

第三，要重视那些不寻常的、有远见的、貌似不太切合实际的思想，思路越宽越好。

第四，将大家的思路或思想进行组合和分类。

头脑风暴专家小组一般应由下列技术人员组成：风险分析或预测专家，国际投资领域中的技术或财务专家，了解或把握国际投资运动规律知识的高级专家，具有高级逻辑思维能力的专家。组织者对头脑风暴法的结果要进行详细的分析，既不能轻视，也不可盲目接受。

（二）德尔菲法

这是美国著名咨询机构兰德公司于 20 世纪 50 年代初发明的。它具有以下特点：一是参与者之间相互匿名，对各种反应进行统计处理，反复进行意见测验；二是提意见的专家要来自不同的专业，各专家之间没有密切联系，不考虑个人的权威、资历、口才、劝说、压力等因素。德尔菲法实施的步骤：

第一，确定可以明确回答的问题，问题条目可由风险识别的组织者或参与者单方面决定，也可由双方共同商定。

第二，将问题以通信方式寄给参与者，或在会议上发给与会者，但要保证参与者不能面对面。

第三，问询可分两轮或多轮进行，每一轮反复都带有对每一条目的统计反馈，它包括中位值或一些离散度的测量数值，必要时要提供全部的概率分布。

第四，随着每次反复所获得信息量的减少，由组织者决定在某一轮停止反复。

这种方法强调集中众人智慧，可使预测更为准确。一般地讲，专家组越多，预测所需的时间越长，风险识别的可信度就越高。

（三）幕景识别法

由于影响国际投资经营风险的因素很多，实践中需要有一种能够识别关键因素及其影响的方法。幕景分析法就是为了适应这种需要而产生出来的以识别风险关键因素及影响程度为特点的方法。一个幕景就是一项国际投资活动未来某种状态的描绘或者按年代的梗概进行的描绘。这种描绘可以在计算机上进行计算和显示，也可用图表、曲线等进行描述。

幕景分析法的重点是：当某种因素变化时，整个情况会是怎样的，会有什么风险，对投资者的资产价值会带来何种程度的损失。

幕景分析的结果是以易懂的方式表示出来的。一种方式是对未来某种状态的描述；另一种方式是描述一个发展过程，即未来若干年某种情况的变化链。

幕景分析要经过一个筛选、监测和评判的过程。首先，要用某种程序将具有潜在风险的对象进行分类选择；其次，对某种风险情况及其后果进行观测、记录和分析；最后，要根据症状或其后果与可能起因的关系进行评价和判断，找出可疑的风险因素并进行仔细检查。

幕景分析法有其局限性。因为所有的幕景分析都是围绕着分析者目前的考虑、价值观和信息水平进行的，很可能产生偏差。因此在进行风险识别时，需与其他方法结合使用。

二、经营风险的防范措施

（一）风险规避

风险规避是指事先预料风险产生的可能性程度，判断导致其产生的条件和因素以及对之进行控制的可能性，在国际投资活动中尽可能地避免它或设法以其他因素抵消它造成的损失，必要时改变投资的流向。风险规避是控制风险最彻底的方法，采取有效的风险规避措施可以完全消除某一特定风险，而其他控制风险手段仅在于通过减少风险概率和损失程度，来削减风险的潜在影响力。但由于风险规避牵涉到放弃某种投资机会，从而相应失去与该投资相联系的利益，因而风险规避手段的实际运用要受到一定的限制。常见的规避风险的手段：

（1）改变生产流程或产品。如开发某项新产品，若花费的成本很高且成功的把握性较小，则可通过放弃新产品的研制或购买该产品技术专利来规避风险。

（2）改变生产经营地点。如将企业由一国转移到另一国，或由一国内某一地区转移到另一地区，以规避地理位置缺陷的风险。

（3）放弃对风险较大项目的投资。

（4）闭关自守。坚持生产经营自成体系，不受任何国家政治、经济因素的干扰。

（二）风险抑制

风险抑制是指采取各种措施减少风险实现的概率及经济损失的程度。风险抑制不同于风险规避。风险抑制是国际投资者在分析风险的基础上，力图维持原有决策，减少风险所造成的损失而采取的积极措施；风险规避虽可以完全消除风险，但企业要终止拟定的投资活动，放弃可能获得的潜在高收益。

风险抑制的措施很多。例如，在进行投资决策时，做好灵敏度分析；开发新产品系列前，做好充分的市场调查和预测；通过设备预防检修制度，减少设备事故所造成的生产中断；搞好安全教育，执行操作规程和提供各种安全设施以减少安全事故。

（三）风险自留

风险自留是指投资者对一些无法避免和转移的风险采取现实的态度，在不影响投资根本利益的前提下自行承担下来。风险自留是一种积极的风险控制手段。它使投资者为承担风险损失而事先做好种种准备工作，修改自己的行为方式，努力将风险损失降到最低程度。在承受风险损失的同时可设法获得其他的额外补偿，因为风险往往是与高收益相伴的。在国际经济活动中，所有的国家和企业事实上都承受着不同程度的风险，有意识地加以控制，可以增强自身的安全性。投资者自身承受风险能力取决于它的经济实力。经济实力雄厚的大企业，可以承担几十万或上百万美元的意外损失，而经济实力薄弱的小企业则只能承担相对小的风险损失。一般来说，企业进行风险自留的具体做法是定期提取一笔资金作为风险专项基金，以供意外风险一旦发生时用来作为风险补偿之用。这种做法实际上是一种自我保险的方式。

（四）风险转移

风险转移是指投资者通过各种经济技术手段把风险转移给他人承担。一般有保险转移与非保险转移两种。保险转移是向专业保险公司投保，通过缴纳保险费把风险转移给保险公司承担。风险一旦发生，损失即由保险公司补偿。非保险转移是不通过保险公司而以其他途径实施风险转移。例如，某投资者为转移项目所需的原材料和劳动力价格上升带来的风险，可以用招标承包方式把这种风险转移给承包商。又如，在一些高风险国家投资时可要求有实力的银行、公司或政府为之担保，从而把一部分风险转移给担保者。

第四节 国际投资风险指数

进行国际投资风险估计必须收集和处理大量的国家风险情报，这是一项成本较高的基础工作，只有少数大银行、跨国企业才能具有与国家政府相近的力量从事此项工作。大多数进行国际投资活动的中小型机构、企业只能更多地依靠间接情报来源，甚至用他人风险分析的成果来做出自己的分析和判断。国际投资风险指数便是一项重要的间接情报，进行国际投资活动的企业可以借鉴一些专门机构提供的风险指数进行风险的估计。本节对此做一简要介绍。

一、国际投资风险的分类

国际投资风险指数是对某个国家或地区进行国际投资时所可能遇到的各种风险状况的一种数量指标反映，它是一项综合性指标，是在综合评估了国际投资有关的各类风险之后按一定方法得出的。国际投资风险的分类方法有多种，加拿大银行家纳吉对国际投资风险提出了六种分类方法。

（1）按地理位置或国别分类。这种分类法把国家风险以特定典型国家命名，如墨西哥风险、新西兰风险、印度风险等。它首先作为一个地理概念而存在。

（2）按借款者分类。这种分类法按投资贷款者的性质把风险分为主权风险（政府风险）、私营部门风险、企业风险、个人风险等。

（3）按风险的触发因素分类。如政治风险、社会风险、经济风险等。

（4）按融资用途分类。如贷款风险、出口融资风险、项目风险、国际收支风险、开发投资风险等。

（5）按风险结果分类。如拒付风险、否认债务风险、债务重议风险等。

（6）按风险程度分类。如高风险、低风险、一般风险等。

随着分类标准的增多，国际投资风险还有其他分类方法。如按能否得到商业性保险，国家风险可分为可保国家风险和不可保国家风险。前者如战争、国有化和转移风险等；后者如债务危机、某种主权风险等。再如，按国家风险实现的范围与性质，国家风险可分为局限在某个或若干个国家的具有特殊诱发因素的特殊风险以及有广泛的国度和同样诱发因素的基本风险。前者包括某国政府造成的拒付风险、战争导致的外国企业被没收的风险等；后者如两次石油价格上涨造成多数发展中石油进口国的债务重议风险、经济大萧条造成的一些国家广泛拒付债务的风险等。

国际投资风险分类的细分与完善的过程是随着人们对国际投资风险这一国际经济新状态的认识逐步深化的。随着人们认识的加深，国际投资风险的分类将更臻完善。

二、国际投资风险指数

（一）富兰德指数

富兰德指数是20世纪60年代末期由美国的F. T. 汉厄教授设计的反映国家风险大小的一种评价指数。富兰德指数以0~100表示，指数愈高，表明该国风险越低，信誉地位越巩固。该指数是三个定性定量评级体系的综合指标。其中定量评级体系侧重评估一国的外债偿付能力，包括对外汇收入、外债数量、外汇储备状态及政府融资能力四个方面的评分；定性评级体系主要考察该国的经济管理能力、外债结构、外汇管制状态、政府贪污渎职程度以及政府应付外债困难的措施五个方面；环境评级体系包括三个指数系列，即政府风险指数、商业环境指数及社会政治环境指数。前两者是通过邀请各方面专家进行咨询、讨论而形成的，后者是由汉厄教授编制的。三个评级体系在富兰德指数中所占比重分别为50%、25%和25%。与指数相配合，美国商业环境情报所还定期发表富兰德报告，公布各国的基本统计数字和分析人员的评价。富兰德指数及报告基本包括了主要债务国和贸易国的风险环境的分析，因此它成为国际投资者进行国家风险分析的重要依据之一。

（二）国家风险国际指南（ICRG）

这是由美国纽约的国际报告集团编制的风险分析指标体系，每月发表一次。国家风险国际指南分为政治、金融和经济三部分，其中政治因素分析占50%，即100分，后两项分析各占25%，即各为50分。指标公式：

$$CPFER = 0.5 \times (PF + FF + EF)$$

式中，CPFER表示政治、金融及经济综合指数，以0~100分表示，分数愈高表示风险愈低；PF表示全部政治指数，包括领导权、法律、社会秩序及官僚化程度等13个指标；FF表示全部金融指标，包括停止偿付、融资条件、外汇管制损害程度及政府毁约等5个指标；EF表示全部经济指标，包括物价上涨、偿付外债比率及国家清偿能力等6个指标。

CPFER是针对每个具体国家而言的，它考察各国不同时期的综合风险指数及其变化情况，例如某国1991年5月的该项综合指数为41.0，1991年6月为42.0，1991年5月至1991年6月的变化值为1.0。这样有利于国际投资者掌握国家风险的状态和变化规律，同时还有利于不同国家风险的比较，从而决定投资流向。

（三）“欧洲货币”国家风险等级表

“欧洲货币”国家风险等级表是由国际金融界权威杂志《欧洲货币》（EUROMONEY）在每年9月或10月号上公布的侧重于反映一国在国际金融市场上的形象与地位的指数。1989年的国家风险等级表主要考察六个方面的内容，并且各方面内容在风险综合评级时所占比重各不相同。

（1）进入国际金融市场的能力，占 20%，包括在外国债券市场、国际债券市场、浮息债券市场、国际信贷市场及票据市场上筹措资本的能力。

（2）进行贸易融资的能力，占 10%，主要指福弗廷（Forfaiting）交易能力，即通过无追索的大型贴现而融资。

（3）偿付债券和贷款本息的记录，占 15%。

（4）债务重新安排的顺利程度，占 5%。

（5）二级市场上的交易能力及转让条件，占 30%。

（四）机构投资家国家风险等级表

它是指由著名国际金融界刊物《机构投资家》每两年在其 9 月号刊出的各国国家信誉等级表。此表是该杂志向活跃在国际金融界的 75~100 个大的国际商业银行进行咨询调查的综合结果。每个被征询的银行要对所有国家的信誉地位，即风险状况进行评分，分数以 0~100 表示。0 分表示该国的国家信誉极差、风险大；100 分表明该国的国家信誉极好。该表重点考虑具有健全的国际风险分析体系的大银行以及“风险暴露”最大的银行的意见，因而直接反映银行界的实际看法。

（五）日本公司债研究所国家等级表

日本公司债研究所每年定期公布国家风险分析的结果，为日本投资者了解各国风险状况服务。它设计的国家等级表也采用评分制，以 0~10 分表示，10 分表明该国国家风险最低。国家等级表按 14 个项目对一个国家经济状态进行逐项评分，这 14 个项目是：内乱、暴乱及革命的危险性；政权的稳定性；政策的持续性；产业结构的成熟性；经济活动的干扰；财政政策的有效性；金融政策的有效性；经济发展的潜力；战争的危险性；国际信誉地位；国际收支结构；对外支付能力；对外资的政策；汇率政策。根据综合评分确定该国风险等级序列，风险等级序列 A、B、C、D、E 按风险程度从低向高排列。

以上介绍的五种国际投资风险指数系统，其发布机构具有一定的权威性和科学性，其中许多是定期发布的，已为世界大多数国家的投资者普遍接受和认可，在为国际投资者提供投资风险信息资料方面发挥了重要作用。同时，由于这些指标体系的影响力，有意吸引外资的各国都以此为标准努力营造较好的投资环境，尽量避免被列入这些指标体系的高风险国家之列。

三、国家风险等级

对国际投资者来说，一个国家的风险状况估计是决策应否投资的重要资料。除了从国际投资风险指数系统获得一个国家的风险估计状况外，还有一种对国家风险进行等级评定的方法，就是所谓国家风险等级评估。这里简要介绍几种国际上流行的国家风险等级评估方法。

（一）国别评估报告（Country Evaluation Report）

这是对特定对象国社会、政策及经济状况进行的综合性评价，往往用于大型海外建设项目投资或贷款之前，它的侧重点在于防止国家风险的实现。

1. 政治因素

（1）经济运营能力：政府官员的政策设计能力；经济官员对政府决策人的影响能力；政府首脑的决策能力。

（2）环境变化的适应能力：政府对油价变化、世界经济周期变化等国际经济环境变化的迅速调整国际收支的能力。

2. 基本经济要素

（1）自然资源：已有的自然资源状态、开发的可能性及开发程度。

（2）人力资源：劳动者的教育及训练情况，企业家的素质。

（3）发展战略：过去及现时的经济发展长期战略与该国自然资源、人力资源的适应程度。

（4）国内资金来源：国内资金在开发投资中的比重，国内促进储蓄增长的措施。

（5）出口状态：出口商品种类及出口市场多样化程度。

3. 对外金融

（1）国际收支状态：国际收支现状、预测及主要倾向。

（2）外债情况：外债增长率、债务结构及未来的债务负担。

（3）外汇储备：外汇储备水平，按进口规模、出口规模推算的合理水平。

（4）借款的可能性：从国际金融组织，如国际货币基金组织可筹措的国际收支调整贷款数量。

4. 政治的安定性

（1）国内政治的安定性：政府领导班子更替顺利与否，经济政策的持续性。

（2）国际政治的安定性：地域的、国际的政治局势是否安定。

（二）评分定级法（Checklist）

这是进行国家风险估计常用的一种方法。它是用一级固定的评分标准将考察对象国的各个风险因素加以衡量，从而确定风险分数的方法。由于这种方法简便易行，而且可以进行不同国家的风险比较，因而在国际间得到较广泛的应用。一般地说，评分定级法的整个评分定级过程分为以下四个阶段。

第一阶段：确定考察风险因素，如负债率、战争次数、人均收入等。

第二阶段：确定风险评分标准，如规定分数愈高风险愈大，可具体定为：负债率为 10%及以下为 1~2 分，11%~15%为 3 分，16%~25%为 4 分，26%~50%为 5 分，51%~80%为 6 分。

第三阶段：将所有项目的分数汇总，确定该国的风险等级。

第四阶段：进行国家间的风险比较，确定投资方向。

表 9-1 是评分定级法中的一种国家风险等级序列，风险等级越高，风险越小；风

险分值越高，风险越大。

表 9-1　　国家风险等级序列表（总分 100 分）

风险等级	分值区间	意义
AAA	[0, 0.5]	基本无风险
AA	(0.5, 1.5]	可忽视的风险
A	(1.5, 3]	风险很小
BBB	(3, 7]	低于平均风险
BB	(7, 15]	正常风险
B	(15, 30]	值得重视的风险
C	(30, 55]	高风险
D	(55, 100]	不可接受的风险

此外，许多跨国公司还采用企业环境风险指数（BERI）来对国家（地区）风险进行等级评定。BERI 指数是将一国（地区）所有政治、经济、社会因素合并起来，综合测算而得。它由各国（地区）专家对 15 个基本变量按 0~4 级进行评分，经加权计算得到各国（地区）的风险总指数，每季度修订一次。表 9-2 是 1987 年的一次评估等级分布。在 BERI 指数中分值越低表示风险越大。

表 9-2　　BERI 国家（地区）风险等级分布（1987 年 11 月）

等级	国家（地区）	分值	意义
低风险（70~100 分）	瑞士	82	对投资者有稳定优越环境可放心投资
	日本	80	
	联邦德国	78	
	美国	78	
	新加坡	74	
	中国台湾	70	
中等风险（56~69 分）	荷兰	69	政治结构较稳定，风险适度，商务干扰不大，可适当投资
	比利时	68	
	英国	68	
	加拿大	67	
	瑞典	67	
	挪威	66	
	法国	64	
	爱尔兰	64	
	澳大利亚	62	
	丹麦	62	
	韩国	61	
	沙特阿拉伯	58	
	西班牙	57	
	马来西亚	56	

续表

等级	国家（地区）	分值	意义
高风险（40~55分）	希腊	54	风险较大，只在特殊情况下考虑投资
	以色列	54	
	泰国	54	
	南非	52	
	土耳其	50	
	厄瓜多尔	49	
	意大利	49	
	哥伦比亚	48	
	匈牙利	48	
	巴西	46	
	智利	46	
	印度	46	
	葡萄牙	46	
	印度尼西亚	42	
	阿根廷	40	
	肯尼亚	40	
	墨西哥	40	
	巴基斯坦	40	
	委内瑞拉	40	
禁止性风险（40分以下）	埃及	39	风险极大，投资环境不易接受
	秘鲁	39	
	菲律宾	39	
	伊拉克	38	
	摩洛哥	38	
	尼日利亚	38	
	伊朗	34	
	扎伊尔	28	

第五节 案例分析

1998年5月6日，国内最大的财务和商务管理软件制造商之一的深圳金蝶软件公司宣布其已与国际数码集团签订了协议。在信息行业，国际数码集团是世界著名的跨国集团。金蝶软件将从广东太平洋技术基金责任有限公司（国际数码集团在中国成立的风险投资公司）得到人民币2 000万元。金蝶软件将利用此资金来进行科学研究以及在国际市场上拓展其业务。在国内IT行业中，这是自四通利方之后的最大一笔风险投资，同时也是中国财务软件行业的第一笔国际风险投资。

金蝶软件公司成为第一个“吃螃蟹”的人。它的成功在社会上引起了如潮的好评。人们情不自禁地想要知道答案。为什么国际数码集团会选择投资这样一家小公司？在中国企业，尤其是一些民营的高新技术企业的发展中引入风险投资的意义何在？带着这些问题，我们来分析一下风险投资案例。

一、引进风险投资的必要性

中国改革开放以来，国有企业的投资和融资体系已有过多次改革。从前，资金是由财政部直接提供；现在，国家给那些向中国银行申请的企业提供贷款，同时也鼓励在证券市场上发展融资。虽然在改革上已做出了很大努力，但是国家对于中小型企业的支持还是有限的，尤其是私有的高科技企业。这就产生了这样一个有争议性的问题——大部分国有企业拥有较多的现金和投资额，因此，资产负债率居高不下，而净回报率变得越来越低；另一方面，许多私营高新技术企业拥有明晰的产权关系和巨大的潜力却无法得到贷款，这是由于国家商业银行在提供贷款时对非国有企业添加了许多正式或非正式的限制。此外，目前非国有企业几乎没有上市的机会，对于它们来说，很难在证券市场上融资。由于缺乏资金，最具潜力的企业无法快速发展，因此，它们只能通过自筹资金以求发展。然而，大部分私营企业的规模较小，市场竞争力也较弱，尤其对于那些高新技术企业来说，它们在市场竞争中往往还要面对跨国集团，由于规模较小，在竞争中毫无优势，也几乎没有其他方面能与大集团竞争。

对于一家企业来说，自筹资金是一项长期而且必要的活动。没有筹措的资金就意味着没有抵御风险的能力。企业如果仅仅依靠自筹资金来再投资，那么它将很难在竞争如此激烈的市场中幸存。依照市场发展趋势，只有那些拥有高起点和巨大投资额的企业才能够将它们的产品投入市场。对于大部分企业来说，完全依靠自筹资金来得到巨大的投资额是不可能的。没有资助的筹资往往效率较低。如果局限于产品和管理上所获的部分收益，资金将是相当有限的。为了追求快速发展，它们不得不在筹资上开拓新视野。事实上，许多世界著名的公司都是通过融资来取得快速发展的。

事实上，不是所有的企业都有能力取得超速发展，也不可能在任何发展阶段都取得超速发展。市场在向企业提供取得快速发展机会的时候是非常谨慎的。企业能否抓住机会取决于它们自身及其投资环境。在如今的中国，市场经济体系还不完善，限制企业快速发展的因素不只是取决于企业家自身的素质。在市场经济规则还未完全建立的条件下，经营一家企业会比在体制化的市场经济下经营一家企业更加复杂。在中国，大部分非国有高新技术企业的领导人都拥有相当不错的资质，他们需要的一个更加完善的市场环境，包括国外的融资环境。市场经济规则有着无形的力量来推动企业的市场化。金蝶软件的主要负责人完全意识到了这一市场原则——“在海里，大鱼吃小鱼”。尽管金蝶在近年来得到了快速的发展，但是它仍然还是一家规模较小的企业。即使它在中国发展成为大型企业，但面对那些国际巨头，它仍然还是“小鱼”。在市场竞争中的生存原则使得这些企业从不满足现状，并且促使它们大胆地采用风险投资以求长期发展。

二、我国吸引风险投资案例

（一）为何金蝶能够吸引风险投资

国际数码集团公司是一家综合出版、信息网络、展览、市场研究和咨询于一体的国际大型公司。它的业务遍布全世界80多个国家和地区，年销售量达17亿美元。为何这样的国际公司会与金蝶合作风险投资呢？作为一家软件公司，金蝶拥有何种独特的魅力呢？

金蝶软件是一家于1993年成立的财务软件公司。在其最初阶段，在财务软件市场中已有许多公司在竞争。其中有用友软件、万能软件和安易软件等公司，它们已有相当规模且在国内市场上已占有很大份额。作为一家新企业，金蝶若无其独特的个性，将很难在此找到自己的位置。徐少春，金蝶软件公司总裁，同时也是中国第一代电子计算专家之一，他提出了“打破传统商业会计，开创全新财务管理”的新理念。他致力于新产品的开发要符合国际标准。1993年，金蝶软件公司推出了V2.0和V3.0财务软件。1995年底，金蝶公司再次通过其敏锐的市场意识来展示其竞争力，并以此赢得了对手。他在发展新Windows系列产品中取得了领先地位，同时在此领域中也引起了轩然大波。1996年4月，金蝶软件公司开发的新Windows产品通过了相关部门的严格测试并且被誉为“中国最佳Windows版财务软件”。自那以后，金蝶软件公司以其不懈的努力来缩短产品更新周期，在技术上始终领先于其他财务软件，同时不断地推出策略支持软件。在不断革新的过程中，金蝶软件在其企业发展中完成了3次飞跃。为了吸引国际目光，金蝶软件公司基于先进的开发理念推出了3层结构式的财务软件。同时，针对大型企业的企业资源配置项目的软件正在孕育之中。面对机遇，一次次的磨练使得企业的管理能力不断提高。随着销售额的剧增，金蝶软件开始与微软公司（国际软件界巨头）进行多方位的合作。于是，其发展潜力再次得到了巨大的提高。

作为新兴的高科技企业，革新是其最重要的基石。在相同的外部环境下，革新决定未来。尤其对于互联网技术（IT）企业来说，革新显得尤为重要。就像国际数码集团董事会主席在调查金蝶软件公司时所说的：“金蝶除了在市场上取得的成就和优秀的组织以外，在产品和服务上拥有独特的技术。它是中国发展步伐最快的财务软件公司。”虽然风险投资比起其他投资享有更多的额外利益，但是同时他也将承担更多风险。许多风险投资者往往要在避免风险和追求最大利益中寻求平衡。若资金被投资于经济快速发展的国家，诸如中国，在具有巨大潜力的信息技术行业中诸如金蝶这样拥有良好的市场资质的企业中，这样的两难问题将会得到很好的解决。

（二）搜狐引入风险投资

爱特信公司的创办者张朝阳博士在麻省理工学院（MIT）学习、工作的几年深受硅谷创业文化的熏陶，他很希望能获得硅谷风险投资家的“天使”基金来创办自己的公司。1996年，张朝阳利用回国任美国互联网络商务信息公司（ISI）首席代表的机会了解国内市场状况。他发现1996年中后期，美国的互联网发展得非常快，而中国却几乎是一片空白，只有国联在线、高能所、瀛海威等几家刚起步的小公司。当时，中国网络建设面临许多问题，其中最突出的问题是中文信息严重匮乏，国内真正能提供中文信息内容服务的提供商（ISP）寥寥无几，90%以上的ISP只能提供简单的互联网接入服务。

张朝阳看好国内市场的发展前景，并决心在国内创业。但他首先遇到的问题是没有资金。他向美国著名风险投资专家爱德华·罗伯特求援，两人共同分析了中国市场，并写了一个简单的商业计划提交给催生英特尔的风险投资人——尼葛洛庞蒂，不久即争取到数百万美元的起步投资，由此成立了ITC公司。

公司运营一年后，已走过了谨小慎微运作的初创阶段，于1997年取得英特尔公司的技术支持，推出了"SOHOO"网上搜索工具，并独家承揽"169"北京信息港1998年整体内容设计和发展的任务，发展速度很快，甚至比一般的美国风险投资公司的成长速度还要快。ITC又与世界最负盛名的几家风险投资公司接洽，它们踊跃投资，顺利达成了第二期风险融资意向。从1999年开始，ITC已积极筹划申请到纳斯达克上市。

搜狐的例子向我们展示了开展国际融资的一种新途径——引入海外风险投资，最为重要的意义在于，它开辟了一条将海外风险投资运用于国内的新途径。在我国高科技产业资金投入不足的情况下，探寻一条适宜的融资途径，建立一套完善的投资体制是我们寻求的目标。在这一方面，搜狐给我们带来了深深的启迪。政府将"科教兴国"定为今后的发展方向，高科技产业的发展是其中的重要环节，但我国目前存在高科技产业投入不足的问题，同时由于该行业的特殊性，对投资亦有不同一般的要求，因此对高科技产业投资问题必须区别对待。对高科技企业投资的特殊性主要体现在以下几方面。

（1）高科技企业失败率极高，按美国经验，高科技企业的成功率只有20%～30%。世界高科技发展速度相当快，公司为了在激烈竞争的环境下生存下去，只能将全部精力投入到一个领域，无法分身进行多种经营，这正是风险厌恶投资者最忌讳的"将所有鸡蛋放在一个篮子里"，对高新技术企业投资必须承担这种高风险。

（2）高科技产业投资收益惊人，不像一般产业是以平均利润率作为机会成本来衡量投资回报率，高科技产业虽然失败率高，但一旦成功，则有极高的投资收益率，这正符合风险喜好者的口味。

（3）投资者必须进行中长期投资，公司新产品成形后，一方面为了培育起新的产品市场，要求投入相当的资金进行宣传和促销，让消费者从接触、认可到接受新产品；另一方面公司也要在短时间内取得较高的市场份额，因为在激烈竞争的市场中技术领先仅仅是一时的情况，新产品会很快被后继者模仿，从而失去最初独占的市场，因此公司在最初几年账面可能完全是赤字，这时短期融资只是杯水车薪。

从以上特点可以看出，高科技企业很难与一般企业一样从普通融资渠道获得资金，这种情况在企业初创阶段尤为突出，企业规模小，基本没有固定资产或有价证券作为银行贷款抵押品，资产负债表不符合银行的贷款条件，只有建立一套特别的投资机制才能满足高科技企业的融资需求。在一个充满着风险厌恶者、风险中立者与风险喜好者的社会中，风险喜好者是创业期高科技企业融资的主要投资者，也只有建立起高科技企业创业者与喜好风险的民间投资者便捷联系的投资体制，高科技企业才能快速生长，推动产业的发展，风险投资正是应这种需求产生的新型投资体系。

（三）风险投资助力睿稚早教掘金

2009 年 8 月 25 日，专注于幼儿教育的睿稚集团宣布获得了智基创投及原投资公司德同资本、华威集团注资 800 万美元。

睿稚集团成立于 2004 年，是一家从事 3～6 岁幼儿启蒙服务的国际性企业，集团旗下现有“天才宝贝”和“小小地球英语”两个幼教品牌项目。

德同资本是一家专注于投资中国企业的风险投资基金，目前管理着超过 5 亿美元的美元和人民币基金，主要投资中国的消费、科技、传统行业和能源/清洁能源领域。

华威国际是一家专注于亚太区域投资的国际金融集团，目前管理资金超过 6 亿美元，投资方式和投资阶段不限。目前集团在北京、上海以及台北设有办事处。

智基创投成立于 2000 年初，目前共管理超过 4 亿美元的资金，是投资初创期或成长期项目的创投管理公司，投资重点包括但不限于互联网、IC、品牌连锁等。

风险投资投资于早教行业已经不是新鲜事了，东方爱婴、红黄蓝教育先后都曾获得风险资本的青睐。早教行业是特殊的培训行业，也是让人最愿意花钱消费的行业。早教行业具有非常明显的优势：市场庞大、现金流稳定、盈利模式清楚。尽管早教行业拥有以上的诸多投资优势，但有些风险因素必须考虑。

从企业的市场竞争来看，睿稚集团主要从事 3～6 岁的早教行业，在国内因为有较多的同质化竞争者、幼儿园以及各种形式的早教企业，这些企业的成本控制不同，提供服务质量不一，所以很容易引发价格恶战。从目前的资料上看，睿稚集团主要的产品是 3 岁以上幼儿的娱乐探索和英语培训，其并不能从鱼龙混杂的行业中实现企业识别。尽管年轻父母们非常愿意为早教埋单，但睿稚集团定位的高端市场并不集中，并且很容易受到当地高档幼儿园的生源竞争。

从企业的持续发展和成长性来看，早教行业的成长性受需求方的经济支付能力和早教观念的制约，尤其是国内当前仍处于升学为王的应试教育时代，早教企业在当下一段时间内的成长性并不乐观。再者，企业发展和扩张受资金、人才、生源制约非常明显，资金是早教企业陷入良性或恶性循环陷阱的最大决定因素之一。无论是采取加盟扩张或直营模式，市场占领的成本都将不菲。尽管盈利模式可以简单复制，但早教从业者并不可简单复制。国内早教行业的人才无非是幼儿教育专业或师范专业，早教从业者的素质将成为企业大规模扩张的又一门槛。

从外部影响因素看，目前我国的早教行业缺乏专门的法规可依，尤其是除幼儿园之外的私营的早教行业。一旦有专门的政策法规出台，很可能会给业内企业带来双刃剑效应。一方面会促进产品结构、服务人员构成等方面合乎规范的、师资力量雄厚的企业赢得更大市场，另一方面也可能会使部分企业因此销声匿迹。

因此，早教行业掘金需要耐心和智慧，并非是可以获得快速回报。能否成功应对上述的制约因素将成为早教企业长期存活的关键。如何借鉴国外早教类上市企业成功整合上下游资源的经验，将是睿稚集团和其投资者实现掘金梦的重要课题。

三、引进风险投资的意义

在近20年的经济体制改革中，政府机构和普通老百姓都已熟悉了一些经济概念，包括融资和投资。然而，风险投资对于他们来说还是很陌生的。这是由于中国还没有建立定位于市场的风险投资体制，并且在投资体制上还需更进一步的发展。在不断升级的知识经济背景之下，建立定位于市场的风险投资体制变得尤为重要。知识经济的最鲜明的特征就是“经济发展主要取决于知识资源的拥有和重新分配。”也就是说，“科学技术可称为再生产力”。高新技术行业是知识经济的一部分。除了国有的高新技术企业，我们同样存在许多非国有企业。这些企业不仅在中国的市场经济中起着重要的作用，同时在国有经济驱动下也是不可被替代的。投资问题一直存在于那些在经济改革和科学技术研究中的先驱者中。这类问题存在已久并且尚未得到解决，因此许多拥有先进技术的企业无法得到快速发展。另一方面，非国有企业往往规模较小，缺乏竞争力并且产业化发展较慢，科学技术无法有效地转化为生产。高新技术企业生产科学技术产品且在他们还没有成品的时候，他们往往需要大量的资金来进行技术研究。国家应该尽快建立风险投资体制来征服科学技术的顶峰。

吸引资金的能力对于企业的发展来说相当重要。当非国有企业在国内为发展而争取投资额失败的时候，它们将走出国门寻求外资来替代寻求政府资助。它们用自身的能力和已取得的成就以及产权证明赢得了发展资金；它们对于自身的发展拥有充分的自信，并以此赢得了相当有价值的机会。与许多大型国企相比，这些企业规模较小，但是它们有着强劲的发展潜力和充满希望的未来。既然这些企业的产权明晰完整，它们的老板就可以在任何时候在市场中用其部分产权来交换它们的所需。同样地，既然这些企业拥有适合国际标准的企业体制，它们就拥有无止境的发展力量。于是，风险投资对于这样的企业繁荣将具有很大的帮助。

知识经济正向我们走来，我们非常需要风险投资。建立风险投资体制将为高新技术企业带来巨大收益。与此同时，高新技术企业的发展将大大地促进中国经济的发展。在采用风险投资的案例中，金蝶软件公司等的成功毫无疑问地给了我们有价值的激励。在知识经济的时代，在风险投资的帮助下，我们都希望中国的高新技术企业能有更快速的发展。

思考题

一、名词解释

1. 政治风险
2. 外汇风险
3. 风险抑制
4. 风险转移
5. 富兰德指数

二、简答题

1. 简述国际投资政治风险管理的主要措施。

2. 简述国际投资经营风险的识别办法及主要防范措施。

3. 国际投资风险指数系统主要包括哪些？其主要内容是什么？

三、论述题

1. 交易汇率风险产生的原因是什么？可以采取何种措施对这种风险进行管理？试举例说明。

2. 国家风险等级的评估方法包括哪些？它们各有什么特点？

第十章　中国利用外资与对外直接投资

✓ 本章摘要

本章立足于中国实际情况，首先介绍中国利用外资的方式以及对外资的各种优惠政策；同时结合案例，对中国企业在对外直接投资和并购上做总体性介绍和分析。在对本章的学习中，学生应注意紧密结合当前中国的实际，分析如何更好更合理地利用外资，并促进中国企业走出国门，更多地参与对外投资和并购活动。

✓ 本章关键词

外资企业　利用外资优惠政策　跨国并购

✓ 学习完本章，你需要掌握

中国利用外资的方式以及对外资的各种优惠政策，中国企业利用外资的成功经验，中国企业对外投资的主体与投资方式，中国对外直接投资的动因分析，中国企业对外直接投资的战略选择，通过分析中国企业对美国、日本和中国香港的投资实务掌握中国企业在对外直接投资和并购中的操作。

改革开放以来，中国积极投身于国际经济圈和国际市场，加强与国外的投资交往，逐步使中国成为世界经济整体的有机组成部分，对于发展中国经济和国际经济一体化，起了极为重要的作用。本章我们对中国利用外资及中国企业对外投资状况进行一些讨论，并给出一些典型案例分析。

第一节　中国利用外资的方式与政策

自20世纪80年代以来，中国政府确立了对外开放的基本国策，积极地推进和发展对外经济技术合作、交流和贸易往来，吸收利用国外资金和先进技术，鼓励外商直接投资成为中国对外开放政策的重要组成部分。随着引进外商直接投资流量的逐年增加，规模不断扩大，外商直接投资成为中国利用外资的主要渠道，对中国经济发展发挥了重大作用。

一、中国利用外资的方式

国际直接投资是投资者跨越国界，通过创立、收购等手段，以掌握和控制国外企业经营活动从而谋取利润的一种投资活动。因此，投资者在做出对外直接投资的决策之前，首先要明确到底选择什么投资方式，包括采用何种企业形式的问题。

在国际投资中，世界各国的企业形式不完全相同，主要可归纳为三种：独资企业、合伙企业和公司制企业。不同性质的企业，在企业设立、登记、组织机构、经营管理以及交纳税赋方面相差甚远。这里先就利用外资的企业形式进行讨论。

（一）我国外资的企业形式

1. 合营（资）企业形式

合营企业的基本方式主要有两种：一种是股权式合营企业；另一种是契约式合营企业。在我国，前者称为合营企业，后者称合作企业。

（1）股权式合资经营企业。股份制企业是我国、也是国际通用的企业模式。各种类型的股份制企业和公司，诸如有限责任公司、股份有限公司和集团公司是企业主要形式。

顾名思义，“股份”是资本单位，“有限”是有限责任。因此，股份有限公司是指注册资本由等额股份构成，并通过发行股票（或股权证）筹集资本，股东以其所认购股份对公司承担有限责任；公司是以其全部资产对公司债务承担有限责任的企业法人。在现阶段，我国组建的股份有限公司大多为以某一个大中型企业为主体，公开向社会发行股票形成，且股东仅以出资额为限承担公司责任的企业模式。

有限责任公司指由两个以上股东，经其所认缴的出资额对公司承担有限责任，公司以其全部资产对其债务承担责任的企业法人。有限责任公司的典型模式是中外合资公司。中外合资企业是指外国公司、企业或其他经济组织或个人，按照平等互利的原则，经中国政府批准，在中华人民共和国境内，同中国的公司、企业或其他经济组织，共同投资、共同管理、共负盈亏，从事某种经营活动的有限责任公司。

（2）非股权式合营企业。非股权式合营企业在我国一般被称作合作企业。在我国的合作经营企业是契约式的合营，指由中国的企业或其他经济组织与外国的企业、其他经济组织或个人在中国境内以实施联合经营为目的，双方以平等的地位通过签订合同，明确双方权利和义务、履行合同规定条款而产生的经济组织。在我国，中外合作企业既可以作为企业法人、负有限责任，也可以不是法人，类似于国外的合伙企业。

2. 独资企业形式

在国际直接投资中，独资的主要企业形式为外资企业和外国企业。外资企业（外商独资企业）是指外国的企业、其他经济组织或者个人，依据中国法律，在中国境内设立的、全部资本由外国投资者投资的独立核算企业。外商独资企业的责任形式，由该企业的申请人依据中国法律确定，可以是有限责任公司，也可以是无限责任公司。目前在我国已批准的外商独资企业都是采用有限责任公司的形式。

外国企业不属于外商独资企业，不是独立的经济实体，而主要是指外国企业在我国设立的分公司和联络处等。目前，外国企业主要是一些外资金融机构，例如外国银行、保险公司在中国设立的分行、分公司。

3. BOT 方式

BOT 是 BUILD-OPERATE-TRANSFER（建设—经营—移交）的缩写。

(1) 建设。由政府同私营部门（在我国表现为外商投资）的项目公司签订合同，由项目公司筹集资金和建设投资项目（一般为基础设施项目）。

(2) 经营。项目建成后，项目公司拥有、营运和维护该项设施，并通过收取使用费或服务费用，回收投资并取得相应的利润。

(3) 移交。协议期满后，这项投资设施的所有权无偿移交东道国政府。

BOT 方式从 20 世纪 80 年代初开始得到较快发展，主要用于发展收费公路、发电、铁路、废水处理设施和城市地铁等基础设施项目。BOT 方式的工作程序随着项目的不同而不同，但一般应包括“项目确定、项目准备、项目招标、合同谈判、项目建设、项目经营和项目产权移交”几个阶段。由于参与 BOT 方式的外国公司和金融机构较多，使谈判内容复杂、时间长。项目公司直接与政府签订合同，政府往往要承诺保证外汇兑换以及根据通货膨胀指数调整项目服务价格等条件。所以，目前在我国对 BOT 方式的运用尚处于探索阶段，设立 BOT 项目需要按现行外商投资企业的程序申请审批。

（二）独资企业与合资企业的异同分析

独资企业作为直接投资企业形式的特点，在由英国和加拿大五位专家编著的《商业组织案例》一书中做了生动的描述。他们写道：“独立企业是最常见的一种商业组织，一个人就可以作为此类企业的业主进行商务活动，用不着拘泥任何形式。企业主拥有全部的管理权限，如果他需要其他人来服务，就可以雇用他们，从而出现了业主和雇员的关系或业主和代理人的关系；如果他需要资金，他可以向其他人借，从而发生了债权人和债务人的关系；如果他需要厂房和设备，他可以向其他人租借，从而发生了房东和房客的关系、委托人与受托人的关系。他对所有向他提供上述一切的人承担支付报酬的责任。如果他在营业中发生亏损，他必须以他能获得的一切独自承担之。如果他能赢利，他就能独享之。”从以上分析，可以看出独资企业比起合资企业的基本优越之处。

(1) 独资企业受政府控制少。合资企业受政府控制较多。多数国家没有规范的独资企业法，对独资企业的限制主要集中在业务范围方面。合资企业则必须遵守内容庞杂的各种法规。

(2) 独资企业比合资企业经营管理上更加灵活主动。在独资企业中经营大权掌握在业主手中，既不受董事会的制约，也没有股东的干预。

(3) 独资企业比合资企业更容易保守企业秘密。独资企业除了必须填写在所得税表格中所规定的项目外，不必像合营企业那样必须向股东定期汇报。由于保密，特别是技术秘密、财务秘密，往往对企业的生存发展影响极大。因此独资企业具有良好的保密性。

(4) 独资企业比合资企业更易于通过“转移价格”避税。特别是对于独资的子公司。因为内部交易是跨国公司节约成本和费用的主要途径之一。而内部交易的产品和服务价格的确定具有很大的随意性。这样独资企业就可以充分发挥其所有权、经营权独占，产、供、销渠道独家掌握，财务资料无须公开的优势，轻而易举地实现“转移价格”，从而达到避税的目的。

（5）独资企业比合资企业可以更充分使用投资者拥有的先进技术、管理经验和经营诀窍，保证产品的高质量和高效益。由于独资企业中没有局外人参与经营、分享利润、占有技术，故投资者乐于将其先进的技术投入独资企业，以保证企业产品的高品牌和企业的高效益。合资企业则没有这样直接便利。

独资企业作为直接投资的企业形式比起合资企业来也具有以下不足之处。

（1）独资企业风险较大。独资企业的所有投资为外商所投，特别是当外资企业为无限公司时，企业要对企业的全部债务承担无限作用。法律规定，当企业资不抵债时，企业主所有资产（包括母公司或个人财产）都有付债义务。合资企业则多为有限责任从而风险被分散了。

（2）独资企业发展易受限制。首先，企业不能像合资企业那样采用产权筹资的方式，利用他人资金，只能采用利润积聚和借贷的方式进行扩大再生产，从资金来源方面受到一定限制；另外，一些国家限制外国投资者创办独资企业，并限制其发展。

（3）选择独资方式意味着没有现成生产基地、缺乏合作伙伴，难以与有影响的政府机构发展联系。例如，在上海成立的3M公司，为了解决以上问题，雇用了上海投资信托公司作为代理，帮助处理遇到的相关问题。合资企业在这方面则具有优越之处。

二、中国利用外资的优惠政策

利用外资的优惠政策是指一个国家（地区）根据本地情况，对外国投资给予一定政策上的优惠。

一般来说，各国为了吸引外资所采用的政策优惠有以下几类。

（1）特殊行业优惠。特殊行业优惠指对某些新兴行业或急需发展的行业实行特殊优惠。例如税收减免、贷款贴息、财政补贴等。

（2）税收优惠。税收优惠是最普遍的优惠，已成各国普遍承认的吸引外资国际惯例。税收优惠主要有：简化税制，如只征一种所得税；相应的优惠措施，如减免所得税、免税期、减免关税等。

（3）开发费用回扣优惠。开发费用回扣优惠指国家实行投资补贴，以鼓励外资企业再投资。如企业可以从应税所得逐年或逐期扣除固定资产投资额高于已提折旧费的差额。

（4）加速折旧优惠。加速折旧优惠指允许外国投资者以实物投资真正折旧之前，加速收回原有资本。例如，中国台湾在其“奖励投资条例”中规定，机器设备耐用年数为10年者，可缩短为5年；耐用年数不足10年者，可缩短1/2。对房屋建筑的耐用年数可缩短2/3。

中国政府为了加快改革开放的力度，除了实行以上各种通常的优惠政策之外，还有一些特别的优惠政策。设在经济技术开发区的生产性外商投资企业，减按15%的税率征收企业所得税。设在沿海经济开放区、经济技术开发区所在城市的老市区的生产性外商投资企业，减按24%的税率征收企业所得税。设在沿海经济开放区、经济技术开发区所在城市的老市区或者设在国务院规定的其他地区的外商投资企业，属于能源、交通、港口、码头或者国家鼓励的其他项目的（技术密集、知识密集型的项目；外商投资在3 000万美元以上，回收投资时间长的项目；能源、交通、港口建设的项目），可以减按15%的税率征收企业所得税。上述为《中华人民共和国外商投资企业和外国企业所得税法》的规定。生产性外商投资企业，经营期在10年以上的，从开始获利的年度起，第一年和第二年免征企业所得税，第三年至第五年减半征收企业所得税，但是属于石油、天然气、稀有金属、贵重金属等资源开采项目的，由国务院另行规定。外商投资举办的产品出口企业，在依照税法规定免征、减征企业所得税期满后，凡当年出口产品产值达到当年企业产品产值70%以上的，可以按照税法规定的税率减半征收企业所得税。但经济特区和经济技术开发区以及其他已经按15%的税率缴纳企业所得税的产品出口企业，符合上述条件的，按10%的税率征收企业所得税。上述为国务院关于鼓励外商投资的规定。

第二节　中国利用外资的成功经验

2016年受国际大环境影响，我国非金融类实际利用外商直接投资1 260亿美元，比2015年略有减少。2017年1—11月，主要受益于香港对内地投资大幅增长，我国实际使用外资金额8 036.2亿元人民币，同比增长9.8%；按美元计实际利用外资金额1 199.1亿美元，同比增长5.4%。从国家外汇管理局国际收支平衡表来看，2014年以来我国实际利用外商直接投资金额明显下降，2014年至2016年分别为2 681亿美元、2 425亿美元和1 706亿美元；2017年前三季度为879亿美元，同比下降13%。利用外商直接投资出现的起伏，既受国际金融市场，特别是美联储货币政策变化的影响，也受国内经济减速和全球产能过剩的影响。

一、中国利用外资的主要成果

1979年，第一家中外合资企业——北京航空食品有限公司的诞生，开辟了中国利用外资的新纪元。但是在最初几年，外商直接投资的规模十分有限，每年批准的项目仅有200多个，年均实际投资金额不到3亿美元。而30年的历程大大改写了这些数字，近五年来，中国每年新批准的外商直接投资项目都在三四万个左右，年均实际投资金额超过600亿美元。

中国的外商直接投资具有以下几个突出特点：一是来源广泛。目前，世界上170多个国家（地区）都有在华投资企业，从累计实际投资额看，其中，一半来自中国的港澳台地区，1/4来自欧、美、日等发达国家。二是企业数量多。1979年以来，经批准设立的外商投资企业项目累计达 63 万件，目前正在运营的企业大约为 30 万家左右。三是投资方式多样。正在运营的企业中，中外合资和外商独资企业分别占 40% 左右，中外合作企业占 17%，其他为合作开发、股份制公司等投资方式；但从近年新增投资来看，独资企业比重已上升到 70% 以上。四是投资领域覆盖面宽。其中，第一产业占 2%，第二产业接近 70%，第三产业占 30% 左右；近年来，第三产业增长超过第二产业，上升的潜力很大；制造业占全部投资额的比重超过 60%。五是投资规模和技术水平逐步提高。目前，世界 500 强公司中已有约 490 家在中国投资，跨国公司在华设立的研发中心、地区总部等功能性机构已经达到 1 600 余家。

二、外商直接投资对中国经济发展的主要贡献

作为 40 年改革开放的成果之一，外商投资企业已经成为中国经济建设的一支重要力量，对于推动中国经济与社会的可持续发展发挥着不可或缺的作用。

（一）外商直接投资是中国固定资产投资的重要资金来源之一

在改革开放初期建设资金极度匮乏的条件下，外商直接投资大大减缓了资金不足的矛盾。30 多年，中国实际利用外资金额相对于当年固定资产投资的比重多数年份保持在 10% 以上，最高时曾达到 17. 1%。

（二）外商投资工业的迅速扩张促进了中国的工业化进程

在中国吸收的外商直接投资中，工业项目占 70% 以上的份额，外商工业企业的大规模进入明显加快了中国现代工业的发展速度。

（三）利用外资创造了大量就业机会

随着利用外资规模的不断扩大，外资企业吸收的劳动力数量逐年增加。2011—2016 年，外商投资企业吸纳就业人员数量分别为 2 149 万人、2 215 万人、2 963 万人、2 955 万人、2 790 万人和 2 666 万人，年均吸纳城镇就业人员 2 623 万人，占当年全国城镇就业人员总数的比重分别为 5. 98%、5. 97%、7. 75%、7. 52%、6. 90% 和 6. 44%。近年来，外商投资企业以平均占全国 2. 33% 的企业数量为全国提供了平均 6. 76% 的城镇就业。

（四）利用外资推动了中国产业结构的优化升级

长期以来，进入中国的外商直接投资主要集中在第二产业和第三产业，通过扩大投资对这些产业的规模扩张和结构升级起到了重要作用。在第二产业中，电子及通信设备、机械、运输设备、精密机械等资金密集型产业是外商投资的热点产业，比重占制造业外商投资的近四成左右，是带动机电产品类产业发展和出口增长的主要因素。

（五）外商投资企业进出口是中国对外贸易增长的重要带动因素

1986 年，外商投资企业进出口额只有 29. 9 亿美元，占当年中国贸易总额的 4. 0%。

2012年，外商投资企业进出口18 940亿美元，占中国外贸进出口总值的49%，其中，出口10 227.5亿美元，占中国外贸出口总值的49.9%。根据世界贸易组织公布的2017年全球贸易总额，自2013年中国连续三年成为全球货物贸易第一大国；2016年以204亿美元之差被美国反超；2017年中国贸易总额为4.105 2万亿美元，排名第一，占全球比重为11.48%。

（六）利用外资对中国技术进步的促进作用明显

外资企业通过设备和技术进口、直接在华设立研发中心、产品链条的技术延伸、面向协作企业的技术援助、人员培训等方式创造了技术溢出效应，对中国的技术进步发挥了重要的促进作用。

（七）利用外资加深了中国与世界各国（地区）之间的内在联系

外商直接投资是各种要素跨境整合的产物，不但创造了产业相互融合、对接的分工与合作关系，而且伴随着大量的文化、人员的往来和交流，形成了"你中有我，我中有你"的深层关系和相互依存、相辅相成的共同利益，有助于建设一个和谐稳定的国际经济新秩序和文化氛围。

三、中国利用外资的成功经验

总结中国40年利用外资的基本经验，主要包括以下几个方面的内容。

（一）汲取历史教训，坚持有效利用"两种资源、两个市场"的开放战略

早在十一届三中全会之前，邓小平就提出"实行开放政策"，此后他又讲道："要引进国际上的先进技术、先进装备，作为我们发展的起点。"他强调，中国的发展离不开世界，"中国要谋求发展，摆脱贫穷和落后，就必须开放"。他还指出，新中国成立后相当长时间内，人家封锁我们，我们没有条件实行对外开放。现在有了国际条件，使我们能够吸收国际先进技术和经营管理经验，吸收他们的资金。对外开放使我们能够发挥后发国家的优势，利用国际国内两种资源、两个市场，加快自己的经济发展。邓小平关于有效利用"两种资源、两个市场"的科学论断，成为统领中国经济发展和对外开放的基本方针。

（二）牢牢把握机遇，传承开放与发展的核心理念

回顾40年历史，围绕利用外资问题，国内曾经出现过数次大的争论，虽然每次争论的具体起因有所不同，焦点问题存在差异，但从根本上来看，都与是否承认利用外资的积极作用，是否应当继续扩大开放成果有着直接的关系。邓小平曾经几度力挽狂澜，强调了把握经济全球化的重要机遇，加快对外开放和有效吸收外资的重要性。20世纪90年代以后，中央两代领导人传承邓小平关于开放和发展的核心理念，审时度势，始终坚持对外开放方针不动摇，为推动利用外资又好又快发展奠定了坚实基础和长期的政

策保障。

（三）加强法制建设，完善利用外资的法律与制度基础

改革开放初期，中国利用外资首先是从法规建设开始起步的。1979 年 7 月召开的第五届全国人大第二次会议上，通过并正式颁布了第一部外商投资法律——《中华人民共和国中外合资企业经营法》。随后，全国人大又分别于 1986 年 4 月和 1988 年 4 月先后审议并通过了《中华人民共和国中外合作企业法》《中华人民共和国外资企业法》，形成了关于外商投资的三部基本法。随着改革开放进程的深入，尤其是适应中国加入世界贸易组织的需要，我国对上述法律重新进行了修改和颁布，并与其他大批配套或相关法规一起构成了较为完整的涉外法律体系，为外商投资提供了符合国际规范的法律环境和制度保障。

（四）充分发挥优势，实现东道国与跨国公司互利双赢的投资环境

外资为中国的经济发展带来了宝贵资源和强劲推动力，中国的比较优势也为跨国公司提供了获取商业利益的重要机遇。这些优势主要体现在以下几个方面：一是长期坚持对外开放的基本政策，努力完善市场经济体制，逐步放开行业准入限制，为跨国公司提供了进入中国市场的机会，尤其是加入世界贸易组织为中国在制度和政策层面融入世界经济、进一步开放市场创造了有利条件。二是按照国际规范和市场经济要求改善投资环境，形成了较为完善的促进招商引资和保护投资者权益的体系，提高了对跨国公司的吸引力。三是中国人口众多，地域辽阔，具有较大的经济增长潜力，能够为跨国公司提供长期发展的巨大市场空间。四是中国的人均收入尚属于世界发展中国家的较低水平，丰富的劳动力资源和低廉劳动力要素价格是中国的特殊比较优势，为跨国公司降低产品成本、提高国际竞争力提供了更大的可能性。五是经过长期的改革开放和发展，中国国内逐步形成了较为完整的产业基础和产业链条，大批外资和本地企业得到培育和成长，具备了为跨国公司当地生产提供基本配套的能力。

（五）加强政策导向，推动产业结构调整和优化升级

1987 年 12 月，国家计委等部门制定了《指导外商投资方向暂行规定》和《外商投资产业指导目录》，划分了对外商投资实施鼓励、允许、限制和禁止的产业范围，并制定了相应的配套措施和政策。在以后的 20 年中，中国政府根据产业政策调整的需要和对外开放的新要求，不断对上述规定、目录进行修改，逐步形成了符合中国国情和可持续发展需要的外商投资产业导向政策体系，对于促进产业结构调整、优化产业布局和扩大对外开放领域发挥了重要作用。2007 年 10 月，根据国家发布的《利用外资“十一五”规划》要求修订的《外商投资产业指导目录》，更体现了新时期全面落实科学发展观对引导外商投资方向的新要求。对于推动利用外资的重点由弥补资金、外汇不足向引进先进技术、管理经验和高素质人才的转变，对于优化更加注重生态建设、环境保护、资源能源节约与综合利用的外商投资产业结构，对于发挥外资在建设资源节约型、环境友好型社会中的积极作用，将产生十分重要的影响。

（六）鼓励外商走向中西部，促进地区经济协调发展

中国的对外开放经历了由沿海地区向内陆地区梯度推进的过程，使沿海地区获得了发展的先机，集中了大批外商投资企业；中西部地区则在较长时期内处于相对落后的水平，地区之间的经济差距日趋扩大。为了进一步促进内陆地区的对外开放和经济发展，1996 年 8 月，国务院发布了《关于扩大内地省、自治区、计划单列市和国务院有关部门等单位吸收外商直接投资项目审批权限的通知》，提高了内地省（自治区）吸收外资的自主审批权限。2000 年 3 月，根据国家关于实施西部大开发战略的需要，国务院西部开发领导小组办公室正式成立，随后出台许多鼓励外商投资西部的优惠政策，尤其是《国务院关于实施西部大开发若干政策措施的通知》，具体规定了外商投资西部的鼓励性政策和措施。2004 年和 2006 年国家实施的振兴东北等老工业基地和中部崛起战略中，同样实行了类似于西部大开发的鼓励性政策。这些政策的实施虽然尚未从根本上改变外商投资“东重西轻”的结构性失衡问题，但是对于提高经济欠发达地区的对外开放程度和引资竞争力仍然发挥了不容忽视的作用。

第三节 中国企业的对外直接投资

随着经济全球化的进程，中国不仅大规模地引进利用外资，也开始向外直接投资。尤其是加入 WTO 后，中国经济和企业面临着巨大的挑战和机遇。由于降低了关税保护，扩大了市场开放，境外的企业与产品势必大肆“入侵”。与此同时，也给中国企业“走出去”、进入国际市场、进行国际投资、利用国际资源创造了条件。对于“走出去”的方式，无非有两种：一是所谓出口模式，即在境内生产产品，向境外销售；二是对外投资、跨境经营方式，即将经营组织和生产要素部分或全部转移到境外，以实现对境外资源的利用和对国际市场的开拓。这两种方式都是十分重要的，它们是相辅相成的。

2017 年我国服务进出口总额 4 6991. 1 亿元，同比增长 6. 8%。其中，出口 15 406. 8 亿元，进口 31 584. 3 亿元；服务逆差 16 177. 4 亿元，与上年基本持平。服务进出口平稳较快发展，贸易结构持续优化，高质量发展特征逐步显现。我国服务进出口规模连续 4 年保持全球第二位。

一、中国企业对外投资主体与投资方式

现阶段中国对外投资的主体主要有以下几种。

（一）中央境外企业和中央企业所属的境外子企业

国有企业有较强的政府背景，信誉高，在“走出去”战略中成为我国对外直接投资的主力之一。例如，中国化工集团公司是中国国有重要骨干企业，前身为中国化工进

出口总公司。公司在石油、化肥、化工领域实施全球化运作，是中国四大国家石油公司之一，也是中国最大的化肥进口商和磷复肥生产商。2002 年 1 月 22 日，中化公司与 Petroleum Geo-Servicces（简称 PGS）公司签署协议，全资收购其下属公司 Atlantis，在海外获得了中化公司历史上第一口油田，公司石油业务上游延伸战略取得实质性突破。在 2002 年获得国家对中化公司从事海外油气田勘探开发业务资质的认可之后，2003 年年初，中化完成了阿特兰蒂斯挪威控股有限公司的实际交割，并于当年形成规模生产能力，从而使公司的石油上游业务得到了国家开发银行首次为国内企业开发海外油气资源提供的外汇贷款支持。上述两个项目使中化公司取得了突尼斯 ISIS、QUDNA、BIRSA 油田，阿联酋 UAQ、AORA 气田，阿曼 17、40 区块的部分或全部权益，以及厄瓜多尔 16 区块 14% 的利益。上游业务的突破，使中化石油经营链条实现了延伸，为公司石油业务的长期可持续发展奠定了重要基础。2013 年，中化公司凭借 2012 年 4 281.674 亿美元的营业收入位列《财富》全球 500 强第四位。

（二）国际经济技术合作公司

这类公司创立于 1978 年以后，其主营业务为对外工程承包和劳务输出。有一定的人才与经验优势，近年来逐步走上对外直接投资的道路，比如中国建筑工程公司。该公司于 1982 年组建，作为中央管理的国有重要骨干企业，以完全竞争性的建筑业和地产业为核心业务，活跃在国内和国际两个市场。中建总公司从 1994 年起连续被评为中国 500 家最大服务企业国际经济合作类第一名。

（三）金融企业

中国银行和 1979 年后恢复发展起来的信托投资公司、保险公司等，它们具有人才、资金和渠道（国内外）方面的优势，内联外扩，进行对外直接投资，如中国中信集团。中信公司自 1979 年成立以来，经过 30 年的艰苦奋斗，已发展成一个以金融为主业、涉及诸多领域的国有大型跨国企业集团。中信公司目前拥有 44 家子公司（银行），其中包括设在中国香港以及美国、加拿大、澳大利亚等地的子公司，公司还在东京、纽约、哈萨克斯坦设立了代表处。中信集团的业务主要集中在金融、实业和其他服务业领域。截至 2017 年年底，中信集团的总资产为 4 万亿元。2018 年“财富 500 强”榜单中，中信集团排名第 149 位。

（四）大中型工业企业与企业集团

一些大中型企业和企业集团，利用企业的种种优势对外直接投资，已成为我国对外直接投资主体中一支新兴的、越来越重要的力量。例如，2004 年 3 月，4 家中国钢铁公司武钢、马钢、唐山钢铁、沙钢与必和必拓（BHP Billion）建立合资公司，获得其转租的 Jimblelar 铁矿石 40% 的股权。这项合资协议价值高达 90 亿美元，为期 25 年。

我国对外直接投资的业务方式已经由改革开放初期的简单分包、派遣少量劳务、建立营销渠道等，发展到目前的对外投资办厂、境外加工装配、境外资源开发、对外承包工程、对外劳务合作、设立境外研发中心、建立国际营销网络、提供境外咨询服务、开展对外农业合作、进行跨国并购等多种形式并举、相互促进的局面。业务分布由初期主要集中在我国港澳地区、中东等少数地区发展到目前的 180 多个国家和地区。

事实上，我国直接投资的区位选择呈相对集中的结构特点。据商务部有关资料统计，2013 年，我国境内投资者共对全球 156 个国家和地区的 5 090 家境外企业进行了直接投资，累计实现非金融类直接投资（下同）901. 7 亿美元，同比增长 16. 8%，其中，对中国香港、东盟、欧盟、澳大利亚、美国、俄罗斯、日本七个主要经济体的投资占比超 7 成。在一带一路背景下，我国的对外投资区域发生了一些变化。欧洲、非洲的投资快速增长，流向“一带一路”沿线国家的投资增长三成。2017 年，流向欧洲的投资达 184. 6 亿美元，创历史最高值，同比增长 72. 7%；流向非洲的投资达 41 亿美元，同比增长 70. 8%。对“一带一路”沿线国家的直接投资流量为 201. 7 亿美元，同比增长 31. 5%，占同期中国对外直接投资流量的 12. 7%。

这些投资区位的特点是由我国企业对外直接投资的行为特征决定的。例如，进入欧、美、日等发达国家，一是为了利用发达国家优越的投资环境和发达的商品和金融市场，实现优势互补；进入港澳地区，是由于发挥地域相近和文化背景相同的优势；进入俄罗斯、新加坡、泰国投资，是为了发挥历史上形成的经济、技术和文化联系，巩固出口市场；对毛里求斯等国家投资，是由于这类国家无配额限制，以此作为我国的优势产品进入发达国家市场的跳板。

中国加入世界贸易组织以后，对外直接投资得到了迅猛的发展。通过深化外经贸体制改革，不断优化经营主体结构，扶优、扶大、扶强，我国从事跨境经营的各类企业已发展到 3 万多家，业务几乎涉及国民经济各个领域。中国对外经济合作初步形成了全方位、多层次、宽领域的多元化格局。中石油、中石化、华为、海尔等一批骨干企业积极开展跨国经营，并取得了较好成效。为推动“走出去”战略的实施，我国政府采取一系列措施鼓励企业对外投资：2009 年 5 月 1 日，商务部开始实施的《境外投资管理办法》明确规定，商务部仅保留对少数重大、敏感的境外投资的核准权限，包括 1 亿美元以上的境外投资、特定国别的对外投资等，大部分境外投资核准事项今后将交由省级人民政府主管部门负责。与此同时，对外投资的核准程序也大大简化。

二、中国对外直接投资动因分析

据调查，我国企业对外直接投资的投资动机，概括起来有 20 种，其中前 10 位的投资动机是：开拓海外市场，创汇，实现企业总体目标战略，利用现有设备或带动出口，获取高于境内的利润，利用外资，产品多样化或扩大经营范围，发挥管理与营销优势，发挥生产与技术优势，克服东道国进口限制。我们把这些动因概括成以下几类。

（一）开拓海外市场，扩大产品需求

这种“市场导向型”的对外直接投资，其目的是为了满足东道国市场的需求或向第三国或地区出口。海外投资的市场动机通常基于以下四个方面的考虑。

（1）运用投资周期理论，将那些在境内市场已趋饱和的产品，通过对外投资转移到有滞后需求的国家和地区。

（2）由于竞争的加剧，限制了企业在境内的发展，同时威胁到企业已有的境外出口市场。为此，可通过对外投资，巩固和开拓国外市场。

（3）要进入可以获得超额利润的市场。在寡头竞争的市场中，当某一家企业率先进入境外市场并已获得超额利润，那么，其他竞争者也会相继进入，以防对手独占市场。

（4）贸易保护主义的压力，迫使跨国公司把生产设施转移到东道国或尚未（或较少）限制的第三国和地区，从而进入或通过第三国和地区进入目标市场。

（二）取得规模经济的效益

这是一个与市场动机密不可分的对外直接投资的刺激因素。所不同的是，扩大规模的直接目标是降低成本。一般适用于固定资本很高的制造业，如汽车行业等。

（三）利用国外生产要素

跨国公司通过在那些拥有一种或多种廉价生产要素的国家投资，以降低成本，取得比较经济效益。在生产要素中，特别是劳动力和土地不像资本那样富有国际流动性，而各国劳动力和土地资源的丰歉程度及费用高低却差异极大。这就导致了很多发达国家、次发达国家将一些劳动密集型产业转移到发展中国家。当然，低工资并不一定意味着高收益，因此跨国公司现在多以“效率工资”（即考虑劳动力质量）来评价东道国的劳动力资源。

跨国公司考虑利用国外资金生产要素时，要特别关注汇率的变化，因为它可以明显地改变有关国家生产要素的相对成本。若东道国的货币相对贬值，往往意味着其本来就不昂贵的生产要素将变得更加便宜；相反，投资国本来就便宜的生产要素将变得更加昂贵，从而会推动后者向前者进行直接投资。

（四）开发自然资源，利用国外原材料

跨国公司通过在原材料丰富的国家投资生产，可以控制原材料来源，为本国工业生产服务，还可以供应出口，或在东道国加工出售。对于那些需要从他国进口原材料的制造业跨国公司来说，往往能够取得比较经济效益。对于一些资源相当缺乏的国家，其对外投资的一个重要动机就是为了确保原材料的供应。

（五）利用外国的先进技术

跨国公司通过在技术先进国家直接投资，力图使之成为获取他国研究与开发成果的手段，使子公司成为引进先进技术、生产工艺以及产品设计的海外基地，以为本企业提供适用的先进技术和管理知识，并为其分布在世界各地的子公司所共享。

（六）开发垄断优势，并从内部化中获得利益

开发垄断优势是指根据产业组织理论，在市场不完美的情况下，即生产要素及信息

不能完全流动、产品市场不能直接进入的情况下，一家具有其他竞争对手所没有的资源和技能（如生产技术、管理和组织经验以及销售技巧等）的国内企业就有可能选择到国外生产，利用这些特有的优势，在外国市场上取得有利的竞争地位，从而获得垄断利润。

内部化理论的应用是指具有垄断优势的企业，利用对外直接投资建立起企业产、供、销的内部通道，将资源优势内部化，以减少由于市场运行及其体系在功能或结构上的缺陷和失效而造成的损失。

三、中国企业对外直接投资的战略选择

中国企业对外直接投资的战略选择主要是指投资区位、投资市场和投资规模的选择。

（一）中国企业对外投资区位的选择

对于中国企业来说，对外投资的重点区位有三类：美、欧、日发达国家；亚洲国家与地区；俄罗斯及东欧国家。

1. 美、欧、日发达国家

作为发展中国家的我国，是否应该将发达国家列为跨国投资发展的重点区位呢？传统的直接投资理论和实证研究都表明，跨国投资一般发生在具有同一技术层次的国家之间，或高技术梯度国家向低技术梯度国家的方向转移，因此有人认为现阶段的中国跨国投资应“把那些生产和市场规模相对小、技术水平要求不太高的发展中国家作为投资的主导地区”。但不少学者认为，即使在现阶段，中国对外投资的重点仍应放在美、欧、日等发达国家和地区。这是因为：首先，这些国家不仅拥有世界最大的市场和优越的投资环境，而且我国经济发展所需要的技术信息、管理知识以及资金和其他资源，相当部分只能从这些地区最有效地直接吸取。其次，从技术梯度来看，整体而言，我国目前的技术水平与发达国家尚存在相当的差距，但从若干行业和具体项目上看，例如软件技术、某些微电子产品和家用电器等，已部分达到或接近国际先进水平，加之国外产业结构的调整和转移，给我国企业跨国投资提供了机会。再次，经济结构存在着大量非技术型投资领域，如贸易业、房地产业、一部分服务业等，为我国企业跨国经营留下了广阔的空间。最后，从实践上看，我国现有 30% 以上的非贸易性投资企业和将近一半的贸易性企业设置在发达国家，而且绝大部分上千万美元的大型投资项目也都集中在这些国家里。

2. 亚洲国家与地区

我国周边的国家无疑应列为我国企业跨国经营一个重要区位。这对于我国数量众多的中小企业开展跨国投资与经营十分有利。首先，它与中国毗邻，与我国有着悠久传统联系，特别是在这些地区分布着数量不小的华侨，从而大大减小了直接投资进入的障碍；其次，这些地区，特别是东亚几个新兴的工业化国家和地区，经济发展快，不但创造了现实市场，也形成了良好的投资环境，为我国企业跨国经营提供了条件；最后，这些国家技术发展水平与中国相近，中国的产品深受欢迎。

我国对东南亚的投资带动了我国对东南亚的出口，缓解了我国出口集中于美国市场的现象。此外，我国对东南亚出口7成以上是机器设备或零组件等技术密集度较高的工业用产品，改善了我国出口产品结构，扩大了我国工业用产品的国际市场，进而带动了国内相关产业升级。

韩国地处亚洲东北部，国土面积约10万平方千米，人口达5100万。在国际投资方面，韩国政府一贯采取鼓励态度。1960年颁布了外商投资基本法《外国资本引进法》，1963年再次修订。在该法令中规定，对外资企业不得强制征用；外国资本在韩国的收益，如红利、技术专利费、贷款本息等均可自由汇出；技术工业、全部产品出口或替代进口的行业，外资可拥有100%的股权。在税收方面，由经济企划长官批准的进口资本货物免征关税及商品税；对国外借款的贷方利息免征非公司企业的所得税或公司企业的公司税；对按照技术引进合同提供技术的外商的报酬，从引进月起5年内免征所得税、公司税，5年后，连续3年免征50%；外商在韩直接投资设厂，5年内免征所得税；设马山等自由出口区，区内外资企业免税购买原材料及出口商品等。但规定，外资企业所需原材料、机器设备，凡韩国能制造且质量保证、价格合理者不能进口。

中国香港是一个世界著名的自由港和避税港。作为自由港，除四类商品（烟草、酒类、甲醇及某些碳氢油类商品）外，一般商品均可免税自由进出口；作为避税港，商品生产税率极低，为国际投资的理想之处。香港地理位置良好、交通、通信等社会基础设施完善，是亚太地区的金融、贸易中心，是我国转口贸易、航运、通信之枢纽。

印度尼西亚（简称印尼）地处南亚，是一个拥有约191万平方千米面积和2.58亿人口的岛国，20世纪70年代以后经济发展迅速。为吸引外资，印尼政府做出了许多优惠政策，并设立了投资保税区。在保税区内的企业可减免进口关税、扣缴税、国内货物税等。印尼政府保证不对外资实行没收、征用、国有化等收回其所有权的措施，若必须这样时，保证按国际惯例予以赔偿。在印尼没有外汇管制制度，外商资金及利润可自由汇出，但不能汇出具有抽回投资性质的外汇。外商投资申请由投资协调委员会主管，经审核后送交总统批准。手续较为简便，时间需6~8周。印尼对外商投资的最低限额规定为100万美元，但对于劳动密集型项目，可增加就业或产品有65%以上外销项目，可放宽到25万美元。印尼不准外商设立独资企业，合资企业中超过49%比例者要限期降到49%以下。在税收方面，印尼政府免征外资资本的印花税；外资企业所需机器等固定资产从国外进口，免征进口税、销售税；企业投产头两年内，免征其给予股东红利的红利税，但条件是股东也不得给所在国交收益税或所得税；在政府鼓励的行业投资新建企业，在投产的头两年内免征法人税。但在劳工雇用问题上，则要求优先雇用印尼籍公民，并要求外资企业逐步以印尼籍员工代替外籍员工。

马来西亚地处南亚，现已成为新兴工业化国家之一，1990年的人均GNP已达2 050美元。马来西亚对外商投资采取较为优惠的政策。在马来西亚投资的法律依据是1958年颁布的《先驱工业条例》、1966年颁布的《投资奖励法》、1971年颁布的《自由贸易区法令》。按照现行的投资法规，鼓励外资进入的行业为食品、化工、纺织、家电、钢铁、车辆、石油、橡胶、棕油、木材、有色金属、非金属、电子电器、交通设备和机械等；限制进入的区域是铁路、传媒和公用事业等。对外资企业股权比例的限制是随着产品外销的比例和雇用本国公民的多少而变化的：例如，产品外销率低于20%的外资企业，外商所占比例应不超过20%；产品外销20%～50%的外资企业，外商可拥有30%～50%的股权；当产品外销比例高于50%，或雇用350名以上本国公民的外资企业，可以采用独资方式。在税收方面，凡符合国家规定投资方向的外资企业，不论投资额多少，从投资日起2年内免征所得税；投资25万马克的企业免税3年，超过50万马克的企业免税4年，超过100万马克的可免税5年，某些高新技术产业可免税10年。马来西亚对外汇不实行管制，不限制利润的汇出。

3. 俄罗斯、东欧国家

俄罗斯与东欧国家应列入我国企业跨国投资的重点区位之一。首先，这些国家在轻工、食品、纺织和家用电器等行业的相对落后，加之它们采用了急剧向市场经济过渡的方式，激化了市场对这些消费品的需求，而国内依靠自己的力量进行产业—产品结构的调整，短期内又很难到位。可以预见在相当长的时间内，该地区将成为世界上另一个迅速兴起的吸引外资的热点。其次，这些国家拥有仅次于西方国家的技术经济基础和丰富的自然资源，是一个潜在的巨大市场和自然资源供应地。第三，其中不少国家与我国地理位置相近，由于历史的原因，与我国政府和企业有着长期的友好交往和联系。我国不少企业和部门对它们的产业技术和社会环境等，有较深刻的了解，从而为跨国投资提供了条件。特别是俄罗斯地广人稀，资源丰富，人口素质较高，并有较好的工业基础，具有很大的发展潜力。按照俄罗斯新政策规定，外商对俄直接投资不需批准，同国内企业享受同等待遇，并可收购国有企业，也可开设分公司等。

（二）中国企业对外投资市场抉择

世界市场从区域上分，可以分为东南亚市场、欧美市场、日韩市场、中东市场、非洲市场和独联体市场六个区域市场。从产品档次、市场层次上分，可分为高、中、低档三种类型：高档市场即高科技市场，高精尖产品；中档市场是一种精粗交叉的市场；低档市场属于低附加值产品市场。中国企业要进入世界市场，必须对世界市场的特征及国内外市场的差异有较深的了解。

1. 国内外市场差异分析

中国加入世界贸易组织后，国内外市场进一步接轨，全球化趋势使两者之间的差距将日趋缩小。但就目前来看，两者之间还存在以下差异。

（1）国内外市场的平均消费水平差异。由于国内外用户的消费水平在相当长的一段时间内尚存在相当的差距，反映到商品上，体现为对商品的质量、档次和功能设计等方面的不同要求；体现在消费意识上，国内消费者仍注重经济实惠、坚固耐用，对商品使用功能的多样化和方便性要求不高；而国际市场则更注重产品科技化与“人性化”功能，如方便舒适等。

（2）国内外市场竞争方式的差异。现在国际市场的竞争方式已从粗放式竞争转向集约式竞争，由价格竞争转向非价格竞争；这对于我们这样一个发展中国家无疑是一个很大的冲击。从我国外贸企业的调查发现，竞争方式单一的低价格策略不仅使换汇成本增加，利润锐减，有损产品形象，还容易招致“反倾销”的追查。况且，随着国内经济的发展，原材料和劳动成本上升，而长期的低价格策略很难在国际市场上同步升值，有导致失去国际市场的危险。因此，若不改变原有竞争方式，我们的产品在国际市场上将无立足之地。

（3）国内外市场需求结构的不同。现在国际贸易中初级产品的地位日趋下降，制成品地位上升，而且产品更新加快。尽管我国目前的出口产品中，工业制成品高达90%，其中高新技术产品在工业制成品的出口中占到27.3%，可见高新技术产品已经成为我国扩大出口的新增长点。然而在国际市场中，产品竞争非常激烈，更新率甚高，仅靠低成本低价格来维持出口势头不是长久之计，应充分了解市场需求，提高出口竞争力，只有这样才能保证贸易快速持续稳定地增长。

（4）国际市场的运作比较规范，有一系列相对完善的通行惯例。在国际市场中西方发达国家处于主动地位。各国在国际市场交易中，通常都必须按照通行的国际准则和国际惯例进行，具有规范化、制度化的特征。

2. 东南亚、日本和欧美三大国际主要区域市场的市场特征

（1）东南亚市场。东南亚市场是中国的传统市场，占有天时、地利、人和的优势，是中国企业的首选市场。中国与东南亚国家（地区）具有传统的联系和很强的互补性。这些国家和地区在地理上毗邻，人文习俗也较接近。旅居海外华人中的一半侨居东南亚。目前，中国对亚洲的出口约占出口额的50%。

中国香港是东南亚的金融、信息和贸易中心，是中国产品进入国际市场的主要通道。近年来，两地把握粤港合作上升为国家战略的重大机遇，认真落实中央支持香港经济社会发展的39项政策和CEPA及服务业对港开放先行先试政策措施，开拓进取、携手共进，取得丰硕成果。2017年香港对广东实际投资金额累计达2 728.5亿美元，占广东实际利用外资总额的近2/3。广东与香港服务贸易进出口5 666.9亿元，约占广东服务贸易总额的一半。我国台湾市场是一个不可忽视的市场。近些年来，中国台湾产业结构向高科技发展，由劳动密集型转向资金密集型和技术密集型。由于劳动成本急剧增加，许多台商转向大陆市场大批量订货。一方面填补当地企业升级后形成的市场空缺，另一方面利用已有的销售渠道和商务联系进行转手贸易。特别是大众化产品，具有质量好、价格低等特点。

（2）欧美市场。欧美市场是目前世界上最主要的市场。其基本特征可概括为：第一，容量大。美国有人口3亿之众，2017年人均国民生产总值达到5.95万美元，而美国存款率仅为收入的4%左右，除了买一部分股票、债券外，收入的绝大部分都用于各种消费。法国人的消费观念更是超前，根据法国经济统计研究所调查表明，法国人普遍青睐小数额的贷款消费，普遍采用“未来收入，现在消费”消费方式；贷款赊账、提前消费使法国的一半家庭负有债务。例如，美国男士平均每年消费衬衫24件，每年仅箱包的销售额就达260亿美元，人均消费达100美元。在欧美市场上，许多日用消费品都是一次性商品，即所谓“垃圾消费”，顾客对这类商品一般都是小批量、成包成打地购买。第二，层次多。欧美市场是一个细化程度极高、物品极为丰富的多层次市场。这是由它的制度、人口和经济特征决定的。首先，欧美特别是美国是多人种、多民族的移民国家，是一个极为发达的资本主义国家，社会各阶层贫富分明。这就要求我们的出口

产品必须与之相适应。单打一的产品在欧美市场是难以获得成功的。第三，推崇名牌、讲求信用。这也是发达国家市场的基本特征之一。在欧美国家中中产阶级以上的人士一般很少光顾非名牌商品，而且区域级差大。许多发展中国家的产品在欧美市场中受到不公正礼遇。目前中国产品在这个层次上还处于十分不利的地位，需要我们一步一步地通过创名牌、讲信誉、再塑产品形象，提高竞争力，逐步赢得市场。在欧美市场中在考虑竞争三要素（功能、质量和价格）时，首先是功能竞争，不是价格竞争；在经济不景气时，一部分消费者会考虑非名牌的实用商品，但也要设法提高质量。第四，季节性强，交货期要求严格。欧美市场的销售额有相当比例发生在圣诞节时期，另外还有各种各样的销售节日。销售的季节性，对交货期要求特别严格。而我国一些企业往往习惯于找客观理由，延期交货，从而失去了信誉。现在不少欧美贸易公司从香港和台湾地区进口中国的产品，它们明知转手贸易成本增加，但仍与港台公司做生意，就是因为港台公司交货及时。它们认为，少赚总比延误交货期、失去销售机会而赔钱好。

（3）日本市场。与欧美市场不同的是，日本民族结构单一，消费者偏好趋同化程度高，因此，市场特点、动态脉络较为清晰。但日本是一个市场经济国家，激烈竞争的市场对价格十分敏感。在商品销售中，风行折扣、回扣的促销方法。而且回扣、折扣的比率并不固定，而以数量、时间、品种而转移。备货方法主要有两种：一种是由买方承担仓储费用的寄存备货，另一种是由卖方承担仓储费用的销售备货。在支付方式上，大多数贸易为发货后一部分货款先支付，余下的应付货款作为进货信贷。日本的商业秘密化程度高，如现金折扣标准卖方极度保密。

日本市场竞争主要基于价格、质量、包装、功能、交货期和广告等。参与日本市场竞争，投资者必须时刻关注市场竞争的形势，根据企业的实力适当地进行市场定位。

3. 进入国际市场的产品方案选择研究

有人说，中国企业进入国际市场的主要市场应是占世界市场60%～80%份额的发达国家市场，而产品方案的设计则主要是能较好地满足第一世界市场中人们生活需求的中低档大众化产品。一些专家的研究指出，产品方案的选择应遵循下列原则：

（1）盯住“穿、用、吃、住、玩”个人消费市场，要研究市场，首先要研究市场容量。大家知道，“穿、用、吃、住、玩”个人消费市场在任何国家，都是一个容量最大的市场，而且其中许多产品是我国中小企业具有比较优势的强项，如我国占很大比重的轻工、纺织、粮油、食品等。

（2）看准家庭重点支出的项目。任何一个国家，在一定时期内普通家庭总有几个重点支出的项目。例如，中国20世纪六七十年代的手表、自行车和缝纫机，现在的电视机、电冰箱、洗衣机、空调器等。作为一个企业，在一个时期内，如果它的出口产品正好符合国际市场中流行的重点消费项目，这个企业将发达无疑。无可置疑，与家庭重点支出项目相关的产品市场，绝不是一个小市场。

（3）抓住特征市场，如时效产品市场（如经济不景气时的失业者市场）、民族产品市场（如唐人街市场等）。金融危机期间，西方经济萧条，失业率较高，例如美国即高达8%以上。从数量上说，这些国家有多少比例的失业人员，就对应有多少比例的失业家庭。这同样不是一个小市场。再以美国为例，8%的失业率，就意味着上百万个失业家庭。这类失业家庭，往往都有一种“失业购买心态”，或称“价格弹性购物心态”。在这种心态下，他们往往倾向于非名牌、实用商品。我们的企业可以捕捉这些信息，抓住时机，进入市场。

这些产品多为生产必需品，市场稳定、需求量大，而且基本符合中国企业，特别是中国中小企业当前的经济技术基础，有些还有相当的比较优势。

（三）中国企业对外投资规模抉择

规模研究是指在充分研究制约项目规模的约束条件和分析、比较不同规模利弊的前提下，以最小“工艺规模”和最小“经济规模”为起点，确定恰当的项目规模，以取得规模经济效益。大规模企业在现代经济中的核心地位，正在并将继续通过不同方式表现出来。现代经济的一个显著特征是大企业越来越大，小企业越来越多。

1. 投资规模经济效益

规模经济是指一个生产单位随着生产能力的扩大，能使其生产的单位成本下降，收益上升，即由于规模的原因所取得的经济效益。一般说来，一个企业随着其生产能力的扩大，要经历规模收益递增、规模收益不变和规模收益递减的三个阶段。因此研究规模经济的实质就是寻找经济规模、取得规模经济效益，避免规模不经济。

最明显的生产性整合而取得规模经济效益的例子是汽车工业，世界上只有屈指可数的几家生产整车的大型汽车公司，它们利用“下请制”等方式，将成千上万家生产若干汽车零部件的中小企业整合到自己周围。这些生产零部件的中小厂商，并不直接面向购买汽车的用户，当然不直接在最终产品市场上参与竞争。这样，同属一个企业系列的大、中、小企业同时取得了外部经济效益，并作为一个有机整体参与市场竞争。

另一个以“生产—销售型”企业系列模式而取得规模经济效益的例子是肯德基连锁店。遍布世界、数以千计的肯德基连锁店都是拥有产权且独立经营、自负盈亏的经济实体。但用了“肯德基”商号的分店必须接受肯德基总部制定的统一质量标准、服务水平以及价格管理准则。只要你打了肯德基旗号，作为肯德基的成员，就必须接受肯德基标准、经过肯德基技术与管理培训，使用肯德基统一设计的建筑、厨房的设备、菜单、原材料及工作方式。也就是说，你在杭州一家肯德基分店可以吃到与美国肯德基分店质量基本相同的炸鸡，得到与美国肯德基分店基本相同的服务，看到与美国肯德基分店基本相同的店铺设施。这种规模经济的组织与管理提高了市场秩序，增强了消费者的信心和满意程度，取得了外部规模经济的效益。

2. 制约项目规模的因素和条件

任何一个经济建设项目都是一个开放的生产力系统，它不仅要在系统内发生一系列的技术经济活动，而且要和系统外进行物质、能量和信息转换，在外界条件的制约下运行。这些条件既是项目建设的前提，也是制约项目规模的约束条件。例如，许多建设项目，尤其是原材料、能源和公共工程项目（交通运输、文教卫生等），其大小往往关系着部门之间的经济比例。而经济结构是否合理是国民经济或地区经济能否发展的关键。所以，这类建设项目的规模在很大程度上受制于国家、地区、行业规划和布局要求。除此之外，像市场、资源、专业化协作与配套设施及项目承办单位经济实力和管理水平都是制约项目规模的因素与条件。

3. 确定项目规模的基本方法

第一，在工艺技术研究的基础上，根据已制定的先进工艺过程和工艺条件，按单机、单机组、单机群和单生产线确定最小工艺规模。

第二，在财务估算的基础上，根据价格、成本和合理利润计算出最小经济规模和合理经济规模。

第三，在最小工艺规模、最小经济规模和合理经济规模的基础上，求出既符合工艺设备的要求，又能取得合理利润水平的所谓起始规模，并计算其经济效果。

第四，以起始规模为起点，根据市场容量、项目目标和项目承办单位的实力与条件，特别是资金条件来选择一个能获得最大投资经济效果的项目规模。

如何确定企业最佳规模？除了大家熟悉的投资收益率比较法、生产成本比较法、盈亏平衡分析法外，还有生存测定法。这种方法的基本假设是不规模厂商的竞争会筛选出效率较高的企业。生存测定法的基本程序是先将某一产业内的企业按规模分类，计算各时期、各规模等级的企业在该产业所占比重。假定某一规模企业所占比重下降了，则可认为这一规模的企业规模并非最佳。

4. 国际直接投资中规模经济实现方式

（1）规模经济与横向整合。进行对外直接投资的一个重要原因是规模经济的存在。对外直接投资，特别是跨国公司通过以控制为核心的对外直接投资和一体化经营，可以取得当地企业所不能达到的生产规模，从而大大降低了生产成本。另一方面，随着商品生产中无形资产（技术、知识和市场营销经验等）的作用日趋扩大，这些无形资产通过直接投资从一个工业领域扩展到另一个工业领域，从一个地区扩展到另一个地区。借助于直接投资的载体，技术、知识和经验的有效转移，极大地促进了企业间的横向联合，提高了规模经济效益。

（2）交易费用与纵向联合。垂直联合是指处于生产过程的产、供、销不同环节的经济单位合成于一个企业之内的行为。当生产者向所需原料部门扩张，则采取向上游垂直联合的方式；如果生产者希望把销售环节并入自身，则可以向下游垂直联合。垂直联合的意义在于，原本由市场机制中介的供销双方关系，经过垂直联合后，成了同一企业内部不同部门的行政管理关系。垂直联合的实质是把纯粹的市场交换转变为企业内部上下级之间的管理关系，或公司内受到管制的交易关系。当通过公司行政机构来组织交易的费用低于通过市场媒介来组织交易的费用时，垂直联合就成为必然的了。

5. 核心技术、企业边界与企业规模

核心技术的概念是管理学家詹姆士·汤普森提出的，用以表达生产过程中某些技术环节紧密相扣，必须有机整合这一客观要求。也就是说，属于核心技术范畴的生产经营部门必须用“企业组织”来予以整合；或者说，它们必须是企业的一个有机组成部分。

“企业边界”是由威廉姆森提出的。企业边界不仅包括属于核心技术的生产过程，还要考虑包括那些可以运用市场机制，即可以通过市场购买来实现，但却由于交易费用过高而必须整合到企业整体中来的经营环节。合理企业边界的形成需要借助于包括横向联合和纵向联合方式在内的国内外投资活动。企业边界不是个地域概念，而是一个经济概念。由企业边界所界定的企业各部分包括国内部分和国外部分，构成了企业规模。

第四节 中国企业对外投资的操作实务

一、中国企业对美投资实务

（一）对美投资的动机

中国企业对美投资的直接驱动力来自以下三点。

1. 绕过贸易壁垒占领美国本土市场

美国是一个容量非常大的开放市场，但由于巨额的贸易赤字，加剧了美国贸易保护主义的抬头。为此，一些外国企业厂家采用直接投资的方式进入美国本土，使外国产品“美国化”，从而绕过关税或非关税壁垒，将企业产品打入美国市场。

2. 返销母国

投资企业将生产能力配置在美国的有利地区，然后将其一部分产品返销回国。

3. 打着“美国制”的牌号，销往第三国

这种做法不仅着眼于较低的生产成本，而且还着眼于打破第三国的关税和非关税壁垒。

（二）对美投资环境

美国不但具有良好的自然地理条件和基础设施（硬环境），还具有较好的软环境条件。

1. 法律环境

美国政府对外国直接投资基本上采取门户开放政策，基本上对外国投资者给予国民待遇。具体表现为：

（1）美国设立公司的投资方式没有限制。

除了出于国家安全考虑对某些领域予以限制外，对外国投资者在美国设立公司的投资方式没有限制；对外资收购由美国股东掌握的公司也没有限制。

（2）美国对外汇不做任何控制。

外国投资者可以将外国资金输入美国，也可以在美国借款，也可以自由地把资本和利润汇出美国，但美国对外资无特殊的税收等优惠。

（3）美国对外资审批没有法律限制。

到目前为止，政府尚未颁布关于外资审批的法令。在 1976 年颁布的《国际投资调查法》中规定，外国人，包括任何非定居外国人、外国政府和其他代理机构，直接或间接地在美国建厂设司，均需于 45 天内向美国商务部经济分析局提交报告，报告包括下列内容：在美企业的所有权形式，被收购或兼并的现有美国分支机构、美国经营性企业的财务、经营状况、由州或地方政府提供的优惠措施、投资成本等。

（4）美国没有对外资实行国有化的政策，但美国颁布有《敌国法令》和《国际紧急经济动力法令》。这两个法令明确规定，如果美国与投资者的所属国处于敌对状态，则美国有权没收该国投资者的投资。

（5）美国具有很好的投资保证。

美国与外国签订了50多个友好通商和投资保证条约。在这些双边条约中，美国政府明确表示，其他缔约国的公民有权到美国进行贸易投资、设立机构并从事商务活动；条约还规定，签约国的公民和公司在美国从事商业、工业、金融和其他商业活动时，可享受国民待遇，即外国投资者在美国享有与美国公民同样的民事权利。这些条约还明确规定，外国公民和公司可以在其缔约国内建立和保持分公司、代理机构、办公场所、工厂及其常设机构；设立新公司和获得其他公司的收益；控制和管理其所建立的企业。

2. 投资管理的政策环境

（1）行业管理。美国大多数行业没有进入障碍，仅有某些特殊行业，美国政策对投资者和投资企业有一些不同形式和程度的限制，例如通信业、能源业、航空业、银行业和农业用地等，在股权比例、设立依据以及税收方面都有一些详细的规定。

（2）组织管理。对于在美国组建的子公司，可以利用其母公司的信用在美国筹资，也可以直接从母公司获取资金。但从母公司获得机器设备或其他有形资产的间接融资，则这些财产的进口须遵守美国有关财产进口的法律规定，申报及纳税。若通过发行债券或股票方式在美国筹资，必须按联邦证券法的有关规定程序和要求进行；公募发行的股票或债券须在证券交易委员会登记注册。如果外国投资者在美国以购并方式进行直接投资，则须遵循美国的有关收购兼并的法律规定，并不得在任何行业、任何地区，进行具有“急剧削弱竞争”的收购和兼并活动。

（3）税收管理。不同的投资形式及其不同的相应法律地位，应根据不同的法律条款承担不同的纳税义务。若在美设立分公司，按照《税制改革方案》规定（1987年1月实施），必须向美国政府缴纳在美分公司的利润税，税率为30%。若为子公司，因是独立法人，是纳税主体，其全部收入都在联邦税收的管辖之下；而外国母公司无须因其在美子公司所拥有的股份而被作为与美国发生商业联系而受联邦税收的管辖。但是，要按从美国子公司获取的红利、利息、专利费（权利费）、租赁费及其他年度固定收入的30%税率向美国政府纳税。

（4）价格管理。由于跨国经营中，母公司与子公司、子公司之间往往采用“价格转移”方式，以求跨国公司整体的利润最大化，为了防止跨国经营中的不合理调拨价造成美国税收的损失，美国财政部1968年颁布了国际定价管理办法，即要求跨国公司在内部交易中，应将母公司和子公司区分为各个独立的单位，按市场经济中的独立竞价原则确定的“局外价格”进行，并授权税务当局进行检查监督。例如，发现母公司、子公司之间的内部交易价格中存在非局外价格问题，税务当局可以增加公司的纳税额并予以惩罚。

（5）备案管理。《1976年国际投资调查法》规定，外国投资者每获得一家美国机构10%以上的股权，需在购入股权后的45天内向商务部经济分析局提交备份报告；《1990年度预算调整法案》规定，持有25%以上股份的外国母公司和在美国的子公司之间进行交易时，负有报告义务；《1991年度预算调整法案》进而规定，外国母公司与在美国的子公司的交易记录应妥善保存，保存记录的范围扩展到所有与纳税有关的交易。

（三）对美直接投资方式

中国企业对美直接投资的方式主要有设立公司、合伙企业、个人企业、设立分公司。实际操作应注意的有以下一些方面。

1. 设立地及其适用法律的选择

由于美国是一个联邦制国家，不但有全国性的、由美国律师协会起草的《标准公司法》等，另外各州还有自己独立的公司法，并对外国投资者制定了其他相应法规，以解决外国公司的设立和经营。因此，在美国投资就出现了一个究竟按哪个州的法律、在哪个州设立，设立以后又受哪个州的法律管辖的问题，这是外国投资者首先必须明确的。

究竟在哪个州设立公司，当然要根据公司的业务性质和业务活动范围。一般说来，在美国设立公司，被认为较合适的地点是特拉华州、加利福尼亚州和纽约州。据统计，在纽约证交所上市公司中的40%以上公司是在特拉华州注册成立的。公司制企业的主要类型有股份有限公司和有限责任公司（《美国标准公司法》未规定有限责任公司）。

2. 公司设立的方式

（1）发起设立。由发起人认购全部股份，即在公司设立时，由发起人认购第一次发行的全部股份而不对外另募集认股人。每个发起人认购的股份数额一般按发起人之间的合伙契约确定。在此场合，发起人可以以现金、公司所需厂房设备，但不得以信用或劳务出资。

（2）募集设立。即公司设立时的股份，部分由发起人认定，部分则在社会上公开募集。至于发起人的数量和国籍，美国法律均未做规定。

3. 公司设立的基本文件

公司设立的基本文件是公司章程。公司章程包括公司大纲和公司简规两部分。公司大纲包含有关公司组织和活动的基本规定，规定了公司成为法人的基本条件，其制定和变更须报政府主管部门批准；公司简规包含有关公司内部管理的规定，股东会对它有完全控制权，其制订的变更由股东会议决定，简规从属于大纲并受大纲制约。

公司章程必须包括以下事项。

（1）公司名称、注册住所。法律对公司名称有以下要求：名称应表明公司宗旨，名称不应与下述公司的名称相同或相似，即本州（国）现存公司、外州（国）现存公司、保留了独占权的公司及已注册的公司。注册住所可以但不必须与该公司业务活动地点相同。

（2）公司注册代理人（代理人由董事会任免，也可由其他职员或董事兼任）的姓名和地址。

（3）授权股本总额。经股东会决议，公司可增加股本，若增加股本引起股本总额超过授权资本总额，还须首先变更公司章程；企业减少股本，须董事会提议并经股东会特别决议通过后，提交法定文件给州务卿注册备案，且经过州务卿许可后，方才有效。

（4）按系列发行的优先股和特别类别股。

（5）公司存续期。

（6）公司宗旨。宗旨须概要说明公司的活动范围。

（7）公司发起人（发起人数量、发起人国籍在法律上均未做规定）的姓名及地址。

（8）公司董事会人数及姓名、地址。

董事会是法定的、必备的、由全体董事组成的会议业务执行机关。除非法律和章程另有规定，公司一切权力均由董事会或由董事会授权行使。董事必须是自然人，不能是法人。董事的国籍不一定必须是美国公民。对于董事的职业身份，法律未做规定，但公务人员和公证人不能成为公司董事。

4. 公司设立完成程序

除了制定并签署章程及其他法定文件，认购全部股份及其他法定事项以外，外国公司还须取得授权证。

外国公司在美国经营须从州务卿处获得许可授权证书。为此，须向州务卿递交由公司总经理（或副总经理）及秘书（或秘书助理）共同签署，并由其中之一者核准的授权证书申请书。申请书应包括下列事项：公司名称（若公司名称中不包括“公司”或“有限”等字样若其缩写“CO”“IVC”“LTD”，则应加上）及该公司据以设立的法律所属国名；公司设立日期及存续期；公司在其据以设立的法律所属国的办公地址或注册地址；拟在美国设立的注册住所地地址和注册代理人的姓名和地址；公司在美国从事营业的宗旨；公司各董事和职员（如秘书等，法律规定公司任命一名专职秘书作为公司职员要由董事会根据章程规定选举产生）的姓名和地址；公司授权股本及已发行股本和以美元表示的公司设定股本额；以美元表示的公司总资产及在美国的全部财产额；其他州务卿所要求的内容；等等。如果州务卿认为该申请书符合要求，则将申请书备案并颁布授权证书。

5. 公司注册登记与公告

章程的副本及其他法定文件必须送交州务卿办公室收存。如果符合规定，由州务卿给予注册并颁布公司设立证书。公司设立证书发布后，公司即告设立并成为法人。公告是股份公司依照法律规定，向社会大众展示公司章程、经营状况等资料的通告。美国公司法对此未做特别规定，实际中由州务卿与公司注册代理人一起安排商量注册登记与公告事项。

6. 公司开业

取得公司设立证书后，公司即可开业。值得一提的是，从融资方式看，美国公司主要通过发行股票和企业债券的方式，从资本市场上直接筹集长期资本。尽管美国商业银行众多，但根据美国的反垄断法，商业银行不能持有企业股份。这也是中国企业在美国投资时应该注意的。

二、中国企业对日本投资实务

（一）日本对外来投资的政策法规管理

日本引进外资的政策法规主要依据国内经济发展、产业结构调整以及国际收支情况，在不同历史时期进行过多次调整。总体上是向着开放、自由化的方向发展。

1. 在经济恢复时期的利用外资政策与法规

日本在经济恢复时期对外国投资是严格控制的。对于合营企业中外方股份高于49%以上者，很少被批准。在1950年制定的《日本关于外国资本的法律》（后经多次修订，并简称《外资法》）中规定，引进外国投资必须符合下列标准：直接或间接有助于改善政府收支，直接或间接有助于发展重要产业或公用事业；等等。

2. 在高速经济增长时期的利用外资政策

在该期间，日本政府逐步放宽对外资的控制，分期分批实行国际资本流动自由化。1964年4月28日，日本加入经济合作与发展组织，参加签订“资本移动自由化公约”。该公约规定，成员国之间资金流动自由，但日本在备忘录中仍做了较大保留。随着日本经济的发展，日本政府开始制订国际资本流动自由化方案，1967年6月通过了《对内直接投资自由化决议》，并于1975年予以修订。

3. 目前利用外资政策

长期以来，外国企业进入日本市场受限颇多。一方面，日本法律体系完善，成功保护了本国市场；另一方面，日本固有的商业习惯也有效阻止了外国企业进入日本。近年，日本也开始逐步放宽限制。日本正在计划放宽限制的内容涉及竞争政策、住宅土地和公共工程、信息通讯、流通、运输、基准认证和进口、金融证券保险、能源、就业劳动、公害和环境、防灾保安、教育、医疗福利、法务资格制度及其他等众多领域。日本先后出台了2次放宽限制计划：1995—1997年度的《推进放宽限制计划》和1998—2000年度的《挤进放宽限制3年计划》，一些领域已采取了相关政策措施。日本在下列两种情况下禁止外资进入本国市场，且不必遵守双边协定或国际公约：一是有关国家安全、破坏公共秩序、不利国家安全的；二是有可能对经济顺利发展带来明显恶劣影响的。

（二）日本的公司制度

日本公司制度与英美模式有所不同，主要表现在以下几方面。

1. 股权结构

日本公司治理是银行控制主导式（Control Oriented Banking）。商业银行是日本公司的主要股东，直接或间接持有约一半的股权，银行既是主要债权人，又是大股东；约1/4股份为其他公司以互相控股方式持有，小股民共同拥有最后的约1/4的股份。随着经济发展的需要，日本企业股权结构体现出股权所有主体多元化和股东数量迅速增长的重要变化。在多元化的股权结构中，股权并没有向个人集中，而是向法人集中，由此形成了日本企业股权法人化现象，构成了法人持股的一大特征。公司相互持股加强了关联企业之间的联系，使企业之间相互依存、相互渗透、相互制约，在一定程度上结成了“命运共同体”。

20世纪90年代，日本经济神话的破灭表明日本公司结构已经不适应全球化的要求。日本政府因此鼓励减少关联度很高的公司之间进行交叉持股，以增加公司股票的流动性，让外国股东在日本公司的持股比例增加，并使股东能更广泛地参与公司管理。山之内制药集团等公司现在外国股东的持股比例已经超过40%了。另外，日本电信和零售企业西友公司，前者的大股东是英国沃达丰公司，后者则为美国沃尔玛公司。

2. 终身聘用制

日本公司多采用终身聘用制，高层管理人员如董事局成员都从该公司低层做起，逐步提升。日本文化鼓吹民族团结，不崇尚个人主义。公司制度中亦显示出此特征，雇主对员工能保证永远聘用，从而加强了整体的归属感。

3. 监管治理结构

根据日本商法的规定，公司经营活动的实际执行人是代表董事或业务担当董事。代表董事拥有代表公司的权利，他不仅可以支配公司的经营活动，而且可以代表公司与第三人进行交易。但事实上，在日本的公司中，没有对外代表权的业务担当董事几乎包揽了公司的业务经营权。在实际当中多数公司是由经理人（商业使用人）来承担企业的经营业务，但是经理人也是在代表董事和业务担当董事的指挥之下来代替董事执行公司业务的。根据日本商法的规定，在日本的股份公司中，对代表董事及业务担当董事进行监督的公司机关，是由董事会和监察人来实施的。这种二元的监督机关是日本股份公司监督体制的一大特色。显然，业务执行者的代表董事或业务担当董事是被监督对象(公司经营者)，同时又是监督机关的成员。从1997年开始，以索尼公司为代表的一些公司导入了经理人制度，此后，引入经理人制度的日本公司越来越多。过去由业务人员兼任的董事不再作为董事，而由其作为经理人来执行公司业务。

随着越来越多的国际投资者向日本公司施加压力，要求它们采用与国际通告标准相同的公司治理模式。现在不少日本上市公司开始采用美国的董事会结构模式，以满足国际投资者的要求。已有多家公司表示，将选择美国式的公司治理模式。西友、Aeon、Parco等公司早在2003年便已建立了新的治理结构模式。采用新模式的公司将组建三个委员会，分管审计、董事会提名和公司管理层薪酬三大块，大多数公司还将增加来自公司外部的董事人数。

（三）对日投资企业的设立操作

日本公司制企业的主要类型有股份有限公司和有限责任公司以及无限公司等。

日本公司设立的方式与美国基本相同，即有两种选择：一是由发起人认购全部股份的发起设立；二是发起人向公众发出认股邀请的募集设立。

与美国不同的是，日本对发起人数量有最低限额为7人的规定，对发起人国籍未做法律规定。

日本公司设立的基本文件与美国一样。公司设立的基本文件是公司章程（章程采用公证文件形式)。公司章程必须包括以下事项。

（1）公司名称、注册住所。法律对公司名称有以下要求：名称应表明公司宗旨，名称不应与其他公司相混淆。公司名称可以转让，但已进行公司名称登记的公司，在两年内未使用其名称，其名称将被废除。与美国不同，日本规定公司注册住所必须设在其主要营业活动中心或公司总部所在地，并规定一个母公司除必须在其主要营业中心或公司总部所在地注册登记外，还须在其分支机构所在地注册登记。

（2）公司宗旨。宗旨须概要说明公司的活动范围。

（3）公司将发行的股本额，即授权股本总额。

（4）每股面值。

（5）公司设立时发行股份的总数以及其中无面值股份总数（这一总数须达到授权资本的1/4以上）。

（6）公司设立时，发行无面值股的最低发行量。

（7）公司注册住所。

（8）公司发布公告的方法（即在公报或日报上公告）。

如有必要，章程中还应包括下列事项：股份转让的限制；不足法定人数时的股东会的召集与决议；授予发起人特别利益；实物股份对价；设立费用的摊销；给予发起人的报酬；一些任意记载的事项；等等。

日本公司的设立完成程序为：制定并签署章程及其他法定文件；认购全部股份；用现金缴纳的股款须存于指定的银行或信托公司；实物资产须转移到公司；召开创立会议；选举董事和监事；在采用发起设立时，还须经过法院指派的调查员的特殊调查；其他事项等。

外国公司（一般采用分公司和子公司形式从事业务活动）在日本营业须经政府许可。

在日本，有限责任公司与股份有限公司的区别：（1）有限责任公司股东人数最多为50人，最少为7人；（2）有限责任公司的股份转让受限制；（3）有限责任公司不得发行股票；（4）有限责任公司不得发行不记名股；（5）有限责任公司的最低股本额为10万日元；（6）有限责任公司亦设董事，但一般是股东，并且没有董事会与执行董事的分工；（7）有限责任公司不得募集设立；（8）有限责任公司不必设监事，即使设监事，其义务也仅限于审计，即会计监事；（9）有限责任公司不得发行公司债券；（10）有限责任公司不得减少股本。

三、在中国香港投资的操作实务

（一）中国香港公司制企业的主要类型

在中国香港，公司制企业的主要类型有股份有限公司、保证有限责任公司、无限公司、有限公司（董事、经理或董事经理负无限责任）等。

保证有限责任公司是指此公司成员的责任只限于在公司清盘时向公司缴交其在公司章程大纲内承诺愿付的金额。保证有限公司可以有股份划分。保证有限责任公司的成员无须向公司提供营业或流动资金。若公司成员在公司未清盘前向公司提供资金，则该资金不能在公司清盘时用作冲销成员对公司所应负的责任。有限公司而董事、经理或董事经理负无限责任类型，是指一家公司新成立时，公司的章程大纲内可以说明董事、经理或董事经理承担的责任是无限的，或公司可通过特别决议修改公司章程大纲，使董事、经理或董事经理承担无限责任。不过，若为这一目的而修改公司大纲，则公司章程细则内必须有条文允许这样做。若是在修改之后，公司章程大纲说明公司董事、经理或董事经理承担的责任是无限的，则此规定被视作在公司成立时已经存在。

（二）中国香港对外商直接投资的基本规定

中国香港既是自由港，又是避税地，这决定了中国香港对外商投资的良好政策环境。主要表现在：

（1）对外资与本地资本同等对待，无国籍限制。

（2）外资企业只要依照中国香港公司法注册公司。

（3）外资企业的形式无限制，可独资、合资等。

（4）税收采取无歧视政策，与当地公司无差别。

（5）资本流动自由化，外资企业增资、减资、购股、停业均自由化。

（6）无外汇管制及黄金进出口管制。

（7）低税率，公司所得税率为15%～17%，无限公司为15%，有限公司为17%。

（8）外资企业在当地劳工雇用上无限制。

（9）在中国香港的海外企业只需交16.5%的统一税。

（10）海外企业在海外获得利润进入中国香港时不纳税。

（11）开辟工业村、对新兴工业有优惠政策。

（三）在中国香港设立公司的操作

1. 起草公司章程

公司章程一般包括两部分：章程大纲，章程细则。章程的主要内容如下。

（1）公司名称、注册住所。公司名称是公司的财产之一。在中国香港，法人公司不可用下列用语作为公司名称的一部分，例如皇家、帝国、市府、教授、合作社、英属、储蓄、信托人、集体运输、地下铁路、旅游协会、街坊等，绝对禁止非法使用下述名词为公司名称的一部分，例如议会、大学、商会、建屋协会等；公司名称不可与任何其他中国香港法人公司、海外公司或法定公司的名称相同或相似。

（2）公司宗旨。一家法人公司不可以随便经营任何业务。它只能在公司章程大纲里的目的条款所规定的范围内进行活动。法人公司更改其宗旨，修改建议必须得到公司成员大会特别决议通过。

（3）公司有限责任条款。股份有限公司的章程大纲，必须注明公司成员的责任是有限的。

（4）公司资本。除无限公司外，所有有股份划分的法人公司，都应该在公司章程大纲内备有一条款，说明该公司股份如何划分。对于保证有限公司，在该公司的章程大纲内，必须有一条款说明公司成员愿意在公司清盘时提供多少资金注入公司资产之内。

（5）公司合约。在法人公司成立前，由创立人所签任何合约，均属私人（创立人本人）负责的合约；公司成立后，可按一般合约法签订合约。

2. 创办人

对于一家公开公司而言，一个人如果参与制作该公司的集资章程即视为创办人。创办人必须负责赔偿任何人因受公司集资章程所误导而认购有关公司的股份或债券而蒙受的损失。当公司有独立的董事会之后，原有创办人的责任便告结束。

3. 商事注册

在中国香港成立一家新法人公司，必须向公司注册署长呈交以下基本文件。

（1）一份印制的公司章程大纲，并由公司创办人签署。

（2）如需要，一份印制的公司章程细则，并由签署章程大纲的签署人签署。

（3）一份拟好的有关公司注册的宣誓书，宣誓书可由公司董事、秘书或负责注册事宜的公司代表签署。

第五节　案例分析

随着利用外商投资规模不断扩大，外商投资对我国经济发展做出了重要贡献，对我国企业国际竞争力的形成与提升产生了不可忽视的影响。

一、外商独资与石狮的服装业发展

谈起石狮，人们总是与服装联系在一起。早在改革开放之初，依托著名侨乡的优势和爱拼敢赢的创新精神，石狮服装业完成了产业培育并迅速发展，并以其款式新颖、价廉物美的特点使石狮成为全国主要的服装集散中心之一。经过二十年的发展，纺织服装业作为石狮经济的支柱产业，已经从过去低价竞争转向质量竞争、品牌竞争、风格竞争。产业从单纯成衣加工生产延伸形成完整的产业链，整体竞争力明显提高，市场占有率不断上升，在全国的影响面和知名度迅速扩大。

位于石狮的爱登堡制衣发展有限公司系香港爱登堡国际投资集团旗下成员。1991年，公司首推“爱登堡（Edenbo）”“爱丁世家（Edensega）”“爱登世家”男装品牌，以“打造连锁专卖航母”的坚定信念，采用先进的特许经营行销手法开拓中国大陆市场。经过十余年的努力与拼搏，目前，公司已在香港、上海、北京、福建设立四个配备国际一流设备的产品设计开发中心和数十个生产工厂。实力雄厚的设计师队伍和大规模生产降低产品成本，不仅为爱登堡“新品不间断上市”的独特营销策略提供了强有力的保证，而且令广大消费者和加盟商深深受益。

除了爱登堡，石狮服装还有爱都、劲霸、九牧王等品牌服装。在国内外市场竞争越来越激烈的今天，石狮的纺织服装只有“图强”才有出路！基于这一共识，以爱登堡为例的不少纺织服装企业都增资技改，下功夫提升企业水平。

在这新一轮技改和提升企业水平的热潮中，石狮骨干纺织服装企业和品牌服装企业继续起着“龙头”带头作用。据有关部门透露，2005年有两家品牌服装公司增资额均在1 000万美元以上。另外，一些中小型纺织服装企业也不甘示弱，设法引进外资扩大提升企业水平，或引进先进设备，提高产品品质和档次；或购进先进的电脑设计和管理软件，提升管理水平，向规范化要效益。

2005年以来，石狮市及时出台有关政策，合理引导外资投向，变招商引资为招商选资；正确处理项目引进和有效供给的关系；有效、合理地利用有限的土地资源；进一步创新项目生成机制，切合石狮现状抓“有效引资”。同时重点从产业链的延伸上扩大招商，推动现有外资企业增资扩产，吸引更多符合产业导向的重大项目尽快落地。

第八届海峡两岸纺织服装博览会暨2005休闲服装博览会于4月18—21日在“中国休闲服装名城”——石狮盛装登场。正是这个地处福建东南沿海，三面临海的城市，在2004年创造了的纺织服装产业的总产值达150亿元，占该市工业产值的58%以上的佳绩。如果说北京给人的印象是文化，上海是时尚，那么石狮就是服装。在这个以“服装”为名片的城市中举办的纺织服装博览会，必然引来众人无限的希望与关注。

经过7年的精心经营，依托石狮板块服装的产业特色和对台优势，海博会累计实现成交额超过101.2亿元。石狮作为中国纺织服装产业的集散地和发源地，形成了从辅料到成衣“一条龙”专业化服装生产格局和产业集群，全市共拥有5 000多家服装及配套行业企业。基数众多的服装企业与海博会形成了互惠双赢之势。

该届海博会各项成果均有重大突破。据组委会统计，本届交易会共实现意向交易额42.6亿元，比上届海博会的31.2亿元增长36.54%；在4天的海博会期间，共有15.6万人次参观海博会展区，比上届海博会增长了3倍。本次展会共有16个重大项目签约(其中包括9个纺织服装项目、1个鞋业鞋材项目)，合计投资总额15 230万美元。

从根本上说，企业是以盈利为目的的，也就是说，企业经济效益的提高是摆在第一位的。当然，企业可以通过许多途径来提高其经济效益，而利用外资就是其中很重要的一种方式。

利用外资可以提高企业的市场占有率，从而提高企业的国际地位和国际竞争力。爱登堡就是一个成功的典型例子。爱登堡将以不断更新的面貌展现在大众面前，走向更加辉煌的明天。

二、拉法基入股四川双马

2005年11月18日，四川双马对外宣布，拉法基中国海外控股公司与四川绵阳市国资委达成协议，绵阳市国资委以2.735亿元人民币的转让价将所持四川双马集团89.72%的国有股权转让给拉法基。四川双马集团为四川双马的控股股东，所持股份占四川双马总股本的66.5%。通过此次股权转让，拉法基成为四川双马的控股公司。

拉法基集团于1833年在法国成立。拉法基在建材行业里面的水泥领域处于世界领先地位，在混凝土与骨料领域、石膏建材领域均位居世界前列。截至2004年底，拉法基集团总资产为247.72亿欧元，净资产为84.77亿欧元。2004年拉法基集团年销售额为144.36亿欧元，净利润达到8.68亿欧元。该公司在世界上75个国家拥有企业，员工总数77 000人。拉法基中国海外控股公司的注册地在英属维尔京群岛，属拉法基集团的控股公司，主要业务是负责中国区水泥和混凝土业务的投资及业务资产管理。

拉法基于20世纪90年代进入中国，首先从成都这个中心城市打开口子，并在西南地区不断加大投资力度。拉法基不断加大在西部地区的投资，除了看好中国西部大开发带来的发展机遇外，还经过了详细考察研究。从2005年中国水泥网所载的中国水泥生产基地分布图可以清晰地看到：生产能力在每天2 000吨以上生产线主要分布在江、浙、粤以及冀、豫、京、津及桂、闽一带，而在广袤的西南地区大型水泥厂较少，这为拉法基进入西南留下了空间。1998年，拉法基在成都都江堰组建了都江堰拉法基公司。这家总投资1.58亿美元的合资公司，拉法基占有75%的股权。该公司采用新型干法技术生产水泥，2002年投产以来，形成了年产140万吨的生产规模。2003年，拉法基进入重庆，与重庆水泥厂合资组建了重庆拉法基水泥有限公司，拉法基出资2.4亿元人民币，在拉法基重庆公司占70.59%的股份，在重庆水泥厂年产80万吨水泥的基础上加以改造，形成年产180万吨水泥的生产规模。2005年11月，拉法基又收购了四川双马集团，控股了四川双马这家年产330万吨的水泥上市公司，从而初步实现了在西南地区的布局。拉法基准备在未来3年内投资2亿至3亿元，对四川双马现有设备、生产线进行改造，提高生产效率。

仔细阅读拉法基对四川双马的收购报告书，不难发现拉法基进入中国市场10年来，经营理念已发生很大变化。它将西方制度文化与中国情感文化有机地进行了结合，利用自身的资金、管理、技术优势与中国本土的资源、劳动力、市场优势相结合，初步探索出了一条在华投资的总方略。

收购报告书中明确表示：收购人及最终控制人的第三方没有改变四川双马主营业务计划，也没有对上市公司主营业务做出重大调整的计划，没有对四川双马重大资产、负债进行处置或者采取类似的重大决策的计划，仅对四川双马组织结构做出小幅调整，目前无修改四川双马章程的计划。从字里行间可以看出，拉法基的运作模式已由过去的单一西方经营管理模式演变为更契合中国国情的中西文化结合的经营管理模式。

一位接近拉法基高层的人士认为，从都江堰拉法基近年来的迅猛发展看，其运作模式是成功的。此次收购双马集团，不排除将其控股的上市公司作为一种新模式的试点。拉法基进入双马后，除了承诺加大对四川双马的投资力度，把双马集团建成四川建材工业基地外，对四川双马主营业务没有进行重大调整，对原有的管理层仅仅是微调而已。这一策略，对于十分看中情感文化的中国西部地区来说，是易于让人接受的，是易于凝聚人心的，也是易于调动积极性的。

三、中粮海外找粮

一直在寻求进军全球农业市场的中国食品巨头中粮集团2014年3月宣布已与荷兰粮食巨头Nidera签署协议，以12亿美元的最终价收购对方51%的股权。由此，中粮成为Nidera的控股股东，也成为与美国ADM、美国邦吉、美国嘉吉、法国路易达孚四大国际粮商相匹敌的大粮商。

总部位于荷兰阿姆斯特丹的 Nidera 是全球知名的国际农产品及贸易企业。2013 年其包括债务在内的估值约为 40 亿美元，年销售额超过 170 亿美元，在 18 个主要国家从事当地分销和国际贸易业务，主营谷物、油脂油料、农业投入产品以及生物能源产品。中粮集团此前一直都避免在海外市场上进行价值数十亿美元的大规模交易，而更青睐收购规模较小的资产。

此次巨资并购，Nidera 非常看重中国乃至亚洲市场，认为与中粮的合作符合双方利益。对中粮而言，Nidera 在巴西、阿根廷和中欧地区拥有强大的粮食采购能力平台和全球贸易网络，可全面延伸中粮在全球的贸易网络。

中粮迈出的这一步是比较有象征意义的，因为此前中粮的国际业务并不太醒目，而通过这次收购，将有助于其在布局全球产业、帮助自身获得国外渠道方面迈进一步。这是中粮首次收购业务覆盖南美的粮食交易商，此举有助于拓展供应来源，保证农业资源供应。此外，还有分析称，这项交易将让中国在全球粮食市场上获得更大的定价权，也有利于更好地打通进入如拉美和俄罗斯等粮食主产区的通道。入股 Nidera 是与中粮“打造具有国际水准的全产业链粮油食品企业”的战略目标相一致的，是中粮向全球布局迈出的重要一步。

海关总署统计资料显示，2013 年，中国三大主粮的净进口总量达到 1 101. 6 万吨，其中，小麦、玉米、大米的进口数量分别达到 550. 7 万吨、326. 5 万吨及 224. 4 万吨。这一数据比起 2012 年的 1 124 万吨粮食进口稍有放缓，三大谷物的进口量分别为 2011 年同期的 2. 4 倍、1 倍和 1. 8 倍。过去几年中，玉米、小麦和大米的进口量都在翻倍增长，2011 年，中国已成为大米的净进口国，目前中国三大主粮的净进口已呈常态化。未来随着国内耕地面积受限、单产量及总产量均到达一定的瓶颈，粮食的供应将存在一定的缺口，包括中粮在内的粮食企业或将继续并购海外企业。一方面对于国内部分品种不平衡的状况有所缓解；另一方面，原料价格的话语权也会得到提升，对企业运营战略有一定的保障。

思考题

一、名词解释

1. 国际直接投资
2. BOT
3. 规模经济
4. 企业边界
5. 开发垄断优势

二、简答题

1. 目前，中国利用外资的主要方式包括哪些？
2. 简述中国积极扩展对外直接投资的主要动因。
3. 简述外资并购中国企业的效应及对策。

三、论述题

1. 近几年来，中国一直是全球吸引外资最多的国家之一，这其中的主要原因是什么？

2. 结合中国企业跨国并购活动的现状，分析说明目前制约中国企业跨国并购的主要因素包括哪些？

参 考 文 献

1. 联合国贸易和发展组织．2014 年世界投资报告．北京：经济管理出版社，2014.
2. 毕红毅．跨国公司经营理论与实务．北京：经济科学出版社，2014.
3. 何志毅．中国企业跨国并购 10 大案例．上海：上海交通大学出版社，2010.
4. 綦建红．国际投资学教程．北京：清华大学出版社，2005.
5. 孔淑红．风险投资与融资．2 版．北京：对外经济贸易大学出版社，2010.
6. 北京师范大学经济与资源管理研究所．中国市场经济发展报告．北京：中国商务出版社，2010.
7. 邢建国．对外直接投资 战略抉择．北京：经济科学出版社，2003.
8. 孙建中，马淑琴，周新生．中国对外直接投资产业选择研究．北京：中国财政经济出版社，2002.
9. 张小蒂，王焕祥．国际投资与跨国公司．杭州：浙江大学出版社，2004.
10. 王习农．跨国并购中的企业与政府．北京：中国经济出版社，2005.
11. 宋军．跨国并购与经济发展．北京：中国财政经济出版社，2004.
12. 付晓东，胡铁成．区域融资与投资环境评价．北京：商务印书馆，2004.
13. 宋亚非．中国企业跨国直接投资研究．大连：东北财经大学出版社，2001.
14. 陈安．国际投资争端仲裁“解决投资争端国际中心”机制研究．上海：上海复旦大学出版社，2001.
15. 李欣．谁动了跨国公司的“奶酪”？——跨国公司 R&D 投资全球化对发展中国家影响分析．中共太原市委党校学报，2008（4）.
16. 中国利用外资现状及走向．商务部，http：//www. mofcom. gov. cn/，2009-09-25.
17. V. N. Balasubramanyam and David Sapsford Balasubramanyam, V. N. The Economics of International Investment. Aldershot, England：E. Elgar, c1994.
18. Theodore H. Moran. Exploring New Frontiers. Washington, D. C. ：World Bank, c2001.
19. Weigel, Dale R. Foreign Direct Investment. Washington, D. C. ：International Finance Corporation, Foreign Investment Advisory Service. Distributed by World Bank, c1997.
20. Ito, Takatoshi and Anne O. Kruege. The Role of Foreign Direct Investment in East Asian Economic Development. University of Chicago, 2000.
21. James C. Baker, James Calvin. Foreign Direct Investment in Less Developed Countries：the Role of ICSID and MIGA. Westport, Conn. ：Quorum, 1999.
22. Sang-Gon Lee and Pierre-Bruno Ruffini. The Global Integration of Europe and East Asia：

Studies of International Trade and Investment. Cheltenham, UK; Northampton, MA: E. Elgar, c1999.

23. Adrian Buckley. International Investment, Value Creation and Appraisal: a Real Options Approach. Copenhagen S, Denmark: Handelsh Skolens Forlag, Copenhagen Business School Press, 1998.

24. Ralph H. Folsom, Michael W. Gordon, John A. Spanogle. International Trade and Investment. Law Press, 2004.

25. World Investment Report 2008, www. unctad. org.

26. World Investment Report 2007, www. unctad. org.

27. Indian Economic Survey 2008, http://indiabudget. nic. in.

28. James K. Jackson. Foreign Direct Investment in the United States: An Economic Analysis. The Library of Congress, 2008-8-15.

29. Key Indicators for Asia and Pacific 2009, www. adb. org, 2009.

30. Annual Report 2008 of Asian Development Bank, www. adb. org, 2009-09-25.

31. The World Bank Report, Washington, D. C. International Bank for Reconstruction and Development/World Bank, 1982.

32. 风险投资案例分析．财网．http://www. 3009. cn/Article/200510203431-1. htm, 2009-11-14.

33. 融资案例．融资通_中国，http://www. rztong. com. cn/rzanli. asp，2009-11-14.

34. 国家统计局．中国统计年鉴（2011—2018）.

35. 蒋冠宏，张馨月．金融发展与国际直接投资．国际贸易问题，2016（1）.